*斗室
星空*

家的社會田野

夏林清 著

許雅如中：

在天上飛來飛去呀

星今年在好方有。

夏林清 2011/6/25

目 錄

序
家的田野～勞動的身體、錯置的層次、混亂的話語與沉默的呼吸 ………… 3

第一部份 **路徑知識 1** ……………………………………………………… **15**
社會田野中的家與工廠
　　第一章　「家」的階層處境 ……………………………………… 23
　　第二章　老李家庭小工廠的彈性－家族關係與雇傭關係的交互作用 …… 41
　　第三章　小金家的勞動與衝突 …………………………………… 61

第二部份 **路徑知識 2** ……………………………………………………… **71**
共振參照與回溯返身
　　第四章　由鄉入城～女兒回家的路 …………………………… 79
　　第五章　尋覓噤聲的畫眉～走近父親的兒子 ………………… 135

第三部份 **路徑知識 3** ……………………………………………………… **171**
差異顯影的社會學習
　　第六章　盈豐行～恨的爆衝與轉化路徑 ……………………… 177
　　第七章　勞動父母的家庭帳本～兩個女兒的共振參看 ……… 207
　　第八章　斗室星空～家庭經驗晒穀場 ………………………… 237

第四部份 **路徑知識 4** ……………………………………………………… **271**
學習的共同體～讓我們相互對看與參照的社會學習
　　第九章　在地人形：政治歷史皺摺中的心理教育工作者 …… 275
　　第十章　實踐取向的研究方法 ………………………………… 319
　　尾　聲　離散斷裂後的遭逢對看～在政治歷史差異結構中長大與發展 335

序

家的田野
~ 勞動的身體、錯置的層次、混亂的話語與
沉默的呼吸

1. 上路 ~ 台灣解嚴前的離「家」青少年
    1.1. 情緒暴衝叛逆小子身後的底邊家庭
    1.2. 認命勞動、心懸農村家人的工廠女工
    1.3. 雛妓少女秋風夜雨

2. 什麼是「家」？

3. 沉默無語 ~ 家內差異結構的承載

4. 超載拼裝車上的社會母子盒
    4.1 勞動的身體、壓縮的情感
    4.2 斷裂的關係、脫落的長大

5. 立基實踐的解殖路徑

《序》

家的田野、勞動的身體、錯置的層次、混亂的話語與沉默的呼吸

> 我出生在一個家庭，屬於這個家庭，屬於某個歷史上特定的時期，
> 處在一個不明確的地點和歷史傳承背景中。但是，我與其他的因果
> 關係相遇，交錯。每個人，男或女，都是如此。我們一起代表了許
> 許多多能相容的各種可能。（L. Irigaray, To Be Two, 2001，p.57；朱
> 曉潔譯，p.85）

家人之間的關係是一種承擔起社會差異結構的涵容體，歐美 19 世紀後才出現，但主導了當代心理、教育與社工專業論述的小家庭理論與心理及教育的方法，大多都沒有面對這件事！過去 30 年，我一程又一程地探究著這個課題，「斗室星空」努力把此一過程反映出來的**實踐進路與知識取徑**做一初步的梳理呈現。

1. 上路～台灣解嚴前的離「家」青少年

我的 20~30 歲的專業生涯的起步，是與三群 20 歲以下的離家青少年群體共振來往而發生的，在他們與「家」的分離和距離中，我認識著「家」。

1.1. 情緒暴衝叛逆小子身後的底邊家庭

1970 中期的台灣，台灣青少年反共救國團受美國志工熱線電話的啟發，在救國團內開設了青少年輔導中心張老師專線，我是第一屆 6 名專任張老師之一的 9 號張老師[1]。1974、1975 年的台北市是熱鬧都會街區繁榮發展的地景，由學校軌道中逸離出來的青少年，是被「問題化」標籤嵌上的頭號群體，彷彿青少年安份馴服了，社會就易安定和諧了！我與一群志工共同負責了暑假長達三週以集體

---

[1] 「張」為華人大姓，「老師」具親切的文化意涵，所以取名「張老師」不論專職或志工則均以號碼稱呼，以避免直接個人性稱謂所可能帶來的私人化關係。

住宿方式進行輔導工作的青少年育樂營。育樂營涵容了不服師長管教，由學校送來的、少年警察隊抓、關管束的，與混跡街頭幫派的青少年（全為男性）。憑著自身體內內藏的反骨和青少年有來有往、情義相挺，陪同他們走一遭少年 15-20 時的反叛時光並非難事，「家庭訪視」卻是一程又一程的疲困摩托車之旅～都市老舊城區的底邊黑道兄弟家庭、城邊角落貧窮聚居區的家庭，與城外山巔荒涼路邊的崩解家庭！青少年強勁如脫兔的身形所逃離的，乍看是他那，或嘮叨難忍，或愁容相看的父與母，實則為被粗暴快速工業與都市化拖掛於邊緣、生存不易的成年男女。「家訪」並沒發生主流力量所委託的撥亂反正的勸導效用，卻是撞見自己「無知」的起始點。我的父母是內戰移民族群中，非軍公教的邊緣知識青年，一無土地房屋恆產，二無穩定軍公教薪資保障，拼搏的知識創造力是我的家庭資糧[1]。我的家和這群青少年的家，分處台灣不同的社會處境內，不同的家庭處境承載住的社會差異性，狀似互不相干，也不被活在其中的人們所辨識的，因工作的投身，而被自己拉出的一組對偶式的張力關係中，撞見了不同處境中的巨大差異！於是，**承認「無知」成為了返身觀看與知識探求的一個起點。**

1.2. 認命勞動、心懸農村家人的工廠女工

1976 年，我第一次出國唸書，出國前後，蔣介石、毛澤東與周恩來先後逝世。反抗戒嚴統治禁制思想的潛在能量，是出國 11 個月中「冒險犯難」的動能～在美國賓州州立大學的校園內，經歷了台灣留美學生保釣運動中的「記名字、被打小報告」的政治經驗[2*]；離家萬里外遭到「國家」威權統治的政治控制伎倆的對付，在我體內上下浮沉的政治恐懼與反抗的憤怒，致使我如乘風破浪般的拉開了對世界左翼歷史的視域；「左翼」是台灣戒嚴所遮蔽住的一隻眼睛！左眼張開後，1960 年代的歐陸社會運動思潮與 70 年代美國反戰運動，對當代社會科學的衝擊火花也就有跡可循了！

---

[1] 我的父親與母親均是抗戰中從軍抗日的高中青年學生，在重慶時，加入國民黨軍統轄屬之下的電訊業務工作（解讀密碼）；抗日後，父親有意地脫離軍統工作系統；來台後，他帶領一小群離散來台的年輕人，先後成立正義之聲和台灣第一家民營的正聲廣播電台。（夏曉華，種樹的人）

[2] 1976 年台灣留學生中的保釣運動已趨尾聲，當時賓州州立大學被國民黨學生稱之為光復區，因為左翼學生的活動已十分少。我因為兩位哥哥早我數年出國，所以一路由西雅圖華盛頓大學，再到波士頓哈佛大學停留了一陣子，才再到賓州州立大學，在其他校園參加了台灣左翼留學生的活動後，我在賓州州立大學主動尋找，與參加吸引我的活動的行動（如去看「草原小姐妹」黑白影片，和組了一個唱民謠的合唱團），這些參與就使我暗暗地被關注與記錄了。

70 年代後期的台灣社會，開始移植美國心理輔導的知識與方法，以因應工業化與都市化過程中，所浮現的個人與群體的身心適應狀態。1976 年初級中學開始進行了職業輔導，生涯與職業輔導，被初中學校教育結構成一門課程，「課本」便是一個一個的團體輔導活動。生涯團體輔導被台灣學校教育體制化地，轉成了「照表操課」的一個環節。然而，承載住這新興進步生涯輔導表象的，正是由鄉村地區學校輸送到工廠的青少年勞動力；成群的少女包上灰藍頭巾成為工廠女工。

1977 年，我在桃園大園鄉紡織工廠與台北縣的電子工廠裡，與離家群居於擁擠宿舍內的女孩們相識。在紡織場內我是女工，在電子廠內，我接了項目，做女工宿舍輔導[1]。

對「家人」的懸念與家境的改善是認命勞動的火力動能，學校教育的規訓與工廠威權管理輕易省事的相應扣合著，這一接軌機制管束了青少年的生命力；僅有的逸離躍動，展現在被標籤問題化的男工載女工摩托車奔馳出遊的「鑰匙圈」現象[2]。女工的「家」在遠方農村，「家人」在心中，「家人關係」承擔了工業化機器快速轉動的「分離」作用；「回家」總在年節趕路間，弟妹長大、父母老去，青春體能耗損！數年後，多數女工便相繼往結婚養家的生命之河走去。

1.3. 雛妓少女秋風夜雨

1978 年，我帶著一小群學生，在收容未成年從娼少女的教養機構（台北廣慈博愛院）工作了一整年。

在廣慈「糾正式」收容中心的樓層裡，我在虛應文章，了無生氣的技術訓練課堂中，遇見麻木漠然的眼神和哈欠連天的抗拒；但唱歌是一種自由空間！她們教我唱會了台語老歌「秋風夜雨」。唱歌、在樓梯間聊天是糾正式規訓空間中，具流轉力量的「輔導」方法，我的純真無知大學生們，也逐漸度過因娼妓污名，而深刻掩埋著的不實恐懼。

1979 年，教我唱「秋風夜雨」的小鳳，來輔仁大學找我，那時她已在新莊一

---

[1] 1977 年 7 月到 9 月，我在桃園大園鄉一家紡織廠內做了 3 個月女工，1977 年 10 月左右則接了台北縣精密電子工廠女工宿舍輔導的一個項目（夏林清 (2004)：〈一盞夠用的燈：辨識發現的路徑〉。《應用心理研究》。23 期，頁 131-156。）

[2] 在工廠聚集區居住的男女年輕工人，假日相約出遊的一種方式。男工們一人騎一台摩托車，與女孩們聚合後，將車鑰匙放一堆，由女孩各自選一把鑰匙的方式來決定誰坐誰的車。

工廠工作二個月。她在電話中，要我到校門口接她，因為我若不去帶她，她不敢走進校門；不是她膽小，而是大學校門是一種位階的表現。二、三個月後，因家中需錢，她離開工廠重操舊業。**她轉了一個小彎，命運也沒有改變。**

「糾正式救援」讓女孩們站在「我不正」的集體地標上，在「學習轉行走向正途」的合法名下，**3 個月的身體休息成了最實質的利益**。她們身後，或極度貧窮，或混亂困頓的家庭，是她們離開後便很難再回去的地方，但她們泰半撐起貧窮家庭的生計所需。

年輕的我，由離家青少年的家外遠端回看他們身後的家，「家庭」所承載的階級、性別與政治的社會作用力道，反而在拉扯、迸裂與牽掛的張力中益發醒目！

2. 什麼是「家」？

讓我先還原素描「家」吧！

> ● **家是一個人被生與養的關係場，**孤兒可能沒見過名之為父母的那對男女，但他得以長大定是有一組或多組關係（含曾肉身交錯相會的性活動伴侶／父母）交相承擔起保護與照養的工作。
>
> ● **特定的一組人們間的關係與這些關係的作用方式**，構築了人的生存與發展的生活現場。家庭生活是這種生活現場的俗名。
>
> ● **家的生活現場**不是只在家屋之內，各分東西、四出謀生的家人間的**關係場域**，是看不見卻從未停息發生著實質作用的家人關係生活現場。
>
> ● **家人（或親近的養育者）關係是承載住生長與發展活動的一個簍子！**這個簍子十分有彈性，它可以十分寬廣地不受限於時空，也可被社會條件約制到緊密束縛與硬化扁窄！
>
> ● 於是，在家人勞動身形、交錯話語與混雜氣味交相編織流轉之間，性／別、階級、歷史政治的**刻痕薰染紋身！**

過去 30 年，我一方面在大學與研究所教授與西方家族治療相關的專業課程，一方面在台灣不同社會教育的現場裡研發如何分享家庭經驗的方法；我們所發展的方法是**針對疊落在家人關係中的社會經濟與歷史政治作用力道的經**

驗刻痕，創造分享共學的交流環境；這種場域的展現形式是多樣的，可在課堂空間中，可以是交流會或工作坊。創造這種分享性的共同學習環境的目的在於，促動人們所承載著的家內的折磨與苦痛的經驗，得到發生辨識與轉化的機緣。家庭經驗的苦楚，主要來自於「家」是每個人生命初始信靠與依存之所在，卻同時也是文化教養規範與社會體制化約制之操控力量的編織作用的交會處。因而，對個人身心與精神發展來說，「家」的經驗絕不應被物質化的區隔和佔有，導向了個人主義式的私密理解。「竹籬村落、群居共學」的意象是我們呈現家庭經驗不同案例故事的目的，雖然「工業化」的粗暴痕跡與「竹籬村落」的生活意象，恰恰大相逕庭！

3. 沉默無語 ~ 家內差異結構的承載

> 「沉默是自然、生命、差異的捍衛者，它防止相同物之間的或內在的殊死爭鬥。」
>
> （L. Irigaray，p.65；朱曉潔譯，p.97）

　　家人間的沉默是常態。當然，你可能因得不到相應的了解而孤單傷感，甚或因家務生計而爭執磨撞，但「沉默」很多的時候，是差異得以共存的一股安定的承載力量；「沉默」有的時候，是沒有機會與條件對自身與他人的經驗辨識，自己也說不明白就只能先靜默了！有的時候則不是失語，而是知道關係中存在巨大的差異，便難以言喻地等待著變化的機會。「沉默」不語的身體與心靈不是寂靜不動的，呼吸帶著空氣穿梭體內，調節著身心所遭遇的世間磨練；家人關係間不易了解的、無力接近的，甚或難容的污名印記與傷痕，都可以涵容承載在沉默呼吸著的身體內，緩慢地求存發展。時常，我們是在沉默中與家人共處一室；家人關係承載著家外各種社會關係作用力道的壓扭擠折。「家」如我們共享的身體與心靈，呼吸的氣流在彼此關係中來來回回，家人每日進進出出，或早起晚歸，或日夜輪班，或大門不出卻仍忙亂不堪；為五斗米折腰的馴服，進入金錢遊戲的拼搏鬥狠，成為勞動機器的重負傷痕，如影隨形地一寸一寸的鑲嵌進入身體心靈中，「家」的經驗從不私密，更不能用隔離與排除的社會機制，將之封存與扭曲！**沉默無語**的孿生兄弟是情緒激烈表達的**暴衝式**吵架，家人間鬥嘴吵架，如

氣血欲通過經脈穴點堵塞處，所需的衝與推的作用力。家中人人皆為獨特殊異之人，應被視為小小聯合國的「家庭」，卻常被要求似一個無差異的整體來表現。因而，吵架鬥嘴是欲生息相通的碰撞，但極為激烈的情緒暴衝，與一再重複發生的劇碼，則一定是人在關係動力中交相束縛的塊結表現。美國社會研發的家庭治療方法，主要就針對關係動力中的溝通方式是「如何」製造問題，提出了對治之道，只是他們的方法，泰半被框限於醫院、學校與開業的「治療室」內，因而也未能返過頭，去反省去脈絡化的理解與簡化的對待之道！然而，大陸與台灣卻在這 20 年中，成為挪用這一類，已蔚為風潮的理論及作法的最大市場了！

　　人人都需要被尊重，被尊重的不只是生存的機會，人的有限性與他的處境條件更是要被尊重；「尊重」帶來看見與辨識的空間，「家事」需要被尊重，尊重家人間關係與其生活條件的特定狀況，讓「家」以各種奇特的方式存在著，當差異與矛盾在有限的身體心靈來回擦撞時，家人彼此間的「關係」如何才得以不壓縮僵窄，非斷即傷？這本書所探討的「家人關係」不是社會化角色的設定與模式，也不是順應社會規範的家庭發展方式；而是一種能**承擔起個人殊異性與差異結構的社會關係作用力道的「關係空間」；視「家人關係」為此種關係空間的發展機會與場域，家內苦痛舒緩處亦即社會差異涵容增長處！**

4. 超載拼裝車上的社會母子盒

　　1970～1990 年代間的台灣家庭恰似包著小轎車外殼的拼裝車，國家以現代化生活為誘餌，工廠生產線與外包家庭小工廠鏈接運作的伸縮彈性，將千家萬戶納入了工業化的進程！只是拼裝車上了高速大道，全力奔馳地生產與消費，零件鬆脫、險象環生，燃油不足，形神耗盡。於是，「家人關係」像是膠皮紐帶，在承擔著工業化機器運轉巨大張力高速運轉的同時，回身組織網綁了工人彼此之間與工人和他的家人們的關係方式。除了工業化的勞動力使用的軌道式力道外，家庭做為一個社會內部的基本單位，還同時承擔住多層次、多面向社會系統的作用力量，「母子盒」（Chinese Boxes）的概念，將交錯疊置與滲透作用的社會力量（social forces）鮮活的意象化了：

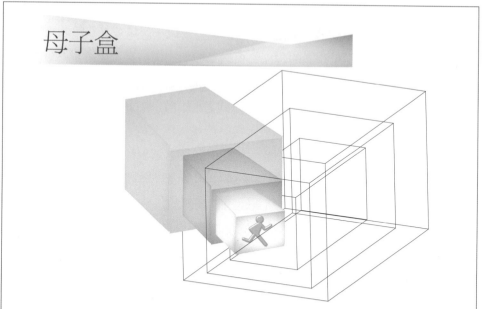

母子盒

「母子盒」（Chinese boxes）是用以形容人的經驗世界是具有階層性、遞迴性的，人與體制系統的關係就猶如母子盒般，每個個體都是各種層次之組織的一部分，而每個社會機制都被更大的社會機制包覆，並以遞迴的方式包覆下去。所有的系統和反饋迴圈都像母子盒一樣層層自我包覆[1]。

　　我們若只在身心適應與病理醫療的視框中了解家庭與家人關係，勢必無法由時空兩個維度，參與進入一特定社會的內部張力場域，**人文社會科學的專業實踐**[2]**若不能如此辨識，便不能綱舉目張地研發出在地的專業方法與知識。**

　　「斗室星空」的書寫，就是希望協助教育、心理與社工專業的工作者們，能以家庭經驗為土壤，**「看得見，識得了」**家人關係所承載著的多種差異結構，專業工作者若不能辨識台灣與中國家庭，在過去數十年中，社會存在與生活經濟政治條件的演變，對家庭內部經驗是如何發生作用的方式，就只會淪為歐美資本主義化小家庭理論與方法的搬運工，也助長了專業證照制度的錯用與浮濫。

---

[1] 原文：「將這些層次看成是一盒包一盒的母子盒——系統內的系統再包含系統。盒子全部包起來的時候，我們可以視其為一個整體；全部拉開的時候，就能看出不同的節點、階級或層次。整體與部份是兩個不同的視角，卻也互補的觀點。」詳見《變的美學》，丘羽先譯，心靈工坊出版；Bradford Keeney 著，1983。

　　夏林清（譯）（a2004, b2007）：〈反映的實踐者——專業工作者如何在行動中思考〉。台北：遠流。
　　克：教育科學出版社。（Donald A. Schön 原著, 1983, The reflective practitioner）

4.1 勞動的身體、壓縮的情感

用相套疊的社會系統來放置及理解家庭經驗，很容易看見父與母，做為男人與女人和謀生養家之勞動者的身心刻痕，勞動的身體無所不在，身體與心靈承載著不同形式的勞動刻痕。然而，在經濟起飛年代中，受父母保護，只需唸書求高分的孩子們，身心記錄著怎樣的經驗刻痕呢？顯而易見的，當唸書成了配合考試機器的操作動作時，青春無法得著勃發機會的身體，也會示演著令父母幫不上忙的弱視、虛胖或乾瘦及抑鬱躁亂。倘若此時，父母或外出打工或鎮日勞動，父與母的勞動滄桑，又是如何傳遞轉置於家人關係之中呢？1960~1990 年代的台灣和1990~ 迄今的大陸相似，百業蓬發，全民拼經濟，在家庭內，放下書包，家庭代工與機器生產的上線勞動經驗，是很多人共有的經驗。第三章小金就記載了青春少年，在學校書包與家庭機器間，因壓扭而漲溢的怒氣。20 年後，小金回看自身的「情緒性」時，才遇見了失聯甚久的奶奶：

> 「我過往所迴避的焦慮與恐懼就像荒廢許久的田地，如今我得回過頭來將其結塊硬化的土壤耘開，讓埋藏其中的陰暗得以面見陽光。這樣的勞動沒有異化，而是結合了我極力發展我自己的動能，我投入我自己的耕耘中，是意之所趨，我之所在。在田裡勞動的意象讓我想到我奶奶。我年幼時愛跟奶奶下田，不知道是奶奶想休息，或是為了來看看我這個在木瓜樹下玩耍的小金孫，她常會來木瓜樹下喝水，然後說「田裡的事是做不完的，做不完還是要做」。我已不確定她是對我說，或是對她自己說，但我記得她的面容沒有怨嘆的意思。就是這種態度的勞動，我應當如此的耕耘自己，看看自己會長出什麼果子來，然後接受它。這是發展而且不是工具性對待的勞動。

小金是阿媽在田中往返農活中，勞動生產與生命延展的愉悅的表徵；然而，這一愉悅的聯繫，在小金的青年期是失落去了！

4.2 斷裂的關係、脫落的長大

情感可以如壓縮檔帶著，關係狀似中斷皆可接續。在生命發展的過程中，關係所承載的情感經驗，所涵攝住的，絕對是具有多層次社會脈絡交相編織的作用痕跡，只是關係中的行動者，並無足夠的資源與條件去體察它們，這就使得具社

會性的與親人在相互依靠的關係中，不得不時而強烈碰撞的「情感」，只能被迫粗糙簡化的轉為「情緒」。這些片片段段的情緒，就「壓縮」的存置於身心內部及關係方式的慣習中。不過，生命雖不可逆，但人的主體化心智空間，是可以在社會活動的參與中，得到變化與發展的機會的。

西方近代心理治療各路手法與東方佛道修行法門，皆是以身心空間運作與各種可能性來對治與提升轉化人間的滄桑遺痕。西方的個別與團體心理治療方法均是在當下關係中，借力使力地在「此時此境」與「彼時彼境」之間來回工作著；佛道修行則特別累積了現代性科學實證論邏輯與西方身心二元對立概念所不能捕捉的，跨時空經驗層次與身體界線的心性提升方法。

培養一個好的工作者不是一路塞東西給他，而是創造一種關係的條件，支持他開始覺識清明地啟動一條自主的道路，它是一條有方向感地發展自身成為實踐／探究者的路徑；第四章的美娟與第五章的瑞斌都已走在這樣的道路上。美娟現為擅長透過書寫生命故事，與他人發展身心成長協作方法的心理諮詢工作者，瑞斌則走上了人文組織心理學的踐行道路。他們均曾多年由勞動家庭的關係中，脫勾似的兀自長著，「由鄉入城～女兒回家的路」與「尋覓噤聲的畫眉～走近父親的兒子」，就是他們「**解壓縮」的身心復元**的故事。

5. 立基實踐的解殖路徑

在不同的社會裏，「家」與「國」（國家機器與社會體制）之間相互作用的方式與力道，是各具殊異特性的。完成這本書的動力之一，來自過去 5 年往返大陸，聽年輕學生談脫勾失聯的父輩祖輩，與眼下的經濟生活與婚戀難題！當我們視「家為一社會田野」，學習去看見與理解家人「關係」所承載的社會性經驗時，年輕人的身影中帶著在中國自 1949 年以來三代的成年人，這使得年輕人的婚戀問題，無法再只被簡化的對待為「現代女性自己做決定」的情愛抉擇。由社會的結構性機制來看，中國大陸迄今，所經歷的政治經濟變動，對三代成年人而言，猶如一層轉動即**整層扭轉的魔術方塊**！國家建設可因其政治操作力量而整層板塊移轉，活在其中的無數個體，則是這結構性扭轉力道的承擔者；因為活著就必得承接結構性力道，個體有限的身體與心靈，無可避免的扭結著求存發展！許多年輕人帶著對由「解放」到「文革」，長時分居異地的分偶婚姻關係中的成年

男女（父母）的不解、困惑與指責。他們的父母作為一整代成年男女的婚姻與家庭經驗，常年存壓在裂解分離或矛盾凝結，且不易言說的經驗包裹中。上兩代成年男女的堅韌與悲愴，如何能成為「傳承」的生命故事與社會的文化資產，而非被「代溝」一詞化約地掩埋去了！

　　這本書，主要以台灣工業化過程中的家庭經驗為主，我僅在第七章以故事對照的陳述方式，將大陸青年人的經驗略為勾勒，期能拋磚引玉，鼓勵大陸的學人與工作者們，能開拓「家即社會田野」的研究與心理教育方法的實踐進路。

　　人文社會科學的工作者們，如何在我們所安身立命的社會內部看見世界他方，但能**不貪婪的不以「接軌」的不如實的想像與簡化的語言**一昧攫取國家資源，誤植套用歐美知識，膨脹了工具理性邏輯對人文底蘊的傷害！三兩成群的工作者，資深與資淺的伴隨同行，就地戰鬥，進行「陣地戰」式的實作活動與實踐項目，凝聚心神，研擬活動策略始為上策！工作者踐行的路徑首重進入田野、進而謀求細水長流與滴水穿石的累積，文化的再生與轉化，靠的是人立於天地之間的那股站樁功夫的定力。

第一部份 路徑知識 1

社會田野中的家與工廠

【第一章】「家」的階層處境

【第二章】老李家庭小工廠的彈性－家族關係與雇傭關係的
　　　　　交互作用

【第三章】小金家的勞動與衝突

路徑知識（1）～ 社會田野中的家與工廠

1985 年，我修完哈佛諮商與諮詢心理學程的課，回台灣於台北榮民總醫院精神科實習一年；家族治療與團體治療是實習重點。逼近 1987 年解嚴的台灣社會，久被禁制的社會動能四處湧動；「戒嚴」的解除，推動了社會底邊人群，用自身的行動力去改變了他們過去的參與社會的方式。與此同時，產業結構的變化也因資本外移，關廠的勞資衝突浮上檯面。廠關了，不只是在工廠中工作的工人失業了，與工廠生產層層分包的外包系統（putting-out system）縮減消失，成千上萬的小外包家庭也失去了訂單。**台灣的「家」的生計之道，怎麼看也不是歐美社會的居家景緻！**

一方面在學校開著家庭理論課程，一方面帶學生在實習的田野中磨練專業方法的我，開始援用民族誌的研究策略走進社會田野中的家與工廠。

民族誌的研究方法被分類為三種：描述民族誌、應用民族誌與批判民族誌[1]。1980 年代後期，我開始對台灣勞動階層家庭經驗進行調查了解，是準備自己投入工人教育的工作中，所以我自然而然的，選擇了以批判民族誌的立場為起點。批判民族誌所緊扣探問的「社會結構性限制與行動者能動性」之間的焦點，是和心理、教育與社工工作者在問題叢生的社會現象場中，力謀與當事人尋找出路的關切點十分接近；然而，家與社會的接合及交織作用處，則仍不易由外部的研究者探知，由家內成員家庭經驗的敘說，始可看見「家」的勞動方式與移動軌跡及對家人的影響。

1. 田野中的相遇與撞擊

在學術單位的知識工作者常會運用人類學田野調查、口述歷史與民族誌方法，幫忙自己進入與自己生活世界，有一定社會距離與心理距離的環境與人群。田野中的遭逢相遇是走近他人的了解過程。1993 年我和一小隊學生，在台灣高雄林園石化工業區內進行田野訪問。僅小我 4 歲的 36 歲婦女雲的工作歷史一拉開，就是一頁女性重負勞動的故事：

---

[1] 請參看本書第 10 章

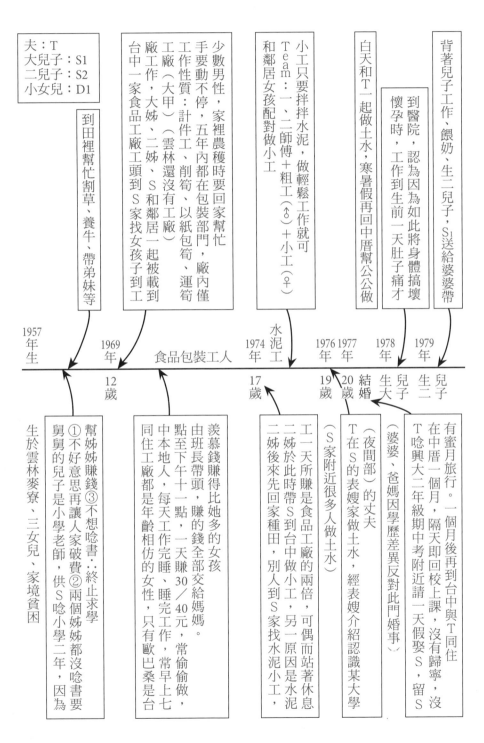

圖一 雲的生命史（蘇雅婷田野筆記，1993）

上方註記（由右至左）

- S和弟妹輪流到重仁醫院照顧婆婆
- 但身體很多部位，嚴重淤血
- 今年共做26天模板工，每天賺一千三百元，如果小叔來請S幫忙，S有空時就到豬舍幫忙
- ②脊椎骨酸痛，賺的錢不夠付醫療費所以沒做到家裡斜對面做織布代工半個月，因①不好賺
- 做較輕鬆的幫手工作節，壓迫到神經，偶而做土水時，脊椎骨被磚塊壓傷，脊椎骨彎三
- 不舒服②比做土水累③T叫她不要去天，因①回家後發現唾液有白色物質，鼻子
- 利用無工程期間，經表嫂介紹到台塑代工一
- 曾做塑膠花家庭代工，二天賺25元
- 涕打不停做土水時將臉全包起來，但塵土多時，常打噴
- 此時公公才付給S做水泥工的工資
- 請婆婆帶孩子，中午回家餵小孩
- 工作時間早上八點至下午五點，S當時40kg要背50kg的水泥袋，與公公一起做土水，沒有男性粗工，水比在台中做更粗重，賺的錢也較少，…S全給公

時間軸

1980年	1981年	水泥工＋家庭主婦	1983年	1986年	1987年	1989年	1991年	1992年	1993年	1993年 2.	1993年 2.7.
23歲	24歲		29歲		30歲		34歲	35歲	36歲		

下方註記（由左至右）

- 人二處工作，與其夫回中厝定居，月薪一萬二，T通過調查特考，在市政府
- 懷孕時，靜脈曲張嚴重，身體不好
- 生小女兒，分娩時血崩。做月子時，母女共住醫院 D_1 腸炎，脫水嚴重
- 產後17天，因抱 S_2 洗澡跌倒又血崩，至天亮已昏迷被送至醫院急救
- 鼻子開始過敏，至今未治癒，S認為是空氣污染引起
- 兄弟家庭分開煮食，公婆在S家，小叔家各吃一個月
- 這幾年身體不好，但沒有洗衣機洗衣，直到T之朋友建議他買，才買了傳統型洗衣機
- 因為①老師來找②先生鼓勵③孩子較大④自己很想識字所以去唸國小夜間部，上課常打瞌睡或缺席，趕不上土水太累還得回家煮飯，晚上七點開始上課，但白天做人家就沒去了，但覺得不識字很痛苦
- （林園事件，看電視才知，每人得補償金一千元）
- 公公因年老痼氣終止水泥工作，改和小叔在溪洲河邊養豬
- （婆婆車禍開刀住院）
- （婆婆醫療費用十萬元以上，由三兄弟分擔，劉家省吃儉用，S較少去買菜）
- 鼻、臉過敏到醫院打針（訪問S，第一次和陌生人講這麼多話）

　　雲由 12 歲就開始做工，由 12 歲到脊椎受傷，無法負擔水泥工（36 歲）的重勞動力工作時，雲沒有片刻離開過做工的生涯；而且她同時還參加到各種外包勞動的機會中。如果我們把家務勞動也列入計算中，雲在婚前的勞動生涯，約為 1~1.5 全時工人的工作量（加上加班計算）；由 20 歲~36 歲，雲的勞動量則約為 2~2.5 個全時工人的工作量（一個水泥工工作量，加上一個相當於全時工人工作量的家務勞動，再加上半個包工），這還沒加上女性所特別負擔的生育子女的辛勞。

　　在雲身上，清晰看見低技術及半技術體力勞動的工作特性，以及家庭與婚姻關係，對勞動力提供的強制性。食品廠女工、水泥工及外包工，都是低技術勞工，而婚前賺錢為家人，婚後，公公一直未付雲水泥工工資（也就是說由 1977 年到 1983 年期間，雲是無償的做公公的水泥小工）。勞動婦女身上的這種來自婚姻關係的強制勞動的景象，在雲生育血崩的苦痛經歷中更為怵目驚心。

　　同時，勞動婦女的生涯機會，並不見得因其丈夫的學歷較佳、生涯機會較好而有所改變。**雲丈夫的高學歷並沒有改善雲的生涯處境，雲反而像是代替丈夫這個「長子」在家庭中協助公公、小叔勞動**。雲的故事，反映了在勞動分工的系統中及婚姻家庭系統中，女性勞工均處於性別權力關係中，被使用的位置上，如果說男性技術工人在其生涯發展過程中，會運用政治及資產的可能資源尋求「翻身」（上昇）的可能性，女性勞工難道沒有這樣的企圖及表現嗎？這個答案當然是「有的」。但要理解勞動婦女主體性格，婚姻家庭關係與勞動僱傭關係之間的交織作用力，幾乎是必要的入口。類似雲這樣的田野學習，在第一、二與三章中會展開對家庭理論和案例經驗的探討。

2. 家庭移動經驗的敘說探究

　　「家」與社會的接合點，常由「家庭」群聚居住的區域空間與遷移的歷史軌跡中窺見。經濟活動、戰亂與政治運動推著與裹著「家庭」移動與變化。1980 年代初台北都會外圍，由鄉入城的工人家庭一家人，擠著住著是不少家庭的經歷，玉霞的家就是如此。在玉霞的回憶中，由鄉入城的打工父母均不在家的白天，屋外狹窄死巷是她獨自承擔害怕與學習冒險的起點：

在那個有點封閉的公共場所，沒有一個位置是屬於我的，我無處可藏匿，只能不斷的接受外界的刺激，看著家門外的人事和自然天候的變化，就像是一段冒險的旅程，卻沒有退守的角落，我不知道今天將會發生什麼事？又什麼遭遇？我會欣喜的期待發生有趣的事，但是如果我累了、睏了、突然拉肚子或怎樣…，我該何去何從？

大多時候，我的戶外冒險就是以布袋蓮池畔的死巷為基地，從無生有的尋找一切可以玩辦家家酒的用具，我會找一些廢報紙、廣告單來鋪在一樓空屋的屋簷下，用它們畫出一個家的範圍，我會找一些人家丟棄的空罐當作鍋碗瓢盆，找一些尖銳的、塊狀的小瓦片作為菜刀，我會親自去挑選上好的布袋蓮。我蹲在池畔，看看靠近岸邊的上等貨色都已經被我摘光了，今天必須向池塘更深處撈寶，我用手撥開岸邊的布袋蓮葉群，滿佈著布袋蓮群的池塘，現出了一小塊黝黑的池面，我試著透過它的黑凝望池底，但是莫測高深，露出的池面很快的又被推擠而浮過來的蓮葉群又佔據，我想如果我不小心掉下去，大概不會有人知道吧！我一個人玩耍，向來沒有人會看到我，如果掉下去了，我呼救的聲音也很快會淹沒在推擠過來佔據池面的蓮葉群裡，於是我小心謹慎著把重心擺在後頭，伸出手去撈那一株最清新脫俗的布袋蓮，她是這麼的美，我不禁發出驚嘆聲！

————〈李玉霞[1]，2003〉————

在工業化過程中，城市的延伸區域，則可以群聚居住著數十戶家庭小工廠。中國建國後，在國家型規劃與政治運動中，整代人上山下鄉又返城的移動與落戶，影響了兩三代人的家庭關係；國共內戰的 1940 年代迄今，家人離散與相認的過程則橫跨海峽兩岸滲透影響著二、三個世代，台灣的軍人眷村聚居區與大陸民工聚居區，分別展現了如戰爭般強大的政治與經濟席捲力道，是如何沖刷過無

---

[1] 李玉霞（2003），〈母職‧情慾‧我 ～ 一條從「孤絕」通向「擁抱」的活路〉，國立新竹師範學院國民教育研究所碩士論文。

數家屋的地基界域，且紋刻著所有家庭成員身心樣態。大陸社會主義歷史中所特有的「廠子」、「大院」與「單位」的居家群聚生活氛圍，在近 20 年大塊成片的消失，家庭聚居的人文地景的變化轉置到「家人關係」中時，家的承擔是什麼？家庭經驗的故事敘說，是一種經由回溯反映到轉置探究的理解「家庭」的方法。

　　家人關係承載了家內不同成員，對彼此並不如實的關係期待，和家庭經濟勞動重負的耗損要求，導致大量的破碎溝通與情緒困阻，矛盾堆疊著矛盾，衝突一層層地指向可能的決裂。「家庭」需要怎樣的理解方式，才能帶領我們階段性地，先「懸掛」著自己與親人關係中難解的紛爭衝突？當我們在心中拉開一些距離，觀看自己的家與家人關係為一客體，並在謀思出路時，這一提問就會帶領我們往第四章～第十章走去了。

　　下面所接著的三章則均為口述史與民族誌方法的使用。第一、二、三章文章的原初版本均完成於 1980 年代末到 1990 年代初。當我開始投入到台灣解嚴後的工人運動中，對台灣勞動階層的靠近，使得歐美心理學家以偏概全去脈絡化的論述缺失清晰顯現。「家的階層處境」便是當時搜尋閱讀的整理文章，老李和小金家則是 1970～2000 年，支撐台灣經濟的重要底部的小家庭工廠的生活樣態。參與到大學校園外工人群體社會生活的選擇與投身，使我在心理學專業教學／研究與社會參與的兩個社會位置之間往復工作著，是在如此的脈絡中，才逐步辨識了 1983～1985 年，於哈佛教育學院博士學習階段，所聽聞見識的質性研究的各種路數。以特定歷史過程中個人與群體之主體性變化的角度來說，在那個時期，我體內所壓制藏抑的政治恐懼，已在生活的要求下，轉化為日常生活社會互動過程中的政治敏覺，但它仍是不易言說，甚或不必言明的。

《第一章》
「家」的階層處境

一、導論：家庭經驗與階層處境[1]

　　在有關家庭的研究中，社經階層和家庭發展的關係是一個重要的研究領域。由家庭問題的角度，來檢視家庭社經階層與成員問題行為或困擾之間，相關性的研究相當多。Ferben 及 Farrell 指出探討家庭收入和成員的認同發展、身心健康、婚姻滿足感以及子女發展狀態的研究，佔美國家庭研究的大宗。若針對勞工階層工作時間的特性而言，研究發現輪班（working shifts）對健康及家庭生活有負面的影響；夜班工作特別對夫妻關係，中班工作則特別對親子關係產生負面的影響（Ferber & O'Farrell,1991）。**如果研究勞工家庭的目的，只是在辨識家庭內部的問題與外部社經處境或工作脈絡之間的相關性，那麼已有的研究成果，已或多或少地回答了這個問題，但如果我們研究勞工家庭的目的，是希望協助勞工家庭或成員增進自己對問題的了解，並採取有效行動以改變問題的情境，那麼我們對家庭內部與外部各種作用力量，在問題形成歷程中所發生的作用，特別是這些因素，如何透過家庭關係模式的運作，影響成員意識與行動的作用歷程，就不能不仔細了解了**。簡言之，在這篇文章中，我所採取的一個對知識的立場是實踐取向的（praxis-oriented）；也就是說，我們研究勞工家庭經驗的目的，是希望能生產出尊重勞工家庭成員主體性的知識，以協助勞工家庭成員能理解自己的處境，並採取有意識的行動挑戰自己以及有問題的情境。

　　在過去幾年中，我一方面在大學中教授有關家庭關係的課程；另一方面在勞工與工會教育的領域中接觸一些勞工家庭。做為一個心理學工作者，我熟悉以西方中產階級家庭經驗為著眼點而建立的家庭溝通理論，在家庭教育與家庭治療的

---

[1] 家的階級處境老李家庭小工廠的談性，曾刊載於台灣家庭研究季刊「一個小外包廠的案例調查；家族關係與雇傭關係的交互作用」，夏林清，鄭村棋，1990.12，台灣社會研究季刊，第二卷第三、四期。

實務工作中，對家庭成員情緒經驗及行為適應的問題，均由對家庭溝通模式的分析及改變下手；這種著眼點，使得實務工作者對家庭內部的經驗與政經結構及社會歷史經驗間的重要聯繫，常視而不見。以勞工家庭而言，夫婦相處時間、方式及父母與子女的互動，無一不被他們所參與的生產勞動工作的性質及方式所影響。譬如：一對夫妻都輪三班而每四天需換一次班的勞動夫婦而言，他們的夫妻生活及父母與子女的接觸機會，都和一對朝九晚五的專技或公教階層夫婦的家庭生活，有著明顯的差異。也就是說，家庭賴以維生的謀生方式，對家庭成員相聚的形式、機會、父母／夫妻互動模式以及兒童的發展，發生著一定程度的作用。

以美國心理學家庭溝通與系統結構理論為依據，而發展出來的家庭教育與家族治療的方法，均著眼於，家庭內部關係模式對家庭成員個人自尊狀態及情緒歷程的影響，並以改善或重建家庭功能為職志。功能與失功能（function and dysfunction）成為一重要的評估家庭狀態的標準；在家庭教育及治療的實務工作中，功能與失功能則發揮了診斷的標籤作用。這些理論及作法的優越性，在於它發展出可操作的介入策略，對家庭內部失功能的個人或次系統進行改正或調整；但在忙碌地專注在功能調節的焦點上時，對家庭功能不良的社會起源及意義，未必有考察的空間，因而不易發展出其他的改變之道。針對功能主義的問題，英國社會心理學者 Mark Poster 提出批判家庭理論（critical family theory），來檢驗生產方式對家庭結構模式的影響，並對家庭溝通理論提出了批判性的看法；女性主義的經濟學者 Heidi Hartmann 則由父權與資本主義相互支持的觀點，對家庭內部經驗的意義重新詮釋。

在這篇文章中，我將簡單討論這三個不同的理論觀點，並提出二個家庭生活的案例來推進研究者的思考路線。簡言之，這篇文章其實只是研究者，企圖進一步研究台灣勞工家庭的一個準備工作，而不是一篇完整的研究報告。嚴格地來說，文中二個家庭中，二對夫婦中的三位，均曾在工廠生產線工作，但目前都不能算是生產領域正式部門中產業工人的家庭；但二個家庭都涉入了台灣昌盛的非正式小外包生產領域，也都分別具有小頭家的身份。在台灣經濟發展所謂創造奇蹟的歷史中，這樣的一群兼具產業工人及小頭家或小商店主的家庭中，到底發生了怎樣的經驗呢？它可以提供我們那些進一步探究問題的啟發呢？

二、了解家庭的多重觀點

1. 生產方式的家庭結構

　　在有關家庭結構變化的理論中，無論是恩格斯將家庭模式的變化完全歸因到生產方式變革的化約論述，或是近代心理學家偏重家庭系統與溝通的理論，並未對人們家庭生活領域，是如何與政治、經濟範疇在交織作用的歷程，有過系統的考察。Mark Poster 所做的工作，便是先針對十六～十九世紀歐洲歷史發展過程中，四類不同人羣的家庭結構進行分析；之後，他透過對現代家庭溝通理論的批判，提出了研究現代家庭及工業化之關係的一個立場及觀點，即他的批判家庭理論（critical family theory）。在這一節中，基本上，Poster 透過對農民、貴族、勞工及資產階級現代小家庭中，權威與愛的表達形式與內涵進行了檢驗。下面簡略介紹 Poster 對四種家庭的分析。

（一）十六、十七世紀的農民家庭

　　十六、十七世紀歐洲農民家庭的特徵，和農村村落社羣生活的方式，是不可分割的。在村落中，許多家庭聚居的形式，使得一個單獨的家庭本身，並不構成一個特別有意義的社會團體，因為脫離了村落，在一個單一家庭層次上的生存，幾乎是不太可能的。家庭必須依賴村莊生活，家庭的日常生活涉入村落中互動的程度很大，也就是家庭不是一個封閉於社會聚落之外的私人世界，村落是家庭相互依賴關係的一個集體表現形式。農民家庭和村落的依存關係，對社會權威、夫妻關係、親子關係以及孩童的養育，均產生重要的影響。

　　在農民家庭中，父親並不是社會權威的代表，而村中的地主或教士等，才是社會權威的代表人物。原則上傳統與習俗規約著村民的日常生活；家庭的活動是在村落社羣面前展開的，因而婚姻、夫妻及親子關係都被村落社羣公開檢視著，家庭的隱密性是不大存在也沒有什麼特別價值的。就是說，小家庭不是一私密及佔據所有權的空間，而是被整合進較人的社會網絡（村莊）的。在農民家庭中，夫妻是「工作夥伴」而非現代小家庭中的「親密伴侶」；婦女仍是從屬位置，但在她們自己的居處內，婦女擁有某種程度的權力。婦女每天勞動的時間長而且辛苦，但她們的工作對家庭及社羣的生存均相當重要；因而女性的價值，是依她勞

動的能力及生兒育女的功能來判斷的。

在這種村落社羣脈絡中的小家庭裡，兒童不是家庭生活的中心。他們並不是在父母盡心全力的注意下，或是完美道德的塑造下被養育的。通常，母親雖然自己哺乳，但仍以工作勞動為主，因此母親和嬰兒的關係中，並沒有密切強烈的情緒投入；母親也不會緊張地注意幼兒大、小便的訓練。同理，性蕾期的控制也不是一件重要的事，所以兒童不會為了得到父母的贊同而壓抑身體的愉悅感；再加上農民的居所通常並不大，成人和兒童時常睡在同一張床上，所以小孩對成人生活中的性活動是熟悉的。在農民家庭中，當兒童長到 7-10 歲左右，通常便被送到另一農民家中做「學徒」，去實習某種勞動的技能。年輕人的學習不是依賴父母而是依賴社羣的。由於小孩很早便在社羣中生活，所以社羣中有許多他可以認同的對象；對兒童及青少年行動的讚許及懲罰的來源也是來自社羣，而並不侷限在家庭中的父母。

總的來說，在村落社羣的農民家庭中，權威及愛的表達形式和經驗的內涵有著下面的特性：對兒童及青少年來說，權威是分散在全村中的，在兒童成長的過程中，有數不清的成人參與在其中。愛和權威並不是相對立及矛盾的。兒童及青少年在對社羣權威的認同和順服中，經驗著來自成人的帶領和關懷。

（二）十六、十七世紀的歐洲貴族家庭

對貴族來說，婚姻不是羅曼蒂克的愛也不是性，而是一種政治行動。貴族的財富是傳承的，貴族是為君王效忠打仗的，妻子的主要責任是養兒及安排社交生活，但真正照顧兒童的其實是家中的保母和僕人。

在貴族家庭中，兒童在成長過程中關愛的來源，是分散在家庭中不同的對象上的；而對社會階層的服從則是兒童在稍長後的重要學習課題。和農民相似的一點是，貴族家庭中對兒童的大、小便訓練，也並不像近代中產家庭中那麼嚴格地控制。兒童期的手淫，不被視為不當和被禁止的活動；因為父母和兒童的關係基本上並不親近，保母、僕人反而是最接近兒童的成人，性蕾期的緊張情緒，並未和兒童與父母的親密關係發生關連。簡言之，兒童不會經驗到，得用壓抑自己身體的快感來交換父母的愛；對貴族家庭的兒童而言，尊重社會層級（social hierarchy）的重要學習，是經由父母（主要是母親）所安排的社交活動中，即在一複雜、公開的社交世界中，去認識自己的社會位置及角色。

　　貴族家庭中的母親是政治聯盟的一種象徵，而非羅曼蒂克愛情的俘虜；父母與子女之間的矛盾與衝突，並不是如 Freud 描述的環繞在性意識的主題上，而是「社會權力」（social power）。同樣的，兒童的身體不是對性的矛盾情感的一種標誌，而是社會層級「秩序性」所代表的政治權力的一個標誌。貴族家庭在社會權力階層關係的維持與傳承上，所發揮的作用決定了父母關係的性質。

（三）工業革命後的勞工家庭

　　工業革命將農村勞動力轉化成工廠勞動力；如前述歐洲十六、十七世紀村落農民家庭的生活脈絡，在十九世紀工業革命的衝擊下發生了重大的變化，大量鄉村農民移居到城市居住及工作。

（1）工業化初期的勞工家庭

　　在工業革命的初期，工人的工資非常低，通常一個家庭中的大人和兒童，都得外出工作才得以維持生計。工人的生活條件及居住環境，差到現代人無法想像的地步。例如：在英國曼徹斯特曾經有 200 多人共用一套衛浴設備的情形發生，當時的一項統計指出，在利物浦有 1 ／ 6 的工人住在老鼠、臭蟲充斥，無窗也無水的房間內，平均每日工作 14 — 17 小時。

　　工業化的早期，看重私密性的中產階級家庭尚未產生。工人在惡劣的工作與生活條件下，曾企圖藉由保留舊有的社羣聯結來抗拒資本家的專斷。工人企圖藉原有的依賴及互助的社羣形式來改善生活的惡劣條件；早期工人的罷工及燒毀機器，是工人企圖將社群凝結（團結）的舊有形式延伸到對抗壓迫性勞動條件的一項證明，但這種行動的方式並未改善工人生活的惡劣條件。對工人階級來說，除了承受在勞動過程中的異化及剝削之外，他們還得對抗舊有社群關係的被分裂與分割；家庭關係的變化便是最直接和明顯的。

　　十九世紀上半期，勞工家庭中的情緒結構和後來的中產階級家庭是不同的。勞工家庭中的兒童仍是在一舊有的、非正式的方式中被養育著。所謂舊有的方式是指農村中的兒童，是不需要母親持續注意及教導的兒童，是在許多成人所共同參與的社羣脈絡中，被親人及其他成人照顧長大的。十九世紀初的勞工家庭則保有這種養育方式，但兒童被養育的經驗內涵已在實質上發生了下列的變化：幼兒是營養不良、疲累及無法專心的母親所哺乳的，在父母均疲乏不堪的勞工家庭

中，兒童的大、小便訓練和性衝動控制，毫無疑問會是放鬆的，較大的兒童則主要是在街頭的友伴團體成長。這些街頭頑童迅速且確切的在資本主義下，學習到有關生存及生活的規則。

勞工兒童和農民兒童一樣地面對一較廣的成人網絡，但與村落農民生活不同的是，勞工階層社羣並不像村落農民是一自給自足的社會系統，來自工業資本主義的權威形式已入侵了家庭，並侵犯了成人及兒童。簡易的來說，以農民和工人的生活來比較，是較被自己所自主控制的；在工人階層兒童的處境中，農村中穩定的族長，或社羣長老的權威形式，被工業化過程破壞；兒童社會化的過程發生在街頭及工廠中。在工廠中，資本家或業主的權威是對立於工人的，這種權威是不可能被勞工家庭的兒童或青少年所認同的；在街頭，兒童及青少年所面對的是一非人性、粗魯與冷酷的社會現實；在工人家庭的內部，父親又不具「資產」來做為其權威的基礎，青少年很早就獨立工作，獨立於父母，這種背景便是十九世紀初期，勞動階級的反抗與叛逆發生的心理脈絡。勞動階級的叛逆表現在勞工青少年身上，在統治階級眼中則被稱之為「青少年犯罪」，並企圖通過對不良行為的界定來控制糾正他們。

同樣的，在沒有財產及財富顧慮的壓力來延緩結婚的年齡，工人傾向早婚。家庭中的男女關係較傾向於不鼓勵族長中心模式；工業化過程提供了婦女許多的工作機會，女性通常既要入工廠勞動又得持家，在家庭中及工廠中男性專制與主控的情況仍然繼續著，只是它採取了不同於族長中心的新的權威形式。有關工人階級的性模式（sexual pattern），在過去已有的文獻中甚少被研究。中產或小資產階級的道德家，常認為勞工在性的態度和行為上是雜亂的，這種論點對工人階級是十分不公正的。在有限的工人自傳體的資料中，看得到工業革命初期工人階級做為一個新興湧現的社羣，在經歷到既存農村社羣控制鬆動的同時，在生活中承受到工業管理威權的一種新的控制形式。

（2）工業革命中、後期的勞工家庭

十九世紀後半期，所謂的勞工貴族（即高技術的男性勞工）湧現，這些技術工人雖仍佔工人階級的少數，但他們逐漸地接受中產階級家庭生活的模式。這種趨勢主要因素為，一方面技術工人的收入，足以維持家庭的開銷，這使得婦女得以留在家中以養育子女為其主要工作；另一方面中產階級不遺餘力地企圖改造勞

動階層，來接受自己的道德標準。在英國，有許多歷史資料告訴我們，慈悲為懷的中產階級，企圖藉由將下階級整合到中產家庭生活模式的作法，對勞工階級進行道德的重整。

因此在工業化的第二個階段中，中產家庭性別角色分化的家庭關係模式，開始在工人家庭中發生作用。不過一種全然的中產階級的養育方式並未發生，男性工人傾向於在工作場所及酒吧中聚集，形成一男性社羣，女性則建立以其居處為基礎的社羣。在英國，一種超越核心家庭的母系家庭系統（a matriarchal kinship system）是當時常見的一種形式；在這種家庭系統中，外祖母常成為一核心人物，發揮著建立其女兒、媳婦之間聯繫的功能。例如：母親常為她的已婚女兒安排一接近自己住處的公寓，這是一種延伸性的家庭形式，女性之間發展出超越核心家庭，甚至延伸到鄰居社羣的聯結關係。以當時倫敦東區的貧民窟來說，婦女之間是互相認識的；她們的日常生活不像中產階級女性，那種孤立的生活方式，而較接近過去鄉村的社羣聯結。這種婦女之間的社羣聯結，使小孩的養育不致像近代中產階級家庭中，完全得依賴父母。

到了 1950 年代左右的歐洲，工人的生活水準因工會運動的發展，而得到了更多的保障；部分工人更有條件追求中產階級的生活模式。當一對勞工夫妻由原先工人聚居的社區，移入都市郊區的住宅區時，他們原有社群聯結就中斷了。工人家庭的妻子，也開始像中產家庭的妻子一樣，被孤立在小家庭中，丈夫也為了家庭子女的養育，而放棄了留連在酒吧的聚會。子女成為父母注意的焦點，子女的未來成為父母最為關切的重心，中產階級家庭模式滲透並轉化了勞工階級的家庭結構，可以說是資產階級民主政治成功的一個證明。

(四) 資產階級的現代家庭

大約在 1750 年左右，法國出現現代資產階級類型的家庭。所謂資產階級類型的家庭，是指家庭做為一個社會系統的一個小單位，逐漸由較廣的社會網絡中（如農民家庭的村落社羣網絡以及早期勞工階層的社羣網絡）抽離出來。這種抽離開來的一個後果，在西方現代核心家庭的一個特色，便是家庭被創造成一隱密的、個人性的生活世界，這引發了家庭內親密關係（特別是父母與子女間）的新形式的發生。十九世紀初期，開始出現及盛行的「羅曼蒂克的愛」與「母性的照顧」，都是與資產階級家庭形式相關的現象。

　　在工業化過程中新興的資產階級，逐漸地主控了社會政經發展，資產階級家庭形式所往內形塑家庭關係的情緒模式，具有促進新興資產階級利益的功能。這之間的聯繫可以更進一步地來說明。

　　資產階級家庭的隱密性，是來自於資本經濟的二種重要方式：①為了追求利益累積資本，男性得離家參與經濟活動，並建立一與家庭居所分開、功能分化的商業場所，家庭不再是生產活動進行的場地。②商品交易的原則，改變了人與人之間的關係性質；利益算計的競爭關係變成一主導的人際關係形式，所以相對於利害競爭與鬥爭的關係，家庭關係便被分化與強調為一溫暖、親密及情緒性的關係。相較於前面描述的三種家庭模式，資產階級家庭成員之間，存在一具有特別的情緒強度與私密性的關係模式。這種關係模式可以說是一種新的愛與權威的表現形式；生產勞動與家庭生活空間的分離，以及資產階級為了維持與鞏固自身的利益，就必須依靠家庭的內在運作機制，模塑出合乎資產階級行為規範與道德觀的下一代；這也就形成了資產階級家庭內的私人權威。為了教養出擁有專業知識，才能掌握政經資源的第二代，中產階級有系統地，致力於延緩個體在性上獲得滿足的年齡，這導致了二性的性壓抑；同時中產階級的女性被視為一性的表徵，而性是可以和溫柔的、家的感覺所分割對待的。在夫妻關係中，男性被視為一自主的、自由的人，女性則是依賴的，中產階級婦女可以說是關係的產物，她們對自己的感覺，是來自自己在丈夫世界中所佔有的某一特定位置，對子女的關切是妻子最主要的責任。對子女而言，並沒有來自家庭之外的成人可以介入家庭的私密領域，所以父母變成是唯一的權威。學前的兒童除了自己的父母外，不常和其他小孩及成人相處，家中或子女發生任何事，外人不易干預，父母的權威自然升高。

　　家庭內私有權威最直接的影響是婦女與兒童。雖然自由主義者強調中產階級的小家庭制度，使個人由過去的社會限制中解放出來，但事實上，女性反而在失去其女性友伴及社羣的支持下被孤立在小家庭中。中產階級現代家庭中，母子關係的一項最大特色就是充滿「焦慮」。嬰兒在口腔期的養育過程中，母親深深地投入在她和孩子的關係中，母親是和其他女性孤立的，而她得獨自負責滿足嬰兒的需求。這使得年輕而孤單的母親經驗到高的焦慮和緊張，因為嬰兒若有閃失就是自己的錯誤了。肛門期時，母親則採用一嚴苛的方式來訓練嬰兒大、小便的控制習慣；相對地，幼兒學習到了為了享有母親的愛，他必得放棄自己身

體上的快感，「控制」大、小便做為一個自主的訊息被父母所鼓勵。在「母親小心翼翼、關切的注視之下，孩童必須學會一項痛苦的情緒課程——即自己的身體是令人厭惡的」。到了性蕾期時，孩童再度陷入一矛盾的感覺中，即為了父母親的喜歡及愛，得放棄自己身體所帶來的性歡愉感。十九世紀時，英國曾十分流行教父母如何對付小孩手淫的習慣。Freud 很早就提出，兒童「情緒的矛盾」（emotional ambivalence）是中產階級家庭結構的產物。當小孩為了得到父母的愛而否定「性」（指生殖器感官的愉快感）的快感時，他同時是十分生氣的，但此一生氣又不可表現出來，因為它會再度威脅到來自父母的愛；因此小孩必須壓抑這一生氣的情緒。那麼這一生氣轉化到那兒去了呢？它通過「教養」的機制被內化成兒童的道德與行為規則，這正是現代家庭所謂成功的自律與克己的人格訓練歷程，亦即父母的規則被內化到潛意識中，成為愛與恨的感覺以及一套規約行為的規則。中產階級內化的自尊與自律的態度正是一現代公民的圖樣，他不需要來自外在權威的強制或支持力量，一套內化的自律道德與規則推動著個體獨立做決定，並為了累積資本而不斷的從事競爭的行為。

（五）現代家庭結構特色與批判家庭理論

Mark Poster 對前述這四種家庭結構模式的描述，涉及了一個基本的爭論，即對家庭結構變革的預設。大多數的家庭歷史學者在論述家庭結構的變化時，其實都預設了一線性的變化模式。譬如以 Laslett 認為在英國的家庭的大小，在過去四個世紀中，只發生過很小的變化。Aries 則以為法國家庭只有在十八世紀中葉時，由村落社羣的脈絡中逐漸脫離出來。而近代所謂現代化的理論，則將家庭結構的變革，直接地與都市移民做了簡約的聯繫與推論。Poster 認為這些研究者都發生一個根本的偏見，也就是說他們視家庭是具有持續的改變的，但同質模式的單一現象。為了挑戰此類推論和拒絕此一假設，Poster 提出家庭批判理論（critical family theory）。

家庭批判理論認為家庭歷史是一不持續的、非線性的、不同質的變革過程。如前四種對貴族、農民、工人及資產階級家庭的描述所揭示，家庭的歷史是由不同的家庭模式所組成，每一模式自有其歷史，面對不同歷史時空脈絡中不同社羣的家庭，我們需要一套對其起源及變革的解釋。近代中產階級的家庭結構模式是突出並影響了其他的階級，但我們一定要對家庭結構與生活經驗，是如何與政經

制度的運作機制，在交織作用著的歷程有細部的研究。

　　家庭批判理論的立場亦有別於傳統的馬克思社會主義理論者。Poster 指出馬克思社會主義理論視家庭為一附屬、依賴的次級結構，家庭做為一個小社會系統，它本身並沒有改變的力量，而是在革命之後被改變的。此一立論犯了二個重要的錯誤：一方面，家庭被視為一保守的小系統，基本上家庭阻礙了激進意識與變革需求的發生；而另一方面卻又忽略了在任一階級的既存家庭形式中，都存在不平等及壓迫的來源。譬如說，馬克思視勞動階級為一激進的會帶動變革的階級，因為他們的無產，使得他們在革命中，並無所謂個人利益的喪失；但一個不爭的事實卻是，即使工人階級沒有多少財產，但他們在家庭內的父權專制──主宰他的女人及孩子是不易撼動的。Poster 認為馬克思對「家庭」簡化分析，使得他對家庭在社會變革的過程中，所能發揮的能動性未能正確對待；他認為只有一個能說明家庭內特殊的和諧現象及相對自主性的理論，才能克服馬克思的錯誤。所以相對於意識形態的論述性分析，批判家庭理論企圖對家庭內部的關係模式、情緒結構與家庭所賴以生存的生產方式之間的關係進行探究。

　　為了發展家庭批判理論，Poster 以為當前最迫切的一項需要，是去檢驗中產家庭模式的命運。在資本主義的先進國家，工業革命中產生的藍領階級與中低階層的白領階級已不易區別。一個所謂的真正的小資產階級（即父親擁有可傳承給其小孩的生產工具，如小型工廠）並不多見；到大工廠、公司謀得一個職位是多數的命運，同時零售店逐漸被大型超市或企業化連鎖店所取代，資本經濟的特定需要為家庭中帶來下列幾項改變：①家庭成為一個重要的消費單位。②新的休閒意識形態鼓勵家庭追逐消費，而電視、音響及汽車的普及，更形孤立了原本已看重私密性的家庭。③消費文化強調並刺激了交易性的、當下的感官滿足感；這使得性行為的模式受到很大的挑戰與變化。④「追求快樂」的意識形態大行其道，人們在單調與有壓力的工作關係之外，迫切地尋求情緒的滿足，婚姻關係的破裂與家庭關係的解散和重組（離婚與再婚），已使核心家庭的制度逐漸崩解。上述這些特色破壞了中產家庭原來具有溫暖與自律的功能，婚姻與家庭關係中的矛盾與衝突，轉進到社會中而形成較廣的社會衝突。在先進資本主義國家中，核心家庭已被女性主義、性解放、兒童保護運動，以及激進社工與心理治療者所挑戰，批判家庭理論當然不能避開這些爭論與衝突，而須提出一套研究與介入的策略，針對社會中不同階級社羣的家庭結構進行了解與分析。

　　總結的來說，批判家庭理論由三個層面來分析家庭結構的變革與工業化的關係：①心理結構層面：即家庭內部成員間的關係模式以及情緒發展的狀態，如前面四個模式中所描述的權威與愛的關係方式，對家庭成員的影響。②每日生活層面：指經由對日常家庭活動的分析，來了解家庭經濟的建構、成員互動的規則以及成員關係的意義。③社會關係的層面：即家庭做為一個生產單位，家庭的日常生活與心理結構是如何受家庭賴以維生的生產方式，以及不同階級羣體間的政治關係所影響。家庭批判理論在這三個層面上切入家庭經驗，此一取向發生了一重要的效果；首先它突破了功能學派以家庭功能來界定家庭的眼光，Poster 認為不論是 Parsons 或是 Marx 均傾向於削弱了家庭經驗的特殊性，而視家庭為一社會整體的小操作與維持的單位；由這種立場所發展出來的家庭理論，均對「家庭」在社會變革過程中所具有的自主性，有一種抑制的看法及作法，顯然，Poster 不同意這種立場，他所企圖的正是通過對不同社會脈絡中家庭經驗特殊的分析，對家庭在經驗著社會政經變革時，所相對具有自主性能有所了解。

2. 家庭系統結構與適應功能

　　以結構功能主義為依據，而發展的家庭溝通理論（Watzlawick，1976）以及結構理論（Minuchin，1974）是近 20 年美國家族治療的主流。以心理治療為主要實踐場域，而發展出來的家庭理論建基在治療者和病人及其功能失調家庭長期接觸的經驗上。因此「功能」與「失功能」的區辨標準，以及如何介入家庭系統改進其功能狀態，便成為其理論建立的重點。在這篇文章中，我選擇 Minuchin 的系統結構理論，來做為協助我了解家庭內部運作的一個參考架構；選擇 Minuchin 的理論有二個理由：（1）Minuchin 的系統結構理論，特別強調了家庭做為一個系統，如何因應其內部與外部的壓力，這種關照了家庭內、外聯繫的觀點，可以避免掉孤立地對待一個家庭的毛病；即只看重內部溝通方式問題的窄化觀點；（2）做為一個治療的實踐方法，Minuchin 的概念簡明且易於操作，使得我們對家庭系統的功能運作機制易於掌握和描述。我分下面三小節將 Minuchin 的主要概念加以介紹。

（一）系統結構與家庭適應歷程

　　做為一個心理治療工作者，Minuchin 由病人的家庭經驗中，觀察到家庭如

何為了因應其內部與外部的壓力，而不斷的適應與再結構它原有的運作方式；簡言之，一個家庭的歷史也就是一個家庭在社會中的適應過程。適應過程指家庭功能的建構與再建構，而家庭內在壓力，指該家庭所依附生存的社會體制對該家庭及其成員之要求，對家庭帶來的要求變革的壓力。基本上，Minuchin 對家庭結構所下定義，反映的一個觀點，是視家庭做為一個小社會系統，如何「聯繫」了其內部家庭成員的生存、發展與外部大社會系統的功能運作。

Minuchin 所謂家庭功能的建構，是家庭做為一個小社會系統，在承接與面對內、外壓力時如何適應的歷程；即當家庭內部及外部的條件要求它再結構時，家庭要能一方面維持某種程度的內部穩定性，而另一方面要做出可能的重組與再結構。

家庭系統的結構與再結構到底是指什麼呢？Minuchin 認為家庭結構是「一套看不到但存在著的功能性要求（an invisible set of functional demands），這一套功能性的要求，組織了家庭成員互動的方式；家庭結構只有在一動態的變化與運作過程中才得以被體察到，家庭系統便是經由家庭互動模式（transactional patterns）在操作著的」（Minuchin，1974）。Minuchin 的說法很清晰的指出了家庭內部的幾個重要的聯繫。

我們可以由下面二個簡明的例子來說明。中國過去封建社會系統維繫是有賴於一君、臣、父、子的階層統治機制的成功運作，所以父權中心的家族階層系統是封建制度得以維持的必要基石：

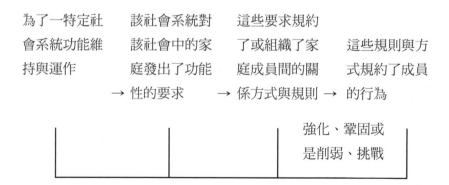

圖一：家庭內部與外部之功能性連繫

因此，在父權中心的家族制度下，男尊女卑的夫妻關係、長幼有序的家庭倫理，清楚地界定與規約著每一個家族成員的角色行為。又譬如，當 60 年代台灣經濟亟需依賴勞力密集的產業支持時，國家為了更有效地動員勞動力，政府提倡了小康計畫，將代工帶進了許多家庭的客廳中。家庭代工成功地，將原來在家中的婦女及兒童納入了生產的行列；而這種生產方式對家庭內成員的關係，當然是有影響的。

Minuchin 在界定家庭結構之後，更進一步的說明家庭成員的行為，是被二個系統所限制著：（1）家庭內部的權力階層系統，（2）因家庭成員對彼此的相互期待、設定，而形成一對待彼此的溝通系統；而家庭權力結構家庭成員關係發展的一個主要的作用，即是家庭內部各系統的形成。Minuchin 將家庭依其權力結構分化成為「夫妻系統」、「父母次系統」以及「子女次系統」。系統的觀點是 Minuchin 家庭功能論的重要概念基石，因為家庭系統為了要能再結構以回應內、外壓力，要有能力動員家庭成員，不再只偏限於過去的關係模式，而能建立轉化原有家庭系統結構的溝通模式與關係方式。一個家庭要能如此動員其內部成員，就涉及到家庭內次系統間的界線（boundary）要同時具有清楚與彈性的二種特質。次系統間的「界線」是界定誰參與及如何參與的規則。例如母親告訴女兒說：「妳是大姊，我不在家時，弟弟歸妳管」，這時大姊便是「父母」此一執行次系統（executive system）中的一份子。界線「清楚」是指對任一次系統內、外的家庭成員而言，家庭成員對於誰以及如何參與的規則均有共識，所以次系統得以在家庭中發展出一分化的小系統；界線具有「彈性」，則指這種小系統間分化與區隔的界線不是太過於僵硬。這樣的話，家庭才可能在內、外條件變化時，重新組合（結盟或分離）家庭成員之間的關係。

（二）交流模式（transactional patterns）與家庭功能

Minuchin 建立了八類交流的模式，以用來分辨家庭內部的互助；Minuchin 所建立的交流模式，是反映了家庭內次系統間界線，可被滲透的程度及其界線滲透性對個人行為的影響狀態。這八種模式分別是：清晰界線（clear boundary）、擴散界線（diffuse boundary）、僵硬界線（rigid boundary）、附屬（affiliation）、過度投入（overinvolvement）、衝突（conflict）、聯盟（coalition）以及迂迴（detouring）。在這裡我不進入對八類模式的仔細說明，只指出這八種模式和家庭系統再結構的

關係。簡言之，一家庭系統的強度，端視該家庭面對壓力時，家庭內部的互動模式與次系統的界線，是僵硬無力回應？抗拒或逃避改變？抑是能動員不同的交流模式，以探索解決問題面對壓力的辦法。這就是 Minuchin 指的功能與失功能家庭系統的區別。因此交流模式也就是家庭系統面對壓力時，動員其內部成員，重新結構其系統內部成員關係狀態的各種可能的形式；一家庭系統操作不同交流模式的彈性，使得家庭能隨其發展階段而不斷的再結構。由這樣的一個家庭功能的角度，再回頭來定義家庭時，Minuchin 指出家庭是在一特定社會脈絡中操作的系統；家庭包括了三個元素：①家庭結構是一不斷轉化的社會文化系統；②家庭的發展階段會要求家庭系統再結構它自己；③家庭一方面適應外在對它的要求，一方面要維持一定程度的內在穩定性，並增進每一成員的心理社會成長（Minuchin，1974）。

　　不同於以個體為介入焦點的家庭系統理論（以 Bowen 為主導的家庭治療理論），Minuchin 的理論讓人覺得較接近社會學中結構功能派的論述。在他的概念描述之下，家庭是一套依階層秩序安排下，相互卡住的次團體（如父母次系統、子女次系統……），而家庭的次系統如何在面對衝突與壓力時，重組它們關係的能力，則反映了家庭在社會過程中的因應機制。不過 Minuchin 之所以被標定在結構功能派的位置上，主要是因為在他凸顯次系統重組能力與過程，同時他將目標鎖定在「次系統重組的任務是使整個家庭得以再度發揮它的功能」（Hansen & L'Abate,1982）。或許是因為治療者角色功能位置（如致力於協助病人家庭能加強其適應社會的能力）的侷限，所以 Minuchin 在「描述」家庭系統中的矛盾、衝突後，他的介入理論傾向於維持整個家庭的功能運作，以求再適應來自既存體制的要求。近年來，美國的心理治療工作者越來越面對核心家庭制度的改變趨勢，以整個核心家庭制度的變革趨勢，以整個核心家庭為功能單元的治療與教育工作益發困難；部份心理治療者開始不再預設家庭為發揮和諧功能的社會單元，而嘗試重新解讀家庭經驗。在下一節中，我將簡單介紹女性主義學者 Heidi I. Hartmann 的觀點，由另一個不同的角度來理解家庭經驗的意義。

3. 家庭與利益矛盾

　　Heidi I. Hartmann 是一位女性主義經濟學者，對習慣了以家庭倫理觀念來理解與擺平家庭內部矛盾的人來說，Heidi 的觀點無疑地是十分尖銳的；但對絕

(對) 大多數體會過家族成員，為了維護自己利益而爭鬥不休的人而言，她的觀點又是易於了解的。

　　Heidi 認為在過去，歷史學、人類學及社會學對家庭的研究，均已指出男性與女性在家庭中，面對分工與酬賞的不平等對待時，所發展的許多的防衛方式；但因為這些研究卻都未能對二性在家庭中，不同的經驗及利益有較深入的討論，所以他們忽略了社會實體的一個重要面，即家庭與社會中變革的一個潛在的決定性的來源。

　　「人們是如何為了增進自己的利益，在家庭內、外進行爭鬥的。……家庭歷史學者對家庭與社會間相互聯繫的看重，反映了他們視家庭為一社會的單元，一個行動者、中介者。此一觀點預設了家庭成員間利益的一致性；它強調了家庭做為一個整體的角色，而忽略了家庭成員間利益的差異及衝突性」。（Hartmann，1990）

　　Heidi 認為預設家庭是一具有一致利益的，具主動性的中介者（an active agent），是錯誤的，她認為家庭是性別、階級與政治鬥爭發生著的一個場域；因為經濟與政治利益的生產及再分配均在家庭中發生著，而做為一個女性主義者，Heidi 特別強調男性和女性之間的利益矛盾。她指出家庭成員經常是具有不同利益的，傳統家庭歷史學者的觀點認定「家庭做為一個社會單元，或支持或抗拒著資本主義、工業化或國家」，是容易誤導我們對家庭的認識；她認為較妥當的說法是：

　　「男性或女性、成人或兒童以不同的方式，在使用著家庭的形式……他們不只是像家庭成員般地在行動著，同時也是以不同性別類別的成員身份在行動；而性別的類別是附著在被資本主義及父權組織起來的勞動分工的特定關係上的。」（Hartmann，1990）

　　Heidi 的這些看法，正如她自己對做為一個馬克思女性主義者（a Marxist－feminist）的理論立場的長處一致，她認為馬克思・女性主義的取向對我們在了解「父權與資本主義是如何支持彼此並偶爾衝突」是特別有用的。簡言之，Heidi I. Hartmann 對家庭內部利益矛盾的論述，直指性別壓迫現象之下的政治、經濟來源，她提供我們一個不同於整體結構與適應功能的觀點，來了解考察家庭內部的經驗。

4. 小結

前面這三個不同的有關家庭的理論，提供我們探究家庭經驗的三個不同的了解觀點，這三個觀點分別觀照了家庭的社會處境及其內部經驗形塑之間的聯繫。藉由批判家庭理論，我們對勞工家庭在其階層處境中，遭遇到外在壓力的來源以及家庭內部情緒結構的特色，能由生產方式變革所引發的一個歷史社會過程的觀點來分析。如前所述，家庭的批判理論企圖通過對日常家庭活動的分析，來捕捉家庭外部階層處境與內部關係模式之間的聯繫。

Mark Poster 直接指出了家庭內部愛與權威的表現形式，是家庭生產方式及其階層處境，對家庭內部經驗發生形塑作用的重要表現。換言之，家庭內部成員間互動的方式與經驗，被家庭成員賴以謀生之生產活動的特性所規約著。譬如，在一位每星期換班的三班男性勞工的描述中，一直在於親子關係間的距離感是他深以為苦的一個家庭問題，而 17 年輪班的工廠勞動生涯是造成父子間距離的一個條件因素。我們可以說在這一個例子中，工廠生產勞動的系統之間的界線與關係模式，在父親因作息時間截然不同於子女作息時間的條件下，家庭中發揮教養子女的父母功能便落在母親一個人身上；不只如此，母親在家庭中從事的家庭代工活動，也在吸納子女的勞動力，趕工生產的同時，影響了母子關係中連結（bond）的性質。也就是說，家庭的階層處境及維持家庭生計的生產活動，或累積財富的經濟活動，由外往內對家庭關係的功能系統與互動模式發生了一定的影響；在這裡，我選擇引用 Minuchin 家庭結構系統理論做為一個描述架構，來了解家庭處於內在成員的發展動力與外在社會系統，對家庭的功能性要求之間，是如何為了因應內在壓力，而面臨到其原有的功能系統被要求重組，與關係模式被挑戰改變的歷程。

除了由家庭主要成員賴以維生的生產活動與社會處境來審視家庭系統，是如何被社會的生產活動系統所影響之外，我們由家庭內部的矛盾經驗，也可以檢視到家庭所承受內、外壓力時的作用位置。

家庭經驗有其穩定和諧的一面，也有其矛盾衝突的一面。家庭內部的矛盾經驗，其實蘊含了協助家庭成員認識彼此，以及反思家庭與社會重要素材。這些矛盾很可能是，同時交織作用在一項家庭衝突事件中。這裡面意識形態與權力的作用影響了成員之間，對問題的認定，及面對矛盾和衝突時，是否正視與接受的態度。

前一節 Heidi 論述的意義，即在於她不否認及掩飾家庭內的矛盾經驗，並協助我們由資本主義父權意識形態作用的觀點，來檢驗前面所提出的各種家庭矛盾。

簡言之，家庭矛盾與衝突是我在家庭教育的實務工作中必然浮現的問題領域，而愛與權威的作用歷程及其表面形式也正是許多矛盾經驗的焦點。當我們企圖去協助家庭成員面對衝突，探討衝突的形成與建構歷程時，Mark Poster 的觀點協助我審視家庭內部矛盾的社會來源；Heidi 的女性主義觀點則協助我視每一個家庭成員，為一個為自己的生存與利益採取行動的主體，以及探討父權意識形態對愛與權威的表現形式以及作用歷程，發揮了怎樣的一個影響。至於家族治療與溝通理論所捕捉到的家庭功能系統與關係模式，則是愛與權威運作歷程以及家庭成員，如何共同處理其矛盾經驗的具體表現。

近年來在家庭教育的實踐領域中，開始有教育工作者反省核心家庭圖像及其理論，所帶給家庭教育實踐時的困境，並企圖發展能協助社會中弱勢社羣的家庭與第三世界婦女發展的方法。

女性主義教育工作者 S. H. Gross 認為現代核心家庭的理論及相關的教育方法，最能反映歐洲及北美國家的家庭經驗，許多第三世界社會中的家庭經驗也不能只依靠延伸家庭或大家庭的概念，所以她發展出一套家庭教育的結構性活動，以協助第三世界社會中的婦女，了解她們的家戶成員的組成圖（configuration），以及各種不同形式婦女勞動的工作經驗（Gross, 1990）。在義大利，歐洲工商業發展吸納了數百萬的成家男子到德國、比利時及法國工作，但歐洲工商業只要男性勞動力，不接納他們的家庭，家庭只能留下來，自行打點，這種家庭空洞化的現象，被認為已根本地動搖了傳統義大利的家庭生活形態（中國時報，81）。近年來，台灣的中小學教師對單親家庭子女所投注的心力遠比過去多，而面對許多家庭中父母親對子女教育功能所發揮的作用，遠不如教師期待的事實，也不是各種父母效能訓練所能改變多少的。

在美國，核心家庭系統改變與不穩定的現象則更為強烈。家庭生活穩定是社會安定的一個象徵，但許多家庭所發生的問題，已不再是「讓家庭恢復它應有的形狀，所有問題就可以解決」這種想法與作法可以解決的（Holzmna, 1988）；面對許多家庭掙扎不已的事實，在紐約與不同種族家庭工作多年的社會心理學家 Fred Newman 認為：

　　「家庭要認識到『不穩定』是個不爭的事實，而且許多『不穩定的小家庭』可以跨越資產階級核心家庭（the bourgeois family）的界線，和其他相似處境的家庭建立一種集體的連結，以創造出一個社會單位（a social unit）。」

　　在家庭教育的實務工作中，Newman 及其同僚（Newman,1984）在紐約推動同一社區內，許多破碎家庭共同聚會的團體工作。Newman 帶給我們的啟示，倒不在於他實際如何做的具體方法，而是他對家庭系統所採取的一種開放地，尋求變革可行之途的立場。也就是說，當我們面對原有家庭系統，被威脅或已破碎的社會現象時，我們將功能系統重組以因應危機的界線，不侷限在原有的小家庭系統功能重建的界線之內，開放家庭做為一個小社會系統，和其他家庭以及其他社會系統發展，各種可能的新的聯繫與組合的形式。針對社會中弱勢社羣的家庭問題，這樣的取向，可以提供實務工作者較大的空間，來尋求適應之外的其他可行之途。

　　接下來的兩章，我簡略地提出二組有關台灣勞工階層的家庭資料。這二組資料是我在不同時空中，針對勞工家庭的經驗進行的調查，它們均是一探索性的研究行動，我的目的在於藉由這二次探索行動推進自己的思想，以建立進一步研究的方向及方法。

《第二章》
老李家庭小工廠的彈性－家族關係與雇傭關係的交互作用

一、前言

　　這篇報告是一個意外的發展。

　　1987 年 7 月研究者針對一關廠資遣員工的玩具工廠，進行資遣歷程的調查工作。M 廠於 1966 年由美、台二地商人合資成立，專門生產玩具娃娃。1981 年 M 廠曾名列全國五百大企業之內，雇用員工高達四、五千人。1987 年，台灣玩具業飽受匯率變動的威脅，M 廠決定「見好就收」，於是選擇以「關廠資遣」方式結束了生產，而將生產主力，由台灣轉移到菲律賓及大陸（天下，1987）。1987 年 6 月至 7 月，M 廠展開一波一波的資遣行動，偌大的一個工廠，近二千名員工便在解嚴前夕，產業出走第一波中，被順利的資遣成功。當我們針對 M 廠資遣員工進行關廠歷程的調查研究時，意外地發現，除了被資遣的正式員工外，M 廠這樣一個生產單位的背後，還存在著一大羣非正式的員工；亦即外包制度下的勞工。

　　據我們的調查了解，M 廠的產品中有六成是發包出去所完成的，所以 M 廠具有一相當龐大，但隱而不顯的外包系（puttingout system）。部份員工身兼 M 廠正式工人與外包廠雇主的雙重身份，而 M 廠內則設有外包統籌管理發包業務。本來，我們想詳細的描繪出 M 廠外包制度的運作情形，但關廠使得原本依附 M 廠生產系統而存在的外包系統，也因 M 廠的解體，而隱沒到台灣龐大的非正式系統中而不易追溯。所以我們便轉而以一小噴漆外包廠（L 廠，員工五人）為主要的調查對象，展開了為期四個月的參與觀察和訪問的工作。

二、研究問題 § 標題格式

　　外包是非正式部門（informal section）的一種生產方式，大公司分包安排下

的隱藏性薪資工人，減輕了公司應承擔的許多後果，例如 M 廠外包系統中的工人，不會因關廠而享有勞基法的保障。Alejandro Portes 認為近年來世界各地外包的快速成長，是「資本主義經濟的功能關係整合了舊生產體制中的重組部門所組成的⋯⋯而此種落後的生產方式打擊了有組織的工人階級」（吳永毅，1987）；但勞動者之所以選擇投入非正式部門的一個主觀知覺的原因，則是因為在非正式部門中工作，令勞工覺得較為「自由」。這種「自由」是因為生產關係改變而帶來的（由受雇轉為自雇）。但是當經濟蕭條、年老、疾病或傷殘時，勞工要承擔全部的代價（吳永毅，1987）。這種「自由」的感覺（抗拒被剝削的自由）使得非正式部門的勞動者，益發不易認同於正式部門的工人。

台灣過去三十多年工業化的特色之一便是外包制度的普及（謝國雄，1989），此次我們的調查工作所選擇的 L 廠（一小外包噴漆廠）有兩個特點：①它的設立原先是依附在 M 廠的外包制度中，而後因 M 廠關廠而面臨獨立生存自謀訂單的經營挑戰。②它是一個典型的，以家族中婦女成員為主要受雇者的案例。因此，我們對 L 廠的設立與轉變歷程及家族關係的作用感到興趣。

有關生產方式與家庭結構的論述，一直是歐洲心理分析學者與馬克斯主義者的一個重要議題。心理分析學者認為馬克斯主義的論述，清楚地描述了人們心理現象所發生的社會場境，但也同時批評恩格思在家庭起源的論述中，將家庭結構的改變與生產方式（the mode of production）做了直接但嫌化約的連結。二十世紀以來，歐洲馬克斯主義的心理分析者有鑑於此點，便致力於馬克斯及佛洛伊德理論的綜合工作，企圖建立較細緻的理論來解釋家庭結構的變化。

Wilhelm Reich 認為心理分析理論能協助我們，了解物質條件如何經由「家庭」所發揮的中介作用，而轉化為人們的思想與社會上層結構。Reich 將心理分析理論與馬克斯理論綜合的一個例子，可由下面的陳述看到：

對孩童來說，在他長大成人直接參與到生產過程之前，家庭暫時地成為整個社會的一象徵性代表，社會的意識形態則滲透到每一家庭之中。Oedipus 關係不只是妥協了本能的態度：一個小孩經驗與克服 Oedipus 情結的態度，間接地被社會上的意識形態與父母在生產過程中的位置所制約住的，更進一步來說，Oedipus 情結最終是依賴在社會經濟結構上的。直言之，我們認為 Oedipus 情結的發生，反映了家庭的社會決定性結構（the socially determined structure of the family）。

　　與 Reich 相似，法蘭克福學派的心理分析家 Horkheimer 則探究家庭生活中個人心理壓迫的根源。他認為家庭是個人生活中的一個支配的中心，家庭的運作機制為孩童進入一階級社會做了準備。孩童的自由在家庭中被破壞，他對自己慾望及潛能自由發展的渴求已不再出現，取而代之的是已被內化成潛意識的強制性行動，而此一強制性行動則透過自律的責任感實踐，或道德規範的面貌出現；家庭中破壞前述自由的主要機制便是父權。Horkheimer 的此種觀點，延續了佛洛伊德對中產階級家庭親子關係的理論，並加上了經濟的範疇。Horkheimer 與 Reich 均未能成功地，對不同時代、不同階級的家庭結構進行細緻的分析（Poster，1982）。簡言之，研究家庭時，我們要看到它和生產形式的關係，更要覺察到家庭結構有階級差異性的存在。Poster 在針對十九世紀中葉歐洲中產階級家庭、十六及十七世紀歐洲貴族家庭、十六及十七世紀農民家庭以及工業革命早期的工人家庭，進行研究之後，批評了現代化的理論。Poster 認為用所謂「現代化」理論來將家庭改變，直接與都市發展做連結的人（如 Shorten 及 Mause），都是先預設了一線性發展模式，這些研究取向犯了一根本的錯誤——即視家庭為具有一持續的改變，而且是同質的單一現象。他認為社會科學家應揚棄此一錯誤假設，而用一非直線、不持續及不同質的（non-linear discontinuous and non-homogeneous）發展概念來探究家庭結構的變化。生產方式與家庭結構的這些論爭，對我們提出了一個啟示：我們若想回答有關現代家庭及工業化之間的關係的問題，就必須對一特定社會中的家庭與其政治經濟體制，是如何在交織作用著的歷程有進一步的研究。

　　以此次調查對象之 L 廠來說，家族成員的關係與雇傭勞動的關係，同時存在於 L 廠的員工身上，因此 L 廠員工在工作場所中，所進行之勞動操作活動及人際互動活動，是此次研究之調查重點；我們針對 L 廠的特色發展出下列三個問題，以導引此次調查的研究行動：

① L 廠的設立與經營是怎樣的一個歷程？

② 為順利進行生產及賺取利潤、小外包雇主採取了那些有效的經營策略？

③ 家族關係與雇傭關係在勞動過程中，是如何出現及運作著的？二者之間發生著怎樣的關連性？

三、研究對象、方法及程序 §標題格式

　　為了有效地探究以上三問題，研究者要如何才能獲得，對小外包廠中勞動力安排及關係運作的詳細資料？在這次的調查中，我們選擇民俗誌（ethnography）的研究方法來進行調查。現將研究對象、方法及程序說明於後。

1. 研究對象與研究人員 §標題格式

　　此次調查之對象，包括 L 廠（一小外包噴漆廠）生產勞動進行之工作現場、L 廠雇主 L 夫婦（Lh、Lw）及其三名女兒、L 家居空間（即 L 廠的一樓）、L 廠內員工五人（分別以 A、B、C、D、E 代表）。參與研究之工作人員共四名，二名研究人員以觀察的角色進入 L 廠進行觀察記錄（Om 代表男觀察員，Of 為女觀察員），二名研究員則以研究者的角色進行訪談。

2. 研究方法與程序

　　此次的調查研究過程，可以分成三個階段：

① 進入階段：1988 年 1 月研究者針對 M 廠資遣歷程，對 L 夫婦（兩人均為 M 廠資遣員工）進行訪問，訪談重點放在個人工作歷史與資遣歷程及經驗之了解。二名觀察員（Om 與 Of）於資遣歷程的訪談中與 L 夫婦建立關係，並徵得其同意，開始以參與觀察員的身份進入 L 小外包廠觀察。

② 參與觀察與訪談階段：此次調查的參與觀察可分為二小階段：（A）階段：一開始時 Om 與 Of 均未參與到生產操作過程，而以純觀察的角色出現；Om 與 Of 以每週二整天的時間進行觀察記錄工作，觀察員對廠內生產勞動流程、操作活動以及成員互動進行紀錄。純觀察進行了一個月左右，在這段期間研究員與觀察員同時針對 L 夫婦設立小外包廠之歷程進行訪談。（B）階段：當參與觀察進行至一個月後 Lh 對 Of 提出要求，希望 Of 能為其雇用，幫忙其生產工作。Of 遂由 3 月 19 日開始，由純觀察的角色轉變成 L 廠的一名受雇勞動者，每週至 L 廠工作二～三天（薪資則以日薪計算）。因 Of 角色轉換，所以觀察記錄工作受到影響，只能由 Om 獨力進行。由 3 月 19 日至 5 月下旬研究結束時，研究員與觀察員再度進行訪談工作。至 5 月底調查研究工作結束時，共計累積二十一份觀

察與訪問記錄（其中四份為對生產線上之工具、用品及操作活動之量化記錄，十二份為勞動過程之記錄以及訪談記錄五份）。

③ 資料整理及分析階段：資料整理的初步工作是將訪談錄音帶逐字逐句整理；資料分析在訪談資料上則以對受訪者主體知覺世界之呈現為方向，而在勞動過程觀察資料上則針對生產勞動工作現場的活動（包括勞動操作活動、人際互動及個人與環境的互動），依其內容、性質及行動發生先後順序間的作用關係進行探討。

四、研究結果

1. 外包制度與小外包生產單位

（一）龐大的外包系統

M 廠的外包制度在同業中是為人所稱道及學習的，因為「它很有制度」。M 廠的外包制度中，外包廠與廠內各個部門的關係如圖 1 所示。（76．12．15，訪談）

圖1 M 廠各部門與外包廠的關係

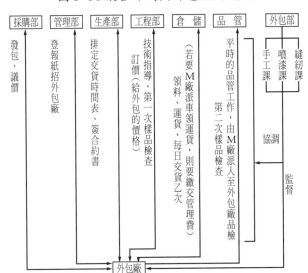

採購部	管理部	生產部	工程部	倉儲	品管	外包部	
發包、議價	登報紙招外包廠	排定交貨時間表、簽合約書	技術指導、第一次樣品檢查 訂價（給外包的價格）	（若要 M 廠派車領運貨，則要繳交管理費） 領料、運貨、每日交貨乙次	平時的品管工作，由 M 廠派人至外包廠品檢 第二次樣品檢查	手工課 噴漆課 縫紉課 協調 監督	

外包廠

至於外包業務的運作流程則如圖 2。（76‧11‧20 訪談）

管理部登報紙→外包商來應徵→議價比價

工程部訂價

外包商與採購部議價

＊訂價標準包括：工時、材料等成本估算及設備折舊

生產部與外包商簽合約→試樣→工程部初步檢查→品管部二次檢查

＊原料及模子是 M 廠提供，外包商則自購機器及聘雇員工

至倉儲部領料，大量做

＊產品獲品檢通過後，2 個月便可領現金

＊ M 廠派出品管員至外包廠進行品檢

交貨：每天送回成品 1 次，例如：一週要交 6000 個，則每天交 1000 個；若趕不出來則由另一廠插入。

外包部負責監督並協調困難問題

當 M 廠業務達極盛時期，有過 100 多家外包廠，雖然 M 廠和美國的母公司訂有契約，載明自己廠內不能接外包的工作，但事實上，M 廠較大的外包廠，卻都是經理級、甚至董事長出來開的，外包部的員工表示：「……當然大頭們也出來開，……因為外包廠賺一塊錢就是台灣賺了一塊錢；在 M 廠賺一塊時，M 廠五毛美國五毛，外包就是全額賺。」至於其他由登廣告招來的，或內部員工冒用他人名義開設的小外包廠，附屬在 M 廠的外包系統中，與其他缺少穩定與大量訂單的外包廠來比較，也是有著較豐富的利潤。因為 M 廠產量要求大，以做成型的外包來說，一個模子調上去，就是 1、2 年而不需換模子。以我們這次調查的噴漆外包廠來說，M 場的穩定訂單也曾是其利潤收入的主要來源。接下來我們進入對 L 場的描述與分析。

（二）小外包廠的設立與轉變

L 小外包噴漆廠是此次觀察研究最主要的對象。L 廠由 L 夫婦共同主持，Lw 於 1969 年進入 M 廠工作，Lh 則於次年進入 M 廠工作。M 廠關廠資遣時，Lh 為成型部組長，Lw 為噴漆部領班。L 夫婦於 1977 年成立一小外包廠，由初期與同

事合夥（六人）到後期的夫婦獨資開設；這一段外包廠設立與轉變過程整理於表1中。

除了上述的外包工作內容（由成型→噴漆）、技術及經營方式的變化之外，勞動力提供來源的改變亦為一主要的變化。一開始，由合夥的六人輪流上工，並由 Lh 回南部家鄉招收國中畢業生前來工作；後因國中畢業的勞工不易管理，因此 Lh 開始吸收 Lw 家族中的親戚投入生產。在我們調查研究的這段過程中，L 廠共雇用了五名員工，其中一名在我們觀察工作進行一個月時即離職。這 5 名員工中除了女性觀察員（在場內負責觀察記錄，但工作進行一個月左右時，L 夫婦提出希望她能受雇到線上工作的要求）之外，其餘四人與 L 夫婦的親戚關係說明於下：

A：Lw 的大姊

B：Lw 與 A 的弟妹

C：Lw 與 A 的外甥

D：B 的弟妹

此外，L 夫婦的三名女兒，在趕工時亦於課餘時間投入生產，文中以 Ld1、Ld2、Ld3 為代表。

（一）單純產業工人角色的階段

1969 年，Lw 入 M 廠，次年 Lh 入廠

1976 年，Lh、Lw 升領班，因為薪水低、生活不好過，所以 2 人計畫做外包的工作。

（二）產業工人、外包廠工人以及雇主等三重角色的階段

1977 年，與同事等 6 人集資成立一塑膠成型外包廠

資本：6 人集資，每人 10 萬。

設備：成型機 2 台（後來增為 6 台）、攪拌機、粉碎機、水塔、空壓機及電力設備等裝備。

勞動力：6 人輪班，6 人皆在 M 廠工作；將 M 廠的工作排在不同的班，6 人下班後，便輪流至外包廠操作機器，24 小時運轉。後期因訂單多，人手一度擴充到 10 多人。

技術：6 人中，一人是專門負責電力設備的，其餘 5 人皆是成型的熟練技術工人。因成型工作以操作員的技術為重，所以外包廠工作要能有效率，工人的技術十分重要。

經營方式：6 人集資弄妥廠房（工廠登記）與機器後，便與 M 廠外包部建立外包生產關係，但因 M 廠在表面上是規定不准工作人員兼差，所以 6 人得「偷偷摸摸」的用別人（非 M 廠員工）的名字去登記，交貨時也請別人代交。但事實上雙方（M 廠外包部與 6 人）心照不宣。

與 M 廠的關係：M 廠為其主要訂單來源，M 廠提供原料及模子。若模子要改變及更換時，M 廠會派技術人員前來更換。當外包廠使用的模子廢棄時，需繳回 M 廠。

利潤：一年可賺回本錢。

L 廠 5 名員工的正規工作時間是週一～週五早上 8:00 到下午 6:00；趕貨則於晚上（7:00 ～ 11:00）及週日加班。由表 1 中可看出 L 小外包廠不再依附於 M 廠的生存位置時，L 廠似乎由一具「安全保障」的生活空間落入了一諸多小外包廠相互競爭的生存空間中。面對此一改變，L 夫婦所投注的心力明顯的增加了。換言之，當 L 廠過去所依賴的優越競爭條件（與 M 廠的關係）消失後，

（三）以小外包廠雇主與管理者角色為主的階段

1982 年，6 人決定將成型廠收掉，L 夫婦單獨成立噴漆外包廠。

轉換原因：

① M 廠外國訂單減少，發包量減少，而外包廠由 1977 年時的 2 家成型廠變成 10 多家成型廠，因此利潤大為降低，6 人遂拆夥，賣掉機器與廠房。

② Lw 為 M 廠噴漆的領班，技術熟練，而噴漆外包廠投資較成型廠少，利潤比成型廠高一點，所以便又「偷偷摸摸」的做做看。

資本：20 萬左右，在自己住家頂樓加蓋廠房及安裝生產設備。

設備：抽風系統、工具（噴槍、瓶子、管子等用品）及升降機。

勞動力：一開始雇用 16 名員工，M 廠訂單最多時曾雇用過 32 人次（2 班制），目前維持 6 ～ 8 名員工。一開始由 Lh 家（屏東）招國中畢業生來工作，但後來因為青少年不易管理，逐漸演變成現在以 Lw 之家族成員為主要員工的情形。

技術：接 M 廠訂單時，油漆與溶劑都是 M 廠先調好再交與外包廠使用；噴漆技術上有問題時，由 M 廠外包部派工程技術人員來協助解決問題。

經營方式：為一地下工廠，執照則使用 Lh 擁有股份的另一家噴漆外包廠之執照，發票、工廠登記及勞保均借用此家工廠之名義進行。

訂單來源：M 廠

1987 年 7 月，M 廠關廠。研究進行時，L 廠轉向其他來源開發訂單。資本、設備與勞動力均未改變，但因訂單來源自己開發，所以連帶地在技術、生產原料來源以及經營策略上，均與以往做為 M 廠小外包廠有所不同。

訂單來源：由 1987 年 8 月開始接下 8 ～ 9 家的訂單，逐漸依下 2 原則選擇 4 ～ 5 家的訂單：①選擇顧客較少，較穩定的貿易代理廠或廠商，②選擇驗貨有品檢制度的廠商或代理商（指送貨過去時即當場檢查驗收，而不至於事後又退貨者）。調查進行時 L 廠掌握了 3 家日本廠的訂單；Lh 認為日本廠商或代理商有制度，打樣（要外包廠先做出樣品）時十分嚴格，但一旦簽訂訂單就十分順利，不任意挑剔。

技術：調漆與噴漆技術上的困難均需由自己來解決，不再有 M 廠技術人員的協助。其中以調漆配色（調出正確顏色）最為不易。Lh 有時需至賣漆行尋求調漆員的協助。

經營策略：當 L 廠失去了 M 廠穩定的訂單來源時，面臨的是如何競爭生存，因此 L 廠與其他小外包廠之間「競爭與支援」的關係，以及 Lh 對噴漆技術和設備的改進，都是 L 廠得以在高度競爭中，爭取到訂單的主要原因（在下一節中將有進一步的說明）。

L 廠面對了如何在外包系統的生產環節中，通過生存競爭的考驗，而有利的發展自己。L 廠的此一轉變過程與 L 夫婦的「打拚」作為，也正為我們提供了豐富的資料，以探究小外包生產系統中社會關係的運作。

2. 問題一：為順利進行生產及賺取利潤，小外包的雇主採取了那些有效的生存策略？

當我們將這個問題放在 L 廠的發展過程中來看的時候，也就是在問「當 L 廠不再擁有穩定而單一的訂單來源時，它是怎樣才得以在與其他小外包廠相互競爭的關係中，成功地掌握訂單的？」Lh 所運用的原則與策略，反映了一小外包廠在台灣現有經濟體制生產環節中的處境。

（一）壓低價格、提高競爭力的策略

壓低價格是眾多小外包廠爭取訂單而相互競爭的手段，但壓低價格要有條件，否則就成了做虧本生意。Lh 在同業競爭中常能將價格壓低，來自兩個條件：①物料用具之節省②技術工具之改進。以 L 廠及 M 廠所使用之設備、容器及物料來做一比較（見表 2），便不難看到小外包廠簡陋粗糙的物質條件。

表 2 的重要性在於，這種狀似簡陋粗糙的設備是外包系統高度競爭下的產物。L 廠為了得以具有「壓低價格」的條件，當然只有「節省」。節省是 L 廠競爭生存的最基本的本錢，而 Lh 無時無刻要絞盡腦汁，發明與改良工作方法及生產工具，才是使產量得以提高的重要法寶，例如下面兩種方法的發明，均曾成功的提高了 L 廠的噴漆速度：ⓐ用洗衣機洗球：Lh 將足球（玩具用，套在鉛筆頂端的小足球）先拿到洗衣機中，用肥皂洗掉球面的一層油漆後，噴漆時掉漆的情況改善許多。Lh 表示用了此法後，速度至少快了二至三倍。（4 月 10 訪談）

ⓑ腳踩式噴漆設備：Lh 自己設計了用腳踩的噴槍設備，這使得原來八小時4000 多粒的工作量增加到 6000 多粒（指玩具小球）。（7 月 31 日，訪談）

表 2　L 廠與 M 廠工具、用品及物料對照（4/26、6/10、6/17 日觀察）

M 廠	L 廠
•用不鏽鋼及鐵條支撐工作檯	•用鐵皮與鐵管
•用杯子調漆	•用寶特瓶（用完了，不必清洗就丟了。鄰居有酒席時，去撿來用）
•用新紙箱裝成品（一個 10 元）	•用用過的紙箱（向收舊貨的買，一個 5 元）
•清洗的溶劑用完就丟掉	•一再重複使用
•租房子來堆積存貨	•要多少趕多少貨
•每做完一批，就把工具（如裝配時用的桌子）當廢棄物賣掉	

（二）「吞下去再吐出來」的再分包策略（L 廠與其他小外包廠的關係）

小外包廠在競爭激烈的生存條件下，面對已超出自己正常產量所能負荷的訂單機會時，仍選擇硬接下訂單以免客戶流失。Lh 便表示：「訂單已排到半年後

了，不應該接但硬接……因為能多拉住一個客戶便等於多了一個線頭」（4月26日，訪談）。Lh 形容「大家（小外包廠）都硬著頭皮在做」。當 L 廠壓低價格，盡力爭取到客戶，拿到大量訂單而實際上無法負荷這麼大的數量時，Lh 便轉而藉由與其他小外包廠所建立的分包關係來分擔部份的產量。小外包廠間所存在著的競爭（對客戶）與支援（對彼此）的關係，是外包系統的一項重要的特色。L 廠便固定的與幾家小噴漆外包廠維持這種再分包的關係。

對這種再分包網絡的掌握，建立了工廠消化訂單的機動性；高度的機動性使 L 廠更具有競爭力。外包廠之間這種競爭與再分包支援的相互關係，一方面是小外包廠賴以生存的機制，另一方面卻正是上游廠商得以對非正式系統，進行剝削的基礎。在前一段中曾提及，Lh 因改進噴漆設備而提高了單位時間產量的實例來說，Lh 便因此能將價格壓低到每個小熊頭（玩具零件）七角半的價位上；當 Lh「吃」下了為數 30 萬個小熊頭的訂單後，再轉而拜託另外兩家小外包廠幫忙消化訂單。另外兩家外包廠雖然覺得七角半的價格實在太低，但基於相互支援的關係，只有「一邊唸（抱怨 Lh）一邊做……」，然而 Lh 並未告訴對方自己改進噴漆的方法（Lh 表示自己在這麼低的價格上，仍能賺 1/3 左右的錢）。（7 月 31日，訪談）。

Lh 的這種競爭手腕，使得自己在同行之間站穩競爭優勢，Lh 表示：「到後來同一樣東西下來時，若我接，他就不接了，因我的價格比他低！」（7 月 31日，訪談）但同時 Lh 等於幫助了上游廠商剝削了同行。

（三）共生死的策略（L 廠與上游代理商或廠商的關係）

L 廠除了與其他小外包廠之間，存在競爭與支援的共生關係之外，也和代理商之間存在著，共同承擔損失的關係。這是指當 L 廠的產品到了買主手中，發現不合格而產生退貨情形時，L 廠與代理經銷商「共生死」以共同承擔損失（4月12 日，觀察）。Lh 之所以如此做，是為了保持自己的競爭力──「為了競爭的關係，我只有『了工』（吃虧）！若退了他的貨，你不做，他拿去給別人做！……」（4 月 26 日，訪談）。在 L 廠某一次退貨事件的另一主角「經銷商 X 先生」，是原來在 M 廠外包部工作的「發部仔」，和 Lh 相似的，是 X 在 M 廠關廠後也由一安定的正式系統中，進入一競爭與較高風險的非正式系統中求生存。

綜合對 L 廠在外包系統中生存與經營上三種策略的了解，可以看到維持「競

圖 3　外包廠生存與經營策略的機制

爭優勢」的機制如圖 3 所示。

圖 3　外包廠生存與經營策略的機制

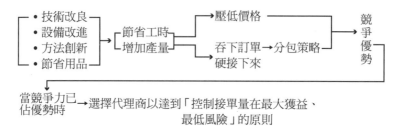

當競爭力已佔優勢時→選擇代理商以達到「控制接單量在最大獲益、最低風險」的原則

　　當 Lh 成功地在同行間取得競爭優勢的同時，他也與其他外包廠商共同建了一「高度競爭，以利剝削」的非正式生產系統，在這一種與外部環境（其他外包廠及代理商）生存競爭的關係中，Lh 如何有效地組織起其有限的勞動力？在下一節對家族與雇傭關係的作用分析上，我們將探討這個問題。

　　3. 問題二：家族關係與雇傭關係在勞動過程中是如何出現及運作著的？二者之間發生著怎樣的關連？

　　在我們二十一份記錄中，有十二份觀察記錄是針對 L 廠內所發生的生產活動、成員互動及其他事件，研究員以五分鐘為一觀察單位，將自己所看到的行為、活動或事件依序記錄下來。這十二份記錄提供了我們了解雇傭關係與家族關係在生產過程中運作的資料。由對行為與活動的性質、作用及其發生先後秩序間關連性的分析，我們獲得下列發現：

（一）例行性的行為

　　在 L 廠內，除了例行的噴漆勞動外，下列行為也呈現出例行性的特色。

　　(1) 成員上、下班的先後秩序呈現例行化的秩序

　　在有記錄到成員上、下班及午休離去順序的七份記錄中發現：中午休息以及黃昏下工時，成員離去的順序依次為：D → B → A → Lw，而午休結束後，開始進入工作場所的順序也是：D → B → A → Lw。

(2) 開收音機的時間與誰打開收音機的行為

L 廠內的收音機均是在下午上工後不久（1 點至 2 點之間）由成員 A（Lw 大姊）打開，並於下午 3 點左右由 A 轉台聽另一節目。觀察記錄中只有一次收音機是在上午，並由成員 C（Lw 的外甥，稍後離職）打開。

（二）交談現象所反映成員關係的特色

以家族成員為主的 L 廠，成員在工作中交談是一十分自然的現象，同時這也是發現成員之間關係模式的重要入口處。我們以誰和誰交談、談些什麼以及該段交談所產生的作用，來對觀察資料中的交談現象，予以分析整理，並分別由：①談話內容（主題）②關係模式③前後互動事件之間，所發生的關連性作用呈現。我們的發現：

(1) 交談內容

L 廠內成員間交談的內容，可分成下列五大類：

ⓐ不涉及工作內容的話家常（指交談主題與生產勞動無關）

這一類的交談與互動包括了：談論家族中的其他人、分享與敘說自己在繁重家務中的辛苦、對子女的照顧、對鄰居的不滿，以及對電台節目主持人的評論，或對節目內容的反應。

ⓑ與工作有關但卻以閒聊方式出現的互動

這一類的交談與互動包括了：對其他家族成員是否可能成為勞動力的探詢（Lw 透過與 A、B 的閒聊，探詢另一家族成員 Y 為何不能來工作，三人在閒聊中交換了對 Y 家庭狀況的了解）、產品完成難易度的感受、他人或自己技術優劣的意見、對他人工作態度的意見（L 夫婦與 A 對 B、C、D 的意見）。

ⓒ直接與完成生產要求有關的互動

這一類的互動包括：新產品的試做（L 夫婦）、工作分配（由 Lw 與 A 進行）、技術改進與工作問題的詢問與指導（L 夫婦與 A 是指導位置、Of 與 D 是受教者）、檢查與監督工作進度與品質（以 Lw 為此一主要功能的發揮者）、對成員工作表現之評價與比較（已完成多少、尚欠多少），與成果（完成數目）公告的行為。

ⓓ成員家人到廠內與成員互動

因為 L 廠就設在四樓，L 夫婦的小孩與 A、B 的先生、小孩偶爾會上來而與

成員發生互動。A、B的先生均會上樓來看一下或與妻子做簡短交談；B的小孩
年齡小，偶爾也會上樓來找媽媽，不過 A、B 的反應均是未停止工作並表示要先
生或小孩快走。

　　ⓒ代理商或廠商以電話或面對面的方式，在工作現場與 L 夫婦的互動。互動
內容包括：產量與品質的檢查、表達對工作進度的著急或意見、雙方對產品是否
合乎標準的討論，以及在現場觀察員工進行噴漆工作。

　　上述五種互動或交談內容的前三項均是 L 廠內部的互動，而後兩項則是 L 廠
內部與外部的互動。最後一項凸顯了小外包生產現場與正式系統工廠生產線的一
項重要差別──代理商或廠商對產品的滿意與否，以及對產量及速度的要求，直
接且迅速的傳遞給員工（正式系統大工廠中則是經由管理階層再傳遞下去的）。
除此之外，第三類的互動呈現了 L 廠此一小小的生產系統中，工作管理、監督與
品檢的功能是經由成員互動而完成的；這些互動都清楚的說明了 L 廠人際互動中
雇傭關係的本質。相對的，前二項互動則顯現了 L 廠人際互動中，家族關係的
本質及其作用，這一部份在下節有關關係及作用的分析中，將會更清楚地呈現出
來。

　　⑵ 關係模式及其作用

　　L 廠成員 C（Lw 的外甥）在研究進行不久後即離職，因此 L 廠勞動過程中
的關係網絡，以 L 夫婦、A、B、D 及 Of（後受雇為線上員工）為主要的建構成
員。我們由觀察資料中發現下列幾組，反映了既存家族關係與管理關係的模式：

　　ⓐ家族中長幼輩關係模式

　　圖4是各成員在 Lw 家族中角色位置，圖中連結角色直線表示成員間的關
係，長方框形則表示成員在家族關係中的輩份階層。圖中的阿拉伯數字則說明了
成員關係的性質。

　　ⓑ男性威權中心的兩性關係模式

　　L 廠生產活動中成員的互動關係，有兩點是和傳統父權中心家族系統中的兩
性關係模式相一致的：① Lh 的威嚴形象。很明顯的一個現象是，Lh 在廠內與大
家一起工作時，大家均安靜的專注於工作，聊天的現象不易發生；A 亦曾提及自
己對 Lh 的害怕。當 Lh 對某位成員工作態度有意見時，則不會直接表達而是透
過 Lw 來表達及管理。這都使 Lh 處於一較高的位置上。②家族女性成員間支持
與比較的關係系統。工作中的閒聊發揮了「道人長短」、「炫耀比較」以及「訴苦

支持」的作用。這與傳統大家族中姑、嫂妯娌間關係性質類似。

ⓒ姊妹聯盟的管理功能

圖4　各成員在 Lw 家族中的角色位置圖

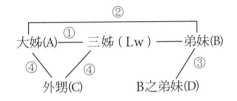

說明：

（ⅰ）大姊與三姊關係的親密性（A 與 Lw）：A 與 Lw 在工作中聊天的頻率是最高的；談論家族中其他成員的話題亦只出現在 A 與 Lw 的聊天中。

（ⅱ）大姊與弟妹的關係（A 與 B）：A 與 B 亦有交談的互動，有時 A、B 與 Lw 會在一起聊天，但 A 與 B 的關係性質，顯然與 Lw 與 A 關係的親密性不相同。A、B 交談的內容有兩類，一種是交換雙方在自己家庭內家務勞動的辛苦，另一種則是 B 以自我嘲諷的語氣（自貶）對 A 敘說自己，而引發 A 來「安慰」B。除此之外，B 在 Lw 與 A 的三人關係中會有「自我怨嘆」，以及表示自己噴漆技術不良，而引發 A 與 Lw「教導」自己的方式。

（ⅲ）B 與 D 的關係：D 在工作中甚少開口發言，記錄中僅有的兩次互動，都是 D 對 B 的互動；除了 D 在下工前說：「姊，我先走了！」之外，只有一次對 B 表示工作的難度（「姊，這次比較難噴！」），但 B 均未積極回應 D。

（ⅳ）阿姨與外甥的關係：A 與 Lw 對 C 出現過，長輩探詢小輩個人生活內容的行為。

（ⅴ）Lw、A、B 與 C、D 的長幼關係：很清楚的一點，是 L 廠中參與聊天活動中最少的是 C 及 D。以聽收音機而引發的反應來說，觀察中發現當收音機中有好笑的節目內容時，A 是幾人中唯一會笑出聲來（觀察員隔著幾個座位可聽見的笑聲）的成員，而 D 則只是不出聲的微笑。C 雖是小輩，但因其為男性，所以工作時會一面抽煙一面工作。

L 廠雖小，成員又具有家族關係，但處於高度競爭生存條件中的 L 廠，一方面在面對上游廠商時，要做到「控制接單量在最大獲益、最低風險」的要求，同時對其內部勞動力的使用也要能達到最高的效率（即勞動力提供的彈性要好，員

工要能賣力工作，而工作時間又可隨訂單的壓力隨時調整）。在我們的觀察中，發現 L 廠有限的勞動力的確是做到了最大的利用，Lh 也表達出對幾名員工這麼拚命工作的訝異：「……我這邊做，到八點時，大家就準時在做了，自動在做，到十二點下來……聽到要交貨一直拼……我心裡想，會不會是親戚關係？……」（3 月 21 日，訪談）。在這裡我們要問的一個問題是：親戚關係到底在 L 廠的勞動過程中發生了什麼作用？在觀察資料中，我們發現一種與家族長幼關係結合，而間接也發揮管理功能的關係模式——Lw 與 A（大姊）的聯盟關係。L 廠的監督、教導、檢查與維修的功能集中在 L 夫婦身上，而 Lw 明顯的負責線上教導與監督的工作，Lh 則負責維修與對外關係（與廠商）；在 Lw 執行與達成其教導與監督的工作過程中，A（大姊）發揮了相當重要的輔助功能。由 A 在線上工作完成的行動及相關的參與行動中，發現 A 有三種輔助 Lw 管理工作的功能：

（i）示範引導的功能：A 是員工中唯一會主動提出對工作進度擔心的成員。例如 A 一面工作一面提出自己工作進度的擔心，而引發了一段 A、B、C、D 四人對工作量及不同產品困難度的討論（1 月 14 日，觀察）；此外，當廠商至 L 廠談生意時，Lw 選擇 A 做為外人觀察噴漆工作的對象（3 月 29 日，觀察）。這都凸顯了 A 的示範作用。

（ii）對工作態度、方法比較與評價的作用：A 在工作過程中，會對 Lw 提出自己對他人錯誤工作方法或不當工作態度的意見；A 也會在 Lw 表示對其他人工作成果有意見時加上自己的評論。這種現象是在 Lw 面前打他人報告的行為，只有在 A 身上出現過。

（iii）分配他人工作與教導新進員工的功能：當新進員工 (Of) 工作方法不恰當時，Lw 要 A 教導其正確方法。此外，A 除了自動在大家面前計算自己的工作進度外，亦會主動分配 B、C、D 的工作量；而當 B 對 A 分配給自己的工作量表示疑問時，Lw 則以提供資訊（每人尚欠多少，已做多少）的方式支持 A。

由上述 A 所扮演的三種功能中，可看到 Lw 聯合 A 來協助自己完成線上的管理工作。在上節中曾提到 Lw 與 A 之間的較頻繁的閒聊，以及 A 掌握了「開」收音機與「轉台」的主控權，這兩個現象又更加強了 A 在 L 廠中類似「管理者」的角色位置。

＠抗拒管理控制的行為方式

雖然 L 廠工作團體「認真拚命」的工作形象十分明確，但線上互動的資料中

也反映了成員對管理控制的抗拒。成員會以開玩笑與堅持自己作法的方式，拒絕 Lw 對工作方法與產量之要求。例如當 Lw 要求 D 修正工作程序時，這位最沈默安靜的成員拒絕了 Lw 的要求，而堅持用自己的方式來進行工作（10 月 4 日，觀察），而當 Lw 當眾宣告每人尚欠的產品數量時，B 開玩笑的對 Lw 表示：「妳（Lw）不是在幫我噴嗎？」B 這種用開玩笑的方式，將 Lw 由管理監督的位置拉到與自己平等位置的行動，使得 Lw 立即表示：「我只是在插花！」以釐清自己不同於操作員的位置。

（三）對抗焦慮的防衛功能

　　這裡我們想說明的是，家族成員藉由小外包生產方式對抗，已在急促工業化過程中農村家族生活形態，被迫變化時所引發的焦慮；也就是說小外包的生產方式對家族成員來說，有降低焦慮的防衛功能。Lw 對 A 與 Lh 對 A「認真工作」的不同知覺便是一個例子。由前一節中，我們已看到 A 在工作團體中的重要功能，但 A 與 Lw 的知覺是傳統家族關係的角度，而 Lh 的知覺則是雇傭關係的觀點：

　　• Lw 對 A 認真拚命工作的理解是——
自己姊妹才會盡心盡力……她從小就很照顧我！（7 月 7 日，訪談）

　　• A 對自己工作認真的理解是——
……自己人啊……是不會吃虧的……（3 月 6 日，訪談）

　　• Lh 對待 A 與 B 的角度則是現代雇傭關係——
A 這麼認真工作，可能是她在工廠裡工作時做過領班，上面給她數量便一定要達到標準，她已經有那個觀念在；B 可能是看她這麼拼，不好意思，也得拼，因為我給她們兩人的工資是一樣多的！（4 月 12 日，訪談）

　　由這裡，可以看到 Lh 是清楚的，以管理者對現代工人的觀點在看待 A 與 B，而 Lw 與 A 則藉小外包的生產關係，保留了原本已受到社會變遷所威脅到的家族關係，這種「姊妹情誼」以及「共同工作與生活在一起」的感覺，是 L 廠彈性勞動力的重要基礎。Lw 下面的這一段話，明白地說出了這種生產方式與過去的家族生活形態相結合的效果：

　　……二十歲左右，我家茶園收掉……家裡不需要這麼多人手，就到工廠去。我在工廠做了那麼久，都沒住宿舍，不習慣，太吵了！我的生活很有規律，和小時候生活一樣，只是工作性質不一樣。小時候就要做很多工作，我大姊 (A) 小時

候就很照顧我！……我現在覺得像小時候一樣，在一起沒什麼分別，不覺得自己已經結婚了……一般結婚後比較疏遠，但我們不會啊！就是這種感覺……我們住這裡很習慣……不像外來的人，連租個房子，空間很小，有時停個車別人都講話；我們要怎麼用，不會有人來干涉，覺得很高興。像到別的地方，如果我們做這個，別人會挑你的毛病，如馬達很吵……（7月2日，訪談）

（四）子女的雙重身份及其功能位置

　　L夫婦共有三名國二、國一及國小五年級的女兒，三個女兒在趕工加班時，很自然的成為勞動力的提供者；觀察過程中發現，晚上、週六、日及假日，小孩們都加入了生產的行列。這種勞動後備軍（Braverman，1974）的身份，在十一歲的小女兒的描述中是：

　　……我喜歡補習，因為可以較晚回家，回家就要工作，脖子好痠，腳也好痠，……像禮拜六，吃飯後就要噴。星期一到星期五只要到樓上弄東西，不要噴漆，星期六則一開工就要噴！……爸爸叫我噴到4：40或5：20（由下午1點）……加班時，舅媽(B)也會來……星期天也要工作，好可憐喔！都不能玩！（4月5日，觀察記錄）

　　存在於三個小孩身上的另一個身份，則看來像是和勞動後備軍相反的一種功能位置——類似中產階級家庭中的主要消費者的功能。L夫婦花在小孩補習、學鋼琴（家中購有鋼琴乙台）以及醫療保健的費用不低；而L夫婦為子女看「牙齒」的花費是令A與B訝異的（當Lw在閒聊中透露花了1000多元帶女兒看牙醫時，A表示「太貴了，小孩子把刷牙習慣建立起就夠了」）。L家在子女身上所展示出來的消費能力，也正說明了L夫婦與其受雇勞動者的不同地位。

五、結論：生產方式、家族關係與社會區隔

　　在前面二節中，我們描述了小外包廠的形成、運作及勞動過程中成員互動的性質。在這一節中，我們討論的焦點放在：如果我們視L廠為台灣特定政經條件下的一個生產單位，它在將原有的家族關係納入一小外包生產方式的組織過程中，對家族或親戚關係、勞動者個人以及勞動者做為一社會羣體的社會位置有怎樣的影響。

由前面的描述中，我們可以說 L 小外包生產方式將農村經濟瓦解出來的勞動力（Lh 母親負責煮飯及帶小孩）、正式系統中脫落出來的勞動力（L 夫婦的被資遣）以及婦女和兒童等勞動後備軍（如懷孕的弟妹及小孩）吸納入一非正式系統的生產單位中。在 L 廠的案例資料中，我們看到台灣前一階段農業經濟生活形態與家族親戚的關係，為資本主義小外包生產提供了最底線的生存條件；在 L 廠的變遷歷史中，Lw 的家族關係使得 L 廠得以在最節省、無需面對現代勞工管理問題的條件下生存下來。我們可以看到它由六人集資一度雇用員工三十六人的大規模到後來個人獨資，工人五名的小規模，家族關係似乎是 L 廠退可自保之生存底線的基礎。一方面，Lh 與 A、B、C、D 的關係是在家族關係稱謂之下而進行著的雇傭關係；另方面 L 廠所提供給家族成員的就業機會，也使得 Lw 家族中原有的關係模式，在急促工業化的社會變遷過程中得以不被質疑，並為當事人（例 Lw 與 A）保留了熟悉的情感聯繫（姊妹情誼），解除了個體面對急促社會變動時的焦慮感。也就是說，小外包生產方式提供了物質的條件，使得既存家庭結構與關係模式得以繼續存在。同時，家族關係不單只是提供勞動力的來源，更形成一有利於管理的人脈關係，它使得雇傭關係的本質易隱藏於家族關係的外衣之下，而不易被勞動者覺知。這種雇傭關係與家族關係的交互作用，將勞動者束縛在狹小且與外界區隔開來的生產空間內。

L 廠的案例資料引導我們注意到——小外包的生產方式在實質上，已對原有的親戚關係發生了一定的作用。簡言之，小外包生產方式對下面幾組家族關係發生了特定的作用：

① 姊姊與弟妹的關係加強了雇傭關係中，管理與被管理的階層關係。如 Lw 與 A 聯盟性質的管理性質，A、B 和 C、D 的長幼輩關係也隱約的和 A、B 在生產線上較優越的位置（自由度較大）一致。

② Lh 的雇主身份使得 Lh 雖然是 A 的妹婿，但在此一由家族成員組成的工作團體中扮演著領導與權威管理者的角色；而且 Lh 對 A、B 與 D 操作速度及產量的精確計算以及給薪策略，都是雇傭關係在發生作用的實例。

③ 生產線上勞動者與管理者之間的鬥爭關係，以極其隱微的方式在姊妹稱謂的家族關係名義下發生著。由這三組關係的實例中，我們可以說小外包生產方式的雇傭關係，對家族團體的人羣關係發生了某種改造的影響力。L 廠中隱晦但精確的勞動強度與產量的控制策略，勞動者上、下班

井然有序的例行行為，資訊掌握（指控制收音機的權力）以及管理被管理權力支配的階層關係，都刻畫出了小外包作為台灣資本主義生產方式中，一具體而微的生產單位的特色。在勞動力的控制上，它其實是高度結構化的（雖然勞動空間及設備是粗陋的），同時它通過生產雇傭關係與家族關係的結合，加強了對已婚婦女勞動力的控制；在性別角色與勞動分工的連結關係上，它維繫了男性父權中心的支配關係。此外，L 廠的小外包生產方式對家族結構的影響還出現了一個特色；這個特色的表現形式就是女性勞動者間的「姊妹情」。首先我們看到小外包生產方式在嘗試將不同來源的勞動力吸納之後，選擇了親戚關係網中的已婚女性勞動力，這樣的吸納過程，使家族親戚關係中已婚女性成員得以「聚合」。此一聚合，一方面為了配合勞動過程的實施與完成，女性家族成員長幼有序，內外有別（表現在大姊與弟妹的互動模式上）的角色關係，發揮了管理的功能；另一方面，女性家族成員形成一相互支持的情感聯繫的關係（由對家務勞動之相互訴苦到談論家族婚喪事件等）。如果說，不同的生產制度創造了不同的結構環境，塑造了生活在其中之成員的階級經驗（謝國雄，1989）；那麼 L 廠無疑地創造了一家族關係與雇傭關係曖昧，但混雜運作的結構性環境，生活在其中的成員，當然不如正式系統中的產業工人易發生清晰的勞工意識及階級認同；但我們與其用對比方式來說小外包生產方式模糊了非正式系統勞工的階級屬性，還不如尋求途徑來仔細地描繪非正式系統中勞工生活經驗混雜而動態的面貌。

前面主要總結了小外包生產方式與家族關係的交互作用，對於束縛住小外包勞動者工作脈絡（the working context）的建構（construction）發生了重要的作用，而稍早提及眾多小外包廠結合成的分包網絡，則發揮了建構小外包生產系統「界線區域」（boundary region）的功能。分包網絡介於上游工廠或貿易商與勞動者之間，一方面它是雇主利益結盟的系統，另方面它區隔了小外包勞動者與上游正式系統及外部的環境。分包網絡的界線區隔作用，以及小外包系統內部生產關係與家族關係交互作用，所建構出勞動者勞動經驗的特殊性，共同地決定了小外包勞動者的社會經驗。

《第三章》
小金家的勞動與衝突

　　在前一章的 L 廠的案例資料中，我們已描述家族關係與雇傭關係之間是怎樣在發生著關連的。

　　L 廠無疑地創造了一家族關係與雇傭關係曖昧，但混雜運作的結構性環境，核心家庭與延伸家庭的概念均不足以協助我們，勾勒出小外包生產方式影響之下的家戶活動及其成員關係的性質。歐美家庭理論中，所謂的「勞工」家庭也是一過於浮泛的集體代名詞，接續先前的研究工作，我轉由特定生產方式及其勞動過程的角度，來探究家戶活動、功能系統分化以及成員關係的模式的形塑。這一章由家庭生活歷史、功能系統與家庭衝突的視角，來呈現一個技術工人上昇到小商店主家庭的案例：

　　在前面提及的小外包家庭的案例中，當小外包生產方式將原已分開，但仍居住在附近的姊妹妯娌的關係網絡，納入了生產系統之後，受雇者與雇主的關係性質與家族原有的性別關係性質發生了影響，家族中女性成員受雇勞動者的集體經驗，以一種隱晦衝突的溝通方式出現。又如一個工作與情緒不穩定的男性勞工家庭，妻子在不停地接各種代工工作維持生計之餘，篤信一貫道做為希望寄託；子女面對父母關係中，不斷因經濟生活而引發的爭吵，與父母生活方式，與宗教信仰和學校教育系統中，所傳遞的社會評價訊息的背離，只有選擇用「隔離」的關係模式，拉遠自己與父母的心理距離，以逃離自己無法理解與處理的家庭矛盾經驗。這裡所強調的是，家庭所賴以生存的謀生方式，對家庭功能系統發生著一定程度的形塑與改變的力量，而伴隨著家庭系統變化同時發生的一個重要的經驗，便是家庭內原有的關係模式亦發生了變化。在這樣的家庭案例中，如果我們只探討「不良的親子關係與溝通模式」，而未將關係與溝通模式放回到家庭發展的歷史，以及社會脈絡的處境中去理解，則很可能不但未能增進家庭成員間相互的了解，反而在教育介入的過程中，加深了社會不同階層處境家庭之間的隔離與誤

解。換言之，家庭內部系統分化與重組及溝通模式，是家庭承受內、外壓力時因應策略的現象，通常，重大的家庭衝突事件便反映了家庭功能系統，面對生活內外壓力或一種新局勢時的因應策略。Lewis 早在研究墨西哥家庭時便指出：

「透過深入探討一個家庭的困難或難關，以了解家庭面對新局勢的方式，特別能顯示家庭心理動力的某些隱蔽側面，同時也指出各個成員間的差異。」（邱延亮，民 76）

延續上一節對生產方式與家人關係的研究焦點，在這一節中，我想推進的思考問題是：①在家庭生活歷史的發展脈絡中，家庭生產方式的變化與成員成長需求，對家庭功能系統的重組、分化或彈性的安排發生怎樣的影響？②在不同家庭生活時期，重大家庭衝突事件是否反映了成員，在承受上述內外壓力時的因應策略？

（一）案例的選擇及資料收集的方法

如前曾提及勞工階層是一十分含混與概化的名稱，台灣在過去四十年工業化的過程中，除了正式產業結構外，更發展出龐大的非正式產業結構（謝國雄，1991）。近來台灣本土的家庭研究也開始不再受限於，以性別分工與核心家庭概念為主的家庭意識形態，而開始注意到特定階層社會處境中家庭生活的面貌（陳怡玲，1992）。因此，我們可以推論的是，前一節小外包廠案例的家族關係特色和石化產業技術工人家庭生活的特色，一定存在著有意義的差異性。但同時任何一個家庭都因其成員提昇家庭經濟生活水平的努力，跟著台灣社會的發展或穩定或不穩定的，維持或轉變它在社會階層中的位置。在這一節裡，我選擇了一個由技術工人家庭，上昇到小商店主的家庭案例來討論。

案例資料的收集以個別訪談方法為主，但分三步驟與分析工作交叉進行：

第一步驟：訪談焦點為家庭生活歷史及家庭經濟活動領域的變化。研究者將家庭經濟活動的發展歷史予以整理之後，和受訪者檢查了解是否錯誤。

第二步驟：針對受訪者印象深刻的家庭衝突事件加以訪問記錄，並了解建構衝突的家人關係以及受訪者在衝突事件中的作用位置。

第三步驟：研究者將家庭衝突事件，放回到家庭生活歷史發展與經濟活動變化的脈絡背景中來考察。研究者再邀請受訪者，針對形成家庭衝突事件的壓力來

源與涉入衝突雙方或多方的關係與互動方式，探索它們在該時期和家庭經濟活動特性間的關連性。

（二）研究發現摘要

首先該指出的是，當研究者由家庭生活歷史的角度進行對家庭的了解時，發現每一個家庭經濟活動變化的歷史相當複雜，一方面，家庭由維生到企圖累積資本改變家庭階層地位的路徑，反映了台灣社會政經資源分配與社會結構，對不同家庭的發展機會及條件；另一方面台灣經濟活動領域的複雜性，清楚地展現在家庭經濟生活多樣的面貌上。接下來，家庭衝突的考察焦點，使我們了解到家庭成員的家庭生活經濟，一方面受著家庭經濟活動的性質與社會機會和資源分配的影響，另一方面反映著在家人關係中流動傳遞著的協同協力與緊張壓力。

下面研究者描述一個案例家庭的經濟活動發展類型，並總結不同時期家庭衝突的表現形式及意涵。

小金的家庭：由技術工人到小商店主的家庭
(1) 家庭成員簡介
為了方便敘述，對家庭成員的稱謂均由長子（小金）角色位置來稱呼，小金表示長子，金大妹為小金的妹妹，金小弟為幼子，金父，金母為小金家庭之父母，金祖父、金祖母為小金家祖父母。小金的家庭目前是以核心家庭的形式一家人居住在一起，除 Ps1 因念大學不在家中居住外，弟妹皆住在家中，家人目前年齡如家庭圖所示：
金父（47 歲）
金母（47 歲）
小金（24 歲）
金大妹（22 歲）
金小弟（18）歲

(2) 家庭生活歷史簡述：
小金家世居中部某縣，日據時代金祖父為佃農，金祖母為製糖會社中的農

工，在耕者有其田的政策下，金祖父成為自耕農。金父在長兄不幸夭折後出生，金祖母接著生二女一男。1958 年金祖父在家中開設一家小雜貨店，金父念書之餘，需協助農事、店務及照顧弟妹。金父念完高工後即未再升學，21 歲時媒妁之言，娶住在鄰村的金母，婚後便入伍當兵。金母做為長媳，負擔了照顧弟妹及家務等工作。

1969 年 8 月，金父甫退伍，小金即出生。金父不願待在家中務農及顧店，便隻身北上工作，在一年多內，先在工廠工作，後至某廣播電台做廣告播音員。不久，當金父被調回嘉義分台工作後，在金祖父的要求下離職回家。金父在家待了一年多後，仍選擇北上另謀工作，只偶爾回家。1971 年金大妹出生後 40 天左右，金父決定上船。金母得知訊息後，連夜帶著小金及初生的女兒，到台中港攔下金父。之後，金父與妻子及子女到潭子加工區找工作定居下來。

小金全家在潭子加工區附近租屋居住，金父在工廠當技工，月薪 700 元，金母在家做家庭代工。在小金上小學以前，時常被送回阿公家寄養，全家亦常搬家（在小金的記憶中，4 年左右搬過 7、8 次）。小金 6 歲時，金母和其朋友在豐原合買了一間房子，一家住一半，小金全家搬到豐原後，較為安定。之後小弟出生。小金小學 6 年級時，金父被公司派至國外新設工廠工作，金母不適應，金父選擇回台，之後便離職。

金父離職後，在鐵工廠做工近一年，之後金父和金母決定自己開早點店，二人學做豆漿、水煎包，同時由市場批回包子、油條來賣。這時為了小店的經營，全家均投入。金父及金母每日清晨 4 點即開始工作，小金則由 7：00 幫忙到 8：30 再到學校，（此時小金已念到國中）。小金家辛勞工作的成果是生意興隆，小本經營也的確積累了一些財富，於是金父在小金國三之時，決定在家中接外包訂單。金父購進 2 台電溶器加工機器，每台 120 萬元。小金家的加工小外包工廠，由每日早上 8：00 開工到晚上 10：00 休工。白天雇一工人工作到 4：30，金父及金母早點生意結束後，即轉身投入小外包生產；等小金放學回家時，即接手工作。小金每日下午由 5：00 左右工作到 8：00，父母再接手讓小金做功課。在小金家全家總動員兼顧二種事業，不斷積累資本之際，金父投資一朋友的生意，企圖賺更多的錢。不料，該友人生意失敗，Pf 亦因替其朋友背書而擔負近千萬的債。

還債的千斤壓力，迫使 P 全家拚命趕工趕貨，2 台電溶機器一天約可生產四

萬粒產品，每一小粒 0.025 ～ 0.035 元，每日可賺入 1200 元，每月淨賺 4 萬～ 5 萬。除小弟尚小外，小金與金大妹均在放學後全力投入工作。高強度的勞動與債務的壓力，幾乎使小金家無喘息的空隙；小金一直想逃離這種束縛與壓制的小外包家庭勞動空間。於是當小金考上外埠的高中時，便不斷藉念書與聯考來要求自立，搬到外埠居住，高二時小金成功地脫離苦海。

小金家終於在三年內還清債務；小金高三時，金父賣了機器，收了小外包工廠，再轉回單一的小商店主的生涯。這種小商店主的謀生方式一直維持到現在。在這幾年穩定的小商店營生生涯中，金父並未放棄投資致富的可能性，曾於二年前，因投資投資公司再度虧損二百萬元左右，但並未因此威脅到家庭經濟的根本。

(3) 家庭謀生形態、功能系統分化及家庭衝突

在這裡，我用下表整理出小金家，在不同謀生方式的幾個階段中，家庭系統及家庭衝突的一些特性。

在表一的整理中，我們可以看到小金家，經濟型態複雜變化的歷史發展，與家庭成員在特定階段中的生存策略。受限於時間及篇幅，我只針對此次報告目標，對小金家家庭生活歷史做了如上的一個反映。

表一：家庭經濟型態與生活歷史發展說明

階段	家庭經濟型態	家庭謀生策略	家庭矛盾現象及重大衝突事件	功能系統特性及家庭衝突性特性
（一）	依附原先家庭的生存方式	金父年輕時，數度北上謀職，妻小依祖父母生活	金祖父對金父離家工作的不滿，以及金父對單獨養育子女，兼顧金父弟妹與家事的辛勞及怨嘆	
（二）	正式生產部門受雇勞工與非正式生產外包工混合式家庭經濟	潭子加工區時期的小金家。小金家由不斷搬家到與友人合買一處定居下來。這個階段由小金2歲多，一直到小學6年級，金父離職為止。在這階段中，金父為工廠技工（後升為基層管理人員），金母一直從事家庭代工	•小金4、5歲時，因房東兒子不准自己看電視，小金用奶粉罐把TV擲破，被金父痛打一頓。 •金父每日情緒變化狀態影響家庭晚上的氣氛。小金對金父脾氣好壞敏感，金父下班回家，若臉色不佳，則小孩難逃責打。當金父發怒時，金母通常不會介入。 •小金小學三年級時，金父與金母吵架與打架，小金與弟妹十分恐懼，小金於是將弟妹帶到家附近的土地公廟，將弟妹留在土地公廟後，自己一個人回家。	維持家庭生計及購屋的經濟壓力是這一階段，金父與金母主要的負擔。因為父母均持續穩定地投入工作，小金與妹妹形成穩定互相遊戲與照顧的次系統，金小弟因年齡差距較大，而未被緊密納入此一次系統。這一階段中，金父與金母之間大大小小的爭吵，時常發生，在家庭金父與金母發揮父母職能的夫妻次系統中，金父是規則設定與評估者，金母則是督促執行的角色；在家庭經濟分工的位置上，金母的收入是主要來源，除了家庭經濟壓力是造成金父與金母關係緊張的外在來源之一外，金父由工作中積累回家的情緒，以及由工作需要而調職到國外的變化，均影響夫妻關係的穩定性，金父的回國及離職，可以說是其工作系統與家庭系統需求相矛盾時，金父的選擇。
（三）	交換領域中小商店主與生產投資的家庭經濟	開早點店的P家	•Ps1開始參與早點店生意經營活動中，Ps1曾因和顧客吵架而遭父母責罵	Pf與Pm的爭吵衝突事件，在Ps1的印象中，較前階段減少許多。在這個階段中，Pf與Pm的關係及權力位置因早點店經營之勞動分工系統而發生了變化。Pf與Pm因豆漿及水煎包製作過程中夫妻2人上、下手的分工位置，而發生權力制衡的關係。雙方對對方「工作」是否做得好的了解與評價均因早點製作的分工而來，例如：做豆漿的Pf對Pm前晚黃豆浸泡時間是否得當的評價，以及Pm對Pf到底收入多少的精確掌握。總體來說，Pm在勞動分工上的地位由前階段的貼補依附性上昇到分工及合作的位置上，但Pf仍掌握經濟收入之支配權，而且往外採購的角色是Pf重要角色。

（四）小商店主與生產領域中非正式部門小工廠主（小頭家）混合的家庭經濟	被倒債前後，早點店與電溶器小外包工廠並存的小金家	• 倒債的巨大經濟壓力引發父母強烈的衝突，父母曾議及離婚。 • 小外包工廠工作引發金父與金母和外包訂單來源Pf金大妹及妹婿之間的衝突，因為金家是小金的大姑的分包點，大姑計算利潤方式的苛刻，使金父與妹妹間發生矛盾；小金也對大姑十分不滿。 • 早點店與小外包廠的強度勞動建構了高度壓抑及持續工作張力的家庭氣氛。小金曾在勞動過程中，因機器同時亮紅燈時，小狗狂吠，而將暴躁情緒發洩到小狗身上，一腳踹到了狗鼻子，小狗因而死亡；小金對小弟感到歉疚，因為在這個階段中金小弟是小金責打的對象，同時金小弟亦常遭父親責打。	在這一階段中，小金家的家庭系統幾乎已完全被小商店及小頭家工作活動系統所壟斷。一家大小全部被小外包廠納入勞動分工的位置上，前面曾描述的子女次系統在這種情況下，已不再可能發揮抗拒或防衛父母衝突所帶來壓力的功能，相反的，在這個階段中金父及小金成為小外包廠生產的重要人力，小金由金父處學會由操作到機器維修。但同時金父與小金均變得脾氣十分暴躁易怒。小金終於選擇與金父衝突協商而離開家庭，獨自寄宿在外讀書，小金成功地由壓抑與壓制的家庭生產勞動空間中逃離，但一直在心中承擔著對弟妹的歉疚及罪惡感。
（五）小商店主家庭經濟與投機性質的資本遊戲	結束小工廠回復單純經營早點店的小金家；金父參與投資公司及六合彩等活動	• 還清巨額債務，已邁入中年的金父與金母結束工廠業務，夫妻關係趨於平和及穩定，但家庭衝突轉到金父與金大妹的及金父關係中。 • 金大妹欲離家發展但金父不同意，並對金大妹社交生活干涉；金大妹十分順從，小金則由較遠的位置企圖協助妹妹轉換工作離開父母。金小弟目前成為衝突焦點，曾發生金父在盛怒之下欲拿刀砍金小弟，金母出面阻擋而受傷。 • 金父則期望金小弟念研究所、出國，也希望自己能夠移民。小金後來選擇在台灣唸研究所，金父移民夢破裂。	小金因成長的自主性需要，通過對抗衝突得以在家庭外發展自己，小金的大學學習資源及能力的獲得，使得小金在家中的權力位置明顯的較能與金父平等對話。在這階段中，小金對家庭的了解，經由集中在對金父的憤怒，通過對自己家庭歷史在社會環境中的認識，重新審視過去被自己界定為「法西斯」的父親到底是怎樣的一個人。同時，小金在大學學習生涯中，逐步確立了自己的生涯定向是和父親期待相背時，對於父子差異性可能帶來的衝突，小金正在準備自己與父親面對及溝通的能力。

四、結論：衝突的表現形成及意義

做為一個家庭教育的實務工作者，我所關切的一個核心問題是，如何建立與發展能觀照，複雜關係動態與多向度經驗意義的家庭理論，以協助在不同社會處境中，運用各種生存策略的家庭成員，使他們能夠：

①由新的觀點重新框定（reframing）自己所知覺與承受著辛苦、壓抑或衝突的家庭經驗。

②改變他對家庭其他成員的了解與原先對問題的設定。

③發展出不同於以往的行動策略，來創造條件推動家庭成員有效問題解決行為的發生。

正是基於這種實務的取向，我前面提出的研究觀點與方法是基於這種實務的取向，企圖推動自己不要因固著引用西方家庭論述中，任一種特定介入理論與方法，而無法了解台灣社會中不同生存處境中的家庭。

當我通過上面這二個家庭案例的一個初步探索之後，有了下面幾點發現：

①小外包生產方式的特性不只是它的彈性（指工作場所取得之方便、工時之增加、用具之粗糙以及婦女與兒童勞動力之納入），更在於它所創造的一個高勞動強度，及結合既有家庭（家族）關係的勞動，與家庭生活重疊的空間。這個空間的另一個重要特點，便是竭盡所能的耗竭了成員吃、喝睡之外的所有時間；因此若小外包家庭的成員同時也是主要勞動力提供者時，他不只是被束縛在此一勞動空間中，而和外界區隔開來，便更經驗了雇傭勞動關係與既存家庭關係的相互滲透。由上面的二個案例資料中，我們可以看到，不論家庭或家族成員間衝突的表現形式是隱晦或明顯的，這些衝突都反映了這二組關係的交互作用對成員的影響，以及成員活在這些關係與活動中的抗拒或反抗。

②家庭衝突，不論其表現形成是隱晦的抗拒，或間接的（如 L 廠案例所示），或是直接強烈時（如 P 家），對當事人而言，它所蘊含的對抗意義，可能包括了多個層次；例如對小金而言，和父親的衝突表示了：a. 他對自己身心發展需求的肯定意義，b. 他對於家庭上昇（指企圖由小商店主階層更躍昇到較大資本積累的階層）由抗拒到對抗的生涯定向意義，c. 站到整個家庭系統在社會發展中的功能角色的層次上來看，L 家與 P 家均在全力拚命工作，積累財富之際，維持與強化了家庭關係中父權權力結構與性別分工，但同時婦女及兒童進入勞動分工

位置的生存經驗，也使她們不只是停留在完全依附的生存角色中。

③案例的研究方法，對於教育工作者由實踐中深化自己的認識，與描述生存在某一社會處境中不斷變化著的家庭經驗，是一有效的研究策略。由生產方式及家庭經濟型態變化的角度，來考察家庭生活史及家庭功能系統的變化，能引導我們了解家庭在維持或促進社會整體經濟發展的過程中，到底產生了那些變化的經驗！家庭歷史的考察角度，使我們對家庭經濟形式的複雜性加深了認識，而由家庭做為一個切入點，也許也可以由微觀的立場，提供研究社會經濟與發展的學者們一個意外的收穫。

④家庭衝突經常是家庭教育與諮詢工作者需介入處理的問題領域，而當我們把家庭矛盾與衝突放置到家庭歷史發展過程與經濟形態脈絡中來審視時，衝突的意涵可以被重新理解，家庭成員間的情感與了解亦會因其對衝突的認識而改變。

第二部份 路徑知識 2

共振參照與回溯返身

家庭關係與個人發展

【第四章】由鄉入城 ~ 女兒回家的路

【第五章】尋覓噤聲的畫眉 ~ 走近父親的兒子

路徑知識（2）～ 共振參照與回溯返身：家庭關係與個人發展

1982 年，美國家族治療家 Virginia Satir 應邀來台灣[1]；我協助吳老師組織了兩場工作坊，並擔任場中翻譯，也開始進入對歐美家族治療理論與方法的學習；自己也於 1980 年代末，開始在大學開授心理劇與家族治療課程。然而，在「家族治療」台灣專業化市場中逐漸走紅的 90 年代，我選擇以「家庭關係與個人發展」替換了我的課名。前述家庭外包與代工田野研究的認識與情感，是引領我進行專業轉化的探針。我於是在一年接一年的課程教學中，和學生一起探究著家的社會脈絡與社會關係的作用力量，是如何影響著家人的關係方式與發展的。課名的替換，代表了「課程」做為探究與學習方法的一種典範的移轉[2]，與對知識的性質和作用的觀點立場的改變。

一般來說，心理系與社工系開家庭方面的課，通常會是家庭發展研究及家庭治療實務，都是傳輸西方家庭理論與治療方法。這是種理論與實作二分的課程設計，這種二分設計的前提，便是理論工作者與實務工作者的專業分工。同時實用性的家庭治療課程有一種預設：預設學生是要被訓練為某種治療取向的治療者或諮詢者。這種課程設計其實對剛要入門的大學生或研究生是不恰當的，因為學生對「家庭經驗」的理解會被窄化與簡化。作為一門引導學生探求專精知識與方法的課，「家庭關係與個人發展」的基本理念是：一個剛入門的學生，一開始最能促使他理解別人家庭經驗的媒材，是他自己身上的家庭經驗。「家庭」做為一個基本的社會單位，它承載了社會如何處理人們生養經驗的核心設計；有意識型態的設計、生產勞動分工的位置，有性別經驗如何被對待……等。一個在專業道路上學習的學生最需要的是：他能先對在自己身上的家庭經驗有一個不扁平窄化的關照視域及反省的立場，跨越自己的有限性與了解到別人經驗的能力，就有可能一起同步成長。

家庭作為社會的一個基本單位，社會通常經由性別、政治經濟（政治歷史、勞動分工）及教育的體制與意識型態相糾合的，社會系統的運作，規約著「家

---

[1] Satir 是應吳就君老師邀約而來，吳就君教授為台灣推動心理劇與家族治療的領頭人，1982 年吳老師離開台大醫院精神科轉任台灣師範大學衛生教育學系教職，同年她邀約了 Satir 來台開設工作坊。

[2] 把「課程」視為師生「共同探究」學習歷程的教學實踐行動，而不是只「傳輸」一套在歐美社會發展出來的技術與知識是更動課名的道理。

庭」中每一個成員。在課堂中，我透過一些課程活動或方法，讓學生對於家庭經驗的三個面向，運用自己的家庭素材，反思家庭特定的運作機制，學生開始對於自身在家庭互動中，所模塑成型的思維與情感的方式和家人彼此關係方式的表現樣態，以及家之外的社會關係做為一種社會作用的力道，又是如何來回穿梭於家人關係中（包括性取向及未來想發展成什麼的人等）的歷程，開始進行回溯性的反映。秀菁就是在回溯反映的過程中，看見了家的困窘處境，翻轉了以「病」問題化自身及家人的命運。

1 困窘不是有病

困窘無聲的童年 ~ 秀菁的家

　　媽媽五點多起床洗衣服或是買菜，爸爸六點多就開第一台機器運作，大姊八點將小孩帶過來然後去上班，哥哥八點多開第二台機器，弟弟九點多開第三台機器，這是每天的工作。家裡的女人支援男人的工作，所謂的假日並不隨著日曆上紅字，而是隨著訂貨單的量多量少而定，趕貨時，更是全家人一起在電視機前，邊看電視邊作直到深夜；這樣的景象是常見的，我每次的回家與其說是休息放假，不如說是換一種不用思考動腦的方式生活。或許是這樣勞動的生活型態，不是我與姊姊們想承繼的，也或許是父母親本身也不期許女孩以此為業，故我們這些女的都選擇以多念點書，來開創不同於自小的生活記憶。工作勞動、吃飯時的熱鬧（一家七口加兩個小姪女），沒有客人來家裡談生意時，全家人就一起看電視，貨物的堆疊與陳列等等生活影像，是這麼熟悉地拉引出一些，有一點模糊或是習以為常的記憶片段。

　　小學五年級以前，家裡日子過得很窘困，媽媽白天賣早餐，爸爸正開始白手起家，印象最深的就是睡覺——一家七口擠在兩張木板床上勉強度日。

　　小時候，我很不喜歡刷牙，因為廁所很髒、很小，那是　個陰暗潮濕的地方，刷牙的時候要眼睜睜地看著蛆蟲的蠕動，對於一個小孩的心靈而言，那時候的不喜歡，或許是夾雜著對於蛆蟲的害怕與恐懼情緒吧！曾經被大姊逼著去刷牙的那一幕，我發現我從沒忘記過。

　　白天上學前，我們這幾個小孩要幫忙端早餐給客人，一直到上學時間差不多

了，姊姊就帶著我、我帶著弟弟一起走路去上學。假日時我們要去其他地方幫爸爸工作（將每枝牙刷都沾上牙膏），常常有許多的假日，是全家人一起工作的時間，就像是基督徒做禮拜那樣的慎重與習慣（一直到我念專科都如此），但我知道，我們這幾個小孩子不是虔誠而是認分。假日是許多同學約著遊玩的日子，但我們不能應允邀約。如果家裡有工作，「工作是最大的，是工作養大我們的」，我們從小就被灌輸著這樣的觀念；一直到現在，「工作是最大」仍是家裡很重要的守則，除非有正當理由不遵從，否則罪惡感與責罰會隨之而來。唯目前拜機器所賜之福，工作上的勞動沒有像以前那麼頻繁，不然生活的枯燥乏味，有時是會壓得人喘不過氣的。

大姊的失敗婚姻

有一次跟二姊在車上聊到大姊，對於大姊失敗的婚姻，我們居然都有著共通的感受與心情。我們都覺得大姊失敗的婚姻，對我們這個家的正面意義多於負面的影響，它不只鬆動了父母原本一直堅持，對於婚姻的傳統價值與想法（婚姻是人生的必經過程、離婚是不可以、不好的、不結婚或離婚是會惹人說是非等等），也讓這個家與父母「撿回」大姊，與撿回這個家所有小孩的心。

在我大二那一年，過年前夕，我們家度過一個驚悚難忘的一夜，那一年的過年是我們家最難過的一年。在過年前夕的一個夜晚，大概是晚上十一點多時，響起一通劃破寂靜的電話，只見媽媽手發抖眼眶紅紅、聲音哽咽地詢問對方：「在什麼醫院、情況怎樣？」我跟爸爸、哥哥發覺有事情發生了。等媽媽掛完電話，才知道大姊不在香港，而是提前回台灣，昨晚在台北自殺，就差五秒鐘，我們將失去一個家人；那一夜，哥哥要父母在家裡等候，我跟哥哥連夜上台北接大姊回家。記憶中，那回家之路好長、好長，大姊情緒非常不穩定、死意堅定，不斷地想跳車自盡，我在後座用盡力氣抱住大姊，想死的人力氣奇大。哥哥將車門暗鎖防止大姊跳車，而大姊仍不放棄用頭去撞車子，一邊撞一邊哭著，要我們好好照顧她的小孩、讓她死，她真的活不下去，也不想活了。我抱著她哭著，要她不要再撞了，大姊這樣的情緒狀態，讓哥哥根本無法安心開車；後來哥哥乾脆就把車停靠路邊，開車門跪在路邊，哭著求大姊讓他能好好地將她帶回家，讓他對父母有個交代，那是我生平唯一一次看到哥哥哭著求人，也是第一次深刻地感受到家人的重要與對家的情感。那一次回家的路真的很長，大姊掙扎到累了，情緒也緩

和了下來，而我跟哥哥也很疲累，整夜未闔眼卻也不敢闔眼，大姊紅著眼睛睡著了，而我跟哥哥紅著眼睛，默默無語，直到回家。

大姊的自殺事件為家裡帶來許多的衝擊，全家人放下工作看護她、照料她、陪著她。她醒著時，我們努力用她未滿一歲的小孩，對她的需要，以及用家人的愛與關懷當訴求，企圖喚醒她欲死的心。她睡覺時，我們小心翼翼地商量著大姊與小孩的未來，以及我們要怎麼陪、怎麼照顧她們渡過這艱難的日子，而這許多商量，其實是伴隨著父母發自內心的嘆息（當初他們是這麼強烈地反對這樁婚姻，大姊卻執意不聽，如今落得這樣的下場……。）與疼惜（再怎麼說都是自己的小孩啊…）。

當我能理解他們的嘆息與疼惜時，我發現這是父母在思考，也在考驗著，在既存的社會文化中（嫁出去的女兒潑出去的水、嫁雞隨雞等觀念），他們該如何撿回一個在婚姻裡，受挫的女兒回到家中，而我看到父母的選擇是「做真的、說假的」。

「真的」就是在我們家的附近買一棟房子，安置大姊與小孩的生活，然後讓弟弟過去與他們一起居住，而他們也好就近照顧大姊母女，直到大姊經濟與情緒都能獨立穩定再說；「假的」就是說給親戚鄰居們聽的，什麼九七到了，香港要回歸祖國，所以他們回台灣來居住啦！還有姊夫比較忙，無法長時間住在台灣等等之類，能化解別人疑惑的說詞。

父母能做這樣子的選擇與作法，一直讓大姊很感激，至少這是她今天能在挫敗的婚姻中，再爬起來很重要的原因，而也因為父母這樣的選擇與作法，讓這個家的情感聯結更為凝聚。

不是每個家都能這樣做

當我看到父母能夠選擇「做真的，說假的」方式，處理大姊婚姻上的挫敗時，其實我也看到這樣的選擇是有條件的。並不是每一個出嫁的女兒面臨婚姻破裂時，父母會有能力，再將女兒撿回家中細心照料，直到她再爬起來，父母的這種能力是有條件的（有心而且還要有錢能安置他們母女三人）。

當我的父親以勞動方式並結合商業的交易模式時，我們已不再只是一個很單純的勞動家庭，父親是勞動者同時也是販賣者（一個擁有小資本的商人）。小時候他常常跟我們說，我們賺的就是薄利多銷，賺的就是我們自家人的勞力付出，

一家七口每一個人都勞動、都努力的工作，從白天到晚上，甚至很晚全家一起把貨物趕出來，從製品到加工、到產品的包裝、到裝貨運貨，全部自己人來做；早期從來不外包，就算是到現在，爸爸也只讓附近一些較老的阿婆或是阿伯，幫我們包裝一些貨品。

以當時台灣的年代（大約是 1980 年代），能透過自家人的勞動力（自製，前提是孩子要生得夠多），再輔以自己開創據點銷售（自銷，前提是要有市場而且要有本錢，沒有本的要有辦法借到無息的本錢，譬如母親娘家的幫助），我想只要經過一些年的努力是能還本，而且還能開始累積資產；這之中還透過「跟會」形成一個周轉空間，以應付某種緊急上的金錢需要，至少我看到我們家是這樣一路走過來的。我認為這不全是幸運，而是有這些前提條件運作，才能造就目前現況。

家或許不能變，
但看待家的觀點移動，
就是很大的改變了！

《一年後》曾經我認為我的家有病

以前會覺得這個家是個有問題的家，是一種病態，親子互動方式也有問題，大家脾氣都這麼不好，大家講話都要用吼的，不能好好講。現在，我則能區分這是勞動世界所帶出來的問題，而非我們家的問題。

在勞動世界中，人的耐性變低了，人的感覺要去掉，人要學習麻木，否則無法忍受單一重複的動作，所帶來的無聊感與窒息感，而且永遠有做不完的工作份量。我們談的那一套坐下來好好溝通啦、討論啦，這在勞動的家庭中是很少有的。一天勞累下來，遇到小孩有事，脾氣就先爆發出來，那脾氣很可能是一天勞累後所攜帶下來的悶氣，常常是透過不是很嚴重的事，而把脾氣發洩出來，心裡才會舒服很多。

勞動世界的父母沒有時間多了解子女的，以前會覺得父母不了解我們，親子關係不能像朋友是一種缺憾，現在的我並不這麼認為。除非我們家不是這種勞動的生態，否則若我要以一種所謂的良好親子溝通模式來要求父母，實在是一種苛責，畢竟父母在勞動之後，是沒有多餘的力氣去陪伴孩子做功課的。其實要他們來了解我，也是不合理的，我自己又花了多少時間去了解父母的世界，卻一昧希

望他們來了解我。於是我就把相互了解的期待拿掉，因為那真的是父母無力做到的。但我能體會到他們的關心。勞動家庭表達關心的形式是很直接的，他們只會問你吃飽沒、食衣住行的事，以前我不覺得這是他們表達愛及關心的一種方式，而當我重新去貼近他們的世界後，才發現自己變得比較細膩一些，能夠重新理解及解讀他們看似粗略簡單，其實卻帶著真心的關心，這其實是滿可貴的。

在一個以勞動生產為主的家庭裡，生活就是工作，情感的流露是很少很少的。當一個孩子不了解其家庭的溝通形式，是勞動型態下所特有的，會很容易地認定──這是一個有問題的家！然後開始與自己的家有一種疏離感，紛紛想逃離自己的家，這些經驗我們家的孩子也都走過。如果沒有大姊的自殺事件，我真的會以為媽是不關心我們的，而大姊事件的意義，是讓我們感受到父母是挺在那裡，跟我們在一起，這讓我們這群孩子在心理上紛紛回籠。

我認為社會應該肯定不同型態的家庭，更應鼓勵孩子去貼近他的家庭經驗、去認識什麼叫做勞動世界，使他願意去說他的家庭，在說的過程中陪著他一起去看，提供多元的觀點，我想這就是給予我們這樣的孩子很大的幫忙了！家庭或許不能改變，但看待家庭觀點的移動，就是一個很大的改變！

2 勞動疊影的現身

「是困窘，不是有病！」的發聲並不容易，**發聲行動**的本身已然表現了返身辨認後、拒斥被問題化的抉擇。大學與研究所課堂可以是一個**翻土培苗的實驗室**，只要大學教育工作者不一昧地移植歐美知識與方法，要求自己在地方社會脈絡的內部位置裡，實驗與考察自身的知識生產與行動介入，一條在地化的知識路徑就必然發生。

我的課堂實作在數年後，觸發了三枝葉脈的萌發：中、小學教師返身回溯自身勞動家庭經驗的「教師勞動疊影」系列活動、社區大學家庭經驗工作坊方法的發展以及激發了碩、博士學生在與工人、社區婦女和性工作者等底邊人群一起工作的過程中，**發生了知識典範轉向與方法研發的歷程**。有關「教師勞動疊影」的經驗和知識力量，已收錄於「拉開勞動疊影」一書中[1]，蘆荻社區大學的家庭經

---

[1]《拉開勞動疊影──"老師的家"和"她的教學"故事》，台灣基層教師協會 2010 年，10 月出版

驗工作坊方法見本書第三部份。接下來的兩章美娟與瑞彬的故事均來自二位學生的碩、博士論文，1988 年輔仁大學心理研究所的成立，促使我也要求了自己在「培養一位好的專業實踐者」的方向上，發展著「教學行動即協同研究」的過程。

　　美娟與瑞彬的論文完成過程，均涵納了一位強烈衝擊與觸動他們的協作夥伴，性工作者白蘭[1]是美娟實習一年的協助對象，楊大華是瑞斌參與台北市一項關廠研究案[2]的關注對象；然而白蘭與楊大華均以一種始料未及的方式，引領了美娟與瑞彬**返身往內回溯反映了**，一直被自己迴避與被壓縮的家庭經驗。用「**在往外與他人互動協作中，發生了往內返身回溯之雙重歷程的敏覺與梳理程度**」，來比較對照出民族誌與行動研究不同方法進路中，所反映出來研究者在田野現場的不同參與位置並不是這裡的重點，作為碩博士生的指導老師，我關切的是學生實踐力的培養。以碩士學程是服務於「好的專業實踐工作者的養成與發展」來看，與他人發展協作關係的能力是根本且重要的，要有涵容他者的關係能耐，端賴返身內觀的反映能耐。心理與教育工作者在與他人發展關係時，最重要的就是在**關係中要能有涵容差異的能力，而這種能力是伴隨著實踐工作而逐漸長出來的**，實踐者對往復來回於他人和自身的反映對話過程，是不會迴避忽略的，豐富的人文視野與情感也是這樣養成的。美娟與白蘭的共振與返身回家之旅（整個論文完成過程為一旅程）促使她成為一發展「深度書寫自 / 治療」的心理教育工作者，瑞斌通過楊大華重新接觸父親，更確定了他在工商心理學領域中走出人文取徑的志向。

　　「行動研究」的方法是第四、五章故事產出的方法理路，返回自身的敘說探究，與朝向他者的貼近了解是發生在行動者 / 研究者，有意識地，要求自己要成為一位具反映探究能力的專業工作者[3]的學習歷程中的。

---

[1] 白蘭為台灣性工作者關懷互助協會（日日春關懷互助協會）重要創始成員。在 1997 年因台北市長陳水扁匆促廢娼，而引爆的公娼抗爭事件中，她是積極參與者。2005 年白蘭因性工作者非法地下化的失業後果，酗酒昏迷，日日春協會將其救回並開始了長期的照顧工作。相關資料可上日日春網站：http://coswas.org/

[2] 2002 年，台北市政府勞工局在局長鄭村棋城市勞動文化的重視下，委託了輔仁大學心理系丁興祥教授與中央研究院潘英海教授，進行了「台北市沒落產業勞工歷史研究～搶救值得保存之產業與勞工」，洪瑞斌因參加了此一研究案而結識了楊大華。

[3] 有關反映的實踐者與行動研究方法的專書，請參看「反映的實踐者」與「反映回觀」二書（北京教育科學出版社，2007 與 2009）

《第四章》

由鄉入城～女兒回家的路

蔡美娟

　　「由鄉入城」一文摘錄整理自蔡美娟的論文（「探尋下一段實踐路徑～書寫、反映、對話與探究」，2007），美娟進入研究所時已 32 歲，之前的工作是記者，文字能力強，美娟的論文記錄了她，由記者生涯轉入心理諮詢與教育領域的學習歷程，這一章所引用的主要為其論文的第五與六章。由方法的概念來說，美娟論文生產的過程，本身是一系列探究行動所推進的一次行動研究的過程。美娟現在的工作方法之一就是「書寫自療」，她說：「書寫自療：所謂的自療強調的並不是一段自己陪自己的旅程，而是一種自發性療癒力量（人皆有之，但也容易受到環境的遮蔽，我們可以透過向內或向外的管道，與這種力量接源而得到指引和療癒）引導之下的自我探究與回復之旅；以及以自己做為經驗的主體收整，及重新擁有複雜生命經驗的過程，這個過程中仍然是充滿鮮活的他者的。我所謂的書寫自療著重的並不只是自己與自己，或自己與內在客體的私密對話，反而是透過書寫自我而與真實環境與實存他者往返對話、相互檢証、相互協同、相互涵容（contain）而得到的一種療癒性成果。而這種自療的歷程，同時也是一種不斷在對話與詮釋間往返復前行的歷程。」

　　治療 vs 療癒：治療對我而言比較是個科學理性思維之下的工具，它所依據的是一種機械論典範，也就是說只要找到了壞掉的零件並且把它修好，整部機器就可以回復正常，這裡面隱含了一種對問題的「同質性」認定，對解決之道的「標準化」要求，以及一種可以被測量出來的正常功能標準之論述。

　　相對地，療癒這個字眼就比較是一種身心靈整體健康論下的思維產物，它強調人是一個身心靈相互牽動的整體，因此「療癒」朝向的是一種身心靈整體健康的追求。相較之下我更能認同這整體健康論，而非西方主流醫學下的機械性健康論。

　　我在論文中使用療癒來取代治療，除了是為了抵制「治療」背後的那套科學理性思維和由之而來的「處遇之道」外，同時也是為了增加我們對心理健康的界

定面向，以及可以協同作用的面向。但是我並不同意如同治療一般，再度標準化出一套療癒標準和流程，這之間當然會有一些普世性的標準可以依循，但是每種療癒的獨特性和殊異性也該同時被接納。

我認為療癒是一條「個人英雄」的路徑，要如何做、朝向何方，都應該充分尊重當事人的自主性，以及其存在處境中的條件，而不能只認可某些特定的形式和出口。倫理的實踐則是一種朝向與他者關係中的真‧善‧美，不斷辯證前行的行動。所謂「真」指的是如實地面對與接納關係中的自我與他者；「善」指的是願意給出足夠的生存空間予他者，不扭曲污名或簡化他者的殊異性，不強加己意予他者；「美」指的則是能夠充分理解並欣賞他者在特定時空條件下長成的樣貌。」

由鄉入城

第一節　關係的原型

1.1　源頭

　　三十歲以前，我一直是個多愁善感、愛鑽牛角尖的女生。幾乎從有記憶開始，我就一直被不定期發作的情緒低潮攪得難以平靜。成長的過程中，這種莫名的情緒陷落是我一直難以擺脫的痛苦。

　　六歲以前的記憶少得離譜，能夠記得的事件幾乎在十根手指頭以內，就連情緒的記憶也不多。那是一塊彷彿已經飄到另一度空間裡的遙遠世界。

　　媽媽說，我剛出生時相當愛哭，常常哭到半夜十二點都還不能罷休，她在疲累不堪兼怒急攻心下，只好狠心地摑我巴掌直到我不再哭。我想那應該很痛吧，但是我一點記憶也沒有。媽懷過五個小孩（第二個在兩三個月大時流產了），我是老大，老么和我相差七歲，但是我的記憶裡完全沒有母親挺著大肚子的畫面。

　　母親是我早期生命裡和我最緊密相依的人，但我生命裡最早的記憶卻是關於父親的：

　　一個熾熱的午後，金龜子懶洋洋地癱在被蒸發前的西瓜皮上，我坐在老家後院一張小板凳上發著愣，空氣令人口乾舌燥，風失去了蹤跡。

　　一個巨大的黑影映入眼簾。我訥悶著，探頭望向黑影的主人。白花花的陽光刺得我一陣暈眩，我趕緊低下頭來，黑影的主人向我走來停在我身邊——他穿得一身綠，皮膚也曬得相當黝黑，面色嚴肅；他有沒有同我說話或者抱起我來，我都忘了，最後的一個畫面彷彿停格般烙印在我的記憶裡——一個陌生、嚴肅、高壯的大人，闖入了我平淡無聊的童年生活。而我，略微驚嚇地留下了這樣的畫面。

　　他是我的父親，我想這是他從金門當了三年兵回來的那天。那時我約莫四歲。這是我能想到的關於我生命最早的一個記憶。

　　我想我的生命從這一天起，一定起了重要的變化。

　　我和父親之間劍拔弩張的關係，直到十八歲離家那年方休。逃到台北念書

後，我順理成章地疏遠了他，一路不回地，把他拋棄在我生命裡的暗櫃。他和我之間的記憶，一直是我最不願意碰觸的一塊。

我們的關係是我生命中許多衝突和抗爭的起點。我對他的憤怒，燃燒了三十年。

讀了兒童發展心理學後，我曾經很努力地想要憶起 0 到六歲的這段時間，我都在做些什麼，但是至今徒勞無功。

倒是前一陣子，我和先生去做虹膜攝影[1]時，那位檢查者從我虹膜積澱的痕跡中，讀出我先天體質不良，而且小時候應該發生過很多意外。這很令我驚奇，因為我沒太多印象，我記得我和爸媽一起發生過車禍，我和媽當時都從摩托車後座摔飛了出去，很痛，但是媽再怎麼努力回想就是不記得有這件事。但是我的腰椎的確有一節嚴重陷落，這讓我高中三年都倍受腰痛困擾。

另外一個意外，我一輩子都記得，因為那個意外的結果跟著我到了現在，它成為這次攝影中一張破碎的瞳孔照……

1.2 眼傷

大概是上小學前，我一個人在家悶得發慌，隔壁家母豬發狂的叫聲吸引了我，我跟著人群擠進了豬圈前，看到那家主人正在幫豬打針，我看得出神了，臨走時撿起了一隻掉在地上的廢棄針頭，拿回家很好奇地試著各種玩法，其中一種玩法毀了我的右眼。

媽媽從工廠下班時，我的眼睛已經腫得像核桃那般大了，我支支吾吾地說不清楚發生了什麼事。接下來幾天，奶奶每天都剝一顆熟雞蛋給我揉眼睛，說是用來消腫用的，後來腫真的消了，但是我的右眼也看不見了。我還不知道發生了什麼事，我以為每個人的右眼看出去都是一片白茫茫的。

媽媽一直沒發現我始終歪斜著身體看書、寫字，是因為到了上小學時，我只剩下一隻眼的視力了。直到小三健康檢查時，護士阿姨才發現我的右眼全盲，媽媽也才發現我的右眼整個發白，根本看不見瞳孔，這下我們才知道，當年我居然刺破了自己的水晶體。

我在驚恐和悔恨之中，被送到台南縣善化一家眼科動了白內障手術，醫師摘

---

[1] 虹膜學是一種以型態學為基礎，透過眼睛虹膜的形象變化來推斷個人健康狀況，和檢視康復過程的學問。此外，有關藥物沈積、遺傳弱點和病人的生活習慣等都可以自虹膜中看出。

除除了遮蓋掉我整個瞳孔的白翳。手術採全身麻醉，醫師叫醒我的時候，在我眼前二十公分處張大了手掌比著各種數字，我都答對了。醫師說手術很成功，但是我只救回來了 0.1 不到的視力，而且新增的視力讓我頭痛了一陣子，因為我的世界變成了有疊影的世界，看書更干擾，因為課本裡本來就不大的字體旁又多出了一排歪斜的字影，我只好把頭歪得更嚴重。

手術完的那個暑假，醫師囑咐我得好好靜養，免得傷口發炎。但是漫漫暑假我那裡忍耐得住，最後我還是豁了出去地狂玩，當然，要不了幾天，我的手術傷口就腫起來了，媽媽在盛怒之餘帶我回原醫院檢查，居然發現那個醫師車禍身亡了。

我換了一家在台南市的眼科看診，那個醫師幫我載上了一種唯恐天下不知我有弱視的矯正眼鏡，來維持我挽救回來的可憐視力。那是一種在平面鏡片上多加了一個半球體鏡的眼鏡，從鏡片中看進來我的眼睛會變形得很滑稽，加上兩邊鏡框不等重（因為我的左眼視力正常），我的鏡框永遠都是歪斜的，這幅可笑的眼鏡，讓本來就不夠自信的我變得更暗淡。

我終究還是戴不住這副眼鏡，總是偷偷拿下，兩眼視差過大加上習慣性歪斜著閱讀寫字，我的右眼變成了斜視。這樣的外型讓我在青春期莫名的自卑，我不知道如何正視一個人，因為對方總是很難分辨我是不是在跟他說話，這大大地影響了我的人際關係，我抑鬱寡歡，敏感早熟卻又不夠世故，只好縮進自己的世界裡。

我習慣一個人，或者只和不具威脅感的同學相處，我努力在邊界上維持自己的小小世界，有些同學會覺得我驕傲或孤僻，其實比較精確的形容，應該是我既自卑又憤怒，因為我聰明有才華，長得也不壞，如果不是那個該死的意外……

大概是因為這種奇特的視力條件，我對外表能看得出不同的東西變得很敏感；也對別人的眼光超級敏感。在群體中，我總會不自主地往邊緣擠，那樣讓我覺得比較自在、安心。這種蹲在邊緣的性格就這樣紮了根，我渴望舞台，卻又恐懼人群，總在人群中感覺到巨大的空洞，怎麼也填不滿。

1.3 差異

「差異」很容易就從各種縫隙進入我的意識。從小，我就一直在經驗和體會這種和那種的不同是什麼意思。

　　小三時，班上從城裡轉來了一個白淨可愛的小女生，她的功課、才藝都略遜我一籌，但是社交能力比我好上許多，所以老師和同學都很喜歡她。我和那個小女生還算友好，所以她成了我經常參看比較的對象。

　　她的身上有一種我不熟悉的，和班上其他同學都差距甚遠的氣質，我很明白地看見我們之間的差異，但是我無法了解那差異是什麼，從何而來。我有些羨慕她，卻又同時排拒這種羨慕的感覺。她是那種白皙乾淨、溫柔有禮，身上有一種淡淡香味，做什麼事永遠都小心謹慎的女孩。我很訥悶，她們一家為什麼會搬到我們這個小村落來。

　　小學五年級，因為搬家加上我功課一直很不錯，父母幫我轉進了市區一所明星小學，希望我得到更好的教育。我在那裡看到的全都是這種白白淨淨，身上百摺裙永遠折痕清晰，中午有熱騰騰三層便當可以吃的小女生，面對他們，我簡直不知道如何對話，我很自然地找尋和我一樣的「灰色」小孩為伴，互相取暖。

　　我想我生命早期最需要的應該是貴人。

　　小一小二的老師對我很好，我一口標準的國語就是跟她學的，我不知道她為什麼這麼喜歡我，但是她為我打下了重要的語文基礎，給了我原生家庭沒有條件提供的教育資源。小三小四的老師和我莫名的不對盤，但反正我們井水不犯河水。最令我難受的是小五明星小學裡那個總是塗著過厚的白色粉底，畫著誇張的厚重眼影，卻很少正眼看人的老師。

　　那是個即將退休的女老師，她對班上有錢人小孩和窮人家小孩的差別待遇，和她臉上的妝一樣「不可能看不見」。每次月考排名，成績同分同學的名次差異都是依著她的喜好來排序的，我一直懷疑她的喜好和每逢重要節日時，擠在我們教室門外送禮的家長大有關係。這是我的悲哀，因為我的父母沒有習慣做這種事，就算送了禮也不可能比別人大包。

　　小時候，我不懂所有這些教我難受的差異，源自於社經文化的位階，但是我經驗到自己的弱勢，為此憤慨，為此流淚，把矛頭指向我的父親，同時再射回自身。

　　這樣的差異在我們家每個人身上都變成了傷。

1.4　貧窮

　　小時候，當二伯和大伯先後拆掉他們的舊房子，在我們老家隔壁蓋上新的透

天厝後，我從父母的爭吵中經驗到「我們比較窮」的挫敗。

　　我始終搞不清楚，我們家的帳簿是怎麼一回事，長大後我才知道，保險公司吃掉了母親大比例的收入，而勞動家庭習用的以債養債之道，也讓我們家的經濟一直處在補破網的困窘中。

　　長大後，我也才從弟妹口中知道，我們家的每一個孩子在成長過程中，都被「我們家是所有親戚中最窮的」那種不如人的感覺襲擊過，而且全部難以招架。

　　如果我爸活得夠久，久得夠讓一些演化在他身上發生，那麼我想幾百年後，他的長相應該會變成頭大嘴大但四肢萎縮的生物。他滿腦子都是賺錢的主意，但是只實踐過一個而且下場不佳。此後，他更是變本加厲地靠生產各種想法，來迴避我們一家人對他不事生產的指控。我想他一輩子都靠著他的舌燦蓮花，在對抗別人認為他不是個有肩膀的男人的眼光。

　　我媽就是因為娘家窮，才在十八歲就被急急嫁出家門。面對婚後沈重家計，她始終是既憤怒又悲切，她嚴格地管控各種支出，還是只能徒呼負負。她面對的是永遠入不敷出的帳單，以及一個很早就絕望了的「一百萬之夢」。由於經常需要向親戚朋友借貸，我媽對別人的眼光極度敏感，老是覺得自己不如人，講起話來也就不自覺帶著酸味，她和親戚的對話也就不自覺地帶著張力。

　　老二覺得我們家太軟弱了，好像任何人都可以輕易踩到我們頭上來，而爸媽總是吞忍一切，就是不敢大聲地跟對方嗆聲回去。老二說到這種始終被別人踩的感覺時，已經是個三十歲的大人，卻依然聲淚俱下，他說他很想狠狠的把那些欺負我們的人痛打一頓，讓他們知道我們不是好欺負的；我聽得悲從中來，我不知道老二為了這種感覺如此受傷。

　　老三則是很早就體會到親戚的勢利，她覺得媽很可憐，每次都得為了我們家去和他們週轉。她最慘痛的回憶莫過於初戀男友向她提分手時，其中一項原因，竟然是他覺得我們家的人，上不了檯面，我妹聽得瞠目結舌，我則是直想把這個王八蛋掐死。她和媽這些年來成了生命共同體，她分擔了媽的辛苦，也認同了媽眼中的世界。

　　老么開始工作賺錢以後幾乎有多少花多少，我問他為什麼不存錢為將來打算，畢竟他做的是勞力的工作，年紀大了就得靠積蓄的。他根本就拒絕思考未來的問題，什麼存一筆錢買房子，對他而言根本遙不可及，他對自己的未來根本就不抱什麼期望，及時行樂還來得實際些。

我也在這種感覺中受苦，只是我用一種「目空一切」的驕傲來抵抗這種自卑。我不跟覺得我們家如何如何的人打交道，如果他們家比我們有錢，那好，「我比你們家的小孩會讀書，將來也會比他們有出息！」

我不喜歡羨慕別人的感覺，如果我可以擁有別人擁有的，那麼我就去爭；如果我沒有辦法擁有別人擁有的，那麼我就假裝看不見，告訴自己那不重要。我要用我自己的方式活。

1.5 距離

正是因為知道他者的眼光灼熱，我很早就在自己週身設下了金鐘罩。為了抵抗某個世界的侵入，我擋住了一個更大的世界。我像顆膠囊般存在著，外在的聲音像是一種迴聲，遙遠而不真實，當然也就干擾不了我。

我和他者之間始終有著一種難以靠近的距離。從小我就擅於觀察，小心地維持一種可以保有秘密的空間。高中時有同學懷疑我的父親早就不在了，大學畢業之前我不談我的家。一開始我喜歡都市人的疏離，因為那反而讓我有可以喘息的空間。我無力招架鄉下社區那種，一看到你就能數出你的家譜的緊密，以及某種所謂的姊姊妹妹式的傳遞和分享。

距離，是我從很小的時候就學會的自保之道。

奶奶嫻熟的三字經在耳邊響起的時候，我會自動關起耳朵；媽媽歇斯底里地宣洩她的憤恨時，我站在她的身旁發抖，感覺到自己從現場飄走；爸爸暴跳如雷地打我時，我用恨阻隔他對我身體的粗暴，感覺到棍棒是從一個更遙遠的地方傳過來的叩門聲，而我死也不開門。

距離，也是我衡度自己和他者親密的尺度。

我很愛爺爺，即使嚴格說來，他的身上總散發著一種老人加老煙槍的奇怪氣味，但是我喜歡挨著他，喜歡憑著這股氣味辨認他所在的位置。他讓我感覺平靜。十五歲失去了他之後，我覺得自己身上某種調控距離的儀器也受損了，此後，我似乎就更只能和人停在某種無法近身的距離了。

距離，也因此註定了我成長過程的孤單。

小學因為念了三個小學，加上外型上的自卑，我和小學同學的聯繫很自然地就中斷了。國中時期，沈重的課業壓力佔據了我所有心力，我不知道同年齡的女孩在玩些什麼，想些什麼。我和那些功課不好、個性溫和的女孩們做朋友，儘管

我們都只是，彼此用來殺掉下課時間，不讓自己落單的一種友伴。

高中時代，我的功課起落無常，名次從第二名到四十幾名都有，是暴起暴落型的典範。我還是喜歡和功課不好、位置邊緣的同學為友，因為我早已習慣活在邊緣，那裡最不受注目，也就很幸運地特別寬闊。

我需要的空間很大，因為那樣我才能擺放那些零零落落的自己，才能在她們不幸掉落時還有點餘裕重新黏合。我沒辦法在那種有點擠的親密裡待太久，因為我身上的某些區塊並不牢固，這種困難很清晰地反應在我先生出現之前，每段莫名衝突和短命的戀情裡。

第二節　由鄉入城

2.1　南北之間

我始終沒法控制在我身上來去自如的情緒，它們是不速之客，但是當它們大駕光臨時，我也只能退位、縮小，用我最寶貴的時間來等待他們離去。

這種可怕的低潮在我的大學時代更是直達谷底。一年中有二百天，我的天空都是雲霧繚繞。我的苦悶達到了最高點，開始抽煙、喝酒，卻怎麼樣也沒辦法把內在的愁緒給吐掉或灌昏。我成因複雜的自卑，讓我看不見自己的優點。新生典禮的第一天，我就被北部女同學無禮的評論給刮傷了。她們聚在一起品評著南部女生的大學制服：「哇！真的是愈南部的人，大學裙的長度就愈長吧！」我望著媽媽親手為我裁製的大學服，感到一陣憤怒和躁熱。

的確，存在我們班內部的南北差異，只要目視就非常清楚。北部同學慣用的化妝品、首飾配件，以及信手拈來的哲學字眼，文化符碼，譬如存在、譬如後現代主義、譬如電影、譬如美學，對南部小孩來說都是新大陸；然而我們的拘謹自持，很不幸地，竟然被認為帶著某種未開化的土味……

一種南北對看的張力在我們班展開。我們自然不若北部同學靈巧及擅於操弄文化資源，於是很快地一種自然的群聚現象就出現了，中南部同學一國，北部同學一國。這之中當然有人可以成功的跨界游走，但畢竟是少數。我們涇渭分明，說著各自的語言，過著各自的生活。

我很不能適應廣告系的文化，我覺得系上的課程都過於短視近利，工具性遠大於人文性，實在無法滿足我對存在的困頓，我無法理解，發生在我身上的失落

究竟是什麼？無法理解，自己在台北街頭不得不然的游離、漫走究竟是要踱向何方？我經常一個人對著醉夢溪對岸的萬家燈火流淚，悔不當初，後悔自己離開了家。

　　家，其實那時我是回不了自己的家的。因為我知道自己待不了三天就會和父親暴吵，大打出手都有可能；待不了三天就會被糾纏著我家的經濟難題，和老二始終戒不斷的酒癮給困死……

　　回不了，我和同年紀的文藝少女一樣，開始渴望流浪。彷彿流浪的風塵可以成為我失根心靈的土壤。

　　大學時代，我最嚮往的都市是巴黎，對我而言，那是人類精神文明的高點，她蘊育了豐沛的文人、畫家、哲學家，以及難以盡數的藝術工作者。我以為在那個精神的國度，財富、階級、性別、種族、膚色都不是差別，唯一重要的是人類的精神可以達到什麼樣的高度；這當然是我一廂情願的想像。

　　很奇怪的是，進報社工作後，我對巴黎的渴望被印度取代。一直到二〇〇〇年我到峇里島之前，印度都是我最嚮往的國家，她的複雜和神秘吸引著我，她的輝煌和破敗也讓我迷惑。我的內在有一個小印度──混亂、矛盾、貧窮、深受種姓歧視之苦，卻時時閃現著靈性的光輝，詩樣般的智慧，以及一種無窮盡地訴說／傳遞著故事／歷史的能量。那是我的美麗與哀愁，我的心靈國度。在開始我邁向內在的朝聖之旅時，我必須重返這個國度。

　　當時班上有另一個台南來的女生和我處得不錯，我們都對系上的課程取向非常不滿，學期中的時候她決定回台南重考，那對我是個很大的刺激，我也很想跟著離開，但是我心知肚明，我家是付不起我的重考費用的，於是我繼續卡在政大當個痛苦的新鮮人。

　　我覺得孤單，卻又無法跨越那道無以名之的牆。我覺得自己和這個環境格格不入，然而這不是新鮮的感覺，一直以來，不管在那裡，我都沒有辦法擺脫這種格格不入的感覺。

2.2　台北居，大不易

不曾看過這麼多的樓仔厝　　那會土腳歸也攏是一坑一缺
那會整個天頂是攏總全砂　　那會烏托麥攏鑽來頭前攔後壁
紅燈青燈伊老師那像攏總沒教

（樓仔厝，伍佰／詞、曲，夏夜晚風專輯，1997/1）

　　政大酸雨連綿、校風保守、地理位置偏僻，每每以「政大之狼」登上社會新聞，我在這個邊陲台北度過了苦悶的四年，發誓再也不要住在這個什麼東西都很容易發霉的地方。公館的路邊攤、西門町的真善美戲院和金馬國際影展時的長春戲院，是我四年間最常晃盪的地方，其它的台北對我都是新大陸，都有一種令人緊張的壓迫感。東區那種櫛比鱗次的商業型大樓，尤其教我暈眩。

　　有一次從家裡上台北時，為了不想太早回到無聊的宿舍，我買了傍晚六點的車票，僥倖地期待可以在晚上十點多回到台北火車站，然後再坐236回學校趕赴宿舍十一點的門禁。無奈，人算不如天算，國光號在路上塞爆了，當我們一車人面有菜色地抵達台北時，已經是半夜十二點半了。我站在路上欲哭無淚，這會兒，連公車都沒得坐了……

　　一對和我同車的姊妹很好心地收留了我，帶我回她們租的地方住了一晚。我記得那兩姊妹身材都壯壯的，看起來很老實，姊姊講話的聲音粗粗的，妹妹則顯得沈默害羞，我幾乎是紅著眼眶再三鞠躬地和她們擠了一晚。

　　她們兩人各租了一個小房間，說小，真的不誇張，整個房間如果擺上一張雙人床應該就爆滿了，所以她們各自擺了一張單人床墊，連個床架都沒有，所有的家當全塞在堆到天花板高的透明收納箱裡。我睡在姊姊床邊的塑膠地墊上，因為缺乏安全感所以一直到凌晨才入睡。

　　早上六點左右，我被她們的梳洗聲吵醒，很慶幸自己度過了一個平安夜。她們把我帶到巷子口，左比右比地告訴我最近的公車站牌在那裡，就騎摩托車上班去了。兩姊妹住在那裡，我其實不可能再找得到，因為那彎彎曲曲的巷弄，在我看來都長得一個樣，我轉個兩三圈後就不可能再走回原地了。

　　我找到了站牌，清楚地記得那一站叫做「聯合報」。我被那一字排開氣勢磅礴的辦公大樓給嚇住了，很難想像這種建築物就是上班族每天進進出出的地方；更難想像自己後來竟然會在眼前這棟大樓工作了近十年，而東區後來竟然也成了我最熟悉的台北。這是個偶然，還是巧合？

　　台北市的居住型態和我在台南的家很不相同。這裡滿滿是一格一格的公寓，和高到令人暈眩的大樓。相對於老家街坊的雞犬相聞，這裡的牆壁彷彿都有千萬重，我從來都搞不清楚自己到底有那些鄰居。我意識到人群之間隱形的牆，沒有人想多認識我，我也和人搭不上線，我們擁擠而陌生地共存著。

我記得第一個租處位在吉林路的巷子裡，是和個同屆畢業的空姐合租的一個小房間，我和她擠一張雙人床，兩人都屬於不定時出沒的奇異動物，我從來都不知道她，什麼時麼會飛，什麼時候會回來；她也從來搞不清楚我，那天又得和同事應酬到半夜。反正我們本來就不認識，我們合住目標明確，都只是為了省錢，自然也就管不著對方要幹嘛。

兩個陌生人擠一張床本來就夠悲慘了，如果再加上和房東同住就更麻煩了。慘就慘在我們和房東的房間只是木板隔間，聲息相聞，原本就神經質的房東太太，被我們兩個女生不定時出沒的活動作息搞得很火大，經常藉故教育我們兩人，我忍了兩個月確定被報社正式錄用後，就開始積極地找新住處了。我的室友巴著我，想和我一起離開，雖然我和她沒什麼情誼，興趣也南轅北轍，但是，為了省錢，我們又湊合著一起找房子了。這之間，我們因為意見不一致，還被一個老練的職業房東吞掉了訂金，人心不古，我在找房子的過程中體會深刻。

難道沒有人可以因為我們是無親無戚的可憐南部小孩，同情我們一下嗎？有，有這麼一個，但是當我們一反悔不想租他的房子時，他就變臉了。

我們之所以舉棋不定，是因為我們對台北真的很陌生，而且社會經驗不足，很容易就被房東說動，等到理智清醒盤算清楚後，常常就是落得被扣訂金或者奚落一番，我在台北的房事實在是出師不利。也或者，大多數和我一樣得在台北租房子的無殼蝸牛，命運都和我相去不遠。

最後，我終於在離報社不遠的一棟舊公寓裡住了下來，同住的另兩個室友都是中部來的單身女性。我們四個人合租了一層樓，房租兩萬五，粉貴，但是卻連個冷氣都沒有。我在這裡住了五年多，終於因為屢屢在夏天的睡夢中中暑，而搬離了這個地方。

接下來兩三年，我雖然有另一個租處，卻幾乎全賴在男友北投的租處，這是我在台北住過最喜歡的地方，因為這棟老房子的後面就是一片樹林，冬暖夏涼鳥語花香，而且房東住得老遠，完全不管我們怎麼「玩」他的房子。我男友的室友發揮了藝術學院學生，自己動手做的化腐朽為神奇的創意和本領，把這個老舊的房子布置得很熱鬧，他們三個人和各自養的三隻貓，形成了一種有趣的組合。這段期間其實也是我胃漲氣發作得最嚴重的時候，這裡無疑是我的療養空間。

2.3 外地台北人

　　隨著住台北的時間愈來愈長，我愈來愈習慣台北人的種種，愈來愈懂得都會生活裡的種種密碼，愈來愈知道如何在不同的空間裡進行不同的展演，讓自己很自然地與地景相容，享受擁擠人群裡難得的自在。

　　我上劇院看精緻表演，出國參觀美術館、博物館、文化展演，看有議題性的商業電影，吃有機食物和手工粗食，關心環保議題，對政治冷感，穿有質感但低調的設計師服飾，聽 ICRT，看國外雜誌，和朋友談論室內設計、電影、暢銷書和理財。我活在某個熟悉的圈子裡，不疑有他地長成某種樣子，也許你可以說我是 BOBO（布波族，布爾喬亞和波希米亞的混血新族群）族，雖然現在更流行的是「樂活族」（Lohas,lifestyles of health and sustainabilty）。

　　我最熟悉的，就是以忠孝東路和新生南路為中心點，向四面輻射開來的都心地帶。我來不及參與台北中年以上，文人最津津樂道的明星咖啡館，和前輩詩人周夢蝶在重慶南路擺攤時的那一條書街。我的台北無疑是屬於誠品書店和個性咖啡館的，這些咖啡館裡通常沒有文人，但絕對有個有意思的老闆和講究到不行的咖啡。也許有朝一日塔羅牌大師會變成台北咖啡館裡的另一個地景吧！

　　我的記者生活和咖啡館緊密相連，因為我總愛抽空走進採訪路途中，任何一家看起來小有特色的咖啡館，喝杯拿鐵（我不耐受太濃的咖啡因），趁機整理我的採訪筆記，收整一天積累下來的繁雜資訊，儲備一些足夠讓我精神奕奕地，進辦公室發稿的能量。

　　我在不同時期愛上不同的咖啡館，有人專找咖啡，我則是偏愛空間。我喜歡找對味的空間，並且深信自己在那樣的空間裡才寫得出好東西。我認識一個偏愛使用艱澀字眼描述各種空間的建築師，他說他的專欄幾乎都是在咖啡館裡寫出來的，我們核對了一下彼此喜愛的咖啡館，發現果然相去甚遠，難怪我始終堅持不在報導裡使用，只有秀異分子才看得懂的字眼。嗯，空間的質地果然反映著某種內在世界。

　　另外兩位我認識的女作家就絕了，她們有一些作品都是在麥當勞寫出來的。因為麥當勞只要點杯紅茶就可以無限次沖泡熱水，來來往往可供觀察的人群又多，既可飽覽人群，又沒有服務生會趕人，多好！想想她們每天一早背著背包出門坐公車，隨性地走進某家麥當勞，拿出稿紙或沈思或振筆疾書的樣子，這種風景在台北並不多見。

　　這幾年來，我對咖啡館的慾望逐年降低，可能是不太容易再找到對味的咖啡

館，也可能是某些東西改變了。我把愈來愈多的假日花在山谷溪澗旁，都市離我愈來愈遠，偶而再進繁華的東區，我常常覺得恍如隔世。

今年三月，我帶著女兒到永康公園玩，一對看起來很「不搭嘎」的流動攤販吸引了我的注意。我從他們鬆垮過時的穿著，猜測他們一定是南部上來的，兩人一手拿著一隻，通常是用來插糖葫蘆的稻草棒，上面叮叮咚咚地掛滿了粗糙的布袋戲偶，另一隻手則拿著個便當，正打算穿越公園。

我看著他們不自在的疾走，忽然覺得有些心疼。他們不知道那些粗糙的布袋戲偶，是不太可能在這裡賣得好的，會到這裡來的人要找的是精緻的精品名牌！他們的尷尬和彆扭，也會讓這裡優雅的路人，不好意思跟他們買東西的。

他們還渾然不知這個城市裡精細的區隔，我在想他們得花多少的時間才能像我一樣，在這裡不著痕跡地做個外地台北人呢？希望十年足夠。

第三節　我與娼妓的遭逢

（本節標楷體部分節錄自作者的實習日記）

一九九七年九月，台北市的公娼抗爭運動在電視新聞上沸沸揚揚地延燒時，我第一次發現原來我們的社會裡有一群所謂的「合法」性工作者……她們為爭取工作權聲嘶力竭的身影撼動著我，我彷彿感染了那一張張隱藏在公娼帽底下的愁容與哀戚，跟著流下了眼淚。

只是就像所有的焦點新聞一樣，我在消費完它後也就很自然地遺忘了它，「公娼」成了我個人社會新聞辭典中的一個新增字彙，被我放入檔案資料夾中，不復記憶。

二〇〇三年九月，時隔六年，我在離開新聞工作一年後，順利地考進輔大心理所諮商組，很意外地，在我們組內夏林清教授研究室門口，見了當年公娼抗爭系列活動的一張文宣海報，我這才慢慢地知道了，夏老師和當年公娼抗爭運動的深厚淵源。

二〇〇五年二月（我碩二），我選擇了台北市日日春關懷互助協會做為諮詢實習的場域，這一次和幾位前公娼阿姨的遭逢，豐富了我對這些從娼女性的認識，其中，協助前公娼白蘭在小腦萎縮後的復健歷程，更是強烈地挑戰了我身上重重積累的大小歷史。

　　看見白蘭整個從娼的生命史，我看見的不是主流論述裡愛慕虛榮的煙花女子，而是一個被嵌卡在家庭經濟重擔與性道德污名的夾縫中，努力支撐起沈重的家庭經濟和自己破碎的人生，但終究在錯誤的廢娼政策中成為祭品的最底層性勞動者。

　　看見白蘭如何在她所屬的社會底層被經濟、道德、政治等重重力道擠壓並奮力求存，我看見的是一種自己也很熟悉的，在高速的都會生活中不斷異化以求生存的辛苦；也看見了以「本質論」、「個人主義」等主流視框來理解人的樣貌及其行為，有多麼可能偏離個人真實的生命處境，甚至造成另一種壓迫。

　　要看見白蘭，我更需要看見的是自己對人性的「天真」；我得脫去西方主流心理學那套個人主義的視框，得更認真地去看待種種社會力道，如何在她的生成歷程裡，深深地刻畫出如此的面容，我才能真正看見白蘭，以及和她一樣，難以計數的底層性勞動女子。

3.1　性別困惑

　　碩二上學期，所裡開了「性別與心理治療」的課程，我在這個課堂裡非常痛苦地，發現自己夾身在一群女性同儕蜂擁而出的文本中，坐如針氈，感覺無立錐之地——平日下筆如有神助、辯才無礙的我，竟然發現自己卡死在性別經驗裡，既說不出口，也寫不成文。

　　是的，我是勞動家庭中長大的女兒，但是，我完全無法理解自己是如何長成這樣的一名女子的；或者說我從來不曾正視這個社會所給出的性別處境，我靠著對種種隱而不宣的性別處境視而不見，才得以長成今天的樣子——一個受過高等教育，擁有良好的工作資歷及文化品味的新時代女性。但是這樣的視而不見，卻造成了我和其他女性同儕的隔閡，如果我想跨越這道牆，我就得正視自己一直以來所不願意看見的。

　　我想更靠近自己所成長於其中的底層勞動世界，特別是貼近其中的勞動女性，基於對夏林清老師獨特的社會工作方法的好奇，我於是選擇了台北市日日春關懷協會（當年台北市公娼自救會轉形而成）做為實習的場域。透過這個窗口，我看見了白蘭，以及一群底層性工作者的生活世界。

3.2　第一次接獨

星期一（三月七日）晚上日日春協會的秘書長芳萍[1]電我，問我可不可以利用這個星期的好天氣，在星期三的時候到白蘭的新家去探望她；因為據以前一個去探望她的義工說她家裡有很多照片，芳萍希望我也去看看這些照片，有沒有可能整合進入日日春今年的活動之中；如果順利的話也可以順便帶著她，教她如何從家附近坐公車和捷運到日日春，因為工作人員們已經被白蘭屢屢花大錢，坐計程車到協會的舉動嚇壞了，我們實在很想了解，從她家到日日春的實際交通困難是什麼，可以怎麼解決，以降低她到日日春的交通費，讓她可以更常到協會裡來待著，免得在家一個人喝悶酒。

我在研究所學姐劉于甄寫在《貧窮文化》[2]一書的導讀中，讀過一段白蘭的故事，對她十三歲就因為父親車禍家計困難，而被賣去當雛妓的遭遇印象深刻，但我沒料到這個人會從書中走出來和我相會。

芳萍從一開始介紹日日春幾個前公娼阿姨時，就不斷地向我強調白蘭雖然有嚴重的酗酒問題，經常喝到不知今夕是何夕，但是她的個性可愛善良而且非常好客……我想她也許是想減除一些我可能有的對酗酒者的焦慮。我對於「登門」造訪的確有些焦慮，要這麼快就進入她的生活空間，我其實還沒有準備好。

我第一次看到白蘭，是在幾個星期前（二月二十七）日日春的聚會活動上，白蘭穿得一身黑，比之前我在娼妓文化節紀錄片中，看到的樣子更是蒼老許多，頭髮灰白而稀少，整個人像是被風乾了的蠟像，她站著那邊抽著煙，我和她偶而的眼神交會並不愉快，我覺得她的眼神中有一種尖銳的東西，我想那不是針對我的，更像是她對整個現場「政論」氣氛的反應，但是我仍然有些招架不住，我很自然地避開了她站的方向，我還是沒準備好要看這樣的一個人。

白蘭沈默時，臉上有一種奇怪的神情，一種尖銳，帶著虛無和困惑，我感覺到在她和別人之間，有一道充滿漠然和怨氣的安全閥。

活動中場休息時，芳萍拉著我介紹給白蘭，她用一種修飾過了、帶著撒嬌的可愛責備跟她說，我每個星期三都會在協會，如果她覺得在家無聊就可以出來透透氣，到協會來找我聊聊天、畫畫圖，免得一個人在家沒事喝悶酒，白蘭馬上用一種拉高但逗趣的語調說：「那有，我在家很多事可以做哪！」「什麼事？」「家

---

[1] 王芳萍，日日春關懷互助協會（性工作者的關懷互助協會）創始人之一，公娼抗爭事件主要工作者，有關公娼事件與王芳萍的參與可看《女性運動者的政治性－台北市公娼抗爭和日日春運動紀實，輔大心理學研究所碩士論文，王芳萍，2009.07》。嘉嘉亦為日日春工作者。
[2] 參見 P1-25，卡．路易士 (Oscar Lewis) 著；丘延亮譯，2004，巨流

事啊！」接著芳萍又繼續說了些什麼，白蘭仍然維持一種可愛的回應，不斷地舉手敬禮用充滿台腔的英文說 sorry！ sorry！

我很熟悉這種打秋風的回應，也很明白芳萍用各種包裝得再順耳的語言都很難阻止白蘭酗酒，因為任何人都無法替白蘭扛得起她生命中的沈重。我站在那裡不知如何接話，我在量度一種在兩人還很陌生時的禮貌距離，我看著白蘭離開和另一個義工聊了起來，她的眉頭緊蹙聽得相當專注，像是在討論一件重要的事情。

星期二白天我開始聯絡白蘭，她和她室友阿賢的手機都是空響，晚上八點左右我找到了阿賢，他告訴我白蘭睡了，星期三早上我再打白蘭手機時阿賢接了，他這才告訴我，白蘭從星期一晚上喝了最後一瓶酒後就昏迷不醒了，這個回應讓我原本想像的，去拜訪白蘭好好看看她的照片、聽聽她的故事的圖像突然碎裂了。

我簡單講了我原本的意圖，有點傻呼呼地問阿賢「那要怎麼辦？」「送醫院啊！啊嘸袂按怎？」我聽阿賢的口氣很無奈，我又追問了一句：「那你等一下會送她去嗎？」我很希望他不是說說而已，阿賢好像也是手足無措，他問我：「可是她現在連動也不能動，我要怎麼送她去醫院？」我要他打一一九叫救護車，他說：「哦，叫救護車哦！」我有點納悶，他不知道可以叫救護車嗎？還是他有其它的難處？我再也接不下話了，只好告訴他我會再跟他聯絡。

掛了電話以後，我覺得我的反應很奇怪，好像少了什麼，我在掙扎著自己要不要大老遠地跑去，看一個昏迷不醒的陌生人，可是我又不太清楚這個阿賢的來路，他到底會不會送白蘭去醫院呢？我想像如果我過去了看到白蘭還昏睡在沙發上，我是不是還得替她把屎把尿，張羅急救的事，我之前已經聽過嘉嘉如何幫痛風發作的白蘭，更換尿得一塌糊塗的褲子再送她到醫院的事了，這種場景我實在很難想像……但是我還是硬著頭皮逼著自己得再打電話。我先是打電話問了朋友看白蘭的狀況可能是什麼，便再打給阿賢，阿賢告訴我他剛幫白蘭換了褲子，我問她要送那家醫院、需不需要協會的人過去幫忙，阿賢沒說他要不要人幫忙，看來他也不知道如何回應我。

掛了電話，我又致電了芳萍告訴她白蘭昏迷的事，問她該怎麼辦，她的反應比我想像中冷靜許多，她告訴我白蘭經常住院，但這是她第一次昏迷，她不會要求我一定得到醫院去看她，但如果我願意去，我可以去了解一下白蘭在醫院的醫療中會遇到的是什麼狀況，醫師怎麼診斷白蘭的情形。我還是決定去了，我很想

知道醫院會怎麼處理像她這樣的重度酒癮病人。

　　我先到新店進行了我例行的嬰兒觀察，我很慶幸我的嬰兒在這個小時的觀察內都是熟睡的，所以我還有個空間可以望著他裹在輕柔的羽絨被裡蘋果般的臉頰，發呆神遊，讓自己稍微從混亂中回神。我望著沈睡的嬰兒，看到他在母親靠近他時發出的心電感應般的微笑，跟著愉悅地笑著，「白蘭享受過這種甜密嗎？我會看到一個什麼樣的沈睡者？」

　　中午一點左右我到了亞東醫院，這裡的急診處是我看過最壯觀的，一百多床等待病床的病人，從急診處的櫃台向外迂迴地排列出來，老的小的，傷的病的，好不容易找到白蘭的床，她的嘴唇抿得很緊，還帶著血漬，看得出來是因為嚴重缺水而破裂的；她的身體沒有我預期中的尿騷味，但是卻傳出一股腐敗的味道，一種敗壞的味道從她的呼吸及下體傳了出來。

　　我跟阿賢說，他一早忙到現在真是辛苦了，他說：「大家都是出外人嘛！」阿賢的體形粗壯，可以說是圓柱形的，我這時仔細看他聽他，才發現他的國語帶著原住民口音，難怪我在電話裡一直用台語跟他講的時候，他也是回沒兩句就改用國語。

　　白蘭幾乎沒有動作，我和阿賢並排站著望著他，阿賢說他今天請了假可以照顧她，醫師說她現在得觀察，不知道她什麼時候會醒來，如果她醒來就可以自己上廁所，他今天早上是把她的褲子剪破，才能幫她脫掉換乾淨的褲子，我提醒阿賢幫他包紙尿布，阿賢馬上就跑去買了，我則跑去找開水和棉花棒，幫白蘭擦掉她唇上的血漬，白蘭好像感覺到了水，她的嘴唇動了幾下，但是相當微弱。

　　阿賢動作很快，馬上就買來了紙尿布，然後拉起布簾開始幫白蘭換紙尿布，忙了好一陣子。白蘭的病床就在急診櫃台的對面，我看到醫師和護士瘋狂地忙碌著，我逮到了一個空檔問醫師，可不可以告訴我白蘭的狀況，他要我找護士拿病歷給他，我找了個看來較和善的護士要，她要我等一下，這一等就等到了兩點多。

　　近兩點時，阿賢問我有沒有趕時間，他說他要回去幫白蘭拿換洗的褲子，順便到銀行辦事，希望我幫忙看白蘭，以免她有事時沒人照顧，我說我可以待到三點。剩下我和白蘭，我有些慌，怕等一下如果有狀況不知道能不能處理，我只知道白蘭一小片生命故事，剛才還在問阿賢白蘭的本名叫什麼，如果醫師問起什麼來我該怎麼答，我剛才還跟醫師護士自稱是她的朋友……

　　我決定拿出白蘭的身分証來看一下，原來她叫劉百娟，是五十二年次的，天

啊，她只大我八歲，我看到了她來自台東，又翻過來看了一下她爸媽的名字，我下意識地在想像，是什麼樣的父母會把女兒賣去當雛妓，她的身分証背面夾了一張十元的鈔票，遮住了她的住址和職業欄，我沒再看下去。

阿賢離開後，白蘭的動作多了起來，我試圖叫她但是沒反應，我感覺她的意識好像從很遠的地方試著要飄回來，卻怎麼也擠不進自己的身體，她聽得到嗎？對面床老先生的呻吟聲、隔壁床老太太抽痰的聲音，以及另一個房間傳來的淒厲哭喊聲，我已經快被這些聲音淹沒了。我決定去找張椅子坐，因為我們床位的椅子在白蘭去照電腦斷層時不翼而飛了。我朝著警衛走去，看到一個臉上淌著血的醉漢歪斜地走下救護車，自行爬上等在他面前的病床。警衛要我自己想辦法，護士指點我只要看到空的椅子就可以拿走，我走了兩三圈，看遍了各種受傷病苦扭曲的臉，終於發現了一個不知是昏迷，還是睡著的病人床邊有一張空椅子，護士叫我別管直接拿走就是，我小小掙扎了一下，躡手躡腳地拿走了那張椅子，我安慰自己：對面床拿了三張椅子，我和阿賢一張椅子也沒有……

我終於可以坐下來，但是我卻沒辦法一直盯著白蘭的臉看，因為她輾轉反側好像很不舒服，我無法想像著飄過她昏迷腦海的會是那些悲愴的畫面，她這苦痛的身軀現在可能引來一些好的記憶嗎？我祈禱她的守護靈出來幫她，讓她進入祥和的光中。

實在不忍卒睹，我於是又跑去跟護士要求解釋病歷，但護士說我不是家屬不能看病歷，她要我等醫院的社工師來，我覺得自己被掛在那裡，只能乾瞪著白蘭扭曲的臉，只好打電話向芳萍求救，芳萍要我跟護士說，我是外面社會機構的工作人員，我們就像家人一樣地照顧著她……這時我眼睛一亮，咦！好像換班了，我這次找了一個看來最年輕友善的護士，騙她說我是社工，就這樣她帶著我，找了另一個醫師看到了白蘭的檢查報告，這個醫師和善得多，他還過來檢查了白蘭，我很慶幸自己剛剛偷看了白蘭的身分証，才沒被醫師問倒。

白蘭的動作愈來愈頻繁，也愈來愈大，但是醫師叫她搖她都沒反應，所以還是只能觀察，醫師答應要儘快安排她住院。阿賢回來時，我又叫他叫她要她聽得到的話就動動手指頭，但是白蘭還是沒反應，她動了腳，但是手指頭僵硬得很，我們還是搞不懂她到底聽不聽得到聲音，阿賢開始按白蘭的手指頭，他粗粗短短的手按壓著白蘭蒼白僵硬的手指頭，看得出來是兩雙歷經風霜的手，白蘭感覺到阿賢的關心嗎？

　　我離開時，急診處已經高掛免戰牌，我逃了回家沒力氣再去日日春，覺得身體上沾染了不少醫院裡的奇怪能量，我換下所有衣服，能洗的丟洗衣機，不能洗的用力噴上我認為最有效的殺菌劑，接著逃到頂樓曬太陽，試圖緩和一下心情，回充一下能量。

　　白蘭昏迷的第一週，協會裡的工作人員全亂了陣腳，以前協會動用義工、秘書，陪白蘭掛號看醫師就是常事，秘書嘉嘉還曾經為痛風發作動彈不得的白蘭換過尿布，但這次誰也沒料到白蘭會完全倒了下去，第一週我們做了最壞的打算，通知了所有曾經親近過白蘭的義工到醫院來探望她，因為我們都不知道白蘭過不過得了這一關。

　　醫院方面怎麼也連絡不上白蘭的家人，協會只好設法動員義工到醫院輪班照顧白蘭，大家使出了各自的法寶希望能喚醒白蘭，有人甚至請來了仁波切為白蘭誦經祈福，一個星期過去，白蘭幽幽醒來，但是她無法下床走路，連說話都只能吐出幾個含混的單音，神經內科的醫師告訴我們，她得的是小腦萎縮症，以後要想再正常的說話、走路是不太可能的事了……

　　白蘭活下來了，但是協會面臨的挑戰也更大了，「我們如何安置白蘭出院後的生活？」白蘭台東老家只剩下一個八十幾歲全身病痛的老母親，加上一個因為長年勞動及嚴重車禍後不良於行的哥哥，他們根本不可能照顧得起白蘭，把她留在原來的租處也斷不可能，把她往某個療養院一丟是最省事的方法，問題是我們也幾乎可以估計，以她的狀況送去，應該就會病死在療養院裡了，這兩個方案都得硬著心腸才做得下去。

　　我的位置很尷尬，我是協會裡當時唯一的實習生，理所當然有義務得在協會幫忙，而協會彼時最大的忙就是白蘭。但是我和白蘭只有一面之緣，連話都不及說，如今要我照顧完全失能的她，我實在有種趕鴨子上架的感覺。但是，我只能鼓勵自己撐下去：我想這是冥冥中的安排吧，否則她也不會算準了，在我到協會實習的第二週就病倒，而且我還是第一個發現她早已昏迷了兩天的人，好吧，就看看接下來會發生什麼吧！

3.3　難以靠近

　　我其實害怕碰觸白蘭的身體，甚至不敢多看；不是因為其中帶著死亡的氣味，而是因為那裡太接近地獄。

第一次去醫院看她，我只敢拿棉花棒去滋潤她的嘴唇幫她擦去血漬，當醫師掀開她的被單檢查她的肚皮時，我下意識別開頭想避開看到她的私處；看到阿賢幫她包得七歪八扭的紙尿布，我終究還是沒能突破我的心理障礙，伸手去幫她把尿布包好一點。

我實在沒勇氣看她的私處，我對「她」有非常多悲慘而隱晦的想像，想到她從十三歲開始的二十年從娼生涯，在其中進進出出的、我不知該用什麼字眼形容的「東西」，我實在不知道如何看「她」，更別說得用溼紙巾幫她擦拭清潔，這遠遠超過我的限度。

芳萍說她害怕幫白蘭換尿布，因為她從來沒養過小孩；身為一個四歲孩子的媽，我對把屎把尿小有承受力，我怕的不是髒，而是一種比髒更沈重、更恐怖、更像是被戰火踐踏過後，屍首狼籍、硝煙瀰漫的枉死城的氣味。

更精準的講，是我其實不知道該如何看待娼妓的身體。我很崇敬梵谷細膩深刻地描繪窮人飽受勞動及飢餓侵蝕的身體，我也驚豔於羅特列克畫的眾多妓女像；但是面對活生生的娼妓時，我無法正視她們的身體，特別是那所謂的最私密、最隱晦的私人之處。

面對白蘭如今僵硬、蒼老、破蔽的身體，我不禁一再想到童妮·摩里森小說《寵兒》裡面神聖的寶貝薩格斯，每個星期六下午在林間空地佈道的場景。每一次寶貝薩格斯總要一再一再一再地，提醒她的黑人同胞們：「要疼愛你們的肉體」[1]，因為他們的身體在奴隸生涯中，承受了太多太多超限的、不仁道的侮蔑及境遇……寶貝薩格斯做了一輩子的奴隸，直到垂暮之年，才在么兒賣命工作攢夠她的贖身錢後，獲得了幾年的自由，她在獲贖身的那天，第一次感到自己有一顆會跳的心臟，第一次發現自己擁有自己的身體……

是啊！我想如果我們真的能替白蘭做點什麼，那就是從善待她的身體開始。

白蘭進院的第三天晚上，我和芳萍、嘉嘉、羅賓、小塔幾個義工去探望她。我先到了醫院，望著白蘭蹙緊的眉頭看著，納悶著白蘭一直重覆著的動作是什麼，另一個義工台雲說她下午來看她時，她就是這樣一直動著：她的脖子不能動，所以她兩隻握緊了拳頭弓緊了手臂，不斷地向上畫出圓弧試圖要拉起肩膀移動，先是右邊接著左邊，呼吸也跟著急促了起來，看起來好像是有人掐住了她

---

[1] 摩里森，《寵兒》，台灣商務印書館出版社，2003 年，p107。

的脖子，從上而下壓住了她，她則是用盡了所有力氣想要挪動逃開，我不禁想像：她是在作惡夢嗎？和她從小被迫關在暗黑的房間拼命接客有關嗎？我湊近她的耳朵問她：「白蘭妳不舒服嗎？」她持續掙扎著，發出悶悶的哭泣聲。

芳萍和義工等一群人到了後，大家還是猜不出來白蘭的動作是什麼意思，我們只能猜她是不舒服，只好找醫師問，一個看來很「新鮮」的急診處醫師，來向我們宣讀了她的診斷報告，我們問他，她一直重覆的動作是什麼意思，他拋下了一句很有趣的診斷，他說精神科醫師認為白蘭有妄想。妄想？妄想可以用目測的嗎？精神科醫師覺得白蘭是在跳一種妄想舞嗎？

在我們一群人加上一位熱心護士，七手八腳的幫忙下，我們終於脫下了，穿在白蘭身上五天的厚重衣物，兩件內衣加上一件套頭毛衣，卸去了她一身難聞的氣味。在我們細心擦拭過整個身子後，白蘭的眉頭終於平緩了下來再度睡了過去，她的妄想之舞也停了。

白蘭現在到底是處在什麼樣的狀態？她看得到多少？聽得到多少？

三月二十二日，白蘭住院第十四天，那天早上我決定在到輔大上課前先去看她。那天清晨將醒未醒之際，我夢見了白蘭：

> 我到白蘭住處去看她，那是一棟位在像輔大工商城的巷子，或者是我老家後面巷子的一棟二樓透天厝。我到的時候，老夏已經在那裡了，白蘭穿著一件白底的小碎花洋裝，外頭加了一件白色的棉質針織衫，看來清爽乾淨，她一頭烏黑濃密的頭髮整齊地紮成公主頭，我和老夏蹲著聽她說話，她的聲音恬淡滿足，我聽得都入神了，非常訝異她有這麼好聽的聲音，我問她昏迷後的這些天聽不聽得到聲音，她說剛開始什麼也聽不到，但是我和芳萍一群人去看她的那天，她就開始聽得到了……接著她走到另一頭的田裡去了，想去採些什麼。
>
> 這時她房裡的電話響了，我進房去幫她接，那是一個很狹小的房間，左右靠牆各擺了一張單人床，我赫然發現靠門的床上，躺著一個披頭散髮的女人，她的頭髮同樣烏黑濃密，臉色卻異常蒼白，好像病得不輕，她掙扎著接起電話後轉給我……

我沒細解這個夢，但我想白蘭既然告訴我她聽得到，那麼我決定和她聊聊。

我到達白蘭病房時，很意外地發現她已經可以坐在椅子上了，我驚呼：「白

蘭，妳可以坐起來了啊！」她笑了開來，眼睛明顯不能對焦，我蹲了下來湊近她的臉，她笑得更開心，我跟她自我介紹，說我來之前才夢到她，她的頭髮很黑很漂亮，看護像逗小孩似地誇她笑起來好美，她又笑了。

其實經過這兩個星期不能進食的日子，白蘭明顯瘦了一圈，整個人看起來像個小老太婆，但是只消逗逗她，她就笑得像小孩子一樣開心。

我推她出去曬太陽，她很努力地嗯嗯嗯想跟我說話，還伴隨著一堆手勢，比了一會兒，她突然伸手想摸我的臉，我一把捉住了她的手再告訴她我是誰，我不習慣這種被認識的方式，我想我們已經夠靠近了。

白蘭繼續比著說著，像在講一個遙遠的故事，我問她要不要聽我念觀世音菩薩普門品給她聽，她很專注地側頭靠近我，非常專心地聽我念經文，幾分鐘後，她臉色丕變露出扭曲的神情，邊咬牙邊用力地蜷縮自己僵硬的身體，我問她是不是想大便，她拱起雙掌比了個水壺的形狀，再做了一個喝水的動作，我問她是不是想喝水，她繼續咬牙握拳，我趕緊送她回房。看護把她送上床後，她側起身子痛苦地蜷縮著，我只能繼續為她誦經，我想觀世音菩薩一定聽見她的呼喊了。

我一直納悶著白蘭想表達什麼，想了一個下午，終於想到她想喝的應該是酒。我想她某種程度清醒後，酒癮也就跟著犯了。算一算，她有兩個星期滴酒未沾了，這正是一般酒癮患者住院戒斷需要的時間。

隔天，我到日日春和阿英阿姨聊起白蘭，阿英說她去年底才幫她介紹她在榮總的精神科醫師，希望白蘭去好好戒酒，但是白蘭就是沒有意志力……

白蘭戒不了酒是因為意志力薄弱嗎？我想到她從昏迷到知覺稍微恢復的這段日子，她飄離的魂魄再度住進殘破的肉體，得再承受多少？酒癮犯了有多難過，只有她自己知道，但是在醫院她肯定是喝不到酒了。

會不會，對大半輩子都和險惡的寂寞相處的白蘭而言，「還能感覺」其實才是最大的痛苦？除了酒，還有什麼東西可以幫助她的孤單？我想，對現在的她，陪伴是最好的藥！

白蘭醒來後，我們在醫院社工的協助下，為她找到了一個心地非常善良的看護，在義工無法值班的白天照顧她。但是隨著她逐漸好轉，醫院也開始催促協會這邊安排白蘭的出院事宜。

這時長期擔任協會顧問的夏林清教授提出了一個破天荒的方案，她建議把白蘭接回協會住，並試著組織義工協助後續復健事宜。

　　我很佩服老夏提出這樣的方案，我想不愧是老夏，她是真的站在白蘭的位置上去思考這件事情的，我想白蘭一定不願意一個人，被丟到陌生的療養院去復健。只是，這是個非常人道的方案，卻也是難度最高的方案，但是老夏鐵了心，她認為如果我們不顧死活地，把白蘭丟到療養院視而不見，這和當初台北市政府當初倉促廢娼，活生生斷送一百二十八個公娼(和她們背後支撐的家庭)的生路有什麼不同，「就算是協會這艘船會因為白蘭而沈掉，我們也要和她同船，這是道義」，老夏這麼宣示後，工作人員開始準備白蘭「出院住會」的種種事項。

　　四月九日白蘭出院，離她入院剛好整整滿一個月，芳萍帶著幾個義工去醫院接她，我和另外一些義工則在協會等著接應。白蘭經過這一個月的照護，已經可以自行吸食些液狀物，但是還是得有人看著，否則很容易嗆到；走路的能力則是完全退化到學步兒的階段，如果沒人扶著，什麼事都可能發生；至於講話的能力也跟學步兒差不多，大家都聽不懂她呼嚨嚨地到底在講什麼，更糟的是她的肢體僵硬到連輔助性的肢體語言都比不出來。

　　我和協會的人一起面對白蘭，也一起面對對未來的無知和焦慮。我們不知道我們可以支撐多久，我們只知道我們只能撐下去。

3.4　逃或留？

　　日日春原本繁重的業務(既要賣醋維生又要忙於寫各式企畫籌錢)，在白蘭出院「住會」後變得更加沈重，工作人員除了自己的工作外，還得加上幫白蘭把屎把尿，洗澡刷牙，餵食復健，陪說話照顧心情，以及應付白蘭三不五時從椅子上掉落、把大便塗滿全身整床的意外事件，幾天下來，個個面有菜色。

　　每個人對白蘭住會都有不同的反應，各種反應如同成分殊異的氣味般混雜瀰漫在小小的辦公室之間，構成一種奇異的氛圍。麗君[1]算是幾個阿姨中最願意幫忙白蘭的，但是白蘭大小姐不爽她幫時就咕嚕咕嚕地罵上一串，麗君也就樂得「彈開」；秀蘭則是從頭到尾冷眼旁觀，我總是會刻意叫她在我撐不住白蘭時幫忙推輪椅過來，但是除此之外，她幾乎不和白蘭互動，眼不見為淨。她會跟我說白蘭以前的一些小事情，但是我總沒法兒聽個完整，因為白蘭總會適時地出現各種狀況打斷我們的談話。

---

[1] 麗君、秀蘭與阿英均為1997年公娼自救會成員，現為日日春關懷互助協會工作人員。

　　工作人員裡，榮哲[1]是第一個因為「白蘭住會」這個決定哭起來的人，因為白蘭無時無刻不勾起他想到臥床多年的父親，以及自己和父親糾葛的情感；芳萍和嘉嘉應該算是情緒反應最激烈的人，但是兩者的質地不同。兩者同樣是被多出來的照料及相關工作累瘋了，但是芳萍的反應比較類近潔癖，她說自己幫白蘭換尿布換到快得憂鬱症了，她對白蘭身上的氣味敏感，非得把她弄得香噴噴不可；嘉嘉的反應則比較像是受不了工作壓力，非得咆哮以宣洩能量不可的自保動作。反觀君竺則溫和得多，她只說自己對白蘭身上那股病的氣味很難受，然後她還是很努力地想要把白蘭事件扣連上日日春的妓權運動。

　　我則是因為實習身分無可避免地，被期待得分擔照料白蘭的雜務，但老實說在白蘭功能愈來好，照料她的義工愈來愈多後，我照顧她（扶她走路、餵她、和她有一搭沒一搭地聊著）的動能也就愈來愈弱，所以在我動能不足的時候，我把和白蘭的關係發展，看做一個重看自己對「關係」的一些隱藏底限的學習，靠著一點學習利益激勵自己繼續去陪她。我覺得我被逼得非得去做一些事不可，是責任推著我走而非情感。

　　四月二十四日我們利用人民老大[2]的聚會幫白蘭慶生的時候，我很感動，但是這種節慶式的感動似乎沒能變成我接近白蘭的欲望，我覺得我和白蘭之間有一道玻璃牆，讓我們對彼此的接觸都是起起落落的。

　　我有意識地在這個場內發揮什麼作用？我想我最有意識的是在場內遮掩住我對照顧白蘭的疲憊及低動能，免得影響了整體的士氣，盡量在我當班的時候看著白蘭，讓其他工作人員可以有心力去化掉一些積壓到天靈蓋的工作。

　　老夏要我思考以白蘭做為一個主體，去想像她現在的心境，我知道她身世堪憐，以及她身上所背負的錯誤政策的後果，但這種理性的知和我的情感有一段距離，並不足以支撐起照顧她時的重量。做為一個協助她復健的人，我目前的位置是相對抽離的，我仍在看我們的關係能如何發展。我覺得自己內在現在有一團模糊的物體在發酵，很抽象，我一邊前進一邊等待這團發酵物變質，走一步算一步。

　　星期三下午我到協會的時候，白蘭臭著一張臉悶著睡大頭覺，秘書君竺告訴

---

[1] 張榮哲，日日春的男性工作人員。
[2] 日日春關懷互助協會由 1997 年迄今，曾 2 次推派王芳萍參與選舉，「人民老大」是日日春與其他底邊小團體參與政黨政治時的倡議標誌。

我，她這一兩天都是這樣的，因為這一兩天比較沒人來陪她，而工作人員也已經忙到無暇他顧，她在沒人陪又不願意在外面呆坐成為眾人話題的情況下，乾脆選擇睡上一整天，我發現她的確是睡得全身僵硬。

君竺說，白蘭星期二下午因為沒人陪開始大發脾氣，咕咕噥噥一直罵人，最後是阿英聽不下去了才主動把她帶到外面去。我忙完協會需要的信用卡捐款一堆事後，君竺馬上要我去看白蘭是不是大便了，因為她又伸手拉自己的尿布了，她們現在對這個動作非常恐慌。我說她還在睡覺啊，君竺面色有些沈重地告訴我，白蘭一直到現在大便都還是不會出聲告訴大家，總是自己在那裡拉尿布搞得混身整床都是大便，清到嘉嘉和君竺痛苦得不得了。

我很慶幸自己打開她的尿布時裡面乾淨得很。我很納悶白蘭為什麼大便的時候不出聲通知大家，她可以出聲啊！她會不知道自己想大便嗎？她感覺不到大家為她清理滿身的大便時的辛苦嗎？我實在很同情君竺和嘉嘉。後來我帶白蘭去上廁所，發現她作了兩次好像要大便的動作，但是最後並沒有大出便來，我實在不懂她到底是知不知道，大家清她的大便很辛苦，還是她想大便時剛好都四下無人，我在想如果拿個搖鈴給她，要她有需要時就大聲搖鈴行不行得通，我實在很怕協會垮掉。

我帶白蘭到前廳的時候，麗君、秀蘭跟阿英正坐在小圓桌旁聊天，我推著臭著一張臉的白蘭，猶豫著到底該把她的臉朝著對面的太子宮還是對著阿姨，因為阿姨們看到白蘭一點反應也沒有，我陪著白蘭一起很尷尬，我問白蘭想朝那一面，她很不爽地咕噥了一串，不用說我當然聽不懂，所以只好自己做主把她面朝阿姨，阿姨們一點反應也沒有，我只好自己拉了一張椅子坐在白蘭身旁，阿英又在跟我挑眉毛，這是她和我打招呼及表示親密的方法，我覺得白蘭好像想和我說話，我對著她笑笑，繼續想著如何和她發展出一些關係來。

我討好式地問她要不要吃東西，從布丁、優格到果汁，各種我猜想她可能會喜歡的東西念了一長串，她都大搖其頭，照樣一張臭臉，我楞了一會兒，開始像哄我女兒一樣地哄她，我問她說是不是因為大家都很忙沒時間陪她，所以她有點生氣，她點了頭眼眶泛紅，臉部肌肉柔和了一些，我跟她說，君竺和嘉嘉因為工作很多都沒做，實在沒時間陪她，等她們忙完了就會好一點，我建議她和我一起多練習走路，她沒什麼動能，我於是開始問她手上的戒指是誰送的，拿起她的手來看，我讚美她有一雙修長漂亮的手，拿我的五短手指和她比較，她才比較有笑

容，氣氛才稍好一些。

接下來我突發奇想想教她練習發音，從一二三四開始，她很明顯有幾個數字的音發不出來，沒練幾個字她就閉嘴不肯再練了。好在秀蘭這時切來一大盤鳳梨讓我可以有其他的花招，我問白蘭要不要吃鳳梨，她居然說不要，我自己吃了起來，一邊在她面前大聲說好好吃，然後試探性地放到她嘴巴前，結果她居然一整口就吃進去了，而且看起來很渴很想吃，連吃了好幾塊，這我也很納悶，是我會錯意了，還是怎麼一回事，這已經是第三次了，就是我問她要不要吃什麼或水，她都大搖其頭說不要，結果東西送到嘴巴前，她都是狼吞虎嚥地吃下去，這是什麼狀況？

照顧白蘭這一個月來，我的內在不斷地衝突著，我沒辦法那麼靠近她，又因為照顧者的關係非得挑戰自己靠近她不可，每個要去照顧她的星期三下午我都感到步履沈重，但是我不能退，因為十幾位義工也都各自面對著照顧她的困難，有些人甚至是負責排班陪白蘭過夜的，我不想也不能做為第一個打退堂鼓的人。我不斷思索著如何克服自己面對白蘭的障礙。

3.5 心，才能懂。

與其說我每個禮拜固定到協會排班是在陪白蘭，不如說，我是在望著白蘭發呆。經常我無法和她溝通，然後我呆望著她，不斷地困頓著：到底是什麼讓我靠近不了白蘭？

我發現我可以找出非常充足的理由，說明為什麼我靠近不了白蘭：最剛開始是她身上的腐敗味，然後是我對娼妓身體的悲慘想像，再來是她不能說話了，再來是我常看到她臭著一張臉；問題是，這一個多月來，在協會工作人員把她照顧得「香噴噴」，我幫她換尿布、洗澡也不那麼尷尬後，我仍然拙於發展我們兩人的關係。

我想我本質上比較是「慢熱型」的人，但是為了應付新聞工作中頻繁的人際關係，這些年來我也磨出了一套快速建立關係的能力，我和對味的採訪對象可以踩在階級文化的平台上，快速交換文學、藝術、電影、靈修、消費品味、生活態度、審美經驗這類雅痞的話題，快速建立一種「彼此認可」的感覺。問題是，這些能力遇上白蘭完全派不上用場。

白蘭是個徹徹底底的社會邊緣人，她缺乏可以和我溝通的文化條件，我們活

在兩個不同的世界；但是基於我在勞動家庭成長的經驗，我身上所曾經積澱過的階級、文化的受壓迫經驗，我並不覺得自己離白蘭有那麼遠，只是我好像瞎子走路，不斷地想前進，卻又不斷地挫折。

這個星期三下午，秀蘭、阿英、長髮麗君三個阿姨在大廳，努力地幫白蘭把她的草藥粉，一粒粒地裝進膠囊裡，個個動作勤奮，我開玩笑說我要把白蘭推到這裡來看看，秀蘭嘟嚷地問：「要做什麼？」我說，讓她感動一下呀，看妳們這麼認真在幫她裝藥。秀蘭不太爽地回答：「啊，她不會有感覺的啦！」（老實講，這也是我的困惑），秀蘭接著說：「她這個人就是這樣啦，不管你怎樣，伊攏是『嘸事嘸事』（意謂事不關己，淡漠以待），伊卡早做頭路的時候就是按那啊！」「那妳們以前會聊天嗎？」秀蘭抬眼看了我一下（意思大概是：怎麼可能），說，伊就是一個人在那，有時候就嘸去，接一兩個人客就走去買魚餵貓……接著阿姨們開始討論，就是因為白蘭曾經餵了很多流浪貓（白蘭以前有工作的時候，最高紀錄同時餵養二十幾隻流浪貓），有積陰德所以才會有協會的人肯收留她，不然早就被丟在外面死了。

秀蘭阿姨講的那種「嘸事嘸事」的氣質，是相當接近我對白蘭身旁光圈的直覺的，我對白蘭生命中因為貧窮帶來的苦難是同情及理解的，但是我不太懂得她的「嘸事嘸事」，我覺得別人為她做的，她好像收不到，我覺得很難接觸她。我一直希望自己能對白蘭產生一種感覺、一種情感，因為我是個很憑感覺及情感做事的人，這兩種質素對我而言都很重要，當這樣的質素不能出現的時候，我在關係裡其實就是困頓、抑鬱的。當我不斷在問，為什麼我無法發展出一種對白蘭的情感時，我其實面對的是一道透明的，對「親密」、對「關係」的牆。

然而，當我面對白蘭帶給我的困頓，有一些久遠的記憶鮮明了起來。

十八歲那年大學開學前，我和另一個好朋友懷著朝聖的心情，想提早上台北玩幾天（在這之前，我們兩人只上過台北看了一次演唱會），最後一天傍晚時我們在總統府附近，看到了一個倒在街上抽搐的老流浪漢，他不斷地用前額去撞柏油路面，我們上前扶起他時，發現他的前額早就撞出密密麻麻的坑洞來了，而且部分傷口已經結痂，我想他倒在路邊應該有一段時間了，我問他要不要叫救護車送他到醫院，他猛搖頭。我望著兩旁如流水般急著通過綠燈的人潮，不禁錯愕：怎麼都沒有人想停下來幫幫我們？大家都看不出來我們需要幫助嗎？我在驚慌中抓住了一個打著領帶的中年男子問他該怎麼辦，那裡有警察局？他指了指警察

局的方向，在他優雅地離開前丟下了這樣一句話：「小姐，妳們一定是南部來的吧？現在很少有像妳們這麼熱心的人了。」我一路狂奔到警察局，一直等到警車把這老人載走，那個男人的話讓我像鉛塊般沈重：「台北人都這麼冷漠嗎？我在這裡待得下去嗎？如果我在這個大城市昏倒了，會有人來幫我嗎……」我流下了淚。

然而，出乎意料地，我在這個冷漠的都市安定了下來，一待十六年，還把自己陶冶成了徹徹底底的台北人，完全熟悉使用這個都會文化資源及符碼的方法，很少人還能在我身上看到我來自南台灣偏遠鄉下、在勞動家庭長大的痕跡。在台北生活的日子，表面光鮮，骨子裡則幾乎是孤島式地活著，我不得不沈入書本中，靠著各種成長團體尋求救贖，否則我就只能對著鏡子說話。即使在接觸心理治療一兩年後，我也一直在努力地學習一種較淡漠的情緒生活，以此來壓抑我敏感衝動的性格，並支撐起存在的孤獨，我不知道這在別人看起來，會不會也很像「嘸事嘸事」。

但我也意識到，如果我只是停留在自戀式的反思裡，是不可能和白蘭建立起真正關係的，我頂多就是只能當個彆腳的復健助理，很有責任地把這學期的實習義務撐完，然後逃之夭夭。我開始思考，面對白蘭，我在那裡？白蘭又被我放在那裡？我突然想起了印第安巫士唐望，對美國人類學家卡斯塔尼達長達十幾年的教誨中，不斷提醒他放掉的一種瀰漫美國文化的「自我重要感」，我的躊躇、我的失落何嘗不是充滿了「自我重要感」？

老夏要我思考以白蘭做為主體，她在經驗些什麼？但是我始終苦無方法前進。直到上個星期天，我看到嘉嘉把「必魯」（狗名）送到新竹某農場後，回來為她轉播現場時，白蘭笑得好開心，我想原來是有可以取悅白蘭的方法，我想我得努力突破自己的無能。

這個星期三下午，我望著白蘭，她也望著我，但這次的感覺有些不同，我覺得她比較認真在看我，我鼓勵她到大廳看阿姨們正在幫她裝藥，她明顯抗拒。我又開始想帶她做復健了，但是復健真的很無趣，不一會兒，我們兩人都意興闌珊。我的左肩因為摔傷，既不能帶她出去，也不能幫她按摩，所以我問她想不想聽我念佛經，她很有興趣，但是觀世音菩薩未顯靈，我挖遍了她的家當，就是找不到我上次送給她的普門品，我靈機一動，問君竺《九個公娼的生涯故事》[1]中那個是白蘭的故事，然後開始用台語，以第一人稱念給白蘭聽。

---

[1]「九個公娼的生涯故事」是日日春關懷互助協會，1997 年公娼抗爭事件中印行的一本故事書。

　　「聽別人念別人幫你寫的生命故事給你聽」應該是個很有趣的經驗，白蘭聽得異常專心，我也覺得她的反應很可愛，念到她養過三十種動物時，她整個人興奮起來，比手畫腳，哇拉哇拉講了一長串，我點著頭重覆著她的尾音，講到老鼠時，我們居然一下子對起話來了，我問她養的是那一種，該不會是家裡的黑老鼠吧，我說我最怕老鼠了，每次看到都要尖叫，她興奮地比畫著，一時間我好像真的聽懂了她的意思。

　　接下來，念到她悲慘的雛妓生活，她開始咬著嘴唇傷心地哭了出來，還拉起棉被試圖蓋住哭聲，我要她放心哭，她哭好一會兒；我問她還要不要聽我念完，她說要，於是我又往下念，念到她的母親每次到娼館，都是跟老鴇拿完錢轉頭就走，白蘭的情緒再度崩潰，哭得更是傷心，我告訴她，我曾經在她住院時聯絡過他哥哥，說她哥哥和媽媽現在都在生病，行動很不方便，所以沒辦法來看她。我問她當年是不是很希望母親陪她個一兩天，不要轉頭就走，她哭得好難過，我安慰她：「妳母親一定是不忍心看妳過的那種辛苦日子，所以她連看都不敢看妳一眼，只好趕快離開。」

　　白蘭的老家在台東一個偏遠的山區，家境貧窮，家中六個小孩個個都是從小就得幫忙各種雜活，男生都是國小一畢業就外出工作，「童年」是他們不敢奢望的。白蘭十三歲那年，父親因為跟車做搬運工時不慎跌壞了腦袋，急需大筆醫藥費，白蘭於是被簽給了萬華一家私娼館，但是由於家境一直沒有起色，白蘭最早簽的兩年約也一延再延地成了十年，說白蘭是這個家的提款機並不為過。白蘭不是沒想過要逃離私娼寮，只是一想到，到時候人家還是會上門找老的小的威脅，也就不斷咬牙忍了下來，她說：「既然要扛，就扛到底」。白蘭後來性格中的淡漠和她必須麻痺自己的感受脫不了關係。

　　等她哭得差不多了，我問她想不想媽媽，她點頭，原來她想念每個家人，我問她，那我幫妳打電話，請他們寄現在的照片來給妳看好不好，白蘭很高興的點頭。我在白蘭面前打電話回她老家，白蘭端坐在床上，滿臉期待，很認真地聽我和她的家人講電話。

　　是白蘭的媽媽接的電話，一個非常蒼老虛弱的聲音，我表明了身分，老太太問的第一句話是：「啊，伊現在敢會說話啊？」我報告了白蘭的近況給她知道，告訴她白蘭很想念她，希望可以看到她的近照，接下來她哥哥也來接電話，我再度報告了白蘭的近況，強調白蘭很想念家人，請他們寄照片來，我們也會寄白蘭

現在的照片去給她們。白蘭的哥哥請我告訴她，說家人其實都很關心她，只是他和媽媽真的是沒辦法到台北來看她，請她不要生他們的氣，他會拍照片寄過來。

白蘭整個人都亮了起來，很期待，我和嘉嘉說要幫她換漂亮衣服，擦口紅，拍漂亮的照片，榮哲開玩笑說這幾天要加緊餵她歐羅肥，把她養胖一點，照起相片來才會漂亮。她自己馬上就把上衣脫掉了，想換衣服，笑得好開心。

在為她朗讀生命故事，看見了她的眼淚和心情後，我終於感覺自己貼近了她，原來，只有靠「心」，才能懂得她。拿掉我的「自我重要感」，我才能看見她。

經過這一次，我和白蘭的距離拉近不少，每次看到我到協會時，她都會笑得很高興，我也會摸她的頭和她打招呼，協助她復健的工作變得輕鬆不少。我發現，其實白蘭也在學習如何在短時間內，適應自己突然失能的恐慌和挫折，以及十幾個照顧她的陌生義工。

我怪她不能體恤別人照顧她的辛苦，忙著處理自己面對她的困難和衝突，卻沒辦法體會白蘭，在她艱苦的生命轉折中，到底經驗過了什麼樣的冷暖和苦痛。面對白蘭生命中的磨難，我的衝突和困難其實微不足道。

一個才十三歲，就從家鄉台東被賣到台北萬華私娼寮的荳蔻少女，被老鴇逼著拼命接客，連生理期也不能休息，三不五時還得吃奧客的拳腳，好不容易熬過了三千多個，每天只能睡三個鐘頭的日子贖完賣身錢，找到了一個比較自主和穩定的公娼工作，卻突然在政客一聲令下，馬上失去穩定的生存來源，想轉業卻因為十幾年的與世隔絕（大部分公娼因為不敢讓人家知道自己的工作，都過著非常隔離的生活），以及缺乏較好的謀生技能而屢試屢敗（白蘭資質不算好，又得忙著家裡的活，小學念得有一搭沒一搭的，基本的加減乘除對她都很困難）、在陷入經濟困境後，逐漸習慣喝悶酒；直到相依十多年的男友離棄她；直到昏迷……

白蘭如果能好好地說她的生命故事，又有多少聽者可以切身地感受到，那故事中聲嘶力竭的暗夜哭嚎，那還年輕就被迫死去的青春歲月，以及那連願意賣身養家都不可得的悲切……究竟有多少人可以懂得，生命不斷被剝奪殆盡的滋味，又有多少人願意去悲憫，這樣一個窮苦人家的女兒；這樣底層的一個娼妓？

3.6 後記

我在六月底結束在日日春的實習，離開前的某個星期三下午，協會只剩下我

和白蘭及另一個工作人員，我跟白蘭說我這學期過得很累……白蘭馬上伸出手來幫我按摩肩頸，我順勢靠在她的大腿上享受她的溫柔，外面下著大雨，我從她還不很協調的手掌運動感受到她想回饋的心，是啊，這三個月真是難以盡述……

　　現在的白蘭剪去了一頭長髮，看起來清爽乾淨，剛住進協會時的那種忿忿不平，被一種經常掛在臉上不解世事般的憨笑取代了，某種以前瀰漫在她周身的怨氣似乎蒸發了；現在的她像是躺在屋頂上曬太陽的貓咪，安適自在，她的轉變讓我看見，當初讓她住會的確是一個正確的決定。而我很慶幸自己有這樣的機會陪她走了一段路，也在看見她的過程中，看見了某個遙遠的自己—那個在城鄉的衝擊和工作的異化下，愈來愈冷愈來愈硬的我。

第四節　重新擁有的家

1. 兩個夢

　　我一直想改造我的原生家庭，這涉及兩個層次，第一層是實質地改變它，第二層則是透過重新理解，來改變它在我舊經驗中的樣貌。這些幽微的欲望在我開始整理自己的家庭經驗後，具現在兩個連續、但相隔了五、六年的夢境裡。

1.1　第一個夢

　　第一個夢是在我離家七八年後做的，那時我在報社的家庭生活周報組工作，接觸美國與本土家庭治療的書一陣子了，被一大堆概念引領著、也困惑著。我試著進行自己的家庭重塑，第一次發現自己長成的樣子和原生家庭的溝通型態、關係樣貌有如此深的聯繫。我多麼渴望我的家可以像那些在書中被治療成功的家庭一樣，因為更能表達情感而變得緊密，而變得歡樂。

　　那個夢是這樣的：

　　我從台北休假回到家裡，發現一樓空蕩蕩，我把行李放好，想上二樓看看媽媽或妹妹在不在家，很意外地發現二樓原來破破舊舊的塑膠地板，已經被全部翻修成原木地板了。二樓的陽光從陽台射進媽媽的房裡，是春日午後那種叫人渾身酥麻的陽光，寧靜溫暖。我很訝異自己竟然完全不知道這件事，我猜這應該是妹妹拿錢出來改裝的，畫面停留在我和我的失落裡。

　　這一段時期，我把很多閒暇時間花在閱讀「家庭治療」和自助式的「家庭重塑」上，因為我很想處理自己積壓在身上多年的哀傷，我隱約覺得這是一條重要的路。我想我不可能迴避家庭在我身上作用的種種，雖然一路上我總是進三步退一步，一邊前進一邊流淚一邊游移。

　　我的入門書是約翰‧布雷蕭（John Bradshaw）寫的《家庭會傷人》[1]，我在書店裡偷偷摸摸地買這本書，唯恐別人看到，會發現我來自一個有問題的家庭。買回家後，我還把它藏在書櫃後方，就怕親友不小心發現我在看這種書。

---

[1] 張老師出版社

我之所以得鬼鬼祟祟地藏這本書，是因為我發現我家的很多情況，都符合約翰・布雷蕭寫的「毒性教條」，而且得分不低。我驚訝不已，原來我生命裡的這麼多痛苦都是來自家庭的傷害。我對家庭的情感被一種奇異的感受取代，我不知道如何從毒性教條的角度跳脫，我在淚水中不斷退縮，覺得自己像是個地下工廠出產的瑕疵品。

我那時也參加了些自我探索的成長團體，但是要講出自己的家庭經驗還很困難。我比較能在熟悉一點的小團體裡片片段段地吐露一些，而且總是伴隨著強烈的不安，因為那個曾經的童年和我當時展現在人前的社會形象是那麼的不協調。我雖然鼓足了勇氣想面對自己的痛苦和逃避，但是要在人前放心地揭露自己，對我而言仍是那麼地困難，所以我的心力主要花在自己和自己的對話。

我一直覺得自己和家庭緣分淺薄，因為我們家人的情感一直都很疏離。十八歲離家三百里後，我們的關係更是僅存血脈，我在台北的孤單和辛苦，只能靠自己扛，面對家裡往後的種種變化，我愈來愈像是個局外人。

1.2 第二個夢

第二個夢是在我升碩三的那年暑假做的。和上一個夢境一樣，我夢見台南的家正在進行巨大的重建工程，但是這次的工程更浩大：

當我回到家時，發現老家被施工的帆布給包了起來，怪手正轟隆隆地在拆除整棟建築，塵土漫天，我很欣慰我們終於存夠了重建的錢。接著我很訝異地發現負責現場監工的工頭，竟然是我在輔大博士班的學長李易昆（他致力於工人教育工作多年）……

我在錯愕中醒來，被這個夢的象徵意味搞得哭笑不得。我是多麼地努力想改變我的家！第一個夢反映出的是我對自己出身勞動家庭的遺憾，和一種與家人漸行漸遠的無奈。第二個夢反映的則是我在輔大的受教過程中，由於能夠從勞動家庭在資本主義社會中的生存困境，來重新擺放我對家的理解，進而開展的全面性重構。

在輔大的學習讓我更有能力貼近我的家和每個家人獨特的生存處境，這樣的貼近讓我可以理解家庭裡的衝突與糾結，卻又不至於被這樣的糾結卡到寸步難行，我學會檢驗自己的介入，並且在一次又一次的挫敗中重新建立我的行動理論。正是這種介於理論與行動之間不斷往返辯證的能力，讓我可以不再逃離屬於

我家的衝突現場，並能協同困在其中的家人進行更好的溝通與討論，也因而有機會不斷地檢証，我所隱約建立的家庭療癒及助人理論。

這兩個夢具現了我對家的理解所進行過的兩次重大重整，我覺得這兩個學習階段對我而言都有深刻的意義。我期望透過反思性的書寫，重新擁有我的家。

2. 難以擁有的家

十八歲那年，我首次離家北上念書。那是個我後來得花上好幾年的時間才能平復的分離。

我用最低調的方式離開了家。沒有什麼送別的餐聚，沒有家人的臨別贈言，也沒有任何睡覺或想家時可以用來安撫自己的絨毛玩具、小抱枕之類的禮物。似乎就是大學開學的日子近了，我就自動打包了簡單的行李，自己決定了那一天離開，然後，媽媽就騎著摩托車載著我和我的行李到了火車站，在火車還沒到站之前，在我的眼淚還沒來得及落下之前，媽媽就騎著她的摩托車走了。

大學四年，我和母親分離的場面一直都是這樣的。母親總是把我載到車站就離開，而我總是望著她的背影一陣難過，帶著溼熱的眼眶，望著車窗外嘉南平原褪去，直到倦了，直到睡了，直到台北。

2.1 家族記憶

十八歲以前的家，在我的記憶裡並沒有佔據太大的版圖，但始終有一種莫名的牽繫存在著。

我一共有兩個老家。第一個家是小學四年級以前，和祖父母及大伯、二伯合住在一起的三合院式舊家，它坐落在台南市安南區一個叫做虎尾寮的偏遠小村落。這裡到目前為止，仍然是整個台南市土地使用率最低的地方，地面上最大片的景觀就是廢棄農田和虱目魚塭。我的鄰居除了農夫、魚塭養殖業者外，主要就是在鄰近鞭炮和羽毛球拍工廠的工人們。

我的家族早年是靠捕魚為生的，但是只有爸媽參與過這個時代。在我有記憶之後，祖父就改種水稻了，爸爸和二伯父則都進了鋼鐵工廠去當工人，至於大伯父因為有個吃苦耐勞的老婆，一輩子都處在半無業狀態，他不壞只是工作動機低落。

聽爸說他們兄弟很年輕的時候，就得早早起床跟著祖父下海牽罟。我媽和兩個伯母則都得跟在裝魚的貨車後面「撿魚」。媽媽說她撿到的魚，往往只有大伯母和二伯母的十分之一不到，因為她實在是學不來她們的「撿法」。

大伯母的方法是：貨車一停就拿著籃子，拚命把車上的魚往下撥然後撿走。這實在是需要無敵的膽量和超敏捷的身手，這兩樣我媽都沒有，所以她常常因為漁獲量過少被奶奶數落。但是大伯母也為了這種撿法，付出過慘痛的代價。有一次她撿到一半就被貨車司機發現了，對方一氣就拿起扁擔打了大伯母幾下，這下她肚子裡四個月大的小孩就硬生生被打掉了，對方為此賠了「一萬四」（對方很不甘願，所以賠了這個不吉利的台語諧音數目給大伯母）給她，所以大伯父家成了我們家族中最早有積蓄的一房。

有鑑於大伯母的意外，二伯母發明了更高明的撿魚法——把貨車上的魚直接撥進上衣裡，裝滿滿地帶走，不露痕跡。這個我媽更做不來，因為她覺得那味道太可怕了。從這三個女人「撿魚」的方式，來推論三兄弟分家後的經濟情況，不難猜出最有錢的一定是二伯母家；我們家，當然是墊底的。

除了被文史學者高度懷疑是鄭成功當年登陸台灣的上岸地，以及因為這個歷史公案而大肆興建的土城鹿耳門聖母廟（初建時號稱全東南亞最大）之外，這個農漁混雜的小材落平凡無奇。

我的外祖父最早是碼頭工人，後來帶著八個兒女到四草海邊養殖牡蠣，過著相當吃緊的生活，我小時候回外公、外婆家時，常常得從公車站牌走上一個多小時，才到得了他們位在海邊的小草屋。算起來我和討海生活的淵源很早就存在了。

今年農曆新年假期，我和老公、女兒到台南縣七股看瀕臨絕種的黑面琵鷺。這是個以養殖虱目魚和牡蠣為主的漁村，沿路充滿了各式蚵仔小吃，牡蠣殼風乾過程中，特殊的臭味不斷飄進我們的車子。我忍不住大吸了幾口，太熟悉了，這味道，這些氣味分子進入我的腦海，成功地勾起了小時候，在四草海邊外公、外婆家幫忙挖牡蠣肉的記憶，相似的景觀、相似的人群，我好像走在回鄉的路上。

我在這個平凡的村落度過第一個不平靜的童年。那是與我情感連繫甚深的一塊土地，卻也是我疏遠最久的一塊土地。

2.2 搬家

　　爸和伯父們分家以後，爸媽開始存錢貸款買新家，我在升小學五年級暑假搬進這個新房子。那是接在台南市延著文賢路密布的小工業區末端，由漁塭填平後新蓋的集合式連棟透天厝，也是我父母目前擁有的唯一一棟房子。

　　這條巷子住的都是勞動人口，除了本地人外，還有澎湖、高雄縣、台南縣來的外地人。這二十幾年來約有一半住戶流動過，但仍以底層勞動家庭居多，有幾戶目前還是家庭兼工廠的複合式居家。

　　現在回想起來，我比較能明白為什麼我升小三之後，媽媽就再也付不出我參加遠足的錢，而且對我要繳的各種費用都很有意見，常常因為我要買什麼東西數落我。算一算，她那時候應該已經開始在付預售屋的分期付款了。我們家愈來愈緊的經濟壓力，是我即使關上全身感官都還是可以感受到的。

　　我們搬了新家，但是父母的爭吵也變得更為尖銳。我好幾次都在媽媽的床頭櫃裡，發現媽媽寫得歪歪扭扭的離婚協議書，這變成了我的秘密，我每隔一陣子就會去偷翻那些協議書，我很擔心自己會被分給老爸。

　　我們一家子除了我，在這個家一住就是二十幾年，就連大弟娶了老婆沸沸揚揚地鬧分家後，現在也還是為了節省房租乖乖回籠了。這個家沒再遷移過，它在這條巷子裡像長了根地老去。

2.3　各自穴居

　　記憶中，爸總是在別人家中，賭博、喝酒、喝茶都有可能，媽總是在她的房裡看電視，奶奶早早就睡了，大弟可能流連於某個撞球間，么弟則在我不知道的電動玩具店裡，妹可能在陪媽看電視，而我應該正在苦讀某科課本。媽說她對我的記憶就是一天到晚都在看書，她很納悶我怎麼會那麼喜歡看書，因為她是那種一看到書就會打瞌睡的人。妹說她就是看我書讀得那麼辛苦才決定念高職的。

　　我們家不大，七個人擠三個房間，但是一家人卻難得照面，每個人都在自己的世界裡，但就是不太在家的世界裡。我在教科書的世界裡，爸和弟在他們個自的娛樂世界裡，媽和妹則在連續劇的世界裡。

　　這種各自過活的狀況，讓我關於「家」的記憶少得可憐，我渾然不知，老么在小學五年級，有一次因為作業寫得太亂，被挺著大肚子的老師叫十個同學，聯手打了一百下的手背手心，媽媽很悲憤地到學校找那個老師理論。我也是在大弟逃學了將近一學期後，才知道大事不妙了……

　　我們雖然住在一起，卻經常不知道各自在做些什麼。大弟動不動就離家出走的那段叛逆期，我們根本不知道他有那些朋友可以收留他，或者可能落腳何處，媽媽常常是靠著神明的指示，才找到他的。

　　我們得大聲喊叫，才能把聲音傳到彼此窩居的洞穴裡。所以，我們家最常見的場景是這樣的：平常各自窩在自己的洞穴或秘密基地裡，然後，大弟逃學了、老么被揍了，我和爸爸吵架了，大家才會一起把頭探出洞穴，叫嚷著、怒罵著，用倒汽油放火燒的方式來處理每個人噴射性吐出的情緒。

　　這是我的家。我靠著鑽進書本緩解痛苦，妹和媽靠著電視解悶，奶奶則靠著維護爸爸和兩個孫子來度過她的晚年。至於爸和兩個弟弟則很早就變成旅客了。

　　我有個形式完整卻內裡空蕩的家。這個家沒有崩解，靠的是我母親的堅韌；她一直在那裡支撐著。孩子小的時候，她忍受老公的待不住家和守不住錢；女兒稍微懂事後，她得忍受大兒子陷入酒國帶來的種種磨難，用心地照顧著兒子的孩子，從小帶他誦經，只怕孫子學了爸爸的壞榜樣。

　　我幾度都想逃離這個家，因為那裡的冬日太寒冷，夏日卻又容易熱得虛脫。但是始終有一種情感牽繫著我。

　　十八歲那年，我滿心的想離開。離開令人作嘔的台南女中；離開沈悶、疏離卻壓力高漲的原生家庭，離開只有傳統沒有搖滾樂的台南。我想離開一切既有的／陳舊的，一種模糊的渴望引領著我。

　　十八歲以前我所擁有的東西——少量的照片、斷簡殘篇似的日記、大量的教科書和參考書，在我離家多年後逐漸被清離。它們先是被搬到頂樓加蓋的雜物間裡，在雜物間改成老么的房間後，又陸續進了資源回收車。

　　我所擁有的物和它們的主人一樣，逐漸遠離了這個家。這些物是不可能再回到這個家了，而我，它們的主人，則像個瞎子一樣，一路摸索回家的路。

3. 迢迢歸途

　　二十五歲接觸家庭治療理論前，我一直以為我的家庭和我沒太大關係，但看了愈來愈多談家庭的書後，我的反應只有「被嚇到」可以形容。原來，我的家庭對我的影響如此深遠……，我每晚躲在寢室裡邊流淚邊讀，有時連在夢裡都在哭。

家庭治療的理論中諸如「情緒共生」、「情緒配偶」、「分化」的概念，讓我對自己和母親之間，多年糾結的情緒有了一些理解。我當時天真地覺得，只要我能把自己和她的情緒分隔開來，好好地大哭幾場，然後再真心地原諒／接納父親，應該就可以遠離家庭帶給我的傷害。但是，這條路比我想像的更要遙遠得多……

3.1 分化或逃逸？

家庭治療大師波恩「分化」的概念[1]對我的自療歷程有特殊的意義。它讓我可以試著以自己的角度，重新看待母親告訴我的家庭事件，並且意識到自己完全複製了母親對父親的成見，我提醒自己得跳脫這樣的視點，重新看見父親。我也在分化的努力中，長出了一些獨立思考家庭困局的能力。

分化的視框讓我對母親，在我和父親之間的死結起了什麼作用，有了一些覺察。我覺得我太過於認同母親對父親的看法，這對父親不盡然公平，雖然我覺得他不是理想的父親，但也有可能他沒我媽說的那麼壞。

我有些生氣，母親把他對父親的恨，複製到我身上來，但又對自己的怒氣感到愧疚，我不知道該如何面對母親的情緒。拒絕認同母親看待父親的種種，讓我不知如何承接母親在婚姻關係中的痛苦，也沒有辦法涵容自己在進退兩難的認同困局中產生的種種情緒。

我從小就卡在父母的衝突之中，覺得有時兩面都不是人。最典型的例子是：母親會把父親的種種不是說給我聽，或者習慣性地把所有問題都歸咎到父親身上，我聽了當然就很生氣，然後我就會開始不理父親或者對他講話不客氣，有時也會因而和他冷戰許久。一陣子後父親就會去指責母親是怎麼教小孩的，為什麼讓女兒對他那麼不客氣，然後母親就會很生氣地跑來罵我，叫我做人家女兒不要再這樣，要不然她夾在中間會很為難。

我對母親的責備很生氣：妳到底是要叫我怎樣？那妳以後就不要再來跟我講你老公有多爛多爛，因為我也不知道該怎麼辦。我覺得母親既希望我認同他眼中的壞男人，又不准我對這個壞男人不客氣，因為這樣她會被罵，這讓我陷入一種進退不得的困境裡。

---

[1] Murray Bowen，西方家庭治療理論的先驅之一，他從與精神分裂患者家庭工作的經驗中發展出了治療理論，並指出自我分化的重要性。

　　這是發生在我國中以前的事。現在回想起來，我後來的解套方式應該是把母親對父親的恨當成自己的，然後擁著這些恨意直接和父親對幹，讓父母之間的戰爭轉移到我和父親的白熱化衝突中。這是一種非常自傷傷人的策略，我變得尖銳無比毫不留情地戳刺父親，唯一的好處是：我不用再夾在父母中間了！但是我父親很困惑，他不知道我為什麼如此恨他，他不認為自己有那麼糟。

　　我在台北工作後有一次回家，母親又開始對我抱怨父親，我聽得一顆頭兩顆大，不耐煩地反問她：「妳為什麼不和他離婚，把他趕出去，反正房子是妳的，我們小孩也都長大了……」我媽愣在現場，隔了一會兒才說：「可是這樣他會很像流浪狗吔，那不是很可憐嗎？」唉，這下換我說不出話來了。

　　我還是不知道該怎麼處理卡在父母之間的為難，我不想再恨我爸爸，可是我媽對我爸的種種不滿又會激起我對父親的憤怒。我多麼希望可以被區隔在他們的衝突之外，我多麼希望他們可以在子女面前扮演和樂的夫妻，就算是假的也好，這樣我至少可以當牆頭草兩面倒，不必然非得跟著媽媽一起恨爸爸不可。

　　我不知道該如何理解父母之間的婚姻？這兩個人為什麼能吵一輩子還繼續生活在一起？老年離婚的夫妻愈來愈多了啊，他們在等什麼？我很好奇地問過媽媽，如果她覺得我爸樣樣都差，那為什麼還能忍受他那麼久？她想了大半天，嘆了一口氣回答我：「唉，怎麼說，他就是比上不足比下有餘啦！」

　　我覺得父親的確是沒能扛起家裡沈重的生計。在他逃到酒桌牌桌排解生活的苦悶並且輸掉大半薪水時，我的母親只能咬著牙撐在家裡發狂，她成了家裡的柱子和瘋子，我則活在這根柱子隨時可能崩裂的恐懼之下，全身僵硬，恨著父親。

　　我可以理解面對沈重的生計和老婆強悍的指責及生存焦慮，逃逸是一條比較簡單的路，而且也總比被困在家裡打老婆小孩出氣好一點。但這仍然是一種比上不足比下有餘的邏輯，我仍舊深深地遺憾自己沒有一個夠有肩膀的父親，遺憾他不能像個勇士一樣和母親一起扛起處境中的重擔。我希望自己有一個值得敬重的父親。

　　大弟曾經哭著對我說，他很難過我們的爸爸一直都扛不起一個家，但是我卻不知道如何看待他們兩人如今的相似性。這兩個人難道不是一起採取了逃逸的路徑，把垮了一頭的擔子丟給了他身邊的人嗎？

　　但是，如果連逃逸的可能都沒有，這兩人會不會早就自殺了？我做為一個家庭成員，如何面對一個該是家長，以及另一個該是長子的人的坍塌、缺角？

我恨父親逃避家庭的重擔，我想像母親一樣有肩膀地扛起一切來，但是我也解不開他們的痛苦。給錢成了最簡單的方法，至於這些死結，我只能任其糾結卡死。

其實，我十八歲的離家也是一種逃逸，繼續待在家裡我會抓狂。工作之後，對家庭困境的無能為力和渴望與母情沈重的情緒分化，讓我愈逃愈遠。表面上是因為工作愈來愈忙，實際上是我不知道如何去承接家庭帶來的痛苦及無力感，那樣的痛苦嘲笑著我們每個人的無能。

回顧自己當年的逃逸，我好像可以接連上弟弟和酒的關係。我相信他一定也是卡在自己的死胡同裡，而酒提供了一個可以喘息的空間，一段得以模糊掉痛苦的距離，他的死結打不開，他就不可能離開酒。就像我如果找不到那把可以理解家的鑰匙，我也回不了家。

現在，我對分化有更清晰的辨識。我認為英文的分化「differentiate」指的是差異的顯現，而不是排除和否認。這意謂著我得學會區分家人的情緒和我的情緒，不跟著一起發作；但這不代表要把他們的情緒阻隔在我之外，完成不去感覺。分化是一種微妙的區辨——我可以感覺到他們的情緒，但知道那不屬於我，我可以擁有我的思考和情緒，也因而能獲得一種在家庭衝突中得以轉圜和前進的空間；但不代表我得排除或否認他們的情緒。

3.2 理想家園的距離

在我開始工作的前幾年，我採訪過很多有意思的家庭，他們對家庭生活的經營是我非常陌生與豔羨的。我感染著他們對家的情感和投入，在心裡捏塑著我對家的期望。我所構想與期待的那種生活方式完全不同於我的原生家庭。

那時我和一個有些靈通的朋友玩預視未來的遊戲，她說她看見了四五年後的我，那時我懷著身孕坐在客廳的搖椅上看著兒童繪本，看起來很滿足。我的客廳有大片原木地板、明亮的陽光和美麗的盆栽，但是看不到我老公的樣子。

姑且不論這個預視準不準，但它的確反映出了我對某種樣了的家的期待。我不敢期待婚姻，但是我渴望有某種像家的空間可以收容我，那是我在台北單身十多年的生活裡一直在孵的夢。

有一段日子，我渴望到想要去背房貸，買台北近郊的小坪數公寓，後來終於因為看得上眼的和負擔得起的，始終有一段難以彌補的落差而作罷。但我是多麼

想在台北有一個自己的家啊，只有幾坪也好。

我渴望有一個「家」，那是我沒辦法在原生家庭中得到的一種感覺。每次我從台北帶著滿滿的思念回家，等著我的往往是一個空蕩蕩的家。大家不是外出工作，就是躲在自己房裡看電視，飯桌上有時會有些剩菜剩飯，有時什麼也沒有。沒有人在等我回家。

媽媽茹素二十多年，加上從小家貧，她對飲食向來是能飽就好，隨便一鍋菜配個白飯、或者一大碗陽春麵就可以解決一餐。我們家的男人卻全是肉食動物，媽煮葷食不能嘗味道，久而久之，兩個弟弟全成了外食族，因為吃不慣她煮的東西。我爸口味奇重，常常自己煮些我們覺得很怪的東西（例如一大鍋的魚腸湯），所以也沒人愛吃他煮的菜。

我們家的飯桌上經常只有我和妹和爸三人（媽自己坐在另一個角落吃，因為我們的桌上有肉），但是爸吃他自己煮的，我和妹吃他不吃的，不耐煩地糾正他多年來改不掉的，以公湯匙直接就口的壞習慣，我們家的「離散」狀況從飯桌可見一斑。

這樣的離散，讓我回家的頻率愈來愈少，和家人之間共同話題也愈來愈少，到後來僅剩問候大弟最新的酗酒及工作狀況，以及媽媽的更年期症候群。

3.3 一個新的家

如果不是三十歲懷孕那年，狂吐到連日常生活都需要有人照料，不得不回老家依靠家人，我大概沒有機會重新認識我的家。一個在我離開之後一直在轉化的家。

回家的那一個多月，我的嘔吐狀況一點也沒有好轉，三天兩頭就得坐著爸的小發財車上婦產科打點滴。爸媽也帶我走訪了各個他們經常求助的神壇，幫我求了不少符水，雖然幫助還是不大，但是我感受到一種被照顧的窩心。

我發現這些年來大家的變化都好大。媽成了虔誠的佛教徒，每天都要花上兩小時做早晚課，在我生病這段時間，她除了每天為我誦經，還參加了不少法會為我祈福消災。宗教似乎支撐起了母親，減少了她對金錢的焦慮和糾結莫名的情緒，她顯得平和許多。她相信，如果她每天虔誠地誦經就可以庇佑我們。我們也都相信，我們家這些年來的轉變，母親居功厥偉。

爸的變化最叫我訝異。首先，他不再鐵齒，也開始打坐念佛了，雖然他沒法

像媽那麼有恆心，而且對佛法仍不時質疑，但已經夠叫我刮目相看了。另外，我發現他真的老了。除了日益壯碩的肚圍和滿頭的花髮外，他變得很容易打瞌睡。看電視、打坐、算明牌時都可能會睡著，就連陪我去看門診時，也是三五分鐘就坐在等候區睡著了。發福和老化讓他昔日的剛硬顯得柔和不少，我看著他覺得有些陌生，卻也歡喜他的轉變。

我們家這個時候已經度過空巢期，兩個弟弟陸續當兵回來，妹妹也從大學畢業回到家裡，只有我還留在台北。母親這時顯然也已經靠著養狗和念佛，從孤單和憂鬱走出來了。

弟弟都長大了，在我離家前，他們都比我矮，現在卻個個比我高，他們的骨架因為長年的勞動顯得壯碩，黝黑的皮膚和我的蒼白形成強烈對比。大弟這個時候，已經結束了在雲林一帶的水電學徒生活，回到家跟著二堂哥一起做水電，喝酒的情況則仍然是一陣一陣的。老么這時候已經熬出頭，他升格成了泥水師父，跟著堂姊夫一起工作，他長得比大弟更高，但是因為從小腸胃差，顯得較清瘦。

大弟每天下工都不忘到房裡看我，問我吃不吃得下東西了，他很心疼我的慘狀。老么平日沈默寡言，好不容易講個話，都像含顆滷蛋在嘴裡，要聽他說什麼貼心話自然是不可能，但是他總是會主動攙扶我上樓梯，怕我摔傷，我享受著他的照顧，覺得很溫暖。

妹妹從不穩定的學校代課老師往補教界發展，這個時候已經在幾個補習班兼滿課了，她和我的收入成為家裡重要的支撐。

妹妹負責陪我聊天，為我補上離家這段日子裡家中的變化。我從她口中知道了許多媽媽不曾告訴我的故事。我們姊妹年紀差了五歲，從小就很少玩在一起，後來又各自離家讀書，其實頗為生疏，這段日子讓我們有機會認識長大後的彼此，也分享了對家的不同經驗。

對一個離家多年又已經結婚的成年子女來說，這樣的重聚實在彌足珍貴。那一個多月，讓我在情感上得以接續多年的斷裂，得以重新認識每個聚少離多的家人。我終於能看見家人平時不會輕易表露的情感，發現他們在我離家後多年依然關心著我。我意會到，無論如何我們終究是一家人，天塌下來，我們可以彼此依靠。

4. 我的弟弟——一份實踐筆記

在我考進輔大研究所之前，我的生命中有一些沈重的包袱，我馱負著它們希望能找到卸下的方法，或者找到一個方法增強自己扛負的能力—這些包袱其中之一就是我弟弟，十幾年來怎麼也戒不掉的酒癮。

我的弟弟在國一上學期中便開始嚴重蹺課，原因是他被大家選為風紀股長，但是他不願意管同學的秩序，他們班導師為此對他很不滿，把他罵了幾次。我弟弟向來是個受不了人家罵的人，幾次下來，他火的不得了，於是開始蹺課，每天瞞著家人背著書包出門四處遊蕩，等到學校通知家長，他的曠課時數就要達到被退學標準了，我爸媽怎麼打罵也無法把他趕回學校。

弟輟學後一年，我考上了政大，開始了第一年離鄉背井的異鄉求學生涯，關於他後來如何如何「變得更糟」的故事版本，都是來自我媽和妹憂心忡忡的轉告，我始終沒有勇氣和弟弟談他的酒癮，以下是我後來慢慢拼湊出來的故事版本——

4.1　脫軌

當年是我弟打死不願再回學校，就此開始了他學修車、水電的學徒生涯。接下來，他開始吸食安非他命，我媽第一次在他房裡發現一些奇怪的道具，並意識到那些東西就是吸安用的工具時，我們全家陷入一場大風暴。我爸用盡了各種高壓手段，強力禁止他使用這些毒品，甚至要把他送到警察局，但是他還是戒不了。

為了躲開父母的監控，他開始上演不斷逃家的劇碼；結果總是我媽媽，在每個焦慮的夜裡，流著淚四處搜尋他數天後，神奇地在水溝邊、撞球間、某朋友家發現他……，然後他會被我媽載回家來，蹲在家裡忍耐一陣子，然後再度逃家，直到他又被我媽用盡各種方法找回來，通常他會在外面欠下一些債務，等著我媽去清償；所以我媽在慶幸找回兒子的同時，還是忍不住要咒罵這些不知如何造成的債務。

弟不斷逃家的這一段期間，我正在台北過著慘澹的大學新鮮人生活，每個月回家時，我都會聽到他每下愈況的報導，其中之一是他開始染上酒癮。

我原來住的房間在他入住後，染上了一層厚厚的煙垢，角落裡到處藏著喝光了酒瓶，棉被、枕頭被他的煙屁股，燒破幾個洞是正常的事。我對他不斷帶來的騷動非常厭煩；一方面得看著媽歇斯底里地在大街小巷找他，一方面得擔心他又會欠下一屁股債，但我念著和他的情誼，希望他能變正常。

但每隔一兩個月才回家的我，總是只能吞下一肚子，沒辦法說得出口的勸誡和憂心，我不知如何在弟看來正常的日子裡，和他討論他的酒癮。弟每天一定都得靠著酒精才能入睡，慢慢地他開始因為宿醉、頭痛，而三天兩頭地翹班，媽媽看到他這樣子，少不了又是一頓帶著淚水的責罵，但儘管媽哭求、怒罵的招數都用盡了，弟依然故我，房間角落裡不時藏著幾罐空了和半空的酒瓶。

每次看到媽這樣罵人時，我就手足無措，我分不清楚她是出於愛還是焦慮，弟大概也常常困在媽的「雙重訊息」[1] 裡，搞不懂媽到底是擔心他的身體，還是擔心他不能再工作賺錢了。我後來漸漸明白這兩種焦慮，對我的母親來說是分不開的，她不希望弟弟搞壞自己的身子，她也不希望弟的狀況再加重家裡的經濟負擔，所以她經常邊責罵弟又邊哭得涕泗縱橫，看得我們其他人頭痛欲裂。

弟好不容易熬到當兵的那一年，也是我大學畢業後工作的第一年。當兵前他已經為了酒，和家裡鬧得水火不容了。有一天，他一聲不響地跑到台北來找我，他到之前，爸在電話中連聲嘆氣地警告我，弟現在已經完全變成另一個人了，交了很多壞朋友，現在他是為了躲債才躲到台北的，我最好別讓他到我住的地方，免得他的壞朋友跟著找上了我。

說真的，爸的警告有些嚇住了我，但我很不滿爸叫我不要理他，直接叫警察捉走他就好，我那時看不出來爸其實是想保護我。我對弟弟一直有些情誼，儘管這些年來我們愈行愈遠，但我總還是弟唯一傾吐心事的人，如果連我都不接納他，那他該往那裡去？結果，我還是到台北火車站把弟弟接過來了。

弟充滿憤怒的眼神嚇到了我，我覺得他的臉「橫」的有些嚇人，如果他不是我弟，我一定會敬而遠之，我的室友也一臉驚嚇地，向我確認「他真的是你弟弟嗎？」。接下來幾天，我把弟弟介紹給兩個，我這些年來最要好的朋友，和他們帶著弟弟到處玩，弟的表情緩和了下來，我沒問他為什麼到台北來找我，兩天後他要求我幫他找個準一點的算命仙，他想了解自己未來會怎樣。

---

[1] 意指訊息的傳遞者口語和身體語言的相互矛盾，這種溝通方式常會困惑訊息的接收者，讓他不知道對方的真正意思。

4.2 命運

我找了個朋友，帶他去給一個號稱很準的算命仙算，回到家時，我朋友打電話告訴我要好好安慰我弟弟，因為他的命算出來很不好。

我進到房裡看見弟面對著牆躺著，眼睛有些紅腫，我一問他，算命結果如何，他的眼淚就潸地流了下來。算命仙說他，一生會有很多波折，二十四、五歲的時候會發生一場嚴重的車禍，三十歲以前結婚，會妻離子散……我那時對命理學的東西一點概念也沒有，所以也被這套說辭嚇到了，但這是多年來，我們姊弟首次面對面談談自己的人生，我們談到了對家裡的處境、父母的管教，以及四個姊弟妹間的差異，我這才明白弟弟這些年來的心事。

弟覺得自己雖然是長子，但是一路來的表現卻跟長女（我）相去甚遠，弟弟妹妹對他講話也很不尊重，在家裡一點地位都沒有，他也很氣爸，明明自己也稱不上是個合模的爸爸，卻老愛管教別人，他自己還不是煙酒樣樣都來。弟認為他不過是比老爸多了嫖一樣而已，老爸那點比他強，憑什麼樣樣都要管他？我說我這些年來也很恨爸，恨他從小就拿我當出氣筒，動輒拳腳相向，恨他從來不肯扛起對家的責任……，後來我們又談到了媽……。這是我第一次和弟談論家裡的事，也才發現他看家裡的方式和我如此不同，也多少拼湊了我離家這些年，家裡到底有了那些變化。

但是我們都沒勇氣，再談那算命仙算出來的悲慘命運，我安慰他說這並不一定準，人的命運是會轉動的，但我們兩個就像是個預知咒語的人一般，打算保守這個咒語直到應驗的期限。

弟二十四歲那年，果然因為在尾牙喝了些酒，在騎摩托車回家時被卡車撞飛了出去……我在半夜接到家裡打來的電話說弟的頭受了傷，需要馬上動手術，而且要求要見每一個家人……我想到了當年算命仙的咒語，忍不住渾身連連發抖，我厚著臉皮動用了我在報社的人脈，直接透過醫院高層，指示開刀醫師要特別關照……一陣忙亂的連絡後，我搭隔天最早的班機趕回台南，看見爸媽像老了十歲般地蜷縮在手術房門口等著，我陪著他們在門外焦急地等，直到弟被推出來，弟的鼻樑骨被撞斷了，所幸沒傷到大腦……

我鬆了一口氣，咒語總算揭曉了，我想應該是媽這些年來全心禮佛減輕了弟這場災厄，還好弟戴著安全帽而且是被拋到稻草田裡，又很快地就被堂哥的熟人發現送醫，有了這些貴人相助，總算沒出大差錯，我暗自祈禱弟弟經過這一次驚

嚇會有所警惕，開始戒酒，但這只是我一廂情願，弟乖了一陣子後又開始喝酒，而且喝得更多更勤。

在他狂酗酒十幾年的歲月裡，他成了我們家的不定時炸彈，總是正常一陣子後就又陷入酒鄉，不斷地在一種難以自拔的週期裡打轉，像是著了魔一般。

我不懂，弟為什麼愈喝愈不能自拔，我勸他只會換來他的白眼和相應不理。我開始怨他，怨他缺乏自制力，只能想到即刻的滿足，一點都不懂得長遠的打算，怨他這些年來讓老媽操煩到白了頭，我不禁要問「他為什麼要過這種沒有意義的人生？」「如果他的靈魂沒有選擇在那場車禍喪生，一定是希望能過一個不一樣的人生的。」我代替弟問了存在的意義，也替他回答了，我覺得他的人生一點意義也沒有。

我後來才明白弟不是不想脫離這樣的人生，也不是不知道自己這樣過沒意義。當他要求我帶他去算命的那一年，他就深深地在問這個問題了：他想知道自己的人生到底發生了什麼事，他到底還能怎麼辦，很可惜那時的我也讀不到他內在的呼喚，就這樣把他的命運送給了一個算命仙，算來弟在生命裡，一直缺乏一個能夠指引他人生方向的貴人。

我當時不能體會的是，「未來」對弟來說是晦暗無光的。一個在他成長的年代裡，只有國小學歷的人以後能做什麼？我弟從來不敢想，或者說想了也是枉然，想了並不會就出現光明遠景，每天茫酥酥的反而日子輕鬆。有什麼樣的女生願意嫁像我弟一樣低學歷、沒家產、工作不穩定又酗酒的人呢？事實上，媽也真的找過幾個媒人努力想幫他找個媳婦，卻從頭到尾都碰釘子。

我想起了弟國小時酷酷的帥模樣，小五時就有同班的女生會把愛慕信丟到我家前院，班上好幾個小女生為他爭風吃醋，到底是什麼東西把他害成這個樣子的？真的是酒嗎？真的就只是因為酒？真的就只因為他缺乏自制力嗎？

我開始恨他，恨他搞得大家雞犬不寧，也許那年車禍再嚴重一點，我們一家人就可以解脫了，我就不用看著媽媽三不五時被我弟弟逼得歇斯底里。

在那段時期，我做了一個很血腥的夢，我夢見有人把我弟弟五花大綁推上斷頭台，而我就是那個執行斬首任務的劊子手，我在夢中毫不猶豫地舉起斧頭，一刀就砍斷了弟的頭，弟的血四處飛濺，我沒有傷心的感覺，只是很茫然……結果我在這裡驚醒了過來，才發現自己對弟的情感實在是愛恨交織到了極點。我覺得他的人生除了死，不可能再有出路了。我鐵了心不想再理他了，我想就讓他醉死

了吧！也許這對他才是最好的解脫。

　　一兩年後我結婚了，和老家的聯繫愈來愈少，偶而問起弟的消息，聽起來都很不樂觀。我也漸漸不敢再聽弟的消息了。懷孕那一年，我得了罕見的妊娠劇吐症，胎兒五個月大時我竟然瘦了十幾公斤，只好住回老家讓媽媽照顧，這時弟弟每天下班都會來看我，看起來非常擔心，他說：「如果可以，我真希望自己可以幫妳承擔這樣的痛苦。」我眼眶發紅，感覺到這幾年來的疏離傾刻間消失了，我們還是好姊弟。

　　只是這分情仍舊承擔不起他生命的重量，他酗酒依舊，甚至到了不要命的地步，我想他其實並不想多活了。我很溫和且拐彎抹角地暗示他，精神科有酒癮戒治的項目，而且好像效果很不錯，但弟一點意願也沒。

4.3　孤獨的救贖

　　一年後，我辭去報社工作全心準備報考輔大研究所。某個夜裡媽來了通奇怪的電話，她要我想辦法幫弟弟領養個小孩，我這才知道，弟弟最近犯酒癮的方式已經進入了另一種境界。媽告訴我弟最近喝完酒後會用頭去撞牆，因為他會看到過去，他和歷任女友拿掉的三個胎兒變成了嬰靈來向他索命，他要媽去幫他領養一個小孩，讓他有機會可以還債贖罪……

　　我傻了眼，但還是很冷靜地分析給媽知道：沒有一個社福機構會讓一個像我弟弟這樣的人領養小孩的，這是個不可能的任務。我困頓了一會兒，想到了最後一步，我建議讓弟到越南去娶個新娘回來，我覺得弟在台灣的婚姻市場不吃香，但到越南應該賣相會好得多了。

　　就這樣，我拿出了準備用來念研究所的積蓄，說好借給弟結婚，等他有錢時再慢慢還我。我祈禱這場婚姻能幫得上弟弟，我想弟其實一路都很孤單，一個快三十歲的男人有了妻子以後，也許就不必再靠酒暖身了。

　　弟媳婦進門的前半年，我們家出現了前所未有的和樂景像，弟每天正常上下班，有班加的時候也絕不偷懶，看得出來他非常力圖振作，只是他的酒癮一下子還戒不太掉，每個周末日他還是少不了要大醉，但是只要星期一一到，他就是有辦法起床上工。

　　弟媳婦原本對弟的酒癮，睜一隻眼閉一隻眼，但是隨著她和我媽和妹妹之間共同生活的磨擦愈來愈大後，我弟喝酒就成了她大吵的藉口了，小倆口溝通技巧

不好，弟又得夾在三個女人之間，一籌莫展，於是又開始喝得更兇，結果形成一種惡性循環：

三個女人因為住在一起難免有些磨擦→弟媳婦因為語言不太靈光覺得被欺負，於是臭著一張臉不和弟講話→老弟問不出個所以然來就去問媽或妹→媽和妹覺得弟只顧他老婆也跟著很不爽→老弟覺得自己怎麼做都錯，於是開始喝悶酒（比平常喝得更兇）→弟媳婦更不高興→媽和妹覺得都是弟媳婦個性倔強害弟弟又喝悶酒，把矛頭指向弟媳婦→弟和弟媳婦陷入更困難的處境，全家人都覺得他們倆把我們家搞得烏煙瘴氣→家庭氣氛愈來愈糟→弟的酒也愈喝愈兇→弟媳婦覺得在台灣的日子愈來愈無望（婆婆和小姑不好相處，老公又不爭氣）→弟媳婦終於負氣回越南→小倆口吵著要離婚。（以上是弟媳婦來台近三年來，這幾個人的衝突模式。）

弟進入婚姻的這兩年多來，剛好就是我在輔大念研究所的期間，我的家庭經驗在加入了勞動、階級、壓迫、權力、意識形態、脈絡等視框後，發展出了全新的版本，我過往所使用的個人主義及小資產美學視框，對原生家庭及其成員造成的誤讀，在這裡得到重要的挪移及解放，對弟我也有了全新的視野。

碩二下的諮詢實習課，我選擇了日日春[1]做為實習單位，很意外地參與了公娼姊妹白蘭，因長期酗酒終致昏迷到後續的復健歷程。在老夏的督導下，我不斷地被要求，要能把白蘭視為一個主體來思考她的一切行為、情緒及反應，並能解讀各種社會力道，在這個主體上的種種作用力及其後果；在三、四個月的掙扎中，我逐步地看見了自己的恐懼、抗拒、優越感、困頓、動彈不得、冷漠、異化，也終於能突破我和白蘭之間的層層社會及文化阻隔，能夠接納她，也被她接納。

懂得白蘭為什麼離不開酒，非得把自己喝成廢人後，我也終於能懂得弟為什麼多年來都戒不了酒。

當初為了號召更多義工加入協助白蘭復健的行列，我協助日日春編寫了一些文章，在為白蘭的生命故事下標時，我感到很大的困難，因為我沒有辦法只用短短的幾個字就說盡白蘭一生的精要，同時我也不夠懂得白蘭生命裡的重要經

---

[1] 日日春關懷互助協會為台北市廢公娼之後，由一群關心性工作者權益的各界人士，包括組織工作者、學生、教授、勞工、媒體工作者、單親媽媽、性工作者等所組成，日前以協助性產業人員爭取合理的勞動條件及推動性工作合法化為主要工作目標。

驗。最後我擠盡腦汁想出來的標題是——「谷底迴旋，無盡哀婉—白蘭的生命故事」，我掌握到了白蘭生命中的哀戚，但是有人想到了一個更好的標題——「暗夜孤燈，燒酒相伴——白蘭的生命故事」，剎時我掌握到了白蘭和弟弟一個共同的生命基調——孤單——我終於能懂得弟弟這麼多年來，沒有酒精無法成眠的痛苦。

弟從國一中輟後，就一直跟著不同的家族長輩當學徒，最早是學修車，後來沒興趣又改學泥水，最後再改學水電，這之間他和國小的同學失去了聯繫（他的自卑讓他失聯），也喪失了再認識同年朋友的機會，難怪我印象中，弟幾乎沒什麼朋友，他主要的娛樂就是打電玩和撞球，在這些場子認識的人，嚴格說來也算不上是朋友。而我們家人之間的情感又向來疏遠，大家像孤島般地共存著，沒有人能接觸到另一人。弟中輟後所承受到的歧視和苦悶，只能靠他自己承擔、吞嚥。

我以前一直想不通，弟為什麼不再回學校把國中學業補完，後來我仔細地排列了時間，他中輟不久後就是我上大一的那一年，我的學費生活費多少是靠著他支撐的，後來我妹也考上了高職，接著又一路上了大學，家裡經濟的擔子沒輕過，他卡在那裡根本難以動彈，這樣的支撐是既疲累又缺乏回饋的，他的累和孤單只有燒酒能安慰。

弟一直對自己的學歷很自卑，再加上他在制式教育體制裡的學習經驗充滿了擠壓，所以他重回學校的意願低落。但是結婚後，他很明顯地想扛起一家之主的責任，只是解決婆媳之間的糾葛又超出他的能力太多，去年九月弟媳婦因為和我媽、妹妹吵架，負氣帶著一個月的新生兒跑回越南，兩人僵持不下，我媽和妹擺明了不要這個麻煩的女人再回台灣來，因為她們認為這個女人只會讓我弟過得更悲慘。

平心而論，我覺得這個婚姻救了我弟弟。弟為了對媳婦的承諾，非常努力地工作，酒量也控制在很不錯的界限內，他很想要做一個成功的丈夫和父親。但是跨國婚姻本身就存在的文化調適困難，以及東南亞籍新娘在台灣受到的歧視及謀生的困難，難解的婆媳問題讓他的處境顯得更加為難。

我本來一直沒有介入弟弟婚姻的打算，一來我覺得清官難斷家務事，而看到媽媽和妹妹為了他的婚姻搞得滿頭包，我有一點敬而遠之，再加上我住台北他們在台南，很多事情發生時我都沒有辦法即時處理，其實我也不知道該怎麼幫這對

夫妻。

但是弟媳婦負氣回越南這一次，我的內在不斷地敲警鐘，我隱然意識到，這場婚姻如果失敗可能會摧毀弟弟，讓他再度跌回酒鄉，因為生命至此他已經沒什麼好再失去的了。

我決定介入。我主動打電話給弟弟，結果很意外的，我聽到了一個很不同於我媽及妹妹告訴我的故事版本，對兩方的差異有了更清楚的理解，我了解，這對小夫妻其實是卡在複雜的中國傳統家庭結構裡了。

讓我耳目一新的是，弟很悶，但是這會兒他很克制，因為他承諾老婆要戒掉酒，小倆口協議等我弟戒酒成功後，弟媳婦就會帶著女兒回來。我的介入適時支撐了弟的苦悶，而研究所這兩年來的訓練也讓我更有能力，去看出作用在我原生家庭、媽媽、妹妹、弟弟、弟媳，以及他們組成的新家庭的種種外在力道。

於是在老夏的督導下，我先是擋住了來自我媽和妹的雜音，要求她們不准再要弟弟離婚之類的，接著我打電話到越南，不斷和弟媳婦懇談，拜我身上所擁有的社經文化優勢，弟媳婦很能聽得進去我的話。我也發現小倆口其實頗有情誼，而且都有很重的家庭價值，我發現，如果我能移除或擋住來自我媽那邊的壓力，並且提供某種經濟支持，小倆口是很有可能發展出不錯的婚姻關係的。

4.4 經濟分權

於是我充當砲灰，代小倆口向媽提出「分家」的要求，這是小倆口一直以來期盼，卻也是媽始終不放手的，但是我在老夏的指示下，硬著頭皮要求媽一定要照辦。隔天我媽心絞痛的老毛病嚴重發作，但是我弟的戶口也終於成功遷出我家了，媽答應放手讓小倆口自己管經濟，我則居中協商了最難分割的經濟分擔，及每月該給媽多少錢的問題。

弟在分家以後，明顯成熟更多，他知道自己此後得為自己的妻、子扛負最重要的責任了。這段失而復得的婚姻也讓他更懂得節制飲酒，我勸弟媳婦：以我專業的理解，酒癮要戒是很難的，能做到像我弟這樣有節制的飲酒就很不錯了；好在弟媳婦的父親也好杯中物，所以他也會訓誡女兒在這方面別管控得太嚴，讓我弟輕鬆不少。

我了解到，弟一開始想從酒精中得到的是「慰藉」，後來慢慢變成「麻醉痛苦」，但現在他的生命裡出現了具體的慰藉，生活中的困難也有老婆和他一起扛

著，酒似乎也就不再那麼重要了。從我弟的故事，我知道酒癮的複雜和糾結，絕非是藥物和心理治療就可以解決的，酒癮者生命中承受的複雜社會力道，同樣是該被認真和細緻地看待的。

5. 童話故事沒有發生

前年十一月，當弟媳婦終於從越南帶著孩子回來後，我天真的以為弟弟的酒癮應該會因此戒掉。但是童話故事裡的美麗結局並沒有發生在我家，截至目前，弟的酒癮仍然會不定期發作，而且每次發作就是完全癱瘓一兩個星期，非得搞到我們家人仰馬翻不可。

他再度喝垮自己的起因，是他和車床工廠的老板鬧翻了，他認為老板待員工不公平，有些工作負擔比他輕的人，領的薪水竟然比他多。我弟憤而離職，馬上就失去了每個月三萬多元的穩定收入。我努力聽他抱怨老板、同事、工作的勞累，盡量挺他，但生存的焦慮讓他再度陷入沮喪的酗酒狀態，一癱又是一星期。

好險自己做工頭的老么僱用了他，而且給了他師父級的薪水，讓他總算還是有工作做。但是重新撿起水泥粗活的他，身體明顯負荷不了，太陽曬個幾天下來就胃出血了。加上他和么弟手下的師父又處得不甚和諧，一個不爽就喝酒，一喝就癱個幾天不能工作，搞得我媽和弟媳神經緊繃，怒不可遏。要不是老板是自己的弟弟，我不知道那個老板受得了他。

他的情況時好時壞，什麼風吹草動都會喝酒，和老婆吵架喝，工作不愉快喝，心情鬱卒喝，看到我爸偷藏的酒喝……而且每喝必掛，掛急診，連我這一年回家才一兩次的人，也有機會送他進院。

去年暑假我回家住了一個星期，一回家就發現弟的臉色異常地紅，但他很高興地迎接我，我也不疑有他。當天晚上餐桌上媽媽開始發飆，她罵弟最近又開始喝酒了，工作一天沒一天的，讓老么很難做事，叫他有什麼不高興的，趁我回家拿出來說清楚，不要一直喝酒，我媽又哭又罵情緒激動，弟叫媽不要這樣，姊和姊夫剛回到家不要說這個，他努力安撫我媽說，他明天就會去上工。我很訝異自己的心情竟然沒有受到干擾，我很熟悉這種場景，也知道這是一種週期性的家庭壓力宣洩法，倒是我先生在一旁面露尷尬，只好盯著電視看。這個話題無疾而終，弟吃到一半就關進自己房裡，留下我和爸媽進行著接下來的殘局。

　　媽哭了一會兒，覺得不知道接下來還能怎麼辦？爸雙手一攤，他說自己早就無計可施了，我弟向來比較聽得進我說的話，叫我趁回家時多勸勸他，要他別再喝了。我跟他們說要他不喝很難，因為他早就上癮了，身體很難控制，所以他如果可以控制到照常上工、生活就好了，別太要求他。我們在無奈中結束這個話題。

　　隔天一早，我們都很慶幸大弟正常上工去了。但是十點不到，老么就從工地打電話回來了，他說大弟吐血了，要我們準備一下送他上醫院，媽的臉色鐵青，我做了最壞的打算，我想搞不好是猛爆性肝炎，如果是這個，很快就會掛了。

　　沒多久，老么載他回來了，他的臉色看來不好，我陪著他上奇美醫院掛急診，計程車司機聞到他一身酒味又要送急診，開始訓他，說自己年輕時也是愛喝酒，搞到後來妻離子散工作也沒了，他要弟弟多想想別再喝了，我在一旁不知道如何接腔，我想這些話我們說過何止上千次，他要聽得進去就不會搞到這樣了。

　　我終於親身嘗到家人承擔著這個酒鬼的辛苦。我想，爆肝也好，大家都解脫。我看著他說不上話來，過了一會兒我問他怕不怕，我說如果是爆肝一兩天就會掛了，他沒有回答，我說這樣會很痛快，既痛且快。

　　答案揭曉，他只是胃穿孔，我不知道是要哭還是要笑。

　　為了增加大弟戒酒的誘因，老么說如果他戒酒成功，他就把爸媽的房子全給他一人，不和他分產，我說他和我的債務全打消，而且需要錢好商量，但是他還是戒不掉。

　　這一兩年，向來和他是生命共同體的母親，被他的酒癮逼得心絞痛屢屢發作，從每個月一兩次變成兩三天一次。每次只要我弟再度酗酒，我媽的心痛就發作，兩個人各自癱在彼此的房間裡；一個醉到不知今夕是何夕，另一個只能數著時間，等待狂飆到兩百的心跳，以及痛徹背脊的心痛止息。

　　隨著媽媽心絞痛發作的次數愈來頻繁，症狀愈來愈嚴重，我對弟的憤怒就愈來愈高漲，我不想再和他溝通，決定任他自生自滅，我只勸媽媽放手，免得賠上老命。

　　我恨弟弟沒有扛起他該負的責任。我覺得如果家裡每個人都能克盡己責，生活一定可以改善。但是天不從人願。

　　我們拿弟弟一點輒也沒有。我聽他哭訴通常可以維持一個月的效力；我爸只會在旁邊動動口舌，大不了再訓斥些人倫道義，作用向來渺渺；老媽近年身體愈

來愈差，走幾步路就很喘，而且還很容易歪斜，前陣子才得空到台北來動了心臟手術，有心無力；我妹做了最壞打算，她覺得自己仁至義盡了，如果真的發生什麼事，也只能盡手足的道義幫他把孩子養大。

我多麼希望他拿出決心來把酒戒掉，畢竟他還有兩個小孩，我希望他的孩子看到一個有擔待的父親，而不是一個會週期性癱瘓，逼得我媽心臟病連連發作，還得家人輪流送他掛急診的酒鬼。

如果喝酒是一種酗酒者的自我療癒的話，那我們顯然是輸了，我們贏不了酒，它顯然更能平息我弟的痛苦。今年是我最洩氣的一年，我覺得自己不可能改變得了他了，雖然我只要求他改為「適量飲酒」，但是好像還是長夜漫漫路迢迢。

6. 無盡的包容

今年四月初，媽上台北動心臟手術，在我家住了半個月。我問她會不會覺得弟弟這輩子不可能戒得掉酒了？她想了一會兒，回答我：「嗯，我們應該要投射正向的思想給他，要一直想他可以戒得掉，他才可能真的戒掉……」接著，她說弟和其他酗酒的人比起來其實很慈悲，因為他喝醉酒就是昏睡，從來不會對家人發脾氣或打人，我爸把他罵個臭頭，他也只是握緊拳頭忍著……

我很汗顏，我不是那個每次得直接承接弟弟癱瘓失能的人，但是我因為改變不了他，挫折地宣告放棄；反觀我那承受最多磨難的媽媽，總能在一次次的絕望之後，靠著宗教的力量再度接納他。

或許我可以靠著一些視框貼近我弟弟，寫出動人的故事，但是我沒辦法像母親那樣對他不離不棄。我對他有要求，想改變他，想治療他；母親也和我一樣，但是她更多了一種不離棄的包容與擔待，即使她的身體已經過度負荷。

這種無盡的包容是我的家能夠容納種種的痛苦和變異，而不斷地支撐下來的原因。這是我一直都沒能看見的，屬於我原生家庭的強韌力量。

看見我的原生家庭在種種社會擠壓下展現的強韌生命力，我不得不反省，或許我一直以來對家庭的無力感並不那麼真實，它們更可能是被我自己的視框所建構的。要克服長久以來困住我自己的無力感，我需要做的第一步，可能更是去拆解我的視框，而不是急著想變動些什麼。

　　算一算，這個上下不過三十幾坪的透天厝裡，現在住了六個大人、兩個小孩和兩條狗，以及一群老鼠。我偶而帶著女兒回家時只能鳩佔鵲巢，把老爸從他的小房間裡趕到客廳去；要不然就是我和女兒得睡到客廳去，到半夜再被天花板上的老鼠舞會吵到起床罵人。

　　我們家鼠患多年不絕，原因是當初在改建客廳時，錯誤地做了薄薄的天花板夾層，那裡這些年來成了老鼠的天堂，我們一直很想把這個夾層打掉重做，無奈何我們的老爸都沒再能出現當年的好運。

　　當年我們之所以有錢改建客廳，是因為我夢見了過世的祖父和一些奇怪的號碼，所以我爸才簽中了大家樂贏到一筆錢。但是這些年來，我沒再夢見過什麼數字，而我爹用盡心機算出來的各種「公式」也屢屢摃龜，我娘常說，她光等我爸的六合彩賭金還本，就等到快要「長鬍子」了，其他的就別再多想了。

　　現在，因為兩隻狗都年老體衰，一隻有嚴重白內障，另一隻心室肥大，都扛不起威嚇老鼠的重責大任，這批鼠輩更是猖獗，大白天就敢出來在我們家院子逛大街，而且每隻都異常肥碩。

　　我每次回家尖叫之餘都不忘強力主張滅鼠。但是這些年來篤信佛教的母親期期以為不可。她說，阿彌陀佛，不要殺生啦！妳才回來幾天，忍一忍就好了，我們每天都嘛有看到牠們在那裡跑來跑去！天啊！我說：「你們不要等那天，發現小孩子的耳朵被老鼠咬掉了才後悔莫及。」好吧！算牠們好鼠運，因為我們家的男人一個比一個叫不動，唯一能做這種事的老媽又下不了手。

　　我想改變我們家就像我想消滅這群老鼠一樣，心有餘而力不足。但是我媽的能耐和我相反，她容忍一切無法改變的，和種種困難與鼠輩共處。

　　她用她多年來的堅韌和包容教會我：「包容或許才是最偉大的療癒！」

　　我一直想從一些著名的治療師身上，學到什麼專業的治療理論和技巧，但是我現在發現：我的母親是這個家最了不起的治療者，沒有她的包容和忍耐，我的家早在十幾年前就該崩解了，是她始終沒有放下的為人母的堅忍黏住了這個家，讓這個家等到了她的第三代，等到了更多的可能性。

　　我的母親透過她一輩子的磨難，教我成為一個容器，或許才是一個治療師最大的力量。

　　這次和母親相聚，我重新拾起了支撐弟弟的擔待。我想，我弟已經被種種的體制和無法解開的心結，給擠到最邊緣了，我做為最能支持他的最後一道防線的

成員之一，又怎能反身成為壓垮他的最後一根稻草？我得和媽、妹一起輪流為彼此打氣，勉強撐出一個空間，讓弟還能有個喘息空間。

雖然，我還是衷心期望他那天會忽然開竅，就此遠離酒瓶。但是看見母親對家人無盡的包容，我提醒自己，也許包容比改造更能帶來療癒的可能。

我一直很喜歡在新時代思潮裡廣被傳頌的一句話，它說：「每個發生的背後都有一個禮物在。」我現在也這樣看待我的家。如果我對受苦的家庭能有更多的理解，能發揮更大的幫助，我覺得我的家和家人是最大的功臣。他們用自己的受苦來豐厚我的學習和體驗，而我如果能回饋他們什麼，那應該就是看見他們對我的成全，並且能因而協助更多受苦的家庭和個人。

後記：很多朋友看過我的論文後，都很關心我弟弟的近況，這之後當然又是一長篇的故事，但是近三年來，弟弟已做到滴酒不沾，即使是身旁有人喝酒，他也可以非常有定力的忍住，他現在改喝冰茶。我想改變我弟的原因非常多，我媽的寬容，他自己對妻兒的責任感等都是。但我要強調的是，如果不是我們一家人各用各的方法，給出了擔待和等待，他可能沒有辦法得到「晚熟」的時間和空間。因此，對和我一樣曾經受困在某個家人的坍塌裡的朋友，我想我們能給這些家人的最好的禮物就是「善」的空間，「美」的理解，生命自有其突破一切困境的力量，只要我們能夠懷著信心等待。

《第五章》

尋覓噤聲的畫眉～走近父親的兒子　　　　　　　洪瑞斌

1. 父親的失業與我：我的哀傷、恐懼與憤怒

在我長大的過程中，我的父親共失業兩次，父親的失業除了對他自己、對家庭有影響，其實對我也有影響，失業介於父親與我之間，成為一組有意義的聯繫關係。

小時候印象中的父親是少說話、有威嚴、脾氣不好、忙於工作的人，有時會跟我玩騎馬遊戲，母親若和他有意見之衝突，最終仍以他的意見為準。國小時我偶而會跟著他，到他們合夥開的水電工程公司，那小小的、也不是很整齊的辦公室，通常可以看見一些像水管等的材料，我其實不清楚他們在幹嘛，只是覺得他們的工作好像很厲害。有時父親也會騎著野狼125，帶我到環河南路的材料行，他會看看一些燈管、或相關型錄。這是在他失業之前，我對父親的感覺。

而父親的失業對我來說，其影響好像相當無形其實卻頗深。第一次失業時因自己年紀尚輕，又正值聯考的年紀，父親、母親擔心影響我準備考試，而儘量不讓太多壓力直接放在我身上。但失業期間家裡的低氣壓，使大家都盡量不去談論發生了什麼，其實我是有些困惑的。我不了解，為什麼父親需要失業那麼久不去工作？我其實同意母親所說「只要不偷不搶，能自食其力，都是好工作」，更何況家裡的確需要養家活口，我不明白父親到底在堅持什麼？

然後從母親不斷的抱怨聲中，我對父親的感覺開始改變，我不明白他為何無法扛起家計，對母親長時卻廉價的勞動卻還能看得下去。在長時間勞動的負擔下，以及經濟的壓力下，母親的抱怨似乎在所難免。而父親的美國夢，母親也評論為「花大筆積蓄去美國玩，不切實際」。再加上父親失業前後的其他事件，像是我眼見父親身為長子，卻無力協調兄弟好好分家產，落得所有兄弟失和，而且兩手空空。還有一次，在我專科時，父親開車載全家回南部，在高速公路出車禍。然後母親焦慮又無力的向對方說，而站在旁邊的我幾度想出手，卻看他低著

頭，一句話也不吭，從頭到尾。**從他一次次的沉默中，我感受到他的懦弱，那是一種極深沉的失落。自此他在我心中的父親形象粉碎，在隱晦的深處「父親」已死。在很久的探索與碰觸之後，我才發現這一份很深很深的哀傷。**對父親的失望讓我哀傷，深沉的哀傷讓我學到，「失業＝失敗的男人」。因為男人對家庭與經濟就應該盡一份責任，否則將造成家庭狀態與經濟陷入困境。所以我心底覺得，我不見得要功成名就，成為「成功的男人」，但我不允許自己成為一個「失敗的男人」。

從此以後，失業變成我潛在的恐懼，而且在日後的工作經驗浮現出來。

2. 兒子的自覺～白皮藍骨的矛盾

這矛盾或許從父親身上傳了下來，我的矛盾是：

我和上一代卻共享一個矛盾的夢，就是讓家庭翻身或爬昇的美夢，因為我們都不想再那麼辛苦了；可是我同時又厭惡資本運作的邏輯，厭惡資本家、壓迫者的嘴臉。

大學就參與觀察過工會運動，可是沒選擇投入，因為做那種工作實在是沒有錢的差事。另外是一種集體性的焦慮與恐懼，我發現我家全家都蠻膽小的。以前不明白，現前越來越清楚，**其實我們家不是中產階級但也不是社會底層**。聽過一些人的故事，底層為了生存，其實有某種力量，他們靠自己身體及衝撞的力量。我們家也不像中產以上，可以靠資本、社會地位、權力的力量。**我家比較算中下階層，擁有的能耐是「忍耐」、「戰戰兢兢」、「保守」、「夾縫中求生存」**。所以當初工會運動的動能與力量，是會讓自己焦慮及無法投入，雖然我很敬佩他們的投身其中。

白皮藍骨的矛盾其實沒那麼單純，它像是我血液裡的兩種邏輯。

早在專科學管理的時候，年輕的生命開始素描夢想，老師給我們一個方向「身為管理者，我們應該怎樣思考…」，我們在課堂上打起領帶，穿起大學服（我們買不起西裝）。在專四的時候我們幾位同學集資，試著進場操作一兩支股票，時間雖不長，但是幸運的賺到錢，每個人分了一些，我們好像幼小的土狼，叼著搶來的肉屑，卻品嘗到血腥味。當時我們就知道，「人賺錢太慢了，錢賺錢才聰明」。進入輔大心理系卻植入了另一種血液，開始由資本與勞動的關係來理解勞

動者的生活處境。想到父親年紀大時，老闆為了不想發退休金而想辦法把老員工弄出去。爸媽辛苦的積蓄借給了做生意的親戚，卻被倒債，她們倒了我家的錢，卻一副好像是我們的錯，一直叫我們也不要去還銀行貸款，讓它倒。

　　血液其實是邏輯，我們很難換血，也不容易換一個腦袋，兩種血液同時存在身上，「白皮藍骨」的矛盾，**像是兩種血液的交戰**，自己做為一個社會文化的載體，兩種意識形態同時在身上，有時會覺得是一種使命，通過自身的消化有可能創造新的可能性，有時真的覺得好累！

　　對自己這種矛盾的覺知漸漸打開，我已經能夠清楚的詮釋與理解自己的生命核心主題與狀態，另一方面，我也清楚看見多數人其實活在虛假意識或歷史的幻覺中，也可以說雖然活著，但是其實並不「存在」。資本主義運作規律中的上昇發展路徑和關切勞動大眾的情義，如同身體中右翼與左翼人格的戰爭。

　　右翼的我，驅使我朝向一個更成功的男人，財富、學位、名聲、權勢，所有一般男人應該做的事，所以企管、工商是一條道路；左翼隱而不現，深沉卻有力量，驅使我接近工人，讓我即便看來右翼會給我一片坦途，卻不放棄走麻煩的路。大學時接觸勞工雖受感動，但我選擇避開，但也沒有如母親所願去考企管研究所，最後我折衷的選擇工商心理學，一個沒有放棄內在興趣，卻又足以溫飽的想像；我理性地說服自己，自己的家庭也貧窮，我要先幫忙自己，所以我告訴自己「衣食足而後知榮辱」，也自問「什麼才叫足夠」。

3. 楊大華的故事

　　2002 年 6 月參與「台北市沒落產業勞工歷史研究」專案，與新光紡織[1]關廠工人楊大哥接觸與訪談[2]。

---

[1] 一群被新光財閥剝削了 35 年之新光紡織工廠人，在 1988 年 10 月 24 日面對官場失業的殘酷命運，像社會大眾控訴資方的無情，娓娓道盡工廠人生命的無奈與滄傷，亦然決然走出工廠圍牆，走向街頭，展開長達 76 天工人抗爭運動。在工人抗爭過程中，無分男女老幼，無分族群，更無分階層，每個人雖然心在哭泣！淚含眼眶！然而三十五年來，工人長達被壓抑之情愫，宣洩成波濤洶湧之控訴，而抗爭之情感聚集了磅礡無比之力量，終至資方不敢小覷，拉高層次，罄盡其政商資源，與勞方展開一場對抗。這場對抗豐富了工人生命內涵，拓展了生活領域，重新體認生存之意義。

[2] 關於楊大華的完整生命故事，可參見《那年冬天我們埋鍋造飯：新光士林廠關廠勞工生命故事及抗爭實錄》，台北市勞工教育中心，2003。

　　以下是楊大華所寫的詩，也是他生命情感與想法的呈現。他的才情與人生際遇容易讓人進入一種低迴與憂愁的情感中，而且是相當細緻的一面。

勞動者的烏托邦？

　　來自陸地、來自山巔、來自海邊
　　勞動者以血、淚、汗水、迤邐過
　　不確定的年代－冷戰－談判－戒嚴－解嚴
　　民主－共產－政黨替換
　　奮起的力量交織著些許失落感
　　誰能告訴我兒時記憶中的童年

　　曾幾何時一樣的月光照在
　　基隆河、淡水河、大甲溪、濁水溪、愛河畔
　　不再美麗，不再哽咽；只留下幽幽的輕嘆
　　生命的躍動，銀色的漂帶幾時再出現
　　阿里山日出、中橫山川、東西海岸線
　　勞動者的身影哆嗦在資本主義的長鞭下
　　沒有意識，失去尊嚴，迷失在高度文明長欄

　　生命一如時序在運轉
　　生活宛若爬行在蜿蜒的黑暗坑道間
　　喘息中看不到青春的容顏
　　目色裡呈現內心無助的吶喊
　　舞動著雙手企圖揮去昨夜枕邊的繾綣

　　晨曦中徒留步履的蹣跚
　　都市叢林中有著不朽的傳言
　　世代的圖騰驅策勞動者邁向新紀元
　　冷漠中有執著、觀望中有期待
　　欺騙、謊言堆滿政客的嘴臉

猜疑、虛偽是世人們口中的信賴
勞資的故事是一本演不完的經驗
傳誦了五十年，八百萬勞動者，傳誦了五十年

走過殖民、戒嚴期間
雨水依然滋潤著玉山，蒼茫又巍然
勤勉工作帶來了金色華年
汗水堆砌的 51 層摩天大樓是勞動者的榮典
夜色中更顯得輝煌璀璨
站在鋼構上，勞動者的戰歌，我獨自吟唱
儘管我已齒牙動搖、華髮斑斑
只因繁華之背面，有我半生之證見
台灣是勞動者的天堂？台灣是勞動者的想望？
何處尋找我的烏托邦？
工作在這塊土地上，目前
維士比加咖啡是我體力的泉源，檳榔是我提神的口香糖
米酒與我為伴，聽我訴說衷腸，忘記悲傷
讓我又能面向明日的太陽、迎接挑戰
誰來體恤我疲憊的身軀？晚飯後面對妻兒之舒坦
唯有一盞的昏黃

農地改革，勤奮的農民耕耘在戰後的台灣
夕照、水牛背上的烏秋、剛升起的炊煙
黃澄澄的稻穗隱含著大地芬芳
滿籮香蕉鑄成了金碗，這不是夢想
斗笠、簑衣、稻草人已淹沒在八七水災的夢魘
不復見

一時間，基隆、台中、高雄港口
南北高速公路上，車輛

動了！船隻、飛機來來往往

希望的五〇－七〇年代，擺脫貧窮，

勞動者生存力量具體的展現

客廳即工廠、以廠為家的口號響遍半邊天

中小企業如螞蟻雄兵躍上國際經濟的櫥窗

勞力密集、資金之挹注，換取了高額之外匯

勞動者以血汗烙下了 MADE IN TAIWAN

無數的勞動者創造了奇蹟，不朽的台灣經驗

財富帶來了歡顏，尊嚴中有一份淒愴

不知是－

高樓的燈光粧點著繁華，還是繁華粧點著高樓的燈光？

勞動者隨著機器日以繼夜的運轉

沒有音樂、沒有詩篇；只有殘喘

財閥用貨櫃裝滿了貪婪

寶島成了資本家擄掠的戰場

勞動者眼中的天堂

勞動者心中的烏托邦

回首望一望

誰給我們答案？勞動者的晚年！

楊大華的生命史

1950.9 出生

1969 台中光華高工畢業，任礦窯工人（1 天 40 元，散工）

1970～1971，擔任鞋盒工廠裝訂工

1971.3，當兵，國防醫學院附設護理衛生學校內外科士官班畢業

1973.3，退伍

1973.5，進新光紡織士林廠

1976～77，提親失敗，因女方要求楊要離開工廠，另謀發展。

1983.10.31 訂婚；1983.11.12 結婚

1988.10，新紡士林關廠

1989.2，補習班企畫(2 週)→飲水機維修員(3 個月)→環亞大飯店水電維護工(2-3 個月)→失業(半年)→美而美早餐(半年)

1990.8，各建築工地體力工→建築工地裝修拆除、水電配管、油漆工、運料工、清除工→台鐵地下化工程搬運工→捷運基樁工

2000.4，開工不足，失業半年

2000.11.4，至台北市勞工局外勞諮詢中心任外勞查察員。

2003-2005，開早餐店，自謀生活，因原物料上漲，結束營業；2006-2007，至捷運小坪林機廠清潔捷運車廂。

2008-2010 TIWA 外勞庇護中心任工作人員迄今。

4. 內外夾擊的虛弱

訪談進行很順利，楊大哥相當擅於言談，他也近乎毫不保留地攤開他的生命。聽了他的生命故事，接近他生命底層的情感，引發我內在強烈的情感。另外他具有清晰的勞工意識與認同，並在生命選擇中堅持自己的價值，抵制社會結構與主流論述的做法，最後他用自己的生命境遇與情感提出強烈控訴。透過他低沉、悲愴卻有力量的聲音，我深層的內在受到撼動。我在 2002 年的研究筆記中寫下了我進入他生命的感知：

楊大哥的生涯

是一個背叛的故事。

優良企業背叛他；女友沒背叛他，但女友和其家人背後代表的社會評價背叛了他；共同走過抗爭的戰友猜疑他；最後連景氣、機運都背棄他

強烈的孤獨感、無奈感！

他說自己可以和流浪的街友聊，我相信！那樣深的孤獨與無存在感，若不是家庭和小孩做為支撐的理由，我懷疑他是不是也會如此或結束生命。

他的口頭禪「講個沒輸贏的，...」，但人生的輸贏又該怎麼算

誰輸了？誰又贏了？

輸了什麼？又贏了什麼？

人生的輸贏哪是那麼容易加減的，算一算或許就算沒輸贏吧！

和楊大哥訪談完，他說要載我到捷運站，卻找不到機車。我說不見就糟了，陪他到處找。他說他的破車不會不見，只是忘了停哪。等他記起來，我陪他一路走過去，其實好像早就超過到捷運站的距離。我們邊走還繼續聊，他問我怎麼會對勞工研究有興趣，我說自己的父親也曾二次失業…

我闖入他的生命中，許多的深沉與無奈。他卻像是早就在等著一個人來聽他的故事，不為顯揚功績，卻像是要有個交代。和楊大哥分開後，發現頭昏又漲，有點想嘔吐的感覺，彷彿太過深沉的力量拉我往下墜，或是一下吞食太多生命的情感難以消化。

30 歲的男人碰到 50 歲的男人

除了發現自己也不年輕，也發現男人的生命就是會有人拿著算盤核算你的輸

贏，贏了給你榮耀、雨露均沾，輸了好像就不應該存在。我們雖不樂意也不甘願，但誰又能逃離這把算盤呢？(2002 年 11 月 5 日筆記)

進入楊大哥的生命，引發我的情感與內在動力，讓我無法再壓抑或逃避「左翼的自我」，那個關懷勞動者或基層工作者辛苦生命的我。但是如此卻造成一種十分虛弱的「內外夾擊」狀態，因為內在動力不斷湧現，外在環境的強大壓力卻未曾消失，換言之我還得應付日常生活的例行瑣事、日常工作著並覺知著無所不在的生存恐懼。**內在、外在強大力量拉扯與擠壓，我時而呈顯出相當虛弱無力的狀態**，我在這種時刻開始觸及到自己對父親失業的害怕：

近來因為身體感冒、腹瀉而虛弱無力。

現在是晚上 12:30，我頭痛有點燒，卻睡不著。心中縈繞一些想法，身體虛弱，內在卻憂鬱。訪談楊大哥之後，一起進入生命中深沉的感覺，三個小時談得太深，結束後頭昏、想吐的感覺，可是卻找不到時間謄錄音帶。

縈繞浮現的是：讓自己難以忍受的「內外夾擊」的感覺。因著內在的需要，我努力讓自己去碰觸工人的勞動生命，過程中有很多情感、感覺湧現，我不再去忽視它們，卻需要在心理、生活中努力騰出空間。

可是好累！

發現自己帶有父親的「風骨」，可是行動力卻比他差，或許因為眼見他的風骨帶來失業的後果因而害怕吧！(2002 年 11 月 22 日筆記)

5. 深沈悲傷的共鳴

楊大哥的生命際遇與處境，其實也反映眾多男性工人的生命。他從生命的際遇與體會提出質問，台灣這個眾多這勞動者所鞏固建設的島嶼，在過去 40 年卻不斷給予勞工家庭烏托邦的幻象！也讓我思索何處才是工人置身之所在？不利的社會環境與結構，讓工人生存都困難，經濟不繼與生活的壓力，任誰都會被擊垮。而所謂利益共享常常只是懷柔的煙幕，在商品運作邏輯之下，在工人失去使用價值時，就是棄之如敝屣，傳統恩義式的家父價值早就不敵商業資本邏輯。所以工人的處境是連安身都困難，那又如何立命？勞動的價值在哪裡？在市場運作下，勞動的市場價格被等同於價值，所以當你不再被需要時，似乎就失去了價值。

　　雖然在勞工的經驗中，努力透過完成工作的真實成就感受，還有對技術能力的學習來肯定自己，透過家庭來支持自己，但是這盞燈火實在太微弱了，從社會環境與結構而來的意識型態掩蓋過這部分，彷彿狂風黑夜的強大氣壓。這股氣壓就是社會結構，就是意識型態，這股狂風似乎放肆的嘶吼著：

工廠男工就是沒出息！

打零工不算一份工作！

不是成功男人就不應該存在！

　　這股氣壓強大，如影隨形。多數人告訴你的話也只是重複這股氣壓的聲音。這聲音不斷不斷告訴勞動者，如果你不符合，就不應該存在。

　　特別是男性的存在與價值相當程度依附於工作中，在工作中無法展現價值，格外讓人痛苦，常見的結果或許放棄自己、流浪、或是結束生命。此時或許悲哀與無奈都不足以表達我們的共通情感，可是到最後我們還是想追問：到底何處才是工人的置身所在？

　　看過楊大哥的詩，我覺得由他親寫自己的故事或許更動人更貼切。他說「寫不出來」。我想我有點能理解，不是沒有能力，而是又酸又苦的情感，那樣濃烈，既浸泡在其中，又哪是這麼容易從中跳開來，好好動筆。三次、八小時的訪談，還有許多個熬夜的夜晚，其實也只是看到他生命的片段，這些生命情感，我只是淺嚐，就已經感覺暈眩。**訪談及書寫過程常不自覺進入深沉且悲傷的狀態中。可能他的深沉與悲傷感染了我，或許他的情感也是挑動了我身上，父母作為勞動者的悲傷，喚醒我細胞內深層的情感。**

　　楊大哥說**他的生命就像又黑又狹窄的（空調）回風道，看不清出路，還是得前行，而且是在週遭的棉絮塵埃中匍匐前進，幽黑深邃中只聽到自己的喘息聲。但是爬到了盡頭，卻又得倒著爬回來。**我深刻的覺得那需要勇氣，一種能夠在這樣處境向前爬行的勇氣，到了盡頭還能倒著爬回來的勇氣！他說他是「失敗主義者」，雖然看來帶有灰色的底調，我覺得卻是他存活的重要力量，「最壞就這樣，不然還能怎樣」，這般的「失敗主義」讓他在低矮、污濁的甬道裡，拖著自己虛喘的身軀，還能來回穿梭，踽踽前行。況且，在充滿棉絮與塵埃的甬道中，灰色似乎是基本的底色。另外他還有一種特別的能力，在這樣埋首爬行的喘息中，在這樣幽暗、污濁的複雜甬道中，他還能張開眼看清楚週遭景物、環境、以

及背後的道理。楊大哥透過其整個生命其實呈顯了一個可貴的價值。因為楊大哥的生命樣貌與姿態的呈現，其實在表達對結構與體制的抗議，抗議財團企業的欺騙與不公義，抗議資本社會對工作的異化，抗議主流敘事之意識型態的壓迫。所以他以生命的抗拒姿態與行動，取回自身的主體性。實際經驗裡，他投身於新紡關廠集體抗爭中，即便在失業的情況下他仍能有所不為，還有他選擇當一個不受僱於人、拒絕上昇的自由勞工，透過這方式他讓自己有更多自由空間，以及工作更豐富多樣。

寒風蕭瑟的深夜裡
點燃一根孤獨的煙
深吸一口
聽見心中不斷追問的迴聲
何處才是工人置身的所在？
哪裡才是勞動者的烏托邦？
什麼又會是勞動者的天堂？
如果有一天，我們都能有幸看見勞動者的天堂
我相信，那一定跟富人的天堂很不一樣

5.1 疊影共鳴～楊大哥與我

　　重新回觀，我發現自己的生命經驗以及父親、楊大哥的生命之間有許多的交疊性。

　　大學時期，有兩年的寒暑假，為了賺取學費，我在建築工地打零工。當時經驗到強度的體力勞動、零碎無意義的工作，最後只能靠「一天一千」撐下去，過一天我在月曆劃掉一天，其中一個暑假我賺了六萬塊。跟著師傅喝維士比加小虎咖啡，有時我還蠻喜歡純粹身體的勞動，腦袋不必想任何事，大汗淋漓的快感！專科唸書時，則有兩次至紡織廠工讀，對紡織的整個製程、紡織廠環境有著瞭解與熟悉。因此楊大哥在敘說其工作的經驗與故事時，我很容易就瞭解並能跟隨。

　　而我也經歷過「算銀角仔的日子」。碩士班時，為了唸自己想念的心理學，而非母親心中期待的 MBA，學費靠助學貸款，生活靠獎助學金，因自己年紀已長，我不再跟家裡拿錢，以免加重他們負擔。當時也為了脫離對家裡的依賴，

讓自己專心學習，我住在學校宿舍中。於是我不斷在生活上精打細算，省吃儉用，甚至犧牲多數娛樂。偶爾會冒出心酸的感覺，小小的享受與放縱需要如此精算，唸自己的興趣需要如此辛苦。當時我兩年就畢業，不是因為特別優秀，而是沒有條件閒晃。因為這樣經驗，使我在書寫楊大哥的這段故事時，能夠體會那種感受。「算銀角仔的日子」，對年輕的我來說，或許把苦吞下，還能寄望未來夢想，但對將近 50 歲的人，面對這種處境，是多麼難以面對。

比較父親與楊大哥的工作經驗，他們都有在建築工地工作的經驗，也曾在建築產業的外包體制中討生活，只是在位置與專業上的不同。父親做過小工頭、小包商、營建公司幹部，但楊大哥純粹是現場工人。另外父親一直在水電的部分，而楊大哥是什麼都學、有工就做。

2004 年 8 月，我抽空去楊大哥的店裡看他，也瞭解他的近況。心底其實一直擔心他的店會撐不下去，因為競爭激烈，小小店面，租金要兩萬。問他是否有賺？他說有盈餘，但不多，甚至沒有在勞工局薪水多，因為營業時間不長，只限早上。每天 4 點半起來，到收攤完下午 2 點多，然後才吃午餐。他說手腳慢了，比 10 幾年前慢多了，還好小兒子暑假來幫忙。他說有時兒子看到他煎得滿頭大汗，知道賺錢辛苦，以後也比較會想。

楊大哥依舊勞動中，不同的是，他花白的頭髮，留得很長。聊過之後我才鬆口氣，雖然辛苦，但還有些盈餘。我中午過去，為了避免影響他的工作，他看到我有些驚訝，但高興的跟我聊很久。我帶了出生不久兒子照片給他看，他提醒我一些照顧的事項。他問 33 歲生小孩算早或晚？我說現在社會算是一般。他說他也是 33 歲生小孩，但現在常常覺得很累、力不從心，因為 50 幾歲小孩正在唸書。

我們聊了很多。結束前他叫我以論文為主，趕快畢業，才有生活基礎，特別是孩子出生了。他說畢業後就可以接些案子來研究，雖然資源不多，至少可以做有興趣的事。我們聊到很多研究都隨便發發問卷，甚至沒到過田野現場，有些根本沒人看，有些卻嚴重影響政策制定。

「我得要做有意義的研究」，我心裡告訴自己。某種程度來說，**楊大哥可以算是我的啟蒙導師，協助我的意識更為覺醒**。另一方面來說，**楊大哥又像我的「藍領父親」，因為他有著清楚的工人意識，強烈的工人認同。對照來看，我的父親身在勞工位置，卻嚮往白領生活與身分，形成某種矛盾性，這使我身為勞工**

後代，卻無法傳承勞工的價值與認同，但在這個部分楊大哥填補了這個空缺，所以他可以說是我的「**藍領父親**」。因而在兩人相遇、敘說生命的過程中，透過情感認同的強烈聯繫，他將生命境遇與經驗所形成的清晰意識與批判力量傳遞給我，我有心理承諾必須繼續向前推展，不論在學術領域以研究論文發聲，或是在組織場域行動介入的實踐。這變成我無以迴避的使命，也是一種精神或生命意義的接續與傳承。

5.2 返回自身～體內的父親

楊大哥帶給我的力量促使我進行自己的論文研究，但 2004 年時，我明顯地經驗到一種「卡住」的困頓，我竟然無法說出自己要做「失業」的研究，我曾和夏老師有一段對話後，我體內收藏著的「父親」出現了：

【論文討論】2004.10.29

洪：我說不太出來我要做「失業」的研究。

夏：那你自己寫自己的故事有關父親的部分，為什麼不把文本給他看；拿不太出手？

洪：倒不會，只是想先從他自己原版的故事開始。但**對他故事有某種進入的困難。有點像某種階段歷程的報告，一方面他也不是宣揚功績的說法，另一方面他也不太談他的情感與苦痛，甚至直接去問，他都不太容易回應或回想。甚至他講很多都是比較關乎其他人的故事**，當然整個脈絡來講是有關，譬如說他看整個外包業或工程業，那些故事比較是反應整個脈絡的東西。但是跟他有關的東西實在太少，我不太容易進去。

夏：你得先把他所有故事整理，再進一步想他講的這些脈絡訊息，還有他者的故事，你從他說「他者」的故事看到他身上，這是你自己要做的功課，然後你再跟他談；這是你同理的瞭解。

洪：這是第一次的整理（生命史大事紀），昨晚第二次，我把這份給他看。他比較多的回應是更正或補充。兩次，第一次我本來提去他辦公室，但他提說到我書房，所以兩次都在我書房。第一次是一大早，我想試試晚上，甚至我就拿酒，但是他說他頭痛，所以不想喝酒（大笑）。他自己會喝酒啦！

夏：他喝酒都自己喝？

洪：對！他不會找我喝，他也不會出去外面喝。

夏：他跟你，跟兒子之間是不是很少這種聊天。

洪：很少對談。聽第一次的故事，我覺得難怪我們沒有什麼話可以講。他如果覺得工作的東西不值得說，其實他也不太會說，我們只剩下他會跟我講車子的事，怎麼保養…，然後還有一起罵政治，如果某些我們立場比較一致；他不太會談自己的東西。

夏：他也不會跟同事一起出去喝喝酒？

洪：幾乎沒有。

夏：沒有。是很孤獨的、孤單的、安靜的男人、工作著、勞動著。

洪：**他很特別是，他會喝酒，可是自己喝，不會像一般工人一群出去，多數下班就回家，然後他也不抽煙，不吃檳榔。他年輕時候是有比較多興趣啦，像是抓畫眉鳥、釣魚這些。**

夏：真的！（驚訝）抓畫眉鳥！抓得到哦！

洪：這些會跟朋友一起去，年輕時候的活動。後來也找不到伴，或是什麼，這些活動就越來越少，所以**他多數是一個人，包含他種花都是一個人，頂多就是跟我媽。我說過他們去山上，拔竹筍，做農作啦。**

夏：沒關係，你就往前，這裡面很多脈絡，應該有很多故事，你就整理出來，給他看。慢一點，這是你跟你爸的關係。

洪：我昨天是有跟他提，問他有沒有一些相片，可以講。但是他昨天是回應我說，多數相片是比較晚期的，早期的幾乎都沒有。然後明宇提了一個方法，有時間邀他一起去以前的公司、工地去晃一晃。

夏：都可以。

洪：對啊！（大笑）我好像只能試各種方法，**我覺得我碰到他的「甲殼」**，我覺得我是可以理解他生存多年的那種（能耐）。

夏：不是啦（笑），也不叫甲殼，那是他也不知道怎麼跟你（洪：接近），用你稱之為論文的行動發生關係啊。因為你說要完成論文，你連「失業」都沒講（兩人笑）。他當然要趕快提供給你他認為的資料。…你媽知道你在跟他幹什麼？

洪：應該有點知道，但不清楚細節，她可能覺得我們兩個很鬼祟的在做些事情（夏大笑）。但是我覺得有些脈絡、日期我媽應該記得比他還清楚，因為我

爸自己都說他有些日期記不太清楚。

夏：如果讓你媽知道你在做這件事，你可以跟她說，叫她先不要參與進來嗎？

洪：我現在設想是說，如果幾次之後我爸爸至少形成某種版本，我媽是可以成為一種參照。其實我自己也是，**我在訪談時，我也會發現怎麼跟我知道的不太一樣。**當然有些是新的，我所不知道的細節，但是有些我已經知道的事情，譬如說去美國他就沒提。或者是我知道他在離開那家族企業之前，我知道是有些內部鬥爭，可是這些故事對他來講，他也不會去提取。

　　討論結束，關掉錄音後，夏問了畫眉鳥的叫聲怎樣，她想辨認一下。

　　我說我不會學。我說了如何抓畫眉鳥：畫眉是一種領域性動物，只要有其他鳥入侵，公畫眉就會過來攻擊，所以只要自己帶著一隻公畫眉或放錄音帶，就很容易讓牠落網。母畫眉叫聲較單調，公畫眉叫聲多變、好聽，所以也比較值錢。全盛時期我們家頂樓養滿了畫眉。

　　她問是不是紅色？我說是咖啡色，還有分大陸畫眉、台灣畫眉，大陸畫眉有一圈明顯的藍白眼影。

　　夏問可不可以找錄音帶，給她聽聽看。我說要找找，不過大概沒有了。

談話之後

　　突然發現這個好像消失的記憶，我卻能如數家珍。夏如此感興趣，**我卻完全忘掉父親的興趣嗜好這塊，或許是父親存在的重要居所，也是可以接近他的一個通道。**

　　找找還有沒有錄音帶好了，雖然很可能也消磁了。**因為突然感覺這是家庭的重要記憶，現在卻毫無痕跡。**

　　原本頂樓加蓋不是現在的住屋，而是種花養鳥之處，清晨就能聽到好聽的鳥叫聲。除了畫眉還養過文鳥，還有其他鳥。其實養鳥大半勞務也靠母親來照顧。當然現在已經都不復存在了。但對家庭來說應該是重要記憶，應該有某種形式的紀錄下來，或許還有少數相片吧。

　　失業的記憶如果是家庭的苦痛，那自然該隱藏。

　　畫眉鳥的記憶應該是有意思的，但也不存在。或許這不是什麼正經事，生活中可有可無，所以就這樣遺忘了。

　　那家庭還留存什麼記憶？

家裡被親戚朋友倒帳、搬家、子女的成長、子女的好成績或獎狀、姊姊與父母的衝突與緊張、母親的歹命與辛勞、母親為了家犧牲…

父親？那父親呢？

沒有明顯的事業或功績，玩鳥釣魚也沒玩出什麼好成績，還會被評為不務正業，父親在哪裡？

失業如果是家庭的傷痛，我為何要挖掘？

那幾段父親自動跳過的日子，我為何要把它攤開來？

我不敢提這是「失業」的研究，或許隱約覺得這是他的地雷區，不敢直接掀開封蓋。怕兩人之間的牆沒打通、通道還沒建好，他卻封得越緊，我就更難接近他，接近一個叫做「父親」的存在。

開始觸摸自己記憶中的收藏著的父親及我對他的情感，我會努力想避開母親，那是想避開母親身上完全不同的故事觀點，也是我以往認識父親的主要來源，也想避開在家庭中母親習慣對父親的干預與評價，我想重建不一樣的父子關係。也因為我發現父親在家裡，其實缺乏一個可以自在言談與敘說的空間，所以努力想要創造這樣的空間。

如果我們之間開始能喚起、找回那些被貶抑、被遺忘、被拋棄、被封箱的、厭惡的、不想再提的、以為不重要的記憶，那麼轉化便得以發生，包括他的轉化、我的轉化，以及我們之間關係的轉化。

另一個發現是，我才回想到父親的興趣嗜好，應該是他生命中重要的一塊，或許是接近父親的一個通道。

5.3 體內的小男孩

2004 年 11 月 13 日，父親竟然給了我一本他年輕時的日記本。

中午，我拿衣服到樓下陽台洗。看見父親望著我，等衣服放進洗衣機，我沒有要跟父親說什麼，但我不自覺的走到客廳，走近父親，父親拿了一本日記本給我，是他當兵時的日記。他說讓我參考，加上先前的手稿一起整理。我接過之後，一下不知如何回應，匆匆上樓。上樓後我把日記收好，呆坐在客廳，感覺快要滿溢，眼睛開始濕潤。想跟老婆說，但她忙於作家事，一談出來怕我情緒太重，一下接不住，幾經考量還是沒說。到外面抽根煙，進來時兒子（嬰孩）睡一

睡哭叫，我趕緊進去安撫，讓他繼續睡。躺在他身邊，看著他，撫著他，感覺很想哭，眼淚流了出來，心中正在痛哭。我這個已得子的成年男人，心中有一個小男孩的聲音在迴蕩：「爸！我想要靠近你啊！爸！我想要靠近你啊！」小男孩內心的呼喊並不曾發出………：

男孩很小的時候，父母這一對年輕夫妻從農村上台北打拼。父親忙於工作、家計，在現實的社會與工作環境打滾，母親接管整個家內事，父親成為遠距離或缺席的存在。

國中時，父親失業，他發現父親的無能為力，他告訴自己，我以後絕不要跟他一樣。

專科時，他開始發現自己甚至比父親強，他在男老師身上，尋找理想父親的身影。

大學時，諮商室內談到父親，他痛哭失聲，他驚訝於深埋心中的缺憾如此強烈與痛苦，他希望坐在身旁的男人擁抱哭泣中的小男孩，當然諮商員並未如此。

研究所，在家庭故事中，他把父親比喻成隔離而堅硬、令人不解的石頭，他同時鑽研於工商與諮商，希望自己成為一個溫柔又有肩膀的男人，一個完全不同於原本父親的形象。

在學校工作時，父親教他開車，把車子交給他開，他開始負擔工作責任，負擔學生，在學校的體制中努力求生，他覺得自己開始長大成為男人。

結婚時，沉重的社會責任與經濟壓力讓他心裡很慌，心中不斷出現一聲音「我只是一個小孩，我不知道如何成為一個男人」，他發現身邊沒有任何男人可以指引與參考。

博士班資格考時，通過先前的自我整理與反思，他開始有「踏在地面上」的感覺，不須依賴太多外在的裝扮與名位，他仍可以確認自己的存在。

兒子準備出生時，他心裡感到自我懷疑，不確定自己是否真的夠格能做個父親。

兒子出生後，他喜歡抱著兒子，跟他玩，並盡量抽時間照顧他，父親也是。

做博士論文時，他堅持要做失業的題目，經過長久的準備，通過層層封鎖的失業恐懼，他決定在論文中重新認識與接近父親。

在臨34歲之時，他收到父親的日記本，父親對他打開了一道門。

> 在此之前，小男孩不曾想過這一天會到來。
>
> --
>
> 　　拿到日記的這一天，我等到陪著老婆和兒子入睡後，看電視、餵奶、吃宵夜……。等到陪著他們都入睡後，我拿出了父親的日記，來回翻看。一共 20 篇日記，紀錄他船上的生活，到各地的遊記等等。父親的字真是漂亮、工整，文字頻頻抒情詠嘆，有時有點文言。雖然還不算文藝青年，但日記裡，我看見一位老實、有為的青年。
>
> 　　想想，如果是我，我會把日記本拿給兒子看嗎？說實在，我不一定能做到。代表私密與內在的日記本，父親居然能拿給我，或許父親也想跟我靠近，也想讓我更瞭解他吧。
>
> 　　父與子之間的距離，隔開他們的是日常生活瑣事，是工作、家庭與經濟體制，更是社會文化的強勢評價。
>
> 　　34 年後，父與子才準備重新相互看見。顯示父子之間有多少重重封鎖與隔離，也顯示父與子準備走到這步，要花多少準備與努力。34 年我花了許多時間在升學體制過關斬將，向上爬，也花了一些力氣自我整理與修通。父親對於兒子的成績、結婚生子應該感覺安慰與欣賞，但他並不明白兒子的世界。34 年父親努力在工作世界中打滾，換取家庭需要的資源，把自身的存在寄放在興趣嗜好的空間，但其他家庭的成員並不怎麼欣賞與感激。社會主流的聲音告訴兒子，你父親這樣不算及格，你不應該跟他一樣，你得努力擺脫他的樣子。就這樣父與子的生命，像是兩條平行線，是遠距離、互不侵犯與干擾的存在。34 年，父與子才得以重新相互看見，正好在兒子又有兒子這一年，也不算太晚吧！相對看見，有些博士班男同學在父親過身後，努力拼湊父親的身影，我想我們還是幸運的。

　　雖然父親給我航海日記，我心裡有著強烈的感動與滿足，也很高興父親願意讓我直接靠近他的內在，但實際在書寫父親故事上，卻又是無力前進的狀態。隔幾天，我才清楚覺察到我變成「愛恨交織的小男孩」狀態，因為長久渴望依附與認同父親卻失落，現在忽然與父親再接觸與邂逅，我的小男孩狀態隨即出現憤怒或怨恨的情緒，希望父親的親口道歉與和解。**強烈而愛恨交織的情感在很短時間同時湧出。**

這幾天都睡得很多，今天也睡到中午，被叫起來吃中餐。吃完上樓，覺得應該到學校工作，卻又是軟弱的躺在床上，睡了過去。1點半左右醒來，勉強自己到學校，就算無法工作，能夠浸泡一下，想一想也好。

到學校後，先上樓抽兩根煙，今天的風又大又冷。

突然湧現的濃厚情感，讓我很難做什麼。34年父與子之間生命歷史的斷裂，突然在這個點接上，近乎無保留的接上，讓我不知所措，一下子不知如何在生活中面對父親。

小男孩對父親擁抱與安慰的渴望，大過男人對男人的惺惺相惜。雖然很清楚不該是兒子與父親之間的和解，小男孩卻仍覺得父親欠他一個有父親、被保護的童年。

為什麼你經常不在家？為什麼你總是板著臉不說話？為什麼你經常動怒？為什麼你不能保護家裡？為什麼你不能關心我？為什麼你不能作我的模範？為什麼你總在自己的世界裡？為什麼不讓我靠近你？為什麼你讓我的世界缺一角？為什麼你讓我的生命成長得這麼辛苦？為什麼你不能親口對我說：

兒子，對不起！你辛苦了，爸爸以前沒能參與你的生命，因為爸爸………

雖然缺憾與賭氣的情緒沒什麼幫助，但它還是在。

到校園亂晃亂想，買一些麵包，回來泡杯咖啡配，身體溫暖了不少。

如果我覺得父親欠我一個擁抱，一些關心，一個童年。是不是別人也欠父親？有人也欠他一個童年，欠他一個放肆的青春，欠他一個安穩的晚年。

他又該向誰去討？他又能向誰和解？

是誰？誰欠他？誰欠我？我又欠誰？

誰又欠誰？

是誰讓他如此有讀書人的氣質，卻又無法成為文人？

是誰讓他這般追求逍遙自在，卻只能進入婚姻裡？

是誰讓他不想接手農作，卻又不能去跑船？

是誰讓他長時間工作，以致很少能真的「在家」？

是誰讓他如此壓力與受挫還是想盡量向上？

是誰讓他如此辛勞工作，卻仍不能肯定自己存在？

是誰讓他有這麼豐富的興趣嗜好，卻只被評為不事生產？

是誰讓他生命意義的高點就停在當兵之時，而後只是海海人生，浮生餘度？

我們又該向誰去討？我們又該向誰和解？

6. 畫眉鳥的歌聲～海軍水手、讀書人與小頭家的變奏曲

6.1 絕對不要再做田的童年

父親是雲林人，1942 年出生在一個典型的農村─蕃薯厝，所以阿公、阿嬤也是務農維生。

阿公是老大，在與三個兄弟分家之後，分得祖厝的一半，和二叔公家分住三合院的左右兩側。阿公、阿嬤就在田地裡種植農作物。由於一般稻米、白甘蔗等大宗作物都有農會或台糖公司收購，所以價格平穩，但卻利潤低，阿公為了想多點收入，所以常是種些不同的東西。阿公種過很多東西，像是洋蔥、紅甘蔗、高麗菜、芋仔…等，但經常發生的狀況是，經過長久辛苦的種植，終於可以收成時，卻是價格最低迷的時候。因為農民們只要看說什麼作物價格好，就會一窩蜂紛紛搶種，收成時就造成生產過剩，最後面對血本無歸的悲慘結局。

父親國小時，阿公開始試著養豬。豬圈蓋在另一塊地，就在村裡公墓旁。晚上阿公必須到豬圈看守，否則豬隻會被偷，於是每天阿公都在豬圈過夜，當然那裡也有睡覺的寮仔。那段時間阿公經常帶著父親一起去過夜，陪伴他，但阿公通常挺沉默的，父子倆也不太說些什麼。父親覺得在那過夜也還好，雖然後面有許多豬，不過寮仔裡面卻不會臭，只是旁邊有許多墳墓，偶爾心裡感覺怪怪的。

有時豬群感染了豬瘟，又慘了。一下死了很多豬，最後死掉的豬只好便宜的讓人批走，處理掉。死掉的小豬賣不掉，只好家裡自己吃，雖然平時很少機會吃肉，但此時吃著豬肉，心裡卻高興不起來，尤其一下子那麼多豬肉，最後吃到會怕。父親依然記得有一年家裡種洋蔥，那時台灣本地沒有產洋蔥，只能從日本進口，而且很貴。阿公聽說這是個好機會，就和二叔公一起種洋蔥。洋蔥種子本地沒有，也要從日本引進，價格昂貴。總之阿公與叔公就開始種洋蔥了，但農民間一傳十、十傳百，不但嘉南平原種，屏東也很多人種，甚至還有從黑市進口種子。豐收了，全家人卻笑不出來。因為好像全世界都有洋蔥，價格殺到極慘。光是找人幫忙收割、挑起來集中，就不夠付工資，更何況還要運到市場的運費等。

沒辦法，剩下許多洋蔥任由它躺在田裡，無力回收，卻又覺得可惜，最後阿公他們請村裡的行政中心—廟仔宣佈要吃的人可以自行去採。父親卻聽到一個歐巴桑酸酸的說：「那個吃了眼睛會壞去，哪有人要吃」。他很想衝上去痛揍她一頓，實際上當然沒有，於是他心裡告訴自己：「我以後絕對不要再做田啊！」

洋蔥依舊躺在田裡，最後一個個爛掉，隔年整地時就翻埋到土裡。

1959 年，父親 17 歲，他考取嘉義高工夜間部，就讀電工科。白天就做電工實習。除了實習之外，如果朋友介紹有機會，父親唸書也會去做臨時工。臨時工多做室內配電，就像屋子裡要拉電線，配線。臨時工從那時 40 塊做起，後來到 60 塊，當時陽春麵大約 1 塊半。正好那個年代開始推展「農村電器化」，農村從完全沒有使用電力，到開始用電力。所以比較多工作機會，多數是有些農家開始使用電力，所以室內配線，並裝設電燈、開關等，另外農田灌溉也開始使用電力，像是灌溉用井也開始裝設抽水馬達。

高工期間，父親就考過乙種電匠執照，他把執照借給一間電器工程公司登記使用，所以當父親自己要申請案件，就請他們去幫忙申請，就是這樣互惠的關係。因為如果要申請案件要送電力公司申請，之後電力公司來檢查，才能送電。父親後來開始自己接一些案件來做，多數是做一些深井用電，處理抽水機的配電盤，亦即裝設農田灌溉用的抽水機。

父親最後高工沒有唸完。因為當時夜間部高工要念五年，然後還得資格考，才算畢業。時間相當漫長，加上父親已經考過電匠執照，也開始可以接案子，所以文憑似乎就不那麼重要了。

6.2 打開視界的海軍生涯

1964 年父親入伍服役，直到 1967 年底退伍。他擔任海軍艦艇兵，下士。父親自覺生命歷程中最有意義、最深刻、最快樂的時光，就是服役時間。因為隨著船艦四處航行，他的足跡也遍佈各地，本島如基隆、高雄、北海岸、花蓮港、太魯閣、天祥等；外島像是澎湖馬公、金門、馬祖、烏坵、東沙、綠島、蘭嶼等；國外包括南韓的鎮海、仁川、及沖繩島、關島、菲律賓馬尼拉等等。所以他在三年期間，經歷了各種不同的人，遊歷各地海外風情，接觸不同的任務與事情，豐富的經歷是完全不同於單純的農村世界，所以在那段不長的時間，他的視野很快的打開了。

父親對我說著他的當兵生涯中深刻記憶：

軍機擦撞

我被選入參加國慶日校閱隊伍，以後三個月就是踢正步，加勤訓練，直到10月初暫住老松國小。國慶日當天的校閱演習，地面部隊經過順利、熱烈，但軍機的操演分列式就出了意外，有兩隻軍刀式機經過閱兵台前上方，互相擦撞，致墜毀中和山中。軍隊雖經嚴格訓練，還是有凸槌的時候，我覺得飛機是當今最危險的交通工具。

之後，父親至士校接受海軍信號班的訓練，訓練結束掛階為下士。海軍信號室主要有三種設備，包括旗誌、信號燈、旗號。進出港時有一串旗誌，要掛上去以通報港口的管制塔，或遇到友艦，也可使用。而兩船在大海相遇時，可以用信號燈與旗號聯繫。兩種都用英文拼音，譬如說信號燈的代號 A 是 1 短 1 長，B 是1 長 3 短等等，而旗號就拿兩枝旗子在那裡比。這些信號主要是近距離時，補足無線電的功能，也可防止無線電通訊被敵軍攔截。六個月的訓練，父親過著愜意而愉快的生活。父親上船了，他給我的日記就是在海上寫的。

父親所在的大庾艦是一艘拖船，當船遇到事故或救難時，就需要拖船去拖，它停靠在基隆港。由於剛開始上船航海，父親本身又會暈船，加上通常拖船要出動時，都是海上氣象惡劣，也就如父親所說「人家往港內跑，你就要往港外跑」。所以剛開始出航，只要遇到風浪大，父親必會暈船，身體吃足苦頭。暈船與嘔吐的強烈身體反應與痛苦，剛開始讓他很難承受，也因此開始思念故鄉與擔心未來的日子。在父親的航海日記中，對於暈船與吐的狀態以及當時心情有相當細緻的描繪：

海軍只有想像那是美妙的，而實際上是不堪設想的。在兩晝三天的航行使我消滅體重五公斤，這種創我有生以來的紀錄，怎能不使我感慨萬千，那種任何病痛所不及之苦楚，怎能不使我驚心動魄。是我經不起考驗嗎？不、不、絕不，不行的不是只有我一人。

. . . .

中午（八日）風浪轉劣，船停在海中晃，我開始暈船，午飯吃不下去了。三點過後我就來了這套吃的反詞—吐。這裡可以放心的吐，痛痛快快的吐，吐的涕淚橫流，耳鳴目眩，也沒有人來干擾咱。吐！起先是吐菜飯，接著！青的（胃

酸）、黃的（黃膽）……，一陣一陣，肚子真空了還是吐，連五臟六腑也似要翻出來。我自己不知犯了什麼過錯，像這般的體罰是我有生所未有。那種痛苦是用這枝鐵力士鋼筆無法抄示，是時確實有「一日三秋，渡日如年」之感。以後漫長的歲月要如何渡過……。

好容易等到九日十時起錨返港，在這六十四小時中嘗受到的，是獨一無二的頭痛及肚子不可復加的難過；而換來了一個疲憊不堪的身心，此時此地昔日堅強的意志早已被海水的沖洗而流失，若不是繫念故鄉的親人與遙遠的她。真想於此鑽進水晶宮，見見海龍王。此大概是「英雄氣短，兒女情長」了吧。

航海日記 第一次航行記 1965 年 6 月 7 日 18 時～ 6 月 10 日 10 時止

在大庾艦三個月之後，父親轉調玉山艦，該艦類型是快速護航艦，是美國二次世界大戰後封存的舊船。玉山艦有一項危險的任務是接送情報人員，在那個年代，國民黨政府都有派遣情報人員至大陸進行敵後工作。而這些在大陸的情報人員，有時回來時都依靠船艦。玉山艦有時任務便會運送情報人員換防，約定時間到時，新一批的情報人員放下去，就設法登上大陸出任務，再把舊一批的情報人員接上來，載返台灣。接這種任務時，就要把情報人員用的橡皮艇及配備都吊上來船裡，準備運送，有時到任務那一晚上，突然取消，橡皮艇又吊走，任務換到別台船艦去。因為涉及危險性的情報，所以對下面的士兵任務是真真假假搞不清。父親服役時，玉山艦接好幾次這樣的任務。父親還在玉山艦上見到過蔣經國：

記得有一次緊急任務是澎湖起航到金門接經國先生（當時是國防部長）到各小島，如小金門、烏坵…，慰勞駐軍。再一次（約 1967 年）是突然由澎湖送院長到金門，經國先生一上船就是加菜金一萬元（加菜金都是回港才加菜，真是吃香喝辣的）。在船上他是到處走走，記得有一次，我在信號台值夜班，他是沒人陪同，來到信號台，見了我就問東問西，當時感覺他是一位平易近人，善於帶兵的好長官。

生命故事手稿 2004.11.11

1966 年及 1967 年，玉山艦分別參與了兩次敦睦艦隊之任務。任務是海軍派遣一支艦隊至當時友邦國家，作為官校畢業生之航訓，行程包括南韓、沖繩島、關島美軍基地、菲律賓等。1966 年那次任務遇到颱風，加上後來南北韓情勢緊

張，後來就取消任務。1967 年的任務則圓滿達成。隨著敦睦艦隊的出航，父親有機會到不同國家看看，體會不同地方的發展與民情，也就打開了父親的視野。

第二次敦睦艦隊任務結束時，父親也只剩五天退伍，隨著此次任務的豐富經歷與體驗，使父親的海軍生涯在最後達到高峰。也難怪整個這一段海軍的生命經驗讓他很難忘懷。也加上，最後在菲律賓馬尼拉邂逅了一位年輕華僑女孩，使年輕的情感多了一些悸動，也有一種異國的浪漫情懷。年輕的水手與異國姑娘的愛戀，當然或許白色海軍軍服更能顯出父親的英挺與有力量，所以相互吸引。我猜想父親在一生中，還是相當認同自己是一個海軍的水手形象吧！

最後，帶著異國的愛戀與思念，父親返回故鄉也返回現實生活中。所以這段美好的情感，最後是帶點遺憾的、未完的結尾，收藏進記憶中。

看著父親珍藏的海軍相片，我看到三五成群的海軍弟兄，身著白色海軍制服，那樣潔白、英挺、修長，我想像當時一定讓人覺得帥氣、體面，而且引人注目。我不禁猜想在父親的內心中，一定還留著一位穿著白色海軍服的年輕水手。

6.3 困坐淺灘的待工失業期

1967 年底父親從海軍退伍，回到雲林老家。又回到一成不變、近乎靜止的農村裡，在他見識過各種場面與人物，看過各地的繁華與美景之後，有些不太適應。退伍回來得要開始找工作，結果他卻發現找不到工作。幾年前雖然經歷「農村電氣化」，比較多工作機會，但幾年下來，該電氣化的都完成了，一般農家的室內配線也都裝設得差不多了。而當時農村裡仍舊沒有太多建設，很少整建房子或蓋新房子的機會，加上多數家庭仍無力購買電器，像是電視、電冰箱等，最多就是用電燈，所以不論電機工程或維修都沒什麼機會。父親偶爾幫忙村民修修收音機或其他小東西，但也是非常少數，收入十分有限。

於是父親待在家裡一年多，有時幫忙家裡的農作的活兒，但不是挺主動的。一方面他已經很久沒碰過這些農活兒了，另一方面他很清楚這不是他要的，從小他就不想要種田與養豬，進入農家的生活，父親想要追求不同的生活方式。因此一方面再接觸這些粗重或繁瑣的勞動感覺沒勁，另外他也擔心自己太積極與投入，阿公、阿嬤會順勢要他接手整個家裡的農活兒與農事，畢竟他是長子。所以父親只有被要求時才會去幫忙。

剛退伍幾個月，雖然處在停滯的狀態，還沒什麼太大關係，因為他準備要結

婚了。母親家也在同一村莊，同樣務農，父親與母親的大哥是國小同學，也算要好。父親與母親的婚姻是媒妁之言，雖然父親心裡還掛念遠在菲律賓的她，但是後來音訊全無，也只好接受事實，放棄一個可能脫離農村，到先進的菲律賓城市成家、發展的夢。在傳統農村裡，年紀到了就該結婚成家，否則就很奇怪，在沒有其他選擇下，父親接受這樣的安排。阿公阿嬤也覺得或許先成家，父親就不再是孩子了，就會負起男人的責任。

　　婚後，父親工作仍無任何起色。父母一起住在老家裡，經濟沒有獨立，自然形成不小的壓力。雖然阿公、阿嬤並沒有期待要父親一定要接農事，但阿嬤希望父親可以多賺點錢拿回家，畢竟父親長久時間在讀書與當兵，很少分擔家裡農事，實在應該回饋家裡困難的經濟。所以父親一直沒有工作，長輩就會一直唸，臉色也不好看。

　　期間父親知道有跑船的機會，也想試試看。阿嬤很贊成，因為當時跑船是很高薪的工作，錢賺很多。父親因為一直沒有工作，想說或許是一條出路。海軍航海的生活既愜意又自由，跑船或許也是類似的感覺，至少當下可以脫離落後又令人窒息的農村環境，就想去做做看。但是母親堅持反對，母親婚後因為兩人經濟沒有獨立，也同樣承受壓力，母親不但要整個負責一大家子的家事，還要去田裡幫忙。結婚時，因為母親的嫁妝不多，所以阿嬤一直不喜歡母親。婚後母親一直過著艱難的生活，吃不好、睡不足，不論怎麼做都無法獲得阿嬤認可，所以她無法想像父親丟下她去跑船，一年到頭不在家，那她日子怎麼過下去。就這樣母親心裡吃了秤陀，下定了決心，雖然父親並未跟母親商量，但她不讓這事有任何機會發生，她自己直接把「報到通知單」藏了起來。就這樣，父親就沒有機會去跑船，也沒有再回到海上的生活。

　　一年後母親也懷孕生下姊姊，經濟壓力更大，更難停留在這樣的狀態裡。**父親在鄉下仍找不到工作，最後似乎只剩一個出路，去大城市發展。**

6.4 由飯店到水電行工作

　　1969 年父親從報紙尋找工作機會，他嘗試了兩個機會一是新莊做變壓器的工廠，一是台北林口飯店的電氣保養員，然後自己上台北面試。因為父親有電匠執照，所以兩邊都通知錄用。父親考量了一下，工廠薪水 1800 塊，飯店本薪 1200 塊，再加上小費也差不多，但剛上來一切不熟悉，有吃和住的問題，在飯

店就都可以解決，於是他選擇了林口飯店。其實父親也不想進入工廠環境，因為他曾去參觀過同學待的一家大型塑膠廠，他覺得那裡生活如「人民公社」，吃飯要飯票，工作枯燥、重複，環境惡劣，完全不符合父親心目中的進步、舒適而且自由的環境。但飯店則相反，外觀乾淨、明亮、舒適，而且門庭若市、出入各國名流，應該較接近父親心中「現代化」的理想環境。

　　林口飯店，那時經常做美軍生意，當時正值越戰的時代，美國大兵會來台灣渡假，所以生意挺不錯。

　　小費是在飯店工作的額外津貼，老闆規定所有服務生收到小費，都須放進小費箱，整個月下來，老闆再來分配給所有員工。這樣一來，除了服務生之外的人也能分到小費。但實質上是老闆透過管理手段，挪用服務生個人小費收入，來貼補其他人較低的薪資水準，為的是節省人事成本。隔一陣子，父親薪水調升，本薪加小費，薪資升到 2 千多塊。1976 年以前，父親標了 2 家飯店，都在工務課做與電氣保養維修的工作。

　　在飯店的工作，環境的確相當理想，舒適而乾淨。實際工作的性質有其特殊的型態，工作負擔與勞動強度並不高，算是輕鬆愉快，因為除了例行性保養之外，主要工作在處理電氣設備的突發狀況，若沒狀況時，就是待命。但另一方面的特性在於工作時間，包括需要輪班以及長時間的工作，因為飯店需要 24 小時營業，像是第一間飯店甚至一天要輪班 12 小時。另外，薪資雖然不算低，但相當固定。父親上台北初期什麼都沒有，又須寄錢回老家，父親需要想辦法增加收入。在熟悉這類工作以及人際網絡之後，父親開始兼差，也是同類的工作，等於是增加工作時間以換取報酬，甚至可能 24 小時都在值班。

　　工作型態結構了家庭的關係與情感，父親在飯店工作的 7 年，因為長時間工作，所以幾乎都住在飯店裡，只有休假或孩子生病時回家，家庭的事務全由母親負責，這拉開父親與母親、孩子間的距離。在我生命的最初幾年，父親近乎缺席，父親變成遠距離而模糊的存在。另外母親須負擔所有家庭勞務，以及家庭代工貼補經濟，負擔沉重，使她無力再負擔家人間情感的聯繫。所以在都市裡的勞動小家庭不似中產的小家庭，在情感與社會心理上被迫必須各自獨立。

　　熟悉了這類保養工作之後，父親也發現，飯店的工作不太可能有其他轉變，而長期來說，他也很難一直維持長時間與輪班的工作，他也不可能每天 24 小時工作。雖然第二間飯店晉升為基層管理員，但仍舊需要輪班，而且他明白再往上

昇的機會不大。父親很清楚想再往上爬，試著擺脫貧困的經濟壓力，朝向更舒適、更自由的生活，或許類近白領、中產的生活樣貌。

此時父親企圖轉換跑道，具有電工的專業下，除了擔任保養外，還可做水電工程。他發現建築業欣欣向榮，一片榮景，所以一找到機會就跳到水電工程工作。他離開飯店業之後，後來美軍不再駐守台灣，飯店業漸漸進入低迷的狀態。

後來，父親開始熟悉這行業，包括認識其他飯店的同行朋友。開始找機會兼差，但是兼差還是在同性質的工作。像是有其他飯店的朋友有事，無法工作，就去幫忙值班。可以想見，在飯店裡的水電保養，一直需要有人輪班，若是飯店聘的人力不多，正職人員有事或需要休假，就需要找到有經驗的電匠來幫忙代班。在林口飯店時，父親就開始在外兼差，因為想多賺點錢。而值日夜班兩個人是互相協調的，才能夠出去兼差，像是值夜班的人通常可以睡覺，事情不多，所以隔天白天還有辦法出去兼差。可以想見，為了增加收入，加上兼差，父親等於有時早晚一整天都在輪班。

因為到處兼差，所以父親做過很多家飯店，時間都不長，像是富國飯店、龍馬飯店等，他大約在快離開林口飯店之前，都到處兼。後來中央飯店待到不想做時，父親又跑到一間長江大樓兼差。結果工務經理發現，找父親談，父親就跟經理說薪資太少，如果不能兼差就不待了。後來隔一陣子，才離開那裡，最後透過朋友介紹，有機會才跑到協合水電行，算是開始進入水電工程領域，父親飯店生涯直到 1976 年結束。

6.5 轉換跑道：承包水電工程

離開中央飯店後，父親就轉到協合水電行，擔任幹部。和過去飯店環境不同，協成是一家水電工程行，承包營建工程中的水電工程部分。父親是擔任電方面的幹部，另外還有一位幹部負責水的部分。在公司裡，業務包案部分由老闆處理，老闆有固定合作的客戶，所以除了業務之外，只要電的部分就是父親要管。他負責工作像是估價與派工。如果人家工程要給公司做，父親就去拿設計圖回來，趕緊計算估價。然後拿到事頭，就要盤算派多少工，從哪裡叫工等等，整個都要他發落。

父親進入了建築業，他開始接觸、運作水電工程的案子，也開始瞭解水電工程承包業的環境與特性。甚至他發現跟上游建商承包水電工程的案子來做，其實

用不著什麼本錢。因為只要你做生意信用好，做工程時，都是跟水電材料商開長期支票，如果施工順利，工程完成某個階段，建商就會按合約付部分工程款，所以差不多等於本錢都是別人在付。換句話說，反正工程案子持續運作，資金也隨之運轉，從上游建商，轉到下游水電材料商，中間剩餘的就是自己的利潤。

另一方面，父親做為電工工程的工頭，其實很清楚工程的成本與盈餘，他知道公司相當賺錢，可是老闆分給員工的年終獎金卻很少，每年都口頭講說要讓幹部入股分紅，卻只是敷衍而已。於是父親開始動念想自己出來做，做個小包商自己承包水電工程。

從水電工程行的幹部到自營水電工程行，父親準備自己創業做個小頭家，既不用讓人剝削，又有充分自主性。這樣一個「小頭家」的圖像，越來越接近他白領、中產生活的期待，能夠經濟充裕，又享受自由、舒適的生活，於是父親已經準備好進入這個「美麗新世界」。

6.6 小頭家的「美麗新世界」？

父親的順利水電行是小水電工程公司，要面對建商與工程包商、工程招標、包商圍標與競標的遊戲，父親處於水電工程的設計與成本掌握十分拉扯的處境，工程估價報價是最難的活！

估價報價的「楣角」

估價的工作其實並不簡單，有相當的技巧。但父親發現往往若沒有人情關係運作，估價幾乎都是白估且案子不易標到！甚至估了十幾案才接到一個案子可以做。

有時案子比較小、比較簡單，父親就照經驗自己設計，自己製圖，那要抓那些材料、成本預算就比較單純。但有些案子比較大，標單上就已經附了材料數量表，這時比較複雜，他就得綜合、比對設計圖以及數量表上的材料品項與數量，有些材料單價高，有些便宜，要混合搭配一下。如果競標廠商中有人跟發包單位負責設計的電機技師比較熟，估價報價會容易些，也更準確，因為電機技師設計的習慣不同，有的人材料抓剛剛好，沒有預留損耗的量，也有人是需要一個寫兩個，浮濫的編列雙倍下去，估價就要有辦法符合發包單位要求的材料與數量來估

算成本，這樣報價能夠賺錢又不至於太高。總之，估價需要相當細微的「楣角」（訣竅），也相當耗精神。

包工程的利益與衝突

水電工程的小包商，要能生存下去，最要緊的要能拿到事頭，也就是包到工程來做。

公家工程學問大。一般上大家都拼很低，譬如照理說 100 萬才做得起來的工程，結果人家都是 6、70 萬就標去，所以通常都會偷工減料，父親說他不會做這樣的工程，他也知道有些人標去最後還能賺不少錢。有時也會有圍標的。好像哪一個會場總共發幾支標出去，黑道就會跟你聯絡，花一點錢跟你收，你收了錢，投標時就得故意把價格寫高一點；甚至你有意願要做也可以，他反正也從別人那裡圍來給你做，看一共幾個投標者，總共要花多少錢，他們會說得很明白，只要你出得起這些錢，他就保證你可以標到。父親也曾經領標之後，接到圍標的電話，但他只要一遇圍標，就會乾脆不參與投標了。

但父親覺得如果公家沒有圍標的工程，通常也不太能做。他曾經承包省住都局的工程 10 幾戶，但做到最後是虧錢。

包商與包商間的關係是複雜多變的。有些包商會拿到工程，但自己做不來，就會再轉包出去給別人做。也可以說整個營建工地實際施工的，是由許多不同包商、不同班底組合起來一起運作，而不是一兩家公司。這種生態環境下承包工程需要許多應酬活動！最後父親與創業夥伴在這方面理念不合因而拆夥，父親退出公司。

拆夥退股

1984 年，經濟不景氣，公司越來越不容易拿到水電工程。父親與阿興之間的合夥關係也越來越差。父親看不慣阿興的做法，常常晚上去喝酒、交際，然後報公司公帳，說是為了包工程而應酬。阿興認為父親不懂得經營人脈、拉關係，在包事頭上說好聽是正派，其實太過死板，不夠圓滑，難怪拿不到工程。兩人雖無正面衝突，卻也嫌隙越來越大。

也因為事頭變少，利潤變低，阿興開始暗自盤算要把公司拿過來自己做，把父親踢出去。他先詢問弟弟阿貴是否有能力自己負責電工工程，獨立運作，並不

斷誘之以利，說兄弟倆自己做、自己賺。而阿貴的電工技術以及電工工程的運作
能力，正是父親一手帶起來的。兄弟倆談妥之後，便預備找機會攤牌。

　　阿興找一個機會找父親談公司的盈餘狀況，然後藉由公司近來獲利極低，前
途堪憂，隨時可能經營不下去。然後他一直跟父親講，經營不下去也沒辦法，而
且這個鳥公司，實在不值幾個錢，因為一些欠款扣一扣，恐怕還負債。父親說如
果不值錢，那就算一算，來拆夥吧。阿興又說不要，那次就這樣不了了之。原來
消息事先走漏，父親間接得知阿興準備把公司拿過去自己經營，所以有所警覺。
阿興一直強調公司不值錢甚至負債，是期望講一講之後，父親擔心還要掏錢償
債，會自己知難而退，是一種誘騙的伎倆。

　　後來跟上游的大包商，也是他們兩人共同的朋友—阿隆說這件事。阿隆要他
們兩人好好講清楚，叫他們去他那裡談，阿隆幫忙協調做中人。父親事先把公司
的資產、負債一一列出清單。談判時父親拿出清單，告訴他們公司算出來是這樣
情況，看要用抽籤的或是怎樣。父親與母親事先商量過，家裡一下要湊出那麼多
錢來接下公司，相當困難。正好阿興就說他要接下公司經營，於是兩人就在阿隆
面前寫下協議的切結文件，並一起簽名。

　　就這樣父親退股分得 30 萬，離開自己創立的小小事業。父親從合夥中退
股，離開順利水電，當然整個公司交給阿興自己經營。

　　原本父親跳出來自己創業，做個小頭家，期望能夠使經濟充裕，又享受自
由、舒適的生活，但卻有些不如預期。當然收入部分增加，使家庭經濟寬裕不
少。可是父親面對的責任與壓力突然增加好幾倍，營運自己的小事業自然全部責
任要自己扛，工作時間依然很長，而且不固定，像是趕工時得夜以繼日。工作內
容方面，雖然不須直接施工，但其他業務、估價報價、工程規劃、工人、監工等
全部都要負責。換言之，雖然收入增加，可是生活緊湊、壓力大，要面對許多煩
人、瑣碎的事，既不舒適也不自由。

　　但其實受僱與自營最大的差別是自己得想辦法包工程、拿事頭，否則無法生
存，為了包到工程，父親一腳踩進複雜的大小包商網絡，以及不計手段、專營求
生的扭曲環境中。面對這樣環境父親承受不小壓力，因為他堅持走正途，不偷工
減料、不參與圍標，另外他也不太注重拉關係與維繫關係，比較專注在專業的品
質上。這樣的方式在景氣好時沒關係，就是少賺一些，但景氣不好時就有影響，
很難再拿到工程。

最後父親和創業夥伴阿興拆夥，退出了順利水電公司，父親並沒有太多的不捨，反正兩人想法、做法不同，而且對方經常手段卑鄙，結束合夥關係也好。只是有點失落，原來自己創業做小頭家並不真的是「美麗新世界」。

6.7 硬撐的失業期

父親失業了，承受了很大的壓力，最明顯的是家庭經濟衍生出來的壓力。雖然前一階段自營小包商收入不錯，家裡經濟開始有些結餘時，父親被親戚及朋友分別倒帳幾十萬，加上先前家裡貸款購屋，所以家庭還是沒有什麼多餘存款。父親是家中主要經濟的來源，沒了工作就沒收入，所以母親盡全力填補經濟缺口。母親長期有做家庭代工，這時期母親做平車拷克—成衣裁縫，因為代工收入不高，所以母親拉長工作時間，每天大約睡 4、5 個鐘頭，除了做家事，其他都在裁縫車前努力。但母親盡全力工作也無法填補全家開銷，所以父親拆夥退股的錢也漸漸花完。父親明白經濟的需要，卻一直找不到適合的工作，所以壓力大。

母親用「失志」描述這段期間父親的狀態！父親自己則完全不想多談失業時的心情與狀態，只是簡短地說自己努力撐過那段時間，努力不讓自己放棄崩潰，努力不讓自己喝酒消沉，再也爬不起來。他努力告訴自己經濟本來就是起起落落，建築業景氣也是一段一段，只要景氣再起來，狀況就會不一樣了。

在實際的生活中，我看見原本寡言的父親更加沉默，幾乎很少和其他人說話，甚至與母親衝突也往往沉默以對，這不同於過去。父親不常出門，除了偶爾看電視，多數自己待在頂樓，頂樓加蓋處是父母種花養鳥之處，還有父親許多工具與材料的儲藏所。所以父親就種種花，養養鳥，或到處整修家裡的東西。雖然失業待在家的時間突然變很多，但其實很少和其他家人談話與互動，變成安靜的遊魂。

當苦悶說不出口，苦悶就一直膨脹加劇，當父親咬著牙獨自吞下所有苦悶，又試著讓自己活下來時，讓人難以想像他是如何做到。直到現在，我才能夠理解他的「堅硬」。

6.8 見證了水電工程行業不義的老師傅

經過難熬的失業期，父親還是重回受雇，透過介紹受雇於水電工程行以及營建公司，使用他過去累積的經驗與技術。

偷工減料的見證者

　　水電工程包商的幹部，父親以前就做過，所以能力與經驗上都不成問題。由於老闆拿事頭的「多嘗試」策略，使得父親的工作內容有所偏重，幾乎都在估價與準備投標資料上，另外也要全省到處跑，這點是比較辛苦的。但經過先前一直找不到適合的穩定工作機會，現在這份工作，父親也變得可以接受。

　　另外從自營再回到受僱，去除了拿事頭與營運業績的責任壓力，這使父親輕鬆不少，雖然廣泛投標或報價，使父親更多機會接觸到黑白兩道各種鑽營獲利的手段，但他不需要直接去回應，只要努力做好自己的職責就好。

　　父親說：「商人都是頭殼削尖尖」，意思是說很多商人只知道一直鑽營牟利，彼此之間只有利益算計，沒有情義。1999 年因 921 地震倒塌的台北縣大樓建案，是父親在場所見證的不良品！

　　當時這棟大樓的工地正在蓋。這個案子的大股東王德高是林來發的朋友，找他投資，林來發佔 30%。林來發跟王德高說：「我們都是鬥陣那麼久的朋友，我又是搞營造的，乾脆你整個包給我蓋」。王德高回說「不行！這我要留著自己賺，什麼給你賺」。所以這案子不是由勝利營造來建造，後來王德高就叫自己兒子來蓋，問題是他兒子原本並不是搞營造工程的。但王德高還是略施小惠，建築設計就找林來發這邊的設計師。勝利建設的設計師，跟林來發是同學，印章就隨時丟在抽屜裡，他們就蓋了那設計師的印章。林來發 30% 的股份是屬勝利營造公司的，林來發以自己有議員身分為由，不適合掛名，就由弟弟林來貴掛名股東。林來貴完全不清楚來龍去脈，就呆呆的跟著去開會，大家酒喝一喝，名字就簽下去。

　　後來發生九二一大地震，這個大樓整個崩倒了。結果大股東王德高被判重刑，那設計師也被判 15 年。林來貴雖然辯稱不知情，但掛名為股東也脫不掉，被判好幾年。還有加上民事賠償部分照樣要賠。王德高後來跑路，躲了起來。而只有林來發完全沒事。

　　父親聽公司工務部吳經理說過，「憨子！整個地下室蓋起來，發現四面都太寬，整個主要樑柱要調整過來。建議他們用正確的施工法，聽不進去，他說不要，太貴了！後來就鋼筋橫向銜接，再直接接上去」。因為這樣四根柱子等於全部都懸空，九二一地震震動力量很大，就使得整棟大樓都倒下去。

老闆厚黑得天下，堅持信用不惜離職

父親其實知道林老闆每個案子都至少賺好幾億。因為他們都在土地便宜時自己買起來，有時放好幾年，土地的進價都很便宜，後來比較景氣的時候才做開發，所以每一個工地都賺翻了。可是雖然賺得多，老闆卻是相當吝嗇刻薄的。

父親所以離開了勝利建設公司，重返師傅的勞動者角色，就是因為老闆要求父親，不顧商業信用，抵賴拒付下游水電包商的追加工程款。

其實追加款的問題一直存在，每個案子幾乎都有。

從父親進入勝利建設之後，後來幾個工地的案子林老闆都叫父親把追加款抵賴掉，公司就不用付那麼多錢。父親回應說：「工程要進行順利，就得要顧品質，那你就是追加的款項要給人家，不然萬一人家亂做怎麼辦」。

林老闆在不同建築案中，一再找父親談，一直講：「這案子水、電的追加款的部分，你就隨便亂弄，那個儘量想辦法把它撤掉」。父親一直不為所動。

搞到最後父親動氣了，甚至直接說：「你要是有辦法弄，你弄！不然我就來離職。那麼大的款項，金額那麼大，我沒有辦法這樣做」。

林老闆知道父親不肯去執行，便找他弟弟跟父親談離職：

「我知道你做的沒有錯，但是公司的情況就是這樣，問題沒辦法解決，不然就讓你辦離職好了！」

「沒關係啦！我不會讓你為難，這樣我自己辭就好了！」，父親說。

離職前，父親把完整追加款資料交給下面一個幹部，並叮嚀說：「人家做水電工程的，不是像林老闆想得那麼好賺，該給人家時，還是要給人家」。因為他知道像這些水電工程小包商，平時不會紀錄詳細請款資料，如果勝利建設公司把資料毀掉，那水電小包商就只能任由林老闆擺佈了。

就這樣帶著骨氣，1997 年父親離開了勝利建設，為了堅持自己做人的基本信用與道理。

6.9 養生調和：晚近生活狀態

離開勝利建設時父親 55 歲了，再找到受僱工作的機會並不高。但是過不久父親的朋友老葉就找他合夥，幾個人合開了大樓機電管理維護公司。它其實是一個小小外包單位，大家都是合夥人，也都是維修或施工的工人，主要幫簽約大樓的相關電器、電梯、抽水馬達等設備做保養與維修。父親一直工作迄今。後來當

父親讀畢我幫他書寫完成的生命故事後，寫了下面的回應，也反映他之後的生活狀態：

> 回顧一路走來，雖沒高成就，平凡中嚐到甘、酸、苦、澀，不覺六十幾個寒暑過去了，想想並沒受益多少，只有空增一大把年紀。
>
> 過去的我已盡力了，可能是個人能力較差，終無法達理想目標。冷靜思考剩下的一點時間該怎麼走，既然已60幾了，就甭想再創高峰，因些接下來應走的是中庸之道。
>
> 三國諸葛孔明雖精於天文、地理、算計，但天不給予，可憐，太過勞心勞力，終致胃疾，英年早逝，所以人生認真、努力是有必要，但不要太勉強。目前繼續作機電維護工作，還有勤練太極拳，如行雲流水、慢中輕靈，養生調和身心，剩餘時間是走進原野，步入山林來洗滌全身的塵污，森林浴可改善呼吸系統的毛病，靜化我的心靈。

7. 我們家的畫眉鳥～消失的歷史記憶

父親生命中有許許多多嗜好，像是年輕時的捉鳥養鳥、釣魚、看電影；年紀大時，則有看書、寫書法、氣功太極拳、爬山、看旅遊或冒險節目，從年輕到現在，泡功夫茶、動手修東西、種花、旅遊等都是他的嗜好。如果從嗜好來細細整理父親的生命史，我想同樣精采。

養鳥與抓鳥是屬於家庭的共同記憶，父親主要養的、抓的是畫眉鳥。畫眉是一種領域性動物，只要有其他鳥入侵，公畫眉就會過來攻擊，所以只要自己帶著一隻公畫眉或放錄音帶，就很容易讓牠落網。母畫眉叫聲較單調，公畫眉叫聲多變、好聽，所以也比較值錢。畫眉還有分大陸畫眉、台灣畫眉，大陸畫眉有一圈明顯的藍白眼影。全盛時期我們家頂樓養滿了畫眉，經常聽見幾隻鳥互相在「軋聲」，比賽唱歌。野生的畫眉抓回來不易飼養，容易驚慌，有時撞得受傷流血。養畫眉還要帶牠們去蹓鳥，帶到附近公園或空曠林子裡，讓牠們接近原本的自然環境。除了畫眉之外，家裡還養過文鳥、綠繡眼、鴿子，還有不知名的鳥。

到山上抓鳥的活動，也創造全家一同出遊且自由放鬆的空間。父親和朋友忙著找鳥、引誘、抓鳥，小孩子則愉快的在山野玩耍，母親也偷得放鬆的清閒。養

鳥為家裡增色不少，改變沉悶的氣氛，全家人對我們養過的鳥、不同種類的鳥如數家珍，形成家庭共同的珍貴回憶。

失業經驗是父親一直不願提起的。第一次訪談時，退伍後失業與拆夥後失業，這兩段是父親自動跳過的「空白」記憶。

即便經過 8 次父子對談，父子關係的重建與親近，而且敘說空間漸漸打開，但他其實仍不太想多談那兩段的失業。「失業」仍舊是他生命與記憶的禁地。訪談最初，他喜歡談的是海軍、旅遊的片段，生命中「自由」的身影。他後來很願意談的，是在勝利建設中奮力堅持自己相信的價值，甚至選擇離職，尤其是當我抓出「堅持」是他一個重要生命意義之後。

但我必須誠實的說經過整個研究的行動過程，仍然尚未有足夠條件，催化他解開長久沉積在身上的失業痛苦，那樣濃縮與凝結的痛苦。所以當我們直接面對「失業」的互動與接觸，父親至多可以說說失業時，他的生涯策略與思考，說說各種嘗試的經驗，他盡量不碰失業時的情緒與感覺。最後他終於承認壓力是一定有，過程中他努力做的，就是不讓自己崩潰、沉淪，盡力撐下去。在他失業過程中，身為兒子我同樣承受社會結構的壓制與痛苦，經過長久的處理，我／兒子邀他在關係中，試著共同面對這段潛抑、遺忘的經驗！作為他的兒子，這樣的探究過程重構了我們父子的聯繫！

轉化要靠主體意識，我或任何人都沒有辦法或資格去轉化或解放他。但至少經過這些過程，父親能夠整體回觀自己生命，並可能增添更多種觀點與角度來理解自己。剩下的，我想父親的生命還會繼續前進。

我不會再像以前粗魯地貶抑父親「缺乏勇氣」，反而更理解失業經驗給父親帶來的沉重痛苦，與背後社會評價的強大壓制的社會結構性力量，才深刻體會到「失業」封咒對男性的強大壓制性。這力量之大，是我原本沒有預料到的！

「海軍水手」、「讀書人」與「小頭家」三種形象與三個主題，在父親生命中交織並相互作用，構成了父親特殊的生命樣貌。

於是，我能整體理解父親的生命意義與價值，終於。

當父親初次看過楊大華的故事，他說楊的故事比較突出，很多高潮，並說自己的故事比較平緩，較無起落。現在我整個寫完父親的故事了，我想回應父親：「你的故事既豐富又精采，不論有說或沒說的部分，深入理解之後，我想沒有人能再說，它不值得一提。」

第三部份 路徑知識 3

差異顯影的社會學習

【第六章】盈豐行～恨的爆衝與轉化路徑

【第七章】勞動父母的家庭帳本～兩個女兒的共振參看

【第八章】斗室星空～家庭經驗晒穀場

路徑知識（3）～　差異顯影的社會學習

　　家人移動（如遷居與於他鄉工作）與勞動的經驗來回穿流於家之內外，這些經驗**經由家人的行動編織與構造著家人間關係的方式（ways of relating）與互動的內涵**。試想一下與青壯年父母分擔孩童照顧的兩種爺爺奶奶：城市專技中產年輕夫妻邀請父母由鄉入城共居，照顧孫兒的爺爺奶奶，和民工將子女留置於鄉下老家，實質地替代著父母教養孩子的爺爺奶奶，這二種祖孫關係中所傳遞的生命經驗當然會不同。不同的家自然有著殊異的經驗，對個人而言，家庭經驗是個人發展中難解的「結」，還是如竹「節」蘊藏往上長的力道？這主要取決於家人之間相互對待的**關係方式（ways of relating）**，和家人有無機會能對彼此處境條件的差異有所理解。如果把家想成一匹織錦布，家人之間的交錯互動所編織的關係紋理，常會是疊置糾結或纏線纏繞的。「家」常被視為和諧、無差異的同一體，以致於被錯置對待的經驗與被忽略的差異性。反而正是每個家庭所共有的「被壓縮與扭結」的經驗；在社會快速變動時，「家」作為一基本的社會單位，它也只能像一個容器似的，承擔起個人所無法也無能理解及消化的各樣情緒。所以，在家之內、家人關係中所壓縮存放、打包擱置、或掩埋藏匿著的記憶與情緒經驗的**「解壓縮」**，就創造了機會，讓人能在回觀傷痛與糾結經驗中發展自己與他人。

　　沒錢並不可怕，更不可恥，但在資本主義社會中，貧窮卻如壓迫人的鐵閘門；瘋子不可怕，但逼迫人成瘋的內外力量是巨大難解的，家人關係中的情感與意念，常打結成塊的讓雙方無路可通！貧窮壓擠扭曲著家人關係，瘋狂的混亂阻斷排除了家人間的聯繫，結的鬆解與個體生命追尋其發展機會的搏鬥，是同時發生的。

1. 關係情意結的解壓縮

　　社會壓迫穿牆越戶的力道在家人關係中翻攪衝刷，情緒暴衝、吵嚷攻擊與冷漠疏離，都是自保卻無能改變現況的呼聲；家中一人發瘋狂亂，全家崩解逃逸是因為「家人關係」終究擔不住了！承擔不住的是什麼？是社會體制性作用力道，糾葛纏繞進入一個人身心形神之內的程度，已到了只能以「發瘋」來吶喊！

由貧窮家庭長大的王淑娟，在 33 歲時，開始拆解一直包裹著的被污名、
賤斥化的家庭經驗。「恨」的情感可以被我們接觸面對嗎？「恨」是無出路的痛
苦情緒，鎖定著一個可指稱的對象激越流洩的一條彈道，「無出路」不代表「無
解」，但在生命的那個當下與境遇中，就是無路可走，只得將「恨」射向他人。
強烈的情感常是家人關係承擔負荷不了的；「強烈」是一種反覆包裹自身情緒的
動作，而這種動作會不斷強化特定的關係對待方式。強烈情感的表達與關係對待
方式，是個人特殊的遭遇、雙方關係對待方式與社會體制性力道的綜合作用力，
是人在關係中無法控制，從而反覆不已的行動方式。我用「關係情意結」來稱呼
這種塊結式的關係方式。這種歷程像是發生在或一人的心理內部或兩人與多人的
關係互動中；它會是一個不斷包裹的動作歷程，它是固定住了情感、意念與行動
方式的一組特定的經驗結構，我用它來標誌沉澱於家人關係中的這種後果。這樣
的身心記憶與行動模式，得怎樣才能變化呢？踐行「為自己與他人的發展而謀取
機會」的生命情志是唯一的解法！因為生命是需要不斷和他人一起搏鬥，始能對
治自己的慣習，生命能有機會與他人共同相互支持與挑戰彼此，成長與發展才可
能發生。

2. 壓迫深處，生命搏鬥

瑞芸，執意奮鬥著要理清自己與父親的瘋狂，2006 年寫信給 3 年前過世於
精神病人收容所的父親：

『爸：
我在 2006 年寫信給你。寫給 2003 年 3 月 8 日凌晨，在林口工業區單人床上
走人生最後一夜的你。
儘管 1998 年留在台灣守著家的變化，為的就是不想你走的時候，沒能在你
身邊以我們的回憶送你，便是默然。
最後一回見你，在與媽媽聊天中，你轉頭意識清晰的看著我說：「要跟你永
別了，聽懂不懂？」我知道你是認真的，便再也沒法去看你。我拿什麼回應
從小看著你，想你怎麼把自己活得這麼痛苦，最後走到收容所的存在？
小時候，看著你赤掌奮力打我時的臉，讓我儘管痛恨你與你資本累積的邏

輯，對你說過：「要斷絕父女關係。」卻也看見你被階級規則擺玩的痛苦！打我的同時彷彿你是在攻擊自己的手。

這一個當時看來矛盾，在我走上和你一樣的精神反抗之路，才徹底明白其實是共同的抵抗點。我們的肉搏戰讓我至今仍滿腹反抗的怒氣。

夏老師說這是「無所得卻可傳承的家風」。

長久以來，在這世界上強烈的孤獨感與漂泊感，在我走完精神反抗之路，要拿起自己抵抗階級的日常戰鬥時，想起這不只是我一個人的戰役。同時也是你的。突然間，好像不論去哪，我都不再是孤兒。

我的精神反抗之路，其實也是你的。你看見自己打贏了這場仗了嗎？

我沒有放棄，我沒有背叛我們的歷史。

你知道拼湊這些別人踩過去都來不及的碎片有多難嗎？

還好有張大網，有好多人幫我們拼圖。

我找到從 1989 年在歷史裡做這些事情的人了。爸，我們可以繼續一起並肩作戰吧？』

（張瑞芸，輔仁心理所碩士口考文本）

瑞芸說的 1989 年的台灣的那一個社會現場，是瑞芸父親在場，瑞芸 20 年後尋找到的。

1989 年台灣正值地價飆昇、房價高漲的經濟大發時期，而上萬名租屋居住、憑一輩子薪水不吃不喝也買不起房的受薪階級與無名大眾，在 8 月 26 日夜宿台北市忠孝東路街道，這一場「無住屋運動」[1]的現場，瑞芸父親也在現場。念小學的瑞芸，於深夜見到在參與在夜宿街頭上萬人群中，情緒昂奮高漲返家的父親！於飛機場工作的瑞芸父親是有屋的，他與做小學教員的母親合力貸款購置一台北東區公寓，再用隔板將小公寓區隔出數間，出租給都市服務業單身女性的小空間，瑞芸一家四口則擠居於一間臥室之內。清瘦瑞芸幼小時練就矯捷如脫兔身手的場境，便是為了躲避父親暴怒追打而上爬跳躍於隔間的上方空間。

對這雖有屋但壓縮全家居住條件，以租金力圖累積收入的農村男人來說，家

---

[1] 為抗議房價不合理飆漲及政府縱容財團炒作房地產，20 年前的 8 月 26 日《無 住屋者團結組織》號召了上萬人，於全台房價最高的忠孝東路舉行夜宿行動，日後醞釀了 2 個非營利組織：《崔媽媽基金會》以及《專業者都市改革組織 OURs》相關資料可搜尋此二組織的網站獲得。

所承擔不下的狂躁情緒，卻在無住屋抗議運動的現場興奮激動起來！瑞芸記憶中這一天夜晚的父親，滿目興奮光芒，身心在情緒淋漓宣洩的運作後返家，返家後旋即倒床入睡！瑞芸尋找的是能與父親狂躁瘋狂共振同在的社會活動場域！

移植至歐美社會被套用於我們社會內部的各種治療模式，最大的問題就在當它們順著商品市場的勢力，在命名參與者身心經驗的同時，去脈絡化了在地的生命經驗的意涵，並剝奪了參與者在在地社會關係的脈絡中，辨識具歷史文化特殊性的生命經驗的機會，第三部份的故事均旨在重返家庭所涵容住的豐沛脈絡！第六章盈豐行是王淑娟這位成年的女性教育工作者，如何持續在工作生活與家庭生活中轉化自身歷程的故事，第七章則將大陸與台灣年輕世代回看父母的故事同檯並列。

3. 差異顯影的社會學習

作為一支重要的社會力量，心理、社工與教育的人文社會科學專業，當前明顯地處在一個進退維谷的險境。當成千上萬的工作者在社會田野中，與掙扎在生活困局與身心難題的各樣人群共處一地時，專業化建制的制度移植（大學研究院等課程與證照考試制度等等設計），夾帶著不明就理卻已撲天蓋地被挪用的去歷史、去脈絡的專業知識，成群的青年工作者舖設了僵窄不落實的格局。未發生解殖（decolonization）過程的工具化知識，除了增長專業市場化的消費價碼外，對第一線工作者的困境，則常如隔岸觀火，並無幫助。

為了回應我們所共享的這種專業環境，我用了第八章來呈現方法研發與知識在地化的路徑。在台灣，由 2000 年開始一路推進迄今的「家庭經驗工作坊」，是我們創發的一種方法與路徑，它是一種大團體（40～100 多人均可）共聚一堂的社會學習現場，在敘說與分享家庭經驗的過程中，個人與家的生活處境的特殊性，與性別階級和文化的各種社會作用力量，得以顯現出來，第八章「斗室星空」是勾勒家庭經驗如何共學的一個示例。

《第六章》

盈豐行～恨的爆衝與轉化路徑

1925.9.26 父親 20 歲未婚時所拍攝的
台北橋風光

1963/9 母親與兄姐攝於自家矮房門口

　　我從小到大內在潛藏著許多情緒，不能說、無法說，而包裹著的情緒讓我無法靠近家。這些情緒包含了家內同父異母手足間的踩踏、對母親的性道德污名及家人爆衝式的情緒，所帶給我的情緒。

爆衝式的情緒是我家人相處的方式

　　「三字經」是我們家男人不高興、吵起架來或攻擊別人常用的言語，父親罵母親、同父異母哥哥罵母親、父親罵不聽話的兒子，尤其當年正雄跑去賭博時，父親更是拿著扁擔、口出惡言，不堪入耳的的辱罵方式讓人難受。

而母親悲傷時「啜泣式，一股腦兒全部倒給你」的說話方式；忙碌顧雜貨店的二姊暴躁、權威命令式的說話方式，我默默的承擔，累積著情緒，這些難受的情緒讓我跟家的關係，想到就怕、不敢靠近。1998年，35歲的我，第一次寫下我對家的疏離。

1. 我的疏離與我的家

爸爸又住院了！每年到了冬天，爸爸都得去新光醫院報到，每次都是因感冒引起的肺炎。一到病房看到爸爸，我問他我是誰，這是我們全家人的遊戲，因為爸爸已94歲了，我們怕他記性不好，總是用這樣的方式在刺激他，要他記住我們每個人的名字。爸爸想了好久說：「阿惠」（他把我當作姊姊），在旁的家人都說爸爸的記性實在太差，當在旁的「慶協」（我的先生）也問爸爸他是誰時，爸爸馬上鏗鏘有力的用國語說：「程慶協」。對於爸爸這樣的表現，我一點都不覺得意外，因為我已經好久沒問他，我是誰了，也就是我已經好久沒回家了。自從結婚後，「慶協」輕而易舉地取代了我在爸爸腦中的記憶，我似乎一點都沒有在乎過，因為我是多麼多麼討厭他、討厭我的家。

總是會找一些藉口告訴媽媽，我有多忙，忙得無法回家；也找了一些理由告訴「慶協」，我是多麼討厭媽媽的嘮叨，所以不想回家，但我知道，我騙得了別人卻騙不了自己，因為在那記憶底層埋藏著許多的秘密，我把它捆的緊緊的，不願意去拆開它，不願意去看它，心想總有一天它會在我記憶中消失。到時，我會忘掉從前，我就只會記住，我一直都是一個充滿乾淨、快樂、品味、希望的中產階級「王淑娟」。但是，似乎那並不那麼容易做到。

小學一年級上健康教育課時，老師問大家：「每天都洗澡的人舉手」，當時約有十多位小朋友舉了手，老師又再問：兩天洗一次澡的人呢？三天的人呢？舉手的人越來越少，當問到五天洗一次澡的人時，有一位同學舉了手。記得那位同學她是單親家庭，她媽媽在菜市場賣菜，就在她舉手之後老師叫她站起來對大家說：「OOO這麼髒，五天才洗一次澡，以後大家就叫她母豬」。從此以後，母豬便成為那位女同學的綽號，她是我們班骯髒的代表。我呢？在那堂課時我沒有機

會舉手，原因是：老師以為那個母豬是最髒的人了就沒有再往下問，哪知道還有一隻大母豬，七天才洗一次澡的人，那個人就是我。

其實，在我家不只我的身體是髒的，我的爸爸、媽媽兄弟姊妹們一直都是髒的。他們總是為了生活整天蓬頭垢面，跑著去送米、跑著去買菜、跑著去作任何事，忙得沒時間吃飯、洗澡。爸爸也說：「常洗澡多浪費水」，「沖式馬桶真不好，大便不能當肥料」、「上完大號後不能馬上沖水，要等三次才沖，才省水」。在他小小的抽屜裡，總塞滿著一張張已擤過鼻涕的衛生紙；當我們要將它丟掉時，他死也不肯地說：「衛生紙旁邊沒被鼻涕黏住的還可以再擦，不許丟」，他甚至因為一個月沒洗澡，而被我媽媽抓著進浴室……。「多麼骯髒的家庭，多麼骯髒、頑固的爸爸」——這就是我的家。

我的同父異母哥哥——正雄，在我要與「慶協」結婚前兩個星期過世了，死於肝癌。在他49歲過世時，媽媽有很深的自責，她說她的孩子（她早將他視同己出）沒有一個是在她手上（在媽還在世時）離開的，唯獨他，大概是這輩子哥哥殺生太多吧。在我有記憶以來，哥哥總是在清晨穿著黑雨靴、滿身是血地回家，因為他的工作是在蘭州街豬宰口——「殺豬的」。在我小時，媽媽每次拜拜時，總是拿著香向神明說：「請保佑我們全家，尤其是正雄，他不是每天故意要殺生」。因為哥哥為了要多賺錢養我們家，白天送木炭，下午晚上賣西瓜，連半夜三點都得去殺豬賺錢，殺完豬後又開始繼續幫爸爸賣木炭。記得有一次清晨爸媽和哥哥去屠宰場，載了一隻很大的死豬回家，姊姊偷偷跟我說那是檢驗不合格的豬（有病的豬），要私底下賣給賣豬人家。唉！「多麼不道德，只要錢、罔顧人命的殺豬人家」——這就是我的家。

當媽媽生了七個孩子後，偷偷跑去裝避孕器，被爸爸知道後，媽媽遭受將近兩個月，在街上、在鄰居面前的毒打。爸爸說：「孩子越多越好，我們的家族要大，山賊才不敢來犯」（都已經在台北了，1957年了他卻還在想幼年時山上的土匪）、「女人怎能到醫院脫褲子給男醫生看，不知羞恥的女人，應脫光衣服抓去遊街」。媽媽說：「我們家已經養不起孩子了，再多個孩子會把我們家拖垮，我們已經都沒米吃了，孩子都沒地方睡了，都睡在半掩的大衣服抽屜裡」。鄰居們偷偷湊錢，要幫媽媽到法院告爸爸；媽媽帶著四、五個孩子，走到台北橋上要跳淡水河自殺；隔壁一個阿媽告訴媽：「跳死了，孩子去那裡找媽媽」，媽媽又帶著孩子走回那個「兇暴、殘忍的丈夫，一貧如洗的家」——唉！這又是我的家！

　　從五六歲有記憶以來，媽媽一直在當會頭、一直在標會、一直被倒會，姊姊常常帶著我去別人家討債，一次又一次總是不嫌麻煩。當有廠商來要債時（當時家中開雜貨店），媽媽總是躲在廁所裡，要姊姊騙債主媽媽不在，有一次我不清楚那人是來要債的，而告訴債主媽媽在廁所，結果被姊姊罵了一頓。小學寒暑假最小哥哥、小姊姊和我，總是被媽媽逼著去後火車站補一盒又一盒，可以讓小孩付錢抽牌的貨，賺取下一年的零用錢。平常或過年我們兄弟姊妹給媽媽錢，媽媽總是每天一直數一直數著，但那些錢似乎很少為她自己花過。在餐桌上，媽媽總是最後一個上桌吃飯的人，即使家中有客人時，她也總在客人離去時吃著剩菜剩飯。冰箱裡永遠堆滿著，一熱再熱已經糊掉了的剩菜，媽媽都還不肯丟。生病時總是一忍再忍，騙我們說她已經好了。這些習慣一直到現在她都沒有改，這也是一直以來，我們姊妹們與媽媽的衝突所在。「愛標會又學不乖、愛錢、只入不出、小媳婦般的媽」——那就是我的媽！

　　「我的家庭真可愛，整潔美滿又安康，姊妹兄弟很和氣，父母都慈祥……」小學沒有一頁課文寫到我的家，課本裡沒有一張圖案像我的家；歌詞中我更找不到我的家；我在腦中不斷地幻想著，我想找尋著跟課本裡一模一樣的家。我找到了！我找到了！那是屬於最受老師疼愛的孩子們的家；每天孩子都洗澡，家中有鋼琴、乾淨、全家人永遠和和氣氣的家。於是，我開始喜歡結交受老師疼愛的同學，我每天下課後都去那些人的家，想感染一些些家的氣息，偷一些屬於別人家的歡樂，也慢慢地開始認同「不是我家」的家。

　　高中時，我選擇了必須住校的耕莘護校，原因無它，只是很想離開我的家！

　　結婚是我終於可以真正逃離我的家！我開始可以建造一個乾淨、快樂、充滿希望的家。慢慢地我的野心更偉大了，我更想找一個有綠色庭院、有尖形屋頂、離我家很遠很遠，可以完全忘記以前我是誰的地方，需要有綠卡才能坐飛機飛到的家！

　　去了美國之後，我才知道自己不喜歡那種家，那種有著尖形屋頂、有著綠地，但沒有根、與外界毫無瓜葛的家，我開始擔心自己會突然死去，沒有人知道我是誰，也沒有人關心我，沒有人會安慰我……。對了，我開始想起小時候的媽媽、姊姊們，我開始想念起那個原本不值得一提的家！家還在那裡吧！我要回家，我寧願住那種沒有尖形屋頂、沒有花園，但有親情聯繫的家！一起在痛苦中度過、一起挨餓、兄弟姊妹們共乘一輛三輪車，一起在颱風過後撿破爛去賣錢，

那也是一種溫暖、一種情感！我很生氣，為什麼自己花了這麼多的時間，離鄉背井到了美國才知道！

別人是用筆在寫心得，我是用眼淚在寫情感。每次家庭課作業我都愛寫條列式的，因為那只是在寫記錄，可以隔著一層膜，只要小心地就可以不觸動情感。藉著與家的抽離，我可以繼續做自己的工作，過著幼年無法過的「中產階級」生活，認同屬於「中產階級」表面上乾淨的、快樂的、充滿品味、希望的文化！但是，那種每天穿著西裝虛偽應酬的人我見過；有個空殼子的家，形同末路的夫妻我見過；只管賺錢不管人命的醫師我見過，這些不就是中產階級的文化嗎？那怎麼會是我，從小睜大眼睛尋找的家？那真的再也比不上，現在我眼中我的家人、我的家！

「多麼骯髒的家庭，多麼骯髒、頑固的爸爸」——這是我擁有共同標記的家；「多麼不道德，只要錢、罔顧人命的殺豬人家」——這就是我努力求生存的家；「受盡凌辱的母親，兇暴、殘忍的父親，一貧如洗的家」——這就是我的家；「愛標會又學不乖、愛錢、只入不出、小媳婦般的媽」—那就是我不向環境低頭的媽！

當全家人為了求生存找生路，顧不得身體的骯髒時，這些骯髒具有家人一起共體時艱、節約能源的意義，也成為家人頑強生命力的標記；就如同傷疤之於老兵，那是他頒給自己最好的勳章。中產階級是把意識型態寫在腦子裡；勞動階級者的生命力則實踐在他的行動上。

當用中產階級「不道德」的視野，加諸在偷賣病豬的父母、哥哥身上時，就如同我用「沒有母性」的價值觀，理解原住民媽媽逼女為娼的事件一般，不瞭解真實卻空有道德觀。「道德」常常是中產階級才玩得起、說得頭頭是道的字眼；「道德淪落」也常是我們對一些弱勢的遣責，就如那些黑巷裡的公娼，難道她們對每個陌生男人，張開雙腳就不需要花力氣？難道她不想像官夫人一般，在家有傭人供她使喚？當生命的意義就是為了要生存時，弱勢者能用的就是那再原始不過的資源了！

「女人的身體是男人的財產」、「代表著勢力壯大的多子多孫家族觀」，都在缺乏現實感的父親身上表露無遺；對父親而言：母親的裝避孕器，代表著他擁有的女人貞操的淪喪、家族勢力的無法擴張，於是爸爸用他最原始的本能——「拳頭、力氣」來對這女人作最嚴屬的懲罰；而媽媽也用她身上僅有的求生能力——

「被爸爸打不死的耐力」來作抵抗。試想，一堆孩子的生死掛在她身上，她還能怎麼辦？

「只要有錢讓整個家能活下去，她就贏了」，這是媽媽求生的哲學。於是，不斷標會賺錢、省吃儉用、小媳婦樣的忍氣吞聲，都成了她對抗艱鉅環境的最佳策略。沒有那時那麼有現實感的她，哪會有現在的我們？我卻用她那些原有的生存策略來貶低她、攻擊她！一個沒唸過書的媽媽，居然能記住家中雜貨店裡，每一項物品的標價！若生命也能有學位的話，最該拿博士的就是她！她用她的生命打底撐起她的孩子們，而我卻在爬起來後鄙棄她！

從小學起，我就開始尋找那屬於中產階級的身份認同，是我的家人替我累積實力、供我唸書幫我找到的。有了這份認同後，我就開始使用「中產階級」的視野來批評我的家，那當然只會讓我不屑，讓我難過離它越來越遠……。而就是那份親情、那份弱勢者（媽媽、姊姊、哥哥們）提攜更弱勢者（當時的我）的情感，及那種底層強悍的生命力讓我著實的感動。生命如果是一條通道，我該用家人給我的力量，通過它！再把那我得到的力量回給我的家！

2.「恨」的出口

「我的疏離與我的家」是怎麼寫出來的呢？其實它是我最難寫的一份期末報告。1997 年之前，我懷抱著過中產階級生活的夢想，並努力地追求它，包括：一路唸書到大學、找到經濟不錯的老公、移民過美國、擁有房子、兩個可愛的孩子，及時髦的性諮商治療者的工作位置。我實在不敢回頭與我的原生家庭相認，因為一相認我的中產階級生活就難以走下去。

1998 年 1 月學期末了，老師要我們分享學習心得，同學們大都交了期末報告，班上一位從小被打成鼻臉腫的孩子，開始去理解，媽媽為什麼要打他，爸爸為什麼要離家，及爸媽一再地離婚[1]。而另一位出生自勞動家庭的孩子，也開始看到了屬於他們家的情感和力量[2]。當同學們，對自己的家庭有著不同的理解；而我呢，我萬般掙扎，我望著同學的報告，一直苦笑。我不敢去看我的家，是因為那馬上威脅到我位階上的利益。自己從小到大花了多少力氣，為的就是離開這

---

[1] 參見我論文「附錄一休戰吧！吵嚷的巢」，第 117 頁
[2] 參見我論文「我的勞動家庭」，第 39 頁

樣的家庭，尋找更好的家、更好的位階，奮力了那麼久，以前讓人家瞧不起，現在終於可以抬頭挺胸了，屁股才剛坐下，怎麼能走？

那一週週六下午，我到新光醫院病房看父親，我問父親我是誰，父親把我的名字叫錯，心裡滿是複雜的情緒，我看到他蒼老的臉，開始回憶起上小學前，我一再地跟前跟後，聽他講伍子胥的故事，看著他吟詩，跟著他去爬山、清晨天還沒亮時，到五股山上種竹筍、看著他做桌子、做椅子、蓋鴿舍，他的認真、仔細……，他的喜歡，轉化成我的喜歡，我也學到了他的認真、仔細，我還真有點像他，不是嗎？他是我童年的生活世界，這些我怎麼已經忘記，我又怎麼可以忘記？

我衝著回家，把自己關在家裡電腦前三天，我一直不停地重回記憶，我的眼淚像傾瀉而下的瀑布，一刻不能停止，哭累了就躺在床上讓自己昏睡，睡醒了又坐起來流淚，也不知是哪裡來的力氣，擠出那麼多的淚水。

在流淚間，我認輸了！任憑屋後那座高山翁鬱翠綠，再多的綠野森林，我也不覺稀奇！我只想認真看著我山下的家，這家人為了建造這個家，沒有人有機會去爬屋後的山，只能仰望著它，看著鳥兒飛來飛去，聆聽那山中傳奇。而我卻是等他們屋子蓋好，人老了，拿他們墊腳，一溜煙爬上山去！

三天後，我把自己最難通過的家庭經驗，透過我這陣子對我家的理解，寫成了「我的疏離與我的家」。

在第十二次課堂分享中，我依舊不停的哭，有些同學也跟著流淚。我說現在還是恨我爸爸，父親揍媽媽時的狠，是我們一家人永遠的恨，永遠的記憶。夏老師提醒我說：「你父親用這麼獨特的方式，他九十四歲的生命，是想告訴你些什麼？……，恨是一種你們家逃生的出口。」又說「不一定要把『恨』馬上由記憶中抹掉，把恨當作是一種社會的情感，恨是被集中在家庭，沒有其他出口時的一種情緒化的出口……。」

我的理解是：當生活那麼艱難困苦，當不知道要責怪誰時，只能緊緊記住父親毒打媽媽的恨，將生活的困苦、同父異母手足間踩踏的恨投向父親。其實，那是當年父母及這群孩子無力解決的難題。

3. 在重說家庭故事中，發展我的實踐路徑

　　我透過以下的歷程，一路重新觀看及敘說我的家庭故事，也得以在其中更對抗貧窮、污名及發展自己。

	階　　段	歷　　程
1	1997 年 ～ 1999 年——輔大應用心理研究所	「家庭關係與個人發展」課程中，我發生了對家庭經驗的「視框轉移」過程。家庭對我而言不再是負擔，而是我生命的重要支持力量。
2	1999 年 6 月 6 日——父親過世	1. 家人對葬禮如何進行、喪葬費用的分擔意見不同，同父異母哥哥認為後娘生的孩子擁有較多資源，應該分擔較多經費，同父異母手足間擁有資源差異性再次揭露，引發口角衝突。同父異母哥哥俊德在公眾場合再度破口大罵，指控母親搶別人丈夫。 2. 在衝突現場我沒有選擇逃離，我雖身在現場，但情緒沒有隨著上揚，而是觀察及思考這衝突事件反映了什麼。這事件讓我更看到同父異母哥哥，對母親及所生的十個孩子拖累他們，心中的憤恨及不甘心。
3	2000 年 9 月——論文書寫完成	這是我第二次重說我的家庭故事，相較於第一次 (我的疏離與我的家)，此次較完整地寫出家庭故事。當時我想以王家故事做為碩士論文，二姊的反應是：這麼爛的家，為何你要寫？母親更是哭泣著說著對家庭一些事件的痛苦，但隨著我對家觀點的改變及不斷對過去歷史的詢問、好奇，二姊也開始願意跟我談過去的事件，而成為家庭歷史主要口述者。母親、二姊對家的描述，讓我有機會跨越自己生處不同年代的限制，更瞭解當時家內、家外的處境。
4	1999 年 6 月至目前——社會實踐 (蘆荻社區大學、台灣國際家庭互助協會)	1. 對家的情感及意義改變後，看到自己如何被主流意識型態所壓迫及自身力量被啟動後，對弱勢者的看法及工作取向也因而轉變。相信多給一些條件，弱勢者是有能力改變的。 2 我的工作位置從坐在諮商室的諮商工作者，轉而成為更跟群眾接觸的社區教育工作者，希望能對經濟、文化資源等條件較不足的人工作。 3. 而工作取向上也從認同一位「專家」，而轉為希望成為「催化者」。 4. 透過「家庭經驗工作坊」的推動，讓我看到當類近我家的貧窮經驗出現在眼前時，再度使我被彈開及隔離，而身為社區工作者的我，逼迫自己得學習撥開及安置，擋在眼前阻礙我對人理解的情緒。

| 5 | 2008 月 8 月 12 日——母親過世 | 2000 年書寫論文時，便發現家中有許多珍貴老照片，答應家人要出一本紀念冊；但因一直忙碌於社區工作一再耽擱，直到母親的過世，再度觸發我，深享家中最多資源者的愧疚和反省，以及我想對家回饋的行動；開始積極整理家中老照片及帶動家人一同書寫，我們對家的情感及故事。 |
| 6 | 2008 年 12 月至 2009 年 6 月 6 日——編輯完成王家紀念冊〈盈豐行：煤炭雜貨之家～ 20 個孩子的大家族〉 | 我策劃及編輯完成紀念冊，並帶動家人一同書寫故事，於 2009 年 6 月 6 日父親逝世十週年，母親逝世十個月後出版。這次出書的歷程，讓在不同位置及世代出生的兄弟姊妹們，得以說出各自跟家的關係，及在不同位置的辛苦及感受，除了自己說之外，也在學習觀看當時父母及家人的經驗，深化了彼此的認識。 |

4. 盈豐行[1]：煤炭雜貨之家～ 20 個孩子的大家族

務農家族

父親王查某生於西元 1906 年（民國前六年），出生於五股鄉德音村外寮山上。祖先於乾隆末年由福建乘船來到台灣，本想在台北市大稻埕或萬華附近落腳，但一看周遭荒草遍野到處是水，不適合農作。於是，找到了遍地是紅土適合農作的五股外寮山上，族人開始以種茶及甘薯維生。

曾祖父王媽接與曾祖母陳快生了三男五女，女兒全部送人當養女，而自己領養了一個童養媳李匏（我的祖母）及養子王添丁（我的養祖父），而父親的生父王興（我的祖父）原是王家長工，與祖母生下三個孩子，老大是個女兒，出生不久就送人當養女，後來跌到大尿桶中死亡，父親排行第二，接下來又生了一個兒子王德成（我的叔叔）。王洪勸，本名洪勸，四歲來到王家當童養媳，因為當時洪勸的生父死亡，洪勸的母親無法養孩子，所以把她送來王家，原本是要給父親作媳婦，後來父親與呂惜結婚後，才跟王德成送做堆，成為我的嬸嬸。

當時是務農年代，人力就是重要的勞動力，曾祖父母眼見家中長工王興（我的祖父）與從小抱來的童養媳李匏（我的祖母）已生育三名子女，擔心兩人一旦辦理結婚登記，家中的童養媳李匏就會被帶走，無法留在家中繼續工作，於是，

---

[1]「盈豐行」為王家從西元 1962 年至 1982 年（民國 51 年至 71 年），營業二十年之煤炭及雜貨店店名。

偷偷將李匏（祖母）與王添丁（我的養祖父）辦理了結婚登記，李匏也就無法被王興帶走。後來，王興（祖父）被王家趕走，二十四歲時死亡，當時父親才三歲。

父不詳與王先進

父親從小就跟著祖母相依為命，我的養祖父王添丁與我的祖母感情並不和睦，養祖父愛戀著村中寡婦，時常往別人家裡去，且從不負擔勞動家務，是村中有名的浪蕩子，嬸嬸王洪勸形容養祖父：「衣袖穿得長又長（表示不用做事），只是回家來吃飯」。

從父親懂事以來，父親身分證上的「父親欄」，總是畫著「========」（父不詳），這件事讓父親很是感慨，既沒有生父的照顧，養父又終日不見人影。他時常被同伴嘲笑是私生子。

生為私生子一直是父親心中的痛，年輕時為了生計奔波勞碌，一直沒有辦法去查明身世，直到父親到老年時才有時間，輾轉詢問較年長的族人，至五股鄉公所查遍戶籍資料，直到八十歲時，得知他的生父叫「王興」。記得，父親在祖先牌位前一邊流淚、一邊笑的景象。彷彿，一個老人家尋得了八十年前繫在他身上的臍帶，一時之間，他的皺紋上注入了新的光彩！

父親小時候一直在山上放牛、放羊，養祖父不讓他唸書，叔公（父親的叔叔）王山豬告訴養祖父：「你不讓他念，我要讓他念」，在父親十歲時才有機會，到來回須步行四個小時的泰山國小就讀。嬸嬸王洪勸說當時村中只有三個男生能唸書，父親是其中一個。父親非常愛唸書，每每邊看管牛隻邊讀書，書中滿是紅色毛筆字的圈點，六年後第一名畢業，老師以「王先進」來稱呼他。

到三井煤礦工作

1921 年父親小學畢業後，問了叔公（父親的叔叔）他可不可以繼續再唸書，叔公說再看看，之後沒有了下文。得不到叔公的金錢資助，無法繼續求學，之後，透過叔公介紹，先在基隆一家日本人經營的船具公司上班；後來，才到基隆日本人經營的三井煤礦公司擔任礦場書記的工作。

嬸嬸王洪勸常說父親是個很有規矩又很孝順的人，到三井工作，一領到薪水，信封都不拆，下午就拿錢到山上給祖母。夏天才剛到，父親就剪冬天的布，

要給祖母做衣服。祖母很會做事，掌管茶園大大小小的事，而養祖父在山上只負責賣茶葉，收了錢從不交給祖母，於是祖母發不出薪水，父親覺得祖母在山上實在太辛苦。父親到基隆工作不久後，父親就把住山上的祖母、阿里（父親的同母異父妹妹）及嬸嬸三人，接到三井宿舍與之同住。

嬸嬸王洪勸說山上日子好苦，每天吃蕃薯；個子還很小，還盛不到飯時，就要幫忙做家事；做不完事還要被嚇唬，要在喉嚨裡頭插筷子。說到三井宿舍，是嬸嬸最愛！嬸嬸是個山上孩子，當時 15 歲才跟著父親下山，看到了外面的世界，三井倉庫好大，下雨天可以在裡面玩，不像在山上整天要忙碌做粗活──養雞、養鴨、養豬、看牛、挑水種菜！又說，你爸爸很疼我們，飯都幫我們盛好，每餐吃白飯，我們一直盛，都不怕沒飯吃；魚骨頭你爸爸都幫我們一根一根挑，因為山上的孩子哪裡吃過魚，你爸爸深怕我們噎到。

父親在三井時認識第一任妻子呂惜，二十二歲結婚。呂惜非常好賭，可以為了賭資欺瞞鄰居，說她的親戚死掉需要錢安葬；可以三餐不顧、棄孩子在家；免得賭博時，孩子在身旁礙手礙腳。當時屬於童養媳的時代，呂惜把四個女兒都送人當養女，自己帶著四個兒子（後來共生下五男五女）。她常遭到父親的打罵，因為父親常常需要幫她還賭債。

我的母親是養女

母親王莊英 1922 年生，其父黃進，其母黃周却，基隆市七堵人，到青銅坑種田、採茶為生。莊英的生母共生了六個孩子，莊英排行老五，其生父去青銅坑種田，生活艱苦，為了養活一家大小，無力照顧幼兒，於是在莊英出生第三天即將她送給，當時正在青銅坑做礦工的莊陽、蔡美桃夫婦當養女。

每次說到這裡，母親總是一再嘆氣，她埋怨生母的狠心，把親生的孩子送人。後來母親自己生養了八個女兒，無論怎麼辛苦都沒有把女兒送人，她說，吃好、吃壞，孩子總是在自己身邊看得到。

莊陽、蔡美桃夫婦，居住在望古村深山，其父母（我的外曾祖父）那一代有三十多甲地，原本種稻、種茶為生，日本人來了以後，1926 年在平溪鄉嶺腳附近發現煤礦便開始開採，莊家我外曾祖父母那一輩的人，決定棄農作轉而到礦場工作，因為礦場工作可以賺更多的錢。

莊家養父母家境比生父母家好，也很疼愛莊英。其養母蔡美桃，剛面臨第一

個孩子莊秀，兩歲得白喉而死亡的苦痛，又沒能再懷孕，於是把莊英抱回家來吃奶。兩三年後，接連著蔡美桃又生了一個兒子莊元永，出生三天後就死亡。蔡美桃只好請來清水祖師的令符，且準備一副豬肚加以祭拜，叫做「換肚子」（換子宮），換了肚子才能留住孩子。後來，在 1930 年、1933 年蔡美桃就接連地生下了兩個女兒莊桂及莊乖。

由於居住望古村深山，到十分國小唸書來回需三小時路程，又沒有同伴同行，母親無法去唸書不認識字。莊英小時候就必需作很多家事，八、九歲時人還不夠高，就必須拿椅子墊腳杵米、去殼（用八斤重的槌子一直使勁地槌，去掉米殼），煮稀飯、餵豬、養鴨、種菜並照顧妹妹。

沒唸書不會寫字一直是母親很大的遺憾，婚後開雜貨店需要計帳、記貨品的價格時，她無法書寫，總是用腦筋硬記著。記得我在唸小學時，母親還說老師教什麼，你回來就要教阿母，母親總拿一張紙練習寫著簡單國字。其實，生養那麼多孩子，母親哪有時間唸書，等到孩子大了，十個孩子都唸了書，她還是只會寫她的名字及歪七扭八的數字。

礦坑遇父親

當時嶺腳盛產煤炭，母親在十六、七歲時，便開始到礦坑洗煤炭賺錢，慢慢地就換成到礦坑外劃煤、推運煤車，只做一年多便不敢做了，因為運煤車好危險，每次當下坡時整輛礦車快飛掉似的，常常車速太快就會把整輛煤炭車弄翻了，而且母親又怕鬼，她說天黑了整個山谷黑漆漆，她一個人推著車，好恐怖。接著便去做水洗煤炭，一天賺三百八十至四百二十日元，後來覺得工資太低，十九歲到二十四、五歲間，則到礦坑內劃煤及將坑內炸開的石頭搬運出來，此工作較危險，所以一天約有七、八百日元的工資。

母親在二十歲時認識父親，父親當時三十六歲。呂惜的妹妹白氏桂及妹婿蔡石勇在平溪買下「永昌炭礦」，要父親幫忙做會計，於是父親就來到了平溪擔任坑外書記，負責礦工白米及煤的配給。母親說當時父親管很多工人，很兇、有威嚴，每次跟爸爸要配給的煤炭，爸爸都會說炭那麼重不要用，要母親自己去撿柴。每次領配給米時，母親都不敢跟父親要，都等到父親下班後才找別人要。

當時祖母、父親、呂惜及一堆孩子俊英、麗珠、俊德、正雄都住嶺腳，祖母李匏幫忙帶孫子，呂惜也進礦坑推礦車，但她很愛賭博，常常只做半天就不見人

影。姨丈蔡銘秋[1]當時是負責管理工人的，常對著呂惜說，你常常不見人影，可以不要來工作了！父親與蔡銘秋同是管理階層，父親常常得去求情，蔡銘秋才又讓呂惜工作。呂惜的好賭讓父親非常惱怒，夫妻感情並不和睦。

有一天母親推礦車的友伴開玩笑似地說，要為父親介紹女朋友，說出了兩個女孩的名字，其中一人是母親，問父親喜歡那一個？父親說另一個女孩較漂亮，母親莊英較溫馴，其實父親較屬意母親，但他回答母親的友伴說，莊英與她媽媽感情那麼好，莊英的媽媽哪裡捨得讓莊英跟我在一起？有一天母親友伴跟莊英說，其父母都不在家，希望莊英晚上來陪她過夜，而母親友伴也約了父親到她家，母親說當時她是鄉下女孩什麼都不懂，而且平常看到父親就怕，父親一進房門她哪敢反抗，於是我的父母親發生了性關係。之後，母親莊英在二十一歲時與父親生下大哥，當時父親與呂惜仍在婚姻關係中。母親說著說著哭了起來，她說生平她最討厭的是踩踏別人家庭的人（第三者），但就是這種狀態下懷了大哥，才會到後來讓呂惜的孩子那麼怨恨。

父親跟莊英的養祖父莊陽是同事，父親負責坑外，莊陽負責坑內。下班後父親常藉機到莊英家跟莊陽喝酒。當時鄉下晚上也沒有燈，黑漆一片，喝醉酒後，趁大家熟睡之際，父親就會偷偷留下來跟母親一起睡。當時養父養母都沒發現，好一段時間後才在某天的清晨，發現父親怎麼睡在莊英房間；父親仍持續地去找母親，呂惜也知情；母親說當時呂惜並不反對母親與父親在一起，因父親與前妻呂惜之前曾去算命，算命的說父親有兩個老婆的命，且自從父親認識母親之後，就不再因呂惜的賭博而打罵她，所以呂惜對待母親很好，還告訴母親，我們一起吃、一起穿，還剪布給母親做窗簾。

監獄、離職、喪親

爸爸離開嶺腳的永昌炭礦，來到了五堵日本人所開的「南海興業會社」當書記。會離開平溪，其實是因為我的同父異母大哥俊英進了監獄。

1944年有某一天永昌炭礦的洗澡間著火了，後來查明燒洗澡水的炭堆，離洗澡間太近，工人用炭燒洗澡水時火太旺了，火星蔓延了。而礦場老闆蔡石勇向警方報案說，是俊英點火的，俊英被抓去關，當時日據時代，法律上非常嚴格，

---

[1] 蔡銘秋為莊桂招贅的夫婿。

爸爸很憤怒地跟老闆吵了一架，於是離開了永昌。爸爸辭去了工作，在嶺腳火車站碰到了媽媽的親戚，告訴父親五堵缺一個礦場主任，爸爸就一個人先跑了去。稍作安頓後，才把呂惜、孩子一起接去。

來到五堵，接二連三地家中親人一個一個死去。先是大兒子俊英在獄中得癆疾，獄中通報家屬得帶回去，出獄沒幾天就死去。之後，呂惜參加其姊姊喪禮，看了棺木「封釘」後中了煞氣，全身發黑，找醫師也無法處理，第三天連同腹中七、八個月大的孩子一同去世。呂惜過世後，祖母在家幫忙照顧孫兒，為了做草鞋去刈草，在山上摔了一跤，不小心跌倒了後過世。

兩年中，共死了四個人。媽媽說，這時的父親可憐極了，又哀又窮，先是哀傷大兒子入獄，後來是親人一一死去，爸爸窮到兩眼無神、走路嘆氣，窮到沒有棺材本。

媽媽是後母

1946 年呂惜死後，李匏祖母曾問母親說要不要到五堵，不然父親想娶一個已經不能生育的女人。母親當時沒說話，心想不可能有人會想嫁父親，因為父親的孩子太，多當後母很是辛苦。起初父親沒下聘，母親怕會讓人覺得她是跟人家跑，後來父親已下了聘，但媽媽仍然不想跟去五堵。因為五堵家中人口眾多，父親、祖母、明璧、麗珠、俊德、正雄、正峰都在家，若跟去五堵一來會增加父親負擔，因為父親是主任不一定會讓母親工作，況且父親過去常常這個月薪水，上個月已先預支完，母親如果不能工作，那麼家中經濟就更不好過；二來是留在平溪，母親還可以自己賺錢養孩子；三則是母親覺得祖母太節儉，而不想與之同住。

而 1947 年祖母也過世後，五堵家中五個孩子乏人照顧，於是，父親再度央求母親能否來五堵。母親說，看到了父親，親人一一死亡的窘境，也念及呂惜生前待母親好，於是母親答應了父親，要到五堵幫忙照顧呂惜的孩子。

當時母親在嶺腳，大哥正喜五歲，大姊美玉才剛滿月不久。外祖父母沒生兒子，孫子輩也沒男孩，所以非常疼愛小外孫正喜，曾想把正喜報為自己的兒子被戶政人員制止；母親也不知道到五堵能不能過活，於是把正喜留在嶺腳讓外祖母照顧，只帶著剛滿月不久的美玉去五堵。

母親不識字不認得去五堵的路，當時父親上班沒能接她去五堵，爸爸找來好

友黃森林接她走。母親抱著手中剛滿月的大姊，向鎮上探頭的人一一告別，沈重的步伐，伴著懷中大姊的哭聲，她使力地踏上火車，頭也不回，隨著那一陣哀長的汽笛聲，她知道這一去，將逝去青春歲月，她告訴自己再多的苦也不能訴，這是她自己選擇的路！一條不能回頭的路！隨著火車的遠離，那煙囪裡濃郁、杳渺的煙，已飄向遙遠的天際！

母親到五堵，家中呂惜生的五個孩子怯生生地看著她，她現在是前五個孩子的後母，懷中剛滿月孩子的媽。本來給呂惜妹妹白氏桂當養女的十三歲麗珠，常遭養母打罵，又因為俊英縱火事件，父親與蔡石勇結怨，麗珠就偷跑回家住，阿璧十一歲是唯一沒有送人當養女的女兒，接著三個兒子俊德、正雄、正峰分別是九歲、七歲及三歲。

在五堵四年間，母親接連著生下了淑貞及明霞，孩子接連著生，父親只有一雙手，只能靠著當礦工書記薪水養家活口，當月薪水早就在幾個月前就預支光了。媽媽每天的工作－挑水煮飯、提著尿布、破衣去井邊洗衣，在尿布堆、菜園裡、煮飯、借錢及一大群孩子的生活中過日子。

母親來到五堵，並沒有急著跟父親辦理結婚登記，即使生下淑貞、明霞都報為私生子，因為生活忙碌，及母親不知道是否跟爸爸住得慣，所以遲遲未辦理。直到 1956 年，大哥正喜要上初中時，為了要讓正喜改姓王，父母親才辦結婚登記，正喜、淑貞、美玉、明霞父親欄才有了父親名字，也才從姓莊改姓王。

找路到了台北

1945 年台灣光復，日本人慢慢撤離台灣；1951 年日本人經營的「南海興業會社」礦場解散；於是，父親丟了工作，能去哪裡？1949 年叔叔王德成先到台北賣煤炭，父親投資了幾百元，但叔叔愛賭博錢都花光了，於是父親想到可以自己來台北賣煤炭。

父親最後還去收了許多南海礦業的錢，當時國民政府呼叫民眾，要把日本人遺留下來的錢交回給政府，父親說沒交回萬一被政府抓走，家中一堆孩子沒得吃怎麼過！後來，全部幾千元交給了國民政府，姊姊說當時的人，一天才賺幾塊錢而已。

錢！錢！錢！若我們家有了幾千元，那該多好，我們不是很窮嗎？全家人直感慨那些錢為何沒有落在我家！堂姊王金鑾直說爸爸實在是笨且膽小，大哥說父

親實在是清廉不貪，我想爸爸是為了全家人的生存而只好保守，否則他去坐牢一家大小生活怎麼過。

日本人走了礦場解散後，父親帶著妻小共八人，賣了所有的家當，包括幾隻鵝、父親留下來要蓋房子的木頭，才湊到 1600 元，母親說當時來台北賣碳需要 2000 元，錢不夠但還是得走。於是一家人離開了死了四個親人的傷心地—五堵。母親說，住五堵的日子雨總是下個不停，陰雨、晦氣、潮溼，連人的心也滴著雨。

這家人的命運，怎麼陽光一直不露臉！還不如離開，離開那晦氣、陰雨。摸黑到人多的台北，等待明天的陽光！母親說當時不知哪裡來的勇氣，帶著一群孩子，硬是要找路。

台北街頭赤腳小販

1951 年父親來到台北就在重慶北路三段 57 號落腳。租了約十坪大的房子，外面空地隨便用木頭圍一圍，便賣起了煤炭，母親也兼賣米，叔叔王德成也幫忙父親挑煤炭，挑煤不到一兩年，叔叔便在 1955 年農曆大年初一因肺癆而過世。

到了台北，父親從原本的坐辦公室的礦坑書記脫下了鞋子，變成赤著腳、頭戴斗笠、肩挑扁擔賣煤炭的粗人。有一回父親一如往常，滿身污黑肩挑煤炭賣給別人，一進門才認出對方是父親的小學同學，那人叫「黑石」，腳穿皮鞋，坐在家中躺椅開著電風扇猛吹。父親把斗笠戴得更緊，臉壓低，深怕對方認出他是誰。父親他是班上第一名畢業，而今流落街頭赤著腳，賣煤炭，他心不甘、他慚愧！

父親賣煤炭賣了十七年，1951 年初上台北買聲甲拖煤炭，再用扁擔挑煤炭到人家家裡，後來在 1956 年時才買了三輪車。直到 1968 年台北市禁止燃燒生煤，父親就無法再賣煤炭，1966 年到 1970 年家中仍持續賣焦煤、煤球一陣子，1971 年改賣木炭，1972 年到 1973 年台北人都改用瓦斯，連木炭也沒賣了。1968 年父親慢慢退休，改協助盈豐行雜貨店的開店、送東西、綁酒瓶等雜務。

大家鋌而走險

真是貧窮的年代！我們窮、小偷窮，運煤司機窮，流氓窮，大家都鋌而走險！父親唯一的弟弟王德成得肺結核病了好久，早已不能挑煤炭，在 1955 年大

年初一的清早走了！狗吠、哀號，真是不祥的預兆！當時政府規定肺癆死亡一定要用火葬，出殯那一天風雨交加，我們家中竟然遭小偷，小偷偷走了毛線衣和衣服。淑貞姊姊說那個時代一般人家中根本沒有錢，小偷也偷不到錢，但大家缺的是衣服穿，小偷就偷衣服。

運煤的卡車司機，常常半夜來敲我們家的門，因為要賣走私的煤炭給我們。卡車司機從煤礦開出車後，會在半路上偷偷的下貨，成本只要原來的一半價錢，且常常在半夜兩、三點來敲我們家的門，兩三天就會來一次，爸爸就趕快向水電行葉仔調度現金。我們家也靠走私煤多賺了一些錢。

爸爸買走私煤，引來了流氓的觀望，三、五個人手一伸，想揩油。爸爸扁擔一拿，一聲吆喝，嚇得流氓相互擠眼色，急忙走。爸爸說他可是在礦場管幾百個工人的，聲音、力氣誰能比，那些流氓真是不知道爸爸的底細。

小流氓能惹，警察可是惹不得。我們家的煤炭場是違章建築，警察為了拿紅包，沒多久就會來走走。爸爸說那些小混混只要一吆喝，就嚇得走；警察可是大流氓，硬是不能惹。

久蟄鄉下，必無前途

1947 年母親帶著大姊到五堵找父親，將五歲的大哥正喜留在嶺腳，大哥從小在嶺腳被外公外婆扶養長大。當時平溪盛產煤礦，小學畢業後，大多人就會去當礦工。外公及所有的親戚都是礦工，大哥大概也無法例外。沒想到父親寄來的一封信改變了正喜的一生。

當時平溪國小共八班，六年級分孔班及孟班兩班。正喜念的是將來準備當礦工的放牛班孟班。當時離畢業只剩下 3 個月，被正喜稱為恩師的級任老師羅發逞，告訴班上同學說：「你們放牛班的，小學六年即將畢業了，總不能連一封信也不會寫吧，你們在課堂上寫一封信給爸爸媽媽吧！」。

當時正喜 15 歲了，心想：爸爸媽媽很少看過正喜，如果寫信去台北，不知父母會不會覺得很奇怪？但也總得要寫吧！當時連地址也不會寫，只寫台北市揚雅里第幾鄰幾號，什麼路都沒有寫，竟然郵差也送到了。

信中的大概是說小學 6 年級也即將要畢業了，正喜讀的這一班是不要升學的班，但想到畢業後要去作礦工，沒有其他好的發展，其實正喜也很想考初中看看。

　　而驚訝的是，爸爸收到信不到 10 天就回信了，還寄了到學友書局買的 2 本參考書，一本是學友、一本複習的。他寄信到學校去，信中的意思是說：你留在鄉下沒有前途只能當礦工，你要升學我很高興，寄上參考書你趕快去拼。正喜還記得當時父親用的字他看不懂，「久蟄鄉下，必無前途」，還特別去查了字典，這一些話注定改變正喜的一生。

　　羅老師收到信後就問正喜：「你要升學嗎？為什麼這麼晚才告訴我」，正喜：「我心中是這樣想啦，我也不知道爸媽這麼重視！」羅老師：「現在離要考試只有 2 個月，我如何能輔導你參加考試呢？」，正喜：「盡我所能考得上就考，考不上就算了」，羅老師：「明天開始你不要來班上上課，到我宿舍來，我盯著你寫練習題。」。

　　就這樣，正喜一早 5 點多起床，去老師宿舍幫老師起風爐、煮早餐，老師每天出練習題，正喜一直寫，熬過 1 個多月，去考省立基隆中學及基隆市立中學，結果考上基隆市立第一中學，當時平溪國小孔班有 10 多位考上，但孟班二人赴考，二人都考上。

　　正喜考上了非常高興，但後續口試的過程卻很曲折。考上後，要升學同學又留學校繼續準備考其他學校。有一天羅老師發現怎麼孔班都不在，感覺應該有大事，就努力打聽打聽到，原來今天是基隆市立第一中學口試的日子。糟糕，怎麼沒收到通知呢！羅老師催促著正喜，趕快準備去基隆。羅老師陪著正喜一路追趕去基隆。那時火車只能坐到侯硐（原名為猴洞），師生倆就從侯硐走了 30-40 分鐘到瑞芳，在瑞芳等公路局再坐到基隆市，到基隆市再坐公車到基隆一中，報到時已經 2 點多，口試到 3 點半結束，還好即時趕上。

　　多虧父親的那一封信和參考書，以及羅老師的協助，正喜才得以繼續升學，羅老師已經 83 歲了，正喜大哥都會拿著紅包去探望他，感謝過去羅老師的照顧。

　　之後，爸爸、淑貞陪正喜去基隆註冊，當時還去同父異母姊姊阿娥及麗珠家。父親帶正喜去買一雙長統皮鞋，還買了童子軍衣服、領帶。那是正喜生平第一雙鞋底是皮的沒黏橡膠的皮鞋，爸爸說要買就要買好一點的。正喜回憶當時的心情，從出生以來沒那麼快樂過。

　　上初中（1956 年）後，正喜就跟大家一起在台北生活。

債台高築

四十年前台北的天空，不僅陰雨，甚至比五堵更是寒冷！我們家的門牌被寒風寫下了窮！窮！窮！全家人的臉上總是刻著餓！餓！餓！

1957 年到 1961 年間，是我們家最苦的日子。在 1957 年爸媽標了幾個會，賣炭、賣米、省吃儉用，花了一萬多元買了重慶北路三段 113 巷 1-3 號的地。經常賣炭給父親的商家顏賜碧常讓父親賒帳，父親感激在心，於是用地契替他作保，商家顏氏倒了，我們家房子被查封，爸爸到顏家去要債，顏家夫妻跑走了，留下一群孩子沒東西吃，爸爸看了心軟，反而掏錢買東西給孩子吃。父親要不到錢，於是母親四處借錢，跟舅舅黃萬借黃金項鍊，跟明璧姊姊借三千元，用一萬多元把房子贖回。房子贖回了，為了買房子標的會，又被倒好幾萬，於是，家中債台高築。

緊接著 1959 年，八七水災引發米價上漲，家中沒有了賣米的本錢，無法再做米生意。而家中能工作的三個男丁接續去當兵，只靠爸爸肩挑煤炭，媽媽則忙著照顧孩子、作家事、借錢，一家十二口，幾近窮途末路。

家中沒米可煮，母親忙四處探頭借錢，鄰居看見母親都趕快躲，他們也知道媽孩子多很辛苦，但是深怕媽媽借完了，偷跑路。附近的米店，白米一直賒，我們從來沒還過；母親只好一直躲，媽媽說她真想帶著全家到南部躲，但是到了南部也不知道怎麼活。於是，母親只好走更遠的路，到第一分局（5）旁，沒有賒欠過的商家，買十塊錢米回家，媽媽說當時米一斤三塊多，買一次隔天煮都還不夠，姊姊說，當時一直吃麵線、吃綠豆，實在是吃到怕

偷運私宰牛

人走到窮極末路，總是要想一些方法，讓人活下去！只要能動的人，不管年紀多大，不管用什麼方法，全在為生存而找路！

以前經過台北橋，我會為撲鼻而來的臭味感到厭煩，我會埋怨淡水河怎麼這麼髒，何時要進行整治；現在同樣是經過台北橋，我的心卻是沈重的，從汽車揚上長長的斜坡開始，我的心會開始抽痛、我會開始流淚，這是二姊告訴我的故事。

在四十年前，殺豬的哥哥正雄在當兵前，為了幫忙家中生計，每天替人搬運別人偷宰的牛，因為偷宰牛就可以逃掉稅金。當時從台北運到三重，一定要經過

台北橋，台北橋上又有憲兵及警察會檢查來往三輪車。哥哥用一輛三輪車下層放殺好的牛肉，上層放滿了煤炭作掩護，以防警察檢查。

但牛跟炭那麼重，哥哥在上坡時根本推不動，念小學的幾個姊姊都在台北橋頭，約好時間等著哥哥的三輪車，一起幫忙推上橋。姊姊說當時水泥工一天才五十至六十元，偷運牛肉一天運個幾回，可以賺好幾塊錢，牛好重七、八百斤，後來哥哥拉到太累，從嘴巴吐出鮮血。我的家人就是這樣苦撐著。

淡水河上徘徊的身影

當媽媽生了七個孩子後，偷偷跑去裝避孕器，被爸爸知道後媽媽遭受將近兩個月在街上，在鄰居面前的毒打。爸爸說：「孩子越多越好，我們的家族要大，山賊才不敢來犯」（都已經在台北了，1957年了，他卻還在想幼年時山上的土匪）；「媽媽怎能到醫院脫褲子給男醫生看，不知羞恥的女人，應脫光衣服抓去遊街」。媽媽說：「我們家已經養不起孩子了，再多個孩子會把我們家拖垮，我們已經都沒米吃了，孩子都沒地方睡了，都睡在半掩的大衣服抽屜裡」。鄰居們偷偷湊錢，要幫媽媽到法院告爸爸；媽媽帶著四、五個孩子走到台北橋上要跳淡水河自殺；隔壁一個阿嬤告訴媽：「跳死了，孩子去那裡找媽媽」，媽媽又帶著孩子走路回那個「兇暴、殘忍的丈夫，一貧如洗的家！」

現在上了橋看著淡水河，我不再計較河水的乾淨與否，及撲鼻而來的惡臭，試著在橋上人行道尋找四十年前，在我還沒出生時，帶著六個女兒要跳河母親的身影。她必須花多大的勇氣、力氣，才能把六個女兒（從九歲到三個月）帶上台北橋，徘徊著要跳河；又必須下了多大的決心改變心意，才能把六個女兒帶下橋，繼續忍受煎熬地活下去。淡水河跟我有了深厚的情感，它的髒亂提醒了我這些記憶，我不希望它被整治、換新，那會沖蝕掉屬於我們家幾十年前的片段記憶。

之後，媽媽聽了鄰居阿嬤的勸告，沒跳河自殺。大哥從嶺腳找來外祖母。父親與外祖母對罵。父親告訴外祖母，母親多麼不要臉，竟然脫褲子給男人看；父親說，孩子多有什麼不好，他即便到六十歲還能挑煤炭養孩子！外祖母對著父親罵：人家六十歲是要抱孫子了，你還要養孩子，你的小孩（指大哥正喜）要不是我幫你帶，你連粥都沒辦法給他喝。但外祖母回嶺腳後，父親依然故我。

嬸嬸說，那一陣子的爸爸有點精神失常，於是帶著爸媽到指南宮托夢，看到

底是怎麼搞得，要不要離婚？結果，媽媽什麼也沒夢到，爸爸卻夢到一個白髮蒼蒼的神明，拿著拐杖，用力在爸爸胸口捶了幾下。後來，嬸嬸又去問了神明，說要蓋住父親的魂魄，爸爸才會安定。但需要爸爸的頭髮和指甲，哥哥買了把新指甲刀，騙爸爸說要試剪指甲利不利，剪下了指甲；又趁爸爸睡覺時偷偷地剪了他的頭髮。好久好久以後，我們這家子的傷痛記憶才慢慢停息，媽媽才不再挨揍。

前娘的孩子怨後娘

日子那麼苦，正雄每天扛木炭、賣西瓜、賣米那麼累，但卻吃不到米，吃不飽，同父異母的哥哥們，總是一再地埋怨媽媽，一鍋粥撈不到幾粒米，更埋怨媽媽一直生女兒為何不送人，為何生了一群孩子要來拖垮大家，害大家沒得吃穿，這個家簡直是個無底洞。媽媽說，自己曾當過別人的養女，知道當養女的辛苦，也看過村莊裡的許多養女受人凌虐，再苦女兒也要帶在身邊。後來爸媽就告訴家中的女兒，哥哥做的是前線的工作比較累，先吃飯；女兒做的是後線，等前線吃完才能吃。於是，在我們家，前娘生的哥哥下了桌，後面的孩子才能上桌。

除此之外，不知從何時起，前娘的孩子有一種傳說，就是「後母害死了前娘」。他們認為呂惜參加喪禮後三天內死亡，死因可疑。於是萬種猜測、推論出籠，已經當人養女的阿娥，回家來看即將要當兵的弟弟俊德，除了列隊送行外，更是使用浴室中洗臉的毛巾，擦她自己的雙腳，百般挑釁。一直傳遞著一種訊息，後母侵佔了我們家，我們也不是好欺負的。

同父異母的哥哥俊德，是讓爸媽最頭痛的孩子，偷別人的腳踏車、小轎車，扛著煤炭賣錢後，錢總是不拿回來到處花用，後來爸爸便不再讓他挑煤炭。後來也因為種種因素，被父親趕出了家門。媽媽說，她剛到五堵時俊德才九歲，以前跟俊德很有話講，後來就變樣了。俊德對媽媽有許多的怨恨，拿著刀滿口髒話，罵媽媽搶人家老公，只配作婢女的命，只配幫他們洗衣服；也曾說爸爸的錢三分之二都是被媽媽拐走的，媽媽不知道撈了多少錢給這堆女兒。他們埋怨後母帶來一群孩子拖垮了全家，不然這個家不會這麼辛苦；更覺得後母莊英害死了她們的母親，搶了別人的丈夫。

女兒開始投入工作

大姊美玉 1960 年小學畢業後，知道家裡窮無法繼續唸書，馬上投入工作的

行列。

第一個工作是重慶北路巷口斜對面新豐軟管廠做牙膏罐，一天工資五元，晚上如果加班有三元的晚餐錢另加加班費，當時覺得工資很不錯很愛加班，但是有天突然發生了一件事，做了三、四個月就不能再做了。

美玉做好牙膏罐後，還需把做好的軟管一支一支插在正方形木板架上，完全插滿後再將正方形板子，一板一板疊高上去，但當時美玉又瘦又小，管子疊不上去不小心掉了下來，恰巧被老闆的第三個兒子看到，大聲地斥責說：這樣不行，這樣不行，你不要工作了，回去回去！當時美玉只好跑回家，邊跑邊哭，心裡很著急，想說沒工作怎麼辦。

第二個工作是去雙蓮做塑膠袋封口的工作。每天從上午七點多做到晚上十點多，常常必須加班到十二點、一點多。那時冬天晚上天氣很冷，路上沒有什麼行人只有小狗汪汪叫，媽媽會帶著二姊淑貞去接美玉回家。都會在第一分局附近買一點點米回家隔天煮，但家裡人口多常吃不到白米。後來去同父異母的姊姊明璧家幫忙結冰棒、做家事。美玉在家不曾煮過飯，到明璧家大灶門一開，結果洋裝被大灶燒破一個洞。日夜都住汐止鐵道旁，晚上睡覺時聽到火車聲音就一直哭，因為沒有離開過家，心很酸。只做了一個月，農曆三月十四日大龍峒大拜拜，淑貞就把美玉接回家了。

當時正流行訂作衣服，也曾到堂姊家去當學徒，但後來家裡實在急需要錢，才在 1962 年 3 月進天美服裝公司工作。那時天美服裝在延平北路有五層樓，三樓四樓是車衣部，工廠有兩層樓共一百多個女工。其實當時美玉在堂姐那邊，只車過腳踏裁縫車只會車直線，本想應徵修線頭的童工，但媽媽打聽到車衣服賺的錢比較多，就帶著美玉去找老闆娘，說她女兒要來做車衣服的工作。

到了天美，老闆娘拿了一件短褲要美玉試做，一拿到褲子，根本就看不懂是褲頭還是褲尾，電動裁縫車一踏針縫飛快，心也快飛出去，頭都暈了。美玉隔壁坐了一個人叫岡市她人很好，大概跟母親相同年歲，她就一步一步的教著美玉做，一件做好就已經一天了，老闆娘就說這樣不行，太慢了！佔了一個位子！母親就求老闆娘，說到三個哥哥在當兵，讓她賺一些給三個哥哥的零用錢。回家後，母親就對美玉說，看你在車褲子，我的頭都昏了！鄰居湯金藤的兒子比我們的女兒還大，還在讓他媽媽洗澡，而我們家美玉年紀小就已經工作賺錢了，說著說著母親就落淚了。

　　經過一個月後，美玉也就順手多了，從早上七點半工作到晚上十一點左右才回家，爸爸都會關心地問今天做了幾件內褲？當時每天做三百六十件至三百八十件，每件兩角七毛錢的工錢，後來工廠有新產品都讓美玉先試做，那時候裁剪師父一個月賺三千元，美玉半個月就領了四千多元，一個月就八千多元。一拿薪水袋美玉就全部交給爸爸，爸爸感動地哭了！說一個嬰仔屁賺得比大人還要多，當時美玉心裡只想著，要多賺一些錢給爸爸，就是不希望看到別人來家裡討債，爸爸卻沒錢還別人。

　　老闆娘對罔市說還好沒辭掉美玉，那時候全工廠一百多人，美玉是領最多薪水的女工，等到領錢日前幾天，好幾個同事們要跟美玉打賭，領最多錢的要請客，美玉心想哪來的錢請客啊！同事們也想約美玉跳槽，至延平北路衣服訂做店、孔雀成衣廠或天鵝牌成衣廠去工作，美玉想了想就做罷，因為如果跳槽到別家成衣廠而不適應，到時會兩頭空，那麼家裡的負擔不是又更加重了嗎？想了想也就放棄了。

　　假日同事常邀美玉去郊外玩，但美玉從來不去，因為她要在家幫妹妹做衣服，讓她們有新衣服穿。美玉從十六歲（1962 年 3 月）做到二十三歲，共做了七年，在跟姊夫林祖田結婚前一天（1969 年 2 月 11 日），才辭掉工作。

從幾個罐子開始的小雜貨店

　　二姊淑貞 1961 年 6 月小學畢業就開始去當女工，去穿了三個月的塑膠花，又到大龍峒覺修宮對面去做了二個月的日曆，當時工資一天十元，但老闆跑了沒拿到工資。只好又到五代成衣廠，一天工資也是十元，心想工資這麼低還要幫人家掃地，做了一天就不想做了。

　　正巧鄰居阿乖的小雜貨店是個違章建築，隔壁家要蓋房子，它擋在路中間要被拆掉，留下了幾個糖果罐給了我們，我們又去圓環買了幾個罐子，就在 1962 年初就開始在 113 巷 1-3 號經營起小雜貨店，從 1962 年至 1982 年，一開就是二十年。

　　1962 年剛開始先賣糖果、抽組，那時也會蒸菱角、蒸螃蟹來賣，剛開始一天才賣二百至三百元，後來可以賣到四百元。1964 年，開始賣菸酒生意才好起來，當時用兩千元向對面雜貨店的阿婆買菸酒牌，因那阿婆年紀大了不想做了。而 1-3 號因為土地還沒有錢過戶不能申請菸酒牌。

我們的雜貨店不但可以記帳且外送到家。米、碳、酒、汽水其重無比，我們都得扛到別人家裡去，我們家人粗壯的手臂，就是這樣被訓練出來的。二姊淑貞可是我們雜貨店的老闆娘，大小事全靠她，爸媽則是她的副手，我們讀書期間，幫忙看店則是共同記憶。

媽媽的小腿曾經因為夏天天氣過熱，可口可樂瓶子炸開弄傷小腿，而縫了好幾針；二姊送貨到別人家時，大腿被狼狗咬傷；六姊颱風天跟著二姊去迪化街補貨，腳被玻璃刺傷而流血不止，雜貨店是我們家經濟的重要來源，再辛苦大家也努力撐著。

一寮豬[1] 怎能沒有一隻可以殺

媽媽都說爸爸是個讀書人，嗜書如命。爸爸一直埋怨他的生父死得早，所以沒人可以栽培他，讓他只能讀到小學畢業。嬸嬸說，父親畢業後就自己一邊工作一邊找私塾讀書，曾拜當時漢學名儒「李碩卿」為師，記得父親最愛三國演義，每字每句都用紅毛筆圈點。大哥說，他會那麼愛唸書，也是來台北受父親的影響，爸爸賣完木炭吃完晚飯後，最愛在屋前炭場前飲小酒，吟詩作對。

媽媽說爸爸什麼都能省，讀書卻不能省。爸爸只有一個原則，考上公立的，就可以念，私立的他栽培不起。

初到台北，同父異母哥哥俊德小學畢業，生活太過忙碌，也沒有幫他找學校，等到想讀書時人家已經開學。父親、母親帶著俊德跑到市商（初中）去找老師要給孩子唸書，老師說沒位子了下次再來，父親初到台北，不知初中要考試，竟跟老師說沒位置缺桌椅，我們自己做，做好了送來，我們可以隨便坐角落邊，引起老師的捧腹大笑，爸爸還自嘲，自己真是鄉下來的土包子。

三姊明霞說，小時爸爸常帶她經過蘭州街口的市商，每次爸爸總是跟她說，長大了來念這一所，以後進銀行工作。當時市商是初中一所很好的學校，明霞說，爸爸講的每一句話她都記住，她拼命讀書考進了市商，畢業後半工半讀繼續念北商，也進了銀行，一直到現在做了四十年即將要退休。1963 年，姊姊考上市商了！註冊當天，明霞從一早就著急地一直等，雜貨店一直賣不到二百元，直到下午註冊快結束時，終於賣到二百元，才趕著到學校繳錢。

---

[1] 此為台語發音，「一寮豬」為「一窩豬」的意思。

小時候很窮，少有機會吃烤魷魚，每次聞到街頭烤味香，總讓人垂涎欲滴，爸爸於是來個明文獎勵，只要考前三名，就有一隻烤魷魚。但是講歸講硬是沒有錢買，明霞說她的筆記本裡，已經記下了幾十次前三名，一直盼一直盼，也不敢講。有一天父親很晚從瑞芳回來，偷偷塞給明霞一隻烤魷魚，明霞好高興，但家中人口多不能太張揚，整晚躲在棉被裡用力嚐，怎料到，隔天起床吃腫了下巴。

爸爸跟媽媽說，「要孩子要多念一點書，養了一寮豬，怎麼能沒一隻可以殺。」大哥拼命唸書，夏天太熱家中又沒電風扇，大哥每天早上五點鐘，就到巷口的路燈旁唸書，這個燈太暗就走到另外一頭去念，後來哥哥考上中興大學法律系，他說他能考上大學都是巷口路燈幫的忙。於是，大哥成為我們家第一隻可以殺的豬。

颱風天忙賺錢

每次的颱風天，大風會把我們家的屋頂及雜貨店的木門，吹得嘎拉嘎拉。父親、哥哥帶著斗笠、穿起雨衣，連忙到屠宰口圍牆旁，找現成的瓦片、紅磚及大塊圓木，幾個男人一起扛回家，先是搬磚頭、疊瓦片把屋頂蓋好免得掀掉，用粗鐵線把木門綁穩。姊姊們則躲在房間裡，眼看著屋頂落下的雨水，即將弄濕棉被，趕緊拿著幾個水桶忙接水，這裡一桶、那裡一桶，忙上忙下。屋頂上爸爸哥哥疊磚塊，忙得踢哩垮啦，姊姊們心裡七上八下，不敢睡，真怕颱風把我們家吹垮。

我家總會在大門留一個縫，因為每次颱風天，生意最興隆，買蠟燭，要白色的、要紅色的，大支、小支聲音不斷；我則看著母親、姊姊一張張鈔票一直收。賣完了總要有人出去補貨，1963年葛樂禮颱風來襲，刮颱風下大風，好不危險，二姊淑貞每次颱風天總是冒著風雨，騎著腳踏車，到迪化街去。

我們家本錢不多，每次只能補十盒，沿路回家，風雨大、淹大水，腳踏車搖搖晃晃騎不動，二姊將腳踏車推著走，沿路人家看見二姊車上有蠟燭，大喊我要買，你一支我一支沿路賣，回到家剩六盒，一堆人等著買，一下子賣完了，二姊再推著腳踏車又去補貨。二姊說單單一次颱風天，她就要推著那部腳踏車補好多次貨。

二姊結婚後懷孕七個月，颱風天照樣騎著腳踏車，冒著風雨到迪化街去。她說好危險，但人為了要賺錢，什麼都不能怕，怕了就要餓肚子。

爸爸的好

在母親心中爸爸是個認識字、有學識、懂漢文的讀書人,他不但人高、有學問,而且他在礦場都要管好幾百人,是個很有威嚴的人。

母親說雖然爸爸打過她,但只有她去裝避孕器那一年打好幾個月。除此之外,她體會出爸爸的好,她說她一連生了八個女兒,爸爸都沒有責備她,還讓她把女兒們留在身邊扶養長大,不像鄰居有些女人一生女兒,就要被打得要死要活。而爸爸對兒女也都一樣疼。每次扛完煤炭回到家,一堆女兒都要他抱,他很疼小孩。

二姊說爸爸非常的細心。小時叔叔得肺結核,都帶著叔叔到瑞芳看醫生,二姊也會跟著去。每次,出遠門回到家,二姊還在睡覺,爸爸都輕輕地把孩子抱到床上去,生怕把小孩吵醒。之後二姊結婚生子,也都記住了爸爸對她的好,讓她也會細心地對待自己的孩子。

媽媽掛念的恩人

最艱苦的那一段時間,姊姊和母親常常必須跟左右鄰居借錢。爸爸常常罵母親屁股那麼長,坐那麼久,錢借一借還不趕快回家,一堆孩子等著要吃飯。母親說,我總要跟別人說明,為何要跟人借錢吧,不跟別人聊,人家怎麼肯把錢借給我。

母親最常跟一個賣豬肉的阿嬤借錢。因為我們最常缺的就是趕銀行三點半,而賣豬肉阿嬤中午十二點賣完豬肉,會有許多的現金,母親都是十二點借,趕快把錢寄入銀行,以免跳票。然後雜貨店又會賣東西,等錢夠了下午三、四點再還賣豬肉的阿嬤。

那個阿婆,也是勸媽媽不要跳河的阿嬤,她告訴媽孩子會長大,壞日子會一天天熬過去,孩子無罪,不要自殺斷送孩子的一生。

母親說,我們竟然對救命恩人這麼狠,我們當時沒有錢報答,沒辦法買東西送人家,後來有一些錢了,人家也搬走了不知去向,不知她何時死的,不知她搬到哪裡去……。我們家真是又窮又狠。

爸爸選里長

1969 年,爸爸要選里長了,不是有什麼偉大的政治企圖,竟是為了一支「電

話」。當時一支電話要兩、三萬元，我們家開雜貨店需要常常連絡事情，總要跟巷口的鄰居借電話，好不方便。大哥就建議爸爸乾脆來選里長，就有一支電話。

爸爸會罵人會吼人，就是不會對大眾講話，哥哥就幫他競選，對方是一個年輕人，他是國民黨的，他對民眾說選里長要選年輕的，才會有所作為、敢闖。哥哥說選里長要選經驗老道的，才知道民間疾苦，做里長不能莽撞，而爸爸是無黨無派的。

大哥說選前他就有勝算，因為我們是土炭王仔，我們家開雜貨店賣米、賣煤炭，屠宰口（7）、米粉寮家家戶戶都認識我們，我們深入每個人的家，誰家的灶腳、米桶在哪裡我們都知道，哪有不贏的道理。

爸爸真的贏了，而且贏很多！開票那一天，正喜從屠宰口爬牆回家通報，全家歡天喜地，因為我們家從此有一支新的電話。從此之後，爸爸做了十三年的里長（1969-1982年）。

我吃飯鍋中央[1]

生孩子是我們家的家常便飯，我們家什麼沒有，就是孩子最多。每隔兩、三年就有一個，媽媽生我是第十個。生了七個去裝避孕器，挨了爸爸打，只好接連著又一直生，一直到我。

小孩接生都是爸爸自己來，拿把大剪刀塗麻油床上鋪塊布，叫媽媽用力，孩子生下來，大剪刀一剪，斷了臍。媽媽生四姊時，魚只煎一面突然肚子痛，媽媽趕緊將鍋子拿開，生怕生小孩煎焦了魚，耽誤孩子吃飯，不一會兒，生下四姊後，再回來把另一面魚煎完。到了生七姊時，媽媽懷胎十二個月，一生下來臍帶爛了，差點救不活，媽媽嚇壞了，所以輪到生我時，媽媽才開始找產婆。

媽媽生下我時已經是第十個，又馬上忙著去煮飯，下體血流不止流滿地，只好拿把小凳子，坐著把飯煮完，因為一大群孩子等著吃飯。產婆告訴媽媽，如果再一直生下去，子宮負荷不來，會大出血而死。爸爸只好聽產婆的話，乖乖地讓媽媽去裝避孕器。

爸爸說，我為家中帶來福氣，出生幾年後，家中就蓋了新房子。我小時候長得很可愛，許多人都喜歡抱我，殺豬的哥哥最愛用一手，把我身體橫著撐起

---

[1]「我吃飯鍋中央」為最先吃飯的人，不愁吃穿之意。

1967年淑娟、父親及我家載煤炭的三輪車

來轉啊轉,再放我下來,我好像是他的玩具。我也是他們的跟班,最愛跟著他們到處走,姊姊去迪化街補貨,我跟著;爸爸最愛去大橋頭買魚丸,騎著腳踏車,我坐在前座;爸爸蓋鴿舍,我跟著鋸木頭;哥哥去打棒球,我跟著到延平國小在旁邊吆喝、加油。

我的出生像是換了一個年代,雖然衣服破舊,但還有得穿,姊姊也會幫我們到圓環邊去買;我只知道,我想要的腳踏車、玩具、故事書、鋼琴……都沒有;也會羨慕著身旁的玩伴一個個去上幼稚園,沒有人陪我玩;我則是待在家裡雜貨店看著媽媽、姊姊做生意,人來人往,秤綠豆、抓米蟲、挑雞蛋,忙裡忙外。

哥哥姊姊們一直忙,全家每天像是在打仗。他們帶著經濟壓力在做事,而我只覺得好玩,躲在他們身旁豁一腳,做不完丟著,姊姊會來收拾殘局。我常聽到,母親跟姊姊常在交頭接耳,銀行又沒錢了,下午又有廠商要來收款,她們很緊張,而這些操心事輪不到我,就像姊姊說的:「你吃飯鍋最中央飯的人,哪知道最後吃飯的人,沒飯吃的苦。」

結　語

2000年我碩士論文完成並第一次完整地敘說了我家故事,並不代表我的情緒就變化了!對家的情感靠近了,但是我仍留著對父親的恨,及我才開始發現了自身強烈的情緒。論文完成後,至今的10年中,我仍在變化及反芻中前進與家的情感。

這幾年我在經驗我對父親「恨」的變化。我恨父親拐騙了母親、恨父親堅持要生這麼多孩子,恨父親他造就了這個同父異母大家庭的痛苦。「緊抓著恨」似乎比較簡單,讓我不必去理解現象的複雜,但那對父親何來公平。隨著理解父親的處境,姊姊們幫忙我拼湊當年父親的痛苦,設想當年時代動盪,他必須帶著一

群孩子養家活口的壓力，包括晚飯後喝小酒、痛打母親，痛打後隔天又會去買中藥熬給母親喝的矛盾心情。

撥開「身為父親的應該」，設想一個男人在動盪年代的壓力，身為礦工工頭的權威，及當時年代希望女性在性上的保守（不可以脫褲子給男人看），這些無解的情緒，讓父親用拳頭攻擊母親；而我們兄弟姊妹則是對貧窮的怨及同父異母哥哥的踩踏，投向對父親毒打媽媽的恨；父親毒打媽媽，是他無力處理同父異母間踩踏及貧窮的情緒出口；我們對父親的恨，是我們對貧窮及性道德污名的出口。

曾經我聽姊姊們最常說的話是：這些痛苦是都是父親造成的！這也是被我們簡化的言語，瞭解了父親、母親及同父異母哥哥們的痛苦；現在我無法再簡化的認同父親是主犯這句話，於是，我對父親的恨也就沒有了基礎！

其二是，「爆衝式的情緒」像是我們家共有的聯繫，身為 20 個孩子中最小的一個，我自以為比我的家人好一些，事到臨頭，我才知道自己卻也好不到哪裡去。

2000 年碩士論文完成後，我進入蘆荻社區大學工作，工作的艱辛、資源的有限，讓我體驗到匱乏中人與人擠壓下我強烈的情緒反應。團隊伙伴也開始經驗我巨大的情緒能量——哭泣。遇到困難或痛苦，我可以不停地哭，我自己都停止不了。我不知道這股能量是從哪裡來的，我明顯地感受到與我的家人類似的「怨」、「恨」交纏的強烈情緒，當然這股情緒也作用在夫妻關係中。

我告訴自己，從我過去的家庭經驗已經告訴我，不能只停留在「怨」及「恨」的情緒，那會讓我繼續有理由不進入複雜，不進入他人相對生命的主體，此刻，我得自己再挺起來要求自己。

《第七章》
勞動父母的家庭帳本、兩個女兒的共振參看

一路唸書長大的年輕人，泰半不知道家中生活收支的那一本帳！勞動階層的農民與工人父母錙銖必較，省吃儉用地存著一分一毛，他們形神耗損的身體所背負的教育成本，有誰算過這筆社會帳本？宜霖在台灣東海岸的花蓮出生，玉晶在大陸河南出生，兩人相差約 4 歲，2009 年玉晶讀到宜霖家庭故事，夜晚父母記帳與算帳的景象，帶動了她返身重新認識父親。

壹、算不清的家庭帳本～勞動家庭的親密與孤單（宜霖寫於台北）

一、水泥城市家庭裡的小倆口

1969 年媽媽 16 歲遇到我爸時，22 歲的爸爸正在花蓮開計程車。那算是新新行業，會開車的男人不多，這使得我爸平添許多帥氣。他聽說媽媽沒有東西吃，我爸會帶早餐、午餐給媽媽吃。求婚時爸對媽說：「我家什麼都沒有，但是是種田的，所以每天都會有白飯吃。」媽就嫁了，那年 19 歲，嫁到一戶什麼都沒有，就是人多的客家人家裡。閩南籍的媽媽嫁進了務農的客家家庭，身處在一個連語言都聽不懂、無法溝通的環境。

雖然我們家在花蓮務農，但卻很重讀書的文化。太祖晚年在家茹素修行，抄寫經文研究醫書。爺爺很年輕就娶了花蓮富里鍾家的么女，生了九個小孩，爸爸排行老三。

媽媽的原生家庭很窮很草根，說的是很本土很直接的閩南語，罵起小孩來既兇狠又惡毒。這些都被爸爸瞧不起，因此媽媽也在婚姻生活中逐漸矯正自己的草根語言，希望能擺脫自己原生家庭的水平，讓自己更有水準，但是對於孩子的教養方式、語言卻常在不經意中凸顯，當媽媽罵小孩時，時常會接收到爸爸和奶奶的不認同神情。**省籍不同帶來的文化差異從食物、語言、教養方式、生活習慣到金錢用度衝突一一浮現於婚姻之中。**

　　隔年懷孕，媽媽的記憶停留在她躺在悶熱的房間裡，聽著隔壁房間傳來奶奶、二姑姑和小姑姑（她們那時是國中和國小）的玩笑嬉鬧聲，悶熱吵鬧聲使她憤怒輾轉反覆難眠。那年她與爸爸感情生變，懷孕、燥熱、語言不通與對夫家母女情的嫉妒，混合著將為人母的焦慮，在那幕記憶裡複雜呈現。

　　十一年後，她們搬到了台北縣定居，生下了我。

　　國小時，爸媽的關係嚴重惡化，對彼此的折磨堪稱人間酷刑，此時哥姐都在花蓮唸書，獨留我一人面對兩個隨時都會崩潰的大人。爸爸努力工作，清晨出門、半夜回家，賺來微薄的薪水卻填不滿一大家子的花用、二手中古車的維修費，和兩邊家庭的家用。爸爸指責媽媽不會算計、不會存錢，媽媽指責爸爸不會賺錢、沒有用。我經常聽到爸爸半夜回家就開始跟媽媽對吼、打架，然後兩人就會聯袂出門拜神發誓。在好多年後，我常會在半夜驚醒，仔細傾聽那哭喊的女聲和怒吼的酒醉男聲，是不是我家的大人，聽，辨認，然後再入睡。

　　小五的一個下雨的午後，我聽到有人叫著我的名字，喊救命。醒來後走到客廳，看到爸爸面紅耳赤、面目猙獰地掐著媽媽的脖子，媽媽的臉色已經發白、發不出聲，整個人癱軟。我常看他們爭吵，但爸爸頂多是怒吼，這樣猙獰的神情我卻不曾看過，那實在令人怵目驚心。我站在一旁良久，靜靜地問：「你們在幹什麼？」爸爸一看到我，嚇一跳立刻鬆手。我指揮兩人各進自己的房間，不准動。接著拿了錢包和雨傘走到巷口的公共電話，想了很久，卻想不到可以打給誰求救。花蓮的親人是遠水救不了近火，哥哥（在兵工廠上班）姊姊（在台北縣的國小教書）沒人想過要給我聯絡電話，鄰居也不熟，我幾乎是孤立無援。一個人撐著傘看著曦來人往的街口，11歲的我不知何去何從，繁華的城市對照著我內心的荒涼，是一個荒謬的景況。

　　我在雨中走到了藥房，買了兩顆鎮定劑，老闆不疑有他的賣給我，我見如此容易，還得寸進尺地問，可不可以多買一點。老闆臉上露出狐疑的神情，我擔心他反悔，抓了藥就走。回家後我在茶杯裡各放一顆藥，端進房內給兩人喝，盯著他們喝掉。

　　我有一個禮拜不敢去和爸爸說話，我不敢去面對那個很可怕的爸爸。有一天，姊姊跑來跟我說，爸爸跟她抱怨我不理他，他很難過。我那天晚上才又鼓起勇氣去跟他說笑。我相信他當時必然有些愧疚，也不知該如何安慰我，只是最後的結局卻得由我來收尾，同時還得狠心撇掉內在的那份驚恐時，我對自己這樣的

成長經驗是心疼的。我強烈經驗到一個在都市長大的小孩，在家庭發生危機時，我失去一個家族所能提供的支援，沒有網絡可以協助我，對照一整城的人，關在鐵門內的我們，像一個個小監牢一樣，不知該向誰呼救。我只得獨自面對處理鐵門內的暴力，及鐵門外的冷漠。

回想這對男女走過了台灣農業社會、來到工業革命時期，從花蓮遷徙到台中，最後落腳在台北。一個作女工，一個開計程車，遠離了父母、親友，離鄉背井地獨自面對大城市的現實功利。來到這個人生地不熟的環境，面對超乎自己成長經驗的事件、變化、困難、壓力、痛苦時，他們二人只能相互依靠、討論，一切都只能憑著自己的本能求生，奮力抵抗逼進小家庭中那龐大的經濟壓力，那其中的害怕、不安、不確定性是多麼強烈恐懼，雖然讓關係更緊密，卻又更加拉扯衝突。

只是，當年那個會關心對方有沒有吃早餐、有沒有吃飽的男人好像消失了。那個依賴著男人、沉默少言的女人也變了。

而故事沒說的是，當年這個女人懷孕後期，心臟承受不起時，這個男人日夜加班，開著大貨車從南到北不間斷的運貨，壓縮自己的休息時間，只為多跑一趟車可以多賺一次錢，好讓他的妻子可以在醫院待產。當妻子的妹妹要來台北出嫁時，這男人陪著去婆家協商，在小姨子要出嫁的那個早上，他清晨就起床洗車、擦車，讓妻子的妹妹可以隆重地嫁出去。

故事沒說的是，當婆家需要人力幫忙時，這個女人辭掉了台北的工作，離開小孩回到花蓮去，陪著丈夫幫忙家族的工廠……。

二、家庭圖像的視框挪動

（一）、家人暴力相向

一九七七年，我在台北市出生。適逢台灣經濟起飛階段，家裡生活環境好轉，我過著跟姊姊（大我十歲）、哥哥（大我八歲）截然不同的口了一在醫院出生、包尿布、喝奶粉、吸奶嘴，白天上幼稚園，放學後自己坐娃娃車回家。

因為生逢雙薪家庭，所以跟著我的不是娃娃或小毛巾，而是一長串的鑰匙。晚上回家也還是那一大串鑰匙開門，家裡要一直到晚上七、八點才會有人回來，不過，誰回來也不太重要了，我的記憶裡裝下那間大空宅，就裝不下其他人了。

我是六零到七零年代的名產，號稱鑰匙兒童。開進開出的都是一間空蕩蕩的公寓，鎖上鎖下也鎖不住一個小孩的孤獨寂寞。

一直到我大學畢業進入心理諮詢領域後，我不滿於我的家庭終年爭吵、打架不休，成年後努力使用各諮詢學派來處理我的孤獨感、親密失落、家庭破碎的痛苦。

我遊走於完形學派、家族治療理論、藝術治療……，我的家是專家口中的「家暴家庭」，我是「家暴目睹兒」，我的人格和心理問題來自我的家庭中的暴力衝突。在家族治療的系統理論裡，我粗略地瞥見除了我個人外的家庭面貌，這個視線裡的家人現形了，我能看見他們也有自身的期待和失落，及作為人的痛苦，但我仍放不掉「幸福健全的家庭圖像」，致使我難以接納家庭的衝突和破碎。

我的視框從原先的「家暴」到諮詢理論的「失功能家庭」，這些看待方式仍然沒能真切地貼近這個勞動家庭的複雜性，也沒能給這個家庭一個位置去描述它的獨特性。

當我在台北輔仁大學研究所唸書時，看著同學們談著自己對父母的情感，我始終帶著隔離，說不出口！我原先帶著「不合模」的框架，讓我難以面對我家內的破碎、苦難，甚至可能還被賦予勞動者的「溝通障礙」，只能「暴力相向」的負面評價，這些壓力都令我難以開口。但是千絲萬縷的情感總不停地被勾動著，父母的片片身影在我眼前忽隱忽現，我腦中浮現出童年時的樣貌，胸口有股濃濃的情感瀰漫著我。當同學們說著他們和關係他人的情感、想法，鉅細靡遺地共同勾繪父母親的那個年代以及彼此成長的年代。父母的勞動身影召喚著我的情感，我對他們的心疼、不捨，於是乎，我願意讓我的父母還原為「成年的男女」，讓他們如實地成為人，並接受作為人的限制和困難。

我開始產生了想說自己故事的慾望。

從沒看見，到無法說，再到開始描述，我經驗到社會框架所加壓在我經驗裡的束縛，我的真實經驗竟然是這麼難以真實地描述，語言中總是帶眼淚，在邊說邊哭下逐漸出現故事的原貌。

（二）、親密不是只存在和諧與舒服的情境中

當我看到爸媽反覆爭吵時，強烈的張力令我只想逃離。

　　二○○五年我與一個勞動階層的年輕男人交往，我們交往過程，強烈地拉出兩人經濟不平等的位差。他總想像我的日子比他優渥、舒服，至少賺錢容易。我們談話的內容總不脫工作、賺錢、缺錢這類的話題。剛開始我還能幫著出主意、安慰、支持他的處境，時間一久，我開始覺得沈重。總愁著他的愁，苦著他的苦，思慮著他的思慮，將他的生命揣在懷裡時時刻刻地擔憂著、牽掛著。我有種失落，卻不知道是什麼，只覺得自己似乎越來越累、也越來越空洞。我還在情感的甜蜜中，他卻已經脫離而面對現實生活。我，開始從這兩人關係中消失。甜蜜也逐漸隱身到某個不知名的底層，浮現而來的是面對生存的焦慮，擺在眼前的只剩生活的重擔。我還想戀愛，但是愛已化作現實生活的收支帳本。我看著密密麻麻的數字，和數之不盡的生活困難壓得喘不過氣，我心疼他得為生活如此付出，想幫他卻心有餘而力不足。而他常也一副我理所當然該幫的態度，更讓我氣結，有時讓我不免懷疑起這感情是不是場欺騙。

　　我在這段關係中投入很深，卻也發現自己異常的焦躁，結束這段關係成了我所能想到的自救之道。從我決定結束這段關係後，我天天都在問自己，為何不堅持下去？在關係裡撐住、忍住、涵容住，不輕易行動外化，詮釋自己的反移情，讓自己能更貼近他者，這些是我的訓練，為何現在我輕易的棄守？

　　我想起了國小時，常看到爸媽在日光燈管下的小茶几旁，反反覆覆地算著一本怎麼算都算不清的帳。爸爸總是會質問媽媽說，為什麼錢都不見了？為什麼家裡都不能存錢？媽媽是怎麼也說不清楚，一家五口人要吃要喝，怎麼樣也剩不出錢來存的。兩人就在客廳越說越大聲，而這一幕畫面也在我的腦海裡，如曝光過度般逐漸空白。

　　直到這一刻，像顯影般，再次浮現。

　　張愛玲說，生命像是一襲華麗的袍子，裡頭爬滿了虱子。那麼貧困的婚姻親密關係，便是一襲反穿的袍子！

　　我在自己的愛情裡返身照見爸媽的親密，是被龐大的經濟壓力擠到沒有存在的空間，卻扎扎實實地存在兩人緊密的勞動關係中，憂其憂、苦其苦。兩人胼手胝足的打拼出一個家庭五個人的生存空間，其中有拉有扯，有愛有恨，有痛有苦，卻怎麼也不能說，這個相互依存的勞動關係不親密。

（三）、鬥，是一種在關係裡努力的樣貌

當我在愛情纏鬥時，我也同時想到了安康社區（台北市低收入戶國宅區）的婦女們（我服務的案主），她們都有輕重不等的情感性精神疾患，每個坐在我面前，除了談病、談經濟、談煩惱，還有就是和她們的先生、前夫的情愛、暴力糾葛。她們的婚姻與愛情，在「潔白純真的真愛世界」找不到位置容身，然而真實存在的情感，卻折磨得她們不知該如何擺放，也難以面對自己生命如此難堪。

高中那年，父母離婚，我正在適應高中生活，我們都面對了很大的壓力。每天都會看到媽媽回家進門的剎那，就開始發飆。然後一路罵到晚上睡覺。那像是一種狂躁，高度焦慮、煩躁和情緒化，每件事都會引起她的煩躁，需要以急切、高分貝的方式表達，對我們說著各種惡毒的字眼，以發洩她的憤怒；她一直告訴我她因為更年期所以覺得躁熱，一熱就煩。

我到大學後才發現她都穿束身褲，又緊又悶又熱，到了夏天就更是受不了。所以我後來給她買了棉質內褲，還強調那是名牌專櫃買的，很貴，她才肯穿；後來這種沒事就發脾氣的情況就稍微改善。

但她一直不能接受自己是個「被離掉」的女人，她說：「跟人家說你是個寡婦，別人會尊重你，但是你如果說你是個離婚的女人，別人會瞧不起你。」所以她一直很難面對自己的清白有瑕疵，也對未來充滿著不安和焦慮。大三時，她決定賣掉四維路的房子，搬到國泰街住，並且跟左右鄰居說自己的先生死掉了，我才知道之前她住在四維路時壓力有多大。巧的是，我們住的這層樓的鄰居幾乎都是中年女人，她們的老公也都「死掉了」，我娘像是重獲新生，開始跟鄰居關係熱絡和善許多。

高中時我沒心情理她，她的發飆抓狂總能引起我的惱怒，因此就經常上演母女對吼的場面；要不然就是她會在我面前泣訴我老子的不是、我姐的不孝、我們姓江的都愛說謊……，這也會引起我的怒火。看她週六日都待在家裡不出門，朋友邀約時也扮演著可憐女人，唉聲嘆氣說著她一生都毀了，子女不孝的爛劇情，我對於她自怨自艾自虐的作法非常反感。她整個人焦慮到頭髮掉了一大塊，俗稱鬼剃頭。看到自己連外貌都沒有，更是心灰意冷跟抑鬱。當時的她只有兩種狀態，極躁和極鬱，我在這當中簡直疲於奔命。

後來一火，我就開罵，罵她婚都離了，幹嘛不好好過日子。那種男人這麼爛，不要也罷！去喝下午茶啊！打扮得漂亮點出去喝茶、逛街啊，這不是你以前

最喜歡的嗎？你可以過自己的生活，反正他也沒對你多好，離了算了。

碰到她無理取鬧時，我就會像哄小孩一樣哄她：蔡ＸＸ，你有病啊，你看你現在多好，想幹嘛就幹嘛，沒有人會管你了，你現在自由了。

或是無俚頭的搞笑：「你要收房租喔？那你去跟我爸要！」

或是撒嬌，或是跟她一起幹譙我老爸或是其他人。

我在那時開始說髒話、說黃色笑話逗我媽、直呼家人名諱。

用「幹」字頂出一個空間，讓我和我媽可以在裡頭透氣。髒話也是她小時候家裡很熟悉的文化，是嫁了爸後，這些不入流的文化全得丟掉。所以當我開始用盡各種髒字、三字經在表達我的情緒後，我媽也像是被釋放似的，也開使用髒話表達不滿，我們母女倆最和諧的氣氛便是對話裡「幹」字滿天飛。而我媽從對於黃色笑話的避諱，到最後還能在工廠裡說笑逗樂，她的枷鎖正逐步瓦解。

我開始取代我爸在家裡的工作，修馬桶、補漏、換燈管和一些需要使用勞力的工作。我補位上了一個既是小孩又是父母的位置，又像我娘的朋友、又像她的母親、又像丈夫，能對幹也搞笑也能施以教導。

到了大學快畢業時，我的狀況好很多，而我媽也買了一隻狗來陪她，我們都因為那隻狗轉移了爭吵的焦點，往來也能較為平和。看到她莫名其妙發脾氣時，我會覺得很好玩，並以相聲的方式覆述給她聽，她也覺得好笑，事情就沒了。

這一兩年，我媽開始展現她語言上的幽默，開始會說笑了，也會花錢享受，和朋友出去吃喝玩樂。有一次我姐說：「你有沒有發現她的人生腳本改變了？」「以前她都是說我們以後會不要她，沒有人會養她。現在她說的是，我們以後老了要靠她養。」

我從爸媽的婚姻中、與媽媽的拉扯裡、還有我服務的婦女們的生命裡看到，**這種「纏／鬥」是在關係中的不輕易放棄、持續努力的模樣；是在退三步進半步中力求推進的奮鬥，是在看到彼此差異後還願意共存的情感關係。**這種親密性絕對不是「真愛無敵」或是「心靈伴侶」的概念可以套用的，而我在與她們工作的過程裡，捨棄了個人化、問題化、病理化的方式詮釋她們的處境，試圖在主流價值觀中拉開光譜，讓我們彼此糾結的情／愛、關係有了另一個安置的所在。

三、女性心理助人者的尋根與回歸

（一）、妓運不歸路

2007 年 9 月 6 日，廢娼十週年。

看著眼前這群搖著招魂旗、蒙頭蓋面的女人們聲嘶力竭地吶喊著。廢娼日，是她們被無情政客再次出賣的另一段開始。她們不曾因為政府的「德政」過得更好，反而因此喪失了唯一謀生之路，失業、缺乏就業能力、以債養債、酗酒嗑藥、轉作私娼、自殺的公娼比比皆是，她們的生活沒有像我們想像的「過得更好」，反倒因為道德輿論的「拯救」讓這群娼妓更為潦倒。

這是我第三年參加日日春的抗爭活動，越來越明白，廢娼，在台灣是一個禁忌，是政客口中不可被挑戰的貞操帶，越明白，也就越清楚這是一條不歸路！看著一群公娼，一個個因為熬不過生活壓力走上絕路，看著一個個社會運動同志前仆後繼地參與進來，我們明知不可為而為之，因為這是道義！

走在總統府前的凱道上，我的淚水不能抑制地往下流，聽著她們的控訴，我的心緊緊地揪著、痛著。我想起我在花蓮住鐵皮屋的爸爸，一生中努力工作賺錢養家，但無一技之長的計程車司機趕不上時代的轉變，人至老年身無積蓄、家人離散，只能拖著老命靠著借貸過日子，我們兄妹三人的處境只能讓老父不至餓死，卻無力讓他享福度日。我心知爸爸和這群辛苦人是很難有條件再翻身了，這種揪心的酸楚讓我久久不能平復。

我與她們同樣來自勞動家庭，只是生命的機緣引領我們走向不同的道路，我進了諮詢室成為諮詢師，她們進了房間成了性工作者，在社會階層上或許我們有所差異，但就本質來說我們同樣都是服務業中的勞動者。夏林清老師在「與娼同行，翻牆越界論壇報告實錄」（2002）中提到：「與公娼同行，知道了原來我也是賺吃查某。」

翻牆（污名高牆）越界（跨越階級界線）將我與這群女人在生命勞動擠壓裡相連結，並從細縫中凝視母親的「茶室養女」生涯，也得以理解、心疼被壓得不能翻身的貧窮父親。 為求生姿態如此用力，使我的眼無法移開，無法不看那生命掙扎的苦與奮力抵制令人動容，那力量震撼著我，我生命裡的痛苦與她們一同共振。

貧窮，於我，不再只是生活困苦，那還是種滋養，讓我坐在諮商師的位子上深刻體認，我與案主此刻的距離，是命運使然，但「貧窮」卻讓我在心理上、感受上與他毫無距離。

（二）、精神反抗之路

　　每每進入碩士論文書寫前，我的焦慮讓我無法安然進入書寫狀態，然後我會一遍又一遍地讀著我的同學瑞云寫給父親的信：

『爸：

我在 2006 年寫信給你。寫給 2003 年 3 月 8 日凌晨，在林口工業區單人床上走人生最後一夜的你。

儘管 1998 年留在台灣守著家的變化，為的就是不想你走的時候，沒能在你身邊以我們的回憶送你，便是默然。

最後一回見你，在與媽媽聊天中，你轉頭意識清晰的看著我說：「要跟你永別了，聽懂不懂？」我知道你是認真的，便再也沒法去看你。我拿什麼回應從小看著你想你怎麼把自己活得這麼痛苦，最後走到收容所的存在？

小時候，看著你赤掌奮力打我時的臉，讓我儘管痛恨你與你資本累積的邏輯，對你說過：「要斷絕父女關係。」卻也看見你被階級規則擺玩的痛苦！打我的同時彷彿你是在攻擊自己的手。

這一個當時看來矛盾，在我走上和你一樣的精神反抗之路，才徹底明白其實是共同的抵抗點。我們的肉搏戰讓我至今仍滿腹反抗的怒氣。

夏老師說這是「無所得卻可傳承的家風」。

長久以來，在這世界上強烈的孤獨感與漂泊感，在我走完精神反抗之路，要拿起自己抵抗階級的日常戰鬥時，想起這不只是我一個人的戰役。同時也是你的。突然間，好像不論去哪，我都不再是孤兒。

我的精神反抗之路，其實也是你的。你看見自己打贏了這場仗了嗎？

我沒有放棄，我沒有背叛我們的歷史。

你知道拼湊這些別人踩過去都來不及的碎片有多難嗎？

還好有張大綱，有好多人幫我們拼圖。

我找到從 1985 年在歷史裡做這些事情的人了。爸，我們可以繼續一起並肩作戰吧？』（張瑞云，輔仁心理所碩士口考文本）

　　一遍又一遍地讀著，這裡有股我說不出來的情感震動著我，我難以自抑嚎哭。

是同樣心疼父親「被階級規則擺玩的痛苦」？還是痛恨他使用「資本累積的邏輯」？我從沒有與父親肉搏扭打的經驗，我是他很疼愛的女兒，在他能力所及他都會盡力給我最好的，我高中時她們離婚，爸爸回到花蓮，我們就此疏遠。我一直很難接受他開口閉口都是錢，賺錢存錢、錢、錢、錢。離婚後因緣際會下，他回到開車老本行，那兩年台灣正值李登輝政權的末期，與大陸進行一場又一場的軍事、政治角力，政治上的紛擾讓條件最差的人民最先受害。他在花蓮薪資從最好的上萬元逐漸到數百元。他對我的愧疚也是他不能給我優渥的生活，那似乎是他這個男人最失敗的地方。

我又愛又恨的情感始終難以說清楚，只能在他們離婚後，遠遠的，冷冷的凝視著。

在那個遊行示威的午後，我走出了宿舍到了總統府前面，盯著眼前遊行的群眾高喊連戰下台，我順手拿了紫絲帶綁在手臂上一起高喊口號。那天回家的路上很激動很害怕，大家都在準備聯考，我卻跑來示威，我帶著孤單不安的心情回到學校宿舍，默默地隱藏我的熱火，孤寂地重回書桌前安靜啃書。

對照著當年懷著激情孤單稚嫩的自己，十二年後我處在輔仁心理所的學習中，身旁有很多朋友、伙伴、老師彼此支持著對社會關懷的熱火，當年被升學制度閹割掉的情感，才得以在輔仁這塊土壤上復甦。心裡有強烈的激動，想跟當時年輕的自己說：我遇到從過去到現在，一直在這裡奮鬥的伙伴了，我們不孤單了。

而今更理解，我被日日春阿姨們勾動而出的，還有我與父親際遇的疼惜和難過，如瑞云信中所說：「長久以來，在這世界上強烈的孤獨感與漂泊感，在我走完精神反抗之路，要拿起自己抵抗階級的日常戰鬥時，想起這不只是我一個人的戰役。同時也是你的。突然間，好像不論去哪，我都不再是孤兒。我的精神反抗之路，其實也是你的。你看見自己打贏了這場仗了嗎？我沒有放棄，我沒有背叛我們的歷史」。

（三）、回家

爺爺往生後，有人問起，奶奶都跟人家說：「他轉原鄉了。」（客語）

我那時問奶奶，原鄉在哪？

> 奶奶說：老家啊！
>
> 我那時想，就回老家嘛！幹嘛說轉原鄉呢？
>
> 現在想想，客家人不論流落到哪裡，在哪兒生根，但始終記得自己是從
>
> 來哪裡來，即使死了也要回到原本的故鄉去。
>
> 做了一輩子的客人，死時，是要回家的。

1、何處是我家

二〇〇六年底，我跟認識多年的同事交往，他是個循著人生進程在計畫的「正常」人，在交往初期就希望能結婚、生小孩，因此我也不得不面對自己，是否願意被收編進婚姻制度裡。這時才發現我對於兩人共度一生的想像很稀薄，對於婚姻的概念很普通，但多是女性被壓迫的想像。

加上男友來自傳統的閩南家庭，對於家庭倫理、習俗有成套的規矩，是個大男人的大家族，女性在家族中是最主要的勞動人力，男友母親更是這套習俗的強悍的捍衛者，原先婆媳衝突不斷的場面，在男友母親過世後，他大嫂接繼成為家族傳統的守護者。

在剛交往不久，我與他大哥、大嫂第一次吃便飯時，男友大嫂當著大哥、二哥和男友的面前跟我說：「你以後嫁進來要幫忙拜拜，要下廚幫忙，不能像妳三嫂那樣什麼都不做。」、「妳知道現在家中我最大，妳未來公公、小姑和妳大哥、二哥都歸我管。西瓜偎大邊，我這邊是大邊，大邊是那邊妳知道嗎？妳不能偎向三嫂那裡（閩南語）。」

才第一次吃飯，我就經驗到「下馬威」，透過這個家中的長媳，傳遞出來的這個家庭對媳婦的要求，以及長媳急於建立權力的企圖。席間，這個家庭的三個男性，對於大嫂的言行從頭到尾不發一語。如同過往家庭中的婆媳爭戰，這個家族的男性由任女人相互鬥爭，各自袖手旁觀，因為男人始終是這個鬥爭裡的既得利益者。

當這個歷程在我面前展演第一遍後，我的心中不寒而慄。在剛剛走進愛情裡，我就看到一個家族內的女性們，是如何相互傾軋、為整個家族勞動奉獻自己。

剎那間，我想起過年時，奶奶、大伯母、二伯母和我媽從除夕一早忙到初二回娘家，不停的在廚房殺雞殺鴨、洗菜切菜，到用餐完畢後的清潔收拾，然後再

準備下一頓飯。大伯母蹲在門口的水龍頭旁清洗雞腸，從上午我出去玩到傍晚回來，始終看到她蹲在那裡就著冰冷的水洗著。

那片景象深印腦中，直到此刻接近「準媳婦」的角色位置時，更意識畫面的駭人！愛情至上的我，面臨自身自由與主體性問題時，似乎就到了我的底線了。

「嫁」進一個家庭，在此時是種驚駭的景象。要跟一群陌生人成為家人，重新磨合兩套不同的文化，我有著前所未有的疲憊，當我好不容易和媽媽有著不錯的母女關係後，我實在沒力氣要再和一群陌生人重頭來過。我所感受到的束縛和限制，成為我內在極大的痛苦來源。

孤獨與疏離的生命樣貌挑戰著我對親密的渴求有多強烈，我反覆自問，若是我可以一個人自由生活，所承受的寂寞和進入婚姻中所受的拘束相比，我願意犧牲什麼？自由？親密關係？

疏離帶來的隔閡，不斷勾引我走向獨善其身、明哲保身的生命路徑。

偶而到男友家，男友希望我能把「他家」當作「我家」，我對於「家」這個概念有些空泛，我向來都是「我人在哪兒，家就在哪」，直到有個空間要容納我時，我才發現，自己跟這個空間是有距離的，我的「有家感」是顆不發芽的種子，不落地，也不生根。

小時候，在跟媽媽衝突後，媽媽總是說：「妳出去，這是我家，不是妳家，妳給我出去。」我很自然地接受這樣的觀念——『這是媽媽的房子，我是借住的。』對於我可以不勞而獲得一個地方安然長大，我是心存感恩的，只是同時間，我的腦中會有一張清單，詳列著萬一有天離家，我該帶走哪些東西，該到那裡暫時居留……。

每次離開男友家，我也同樣搜尋我的清單，務必不留下任何私人物品，走要走的乾淨俐落，怎麼來怎麼去，不要讓人覺得我是個負擔。

無處可生根的漂流感始終帶在我身上，堅強而疏離地踩在我所居住的地上。那也是一種自豪，我到那裡都可以生存，也有種惶然，何處可讓我安身立命？

2、轉原鄉

我想到了小時候花蓮老家過年時的情景。以前過年前，叔伯間都會彼此聯絡何時回家過年，小孩們一放寒假就回去報到，跟著小姑姑的指揮開始打掃家裡，一邊準備過年的貨物。等到除夕那天一早大伯母、二伯母、我媽、奶奶就會開始

殺雞、宰鴨，蹲在井邊清洗雞鴨內臟、腸子。家裡堆滿各種過年的喜糖，小孩就從外頭玩到家裡，吃個糖再出去玩，一邊催促著大人開飯，等吃雞腿。到了晚上，男人都趕回來過年，人多到要開兩桌吃飯，爺爺還會乘開飯前空檔，去雜貨店買汽水和紹興酒、玫瑰紅回來，伯伯叔叔們就邊喝酒邊聊天，伯伯叔叔們都有著極為幽默好玩的表達能力，每每總能把在台北工作的辛酸說成笑話取悅爺奶。小孩就在旁邊玩翻天，商量著等一下拿紅包要去買炮竹、起營火……。發紅包時每一戶都會躲進房間裡分裝紅包，我會藉機進出各各房間，看著伯母們煩惱數錢的神情，他們的大失血是我的大豐收，我實在沒心肝同情。等拿到錢，哥哥姊姊們會帶我去買炮竹，然後在田裡起營火，最後還會藏幾個香噴噴的地瓜進去烤。奶奶和伯母們在飯後便開始做起紅豆年糕，在篩子上滴幾滴香蕉油，頓時房子裡便香氣四溢，小姑姑會先在灶房生火，等著蒸年糕。我從那時起就會一直問著大人：什麼時候可以吃？還要多久？好了沒？等年糕出來後，小孩們都會用筷子去捲年糕，像捲麥芽一樣捲一陀大大軟軟黏黏的年糕吃。好香好甜好黏牙。

　　氣喘纏身的爺爺多數都會在一旁靜靜地不說話，眼睛卻是盯著孫子們玩耍，在各個時間點上用客家話，把家中所有的小孩唱名一遍，輪著叫孩子們吃飯、洗澡、睡覺，那是不多話的爺爺在我記憶裡留下最深的記憶。而我唯一會的客家話也只有吃飯、洗澡、睡覺三句。

　　這個記憶一浮現，我的淚無法抑制地往下流，兒時過年的溫暖回憶，成為我此刻自我撫慰的記憶。

　　我的家，在那時那刻，那片記憶裡。只是在奶奶往生後，我們家也因為叔伯合夥失敗而四散，那樣的年，早已不復在了。我深深思念與渴望親人團聚的溫暖，卻也深知數十來，家人間的離齟讓彼此有了嫌隙，那個家，是回不去了。可是我對家中家人的情感卻有如年節的紅豆年糕般軟黏香甜，每每思及，總有股濃濃的鄉愁。

　　二〇〇七年暑假，我背著 DV 機回花蓮，跟長輩們說我要拍紀錄片紀念爺爺奶奶，所以要採訪他們。

　　原先靦腆的長輩們，看到鏡頭都很不自在，但是一看到過去的老照片，眼中散發著光亮，個個沈浸在過往的記憶中。大伯母原先要撿菜煮晚餐，靠過來一看，轉頭回家提著三大袋的照片給我，自己也開始逐一翻看起來。這是我們這近十年來頭一次一起坐下來聊聊天，我跟大伯母撒嬌，訴說男友大嫂的下馬威。原

先以為大伯母也會以家中長媳的位置給我一番訓誡，沒想到她悠悠的說：「個人公媽隨人栽（閩南語）。只要分開住，妳就別管她。」連大伯也站在我這邊挺我，幫我罵了男友大嫂一頓。

家裡的長輩們聽到後，沒有人教訓我，也沒人要求我要成為我所想像的傳統媳婦角色，長輩們都疼惜著我，這種氛圍就是我所熟悉的家，讓我知道這裡有我的靠山，我可以不怕！

二○○七年十月底，江家祭祖，爸爸特地帶著我到爺爺奶奶的靈骨塔前，請爺爺奶奶保佑我早日畢業。聽著爸爸用客家話跟祖先祈禱，我的心裡有股感動被喚醒，那個熟悉的語言原來早已刻進我的血肉裡，讓我緩緩地再跟這個家牽在一塊兒。

稍後，我帶著剪輯好的紀錄片給長輩們看。

家裡長輩彼此笑著自己的今昔對照，對我的紀錄片僅說：「還不錯，可以再長一點。」然後要求一遍遍地重複播放這支十分鐘的影片。

我知道自己製作品質並不理想，可是我只是想做一點什麼，讓近十年不曾見面的大伯父、二伯父能透過影片看到對方，讓我這個晚輩可以透過影片，謝謝江家長輩對我的滋養和照顧，這是我回頭接續我的家族，在生時，轉回我的原鄉，讓我不需再以客人之姿，**四　處　流　徙**。

3、非典女性的自主——與自己結婚

這些年，我的世界因為愛情而延伸到女性社群，對照相近、相異的境遇，對生命樣貌有更寬闊的看見。她們像是地心引力，將漂浮在愛情中的我，牢牢地釘在地面，因為有她們的支持、責備、篤定的態度，反而安定了我不安的心，持續在感情世界裡掙扎、努力、存・活。

我逐漸看到也看懂身邊女性們的情愛生活：想結婚男友卻不想、想成家卻成了第三者、嫁了人卻發現先生非良人、有了家卻要離婚……。

突然間，這些苦被我深深地感知到，我也心同此心，苦其所苦。

我心疼著女人在這社會的路如此狹窄（不外乎已婚、未婚、不婚三條路），我們的各方面條件早已不是古早時期，等待夫家餵養的弱女子了，但是社會對女性的期待依然是結婚生小孩，似乎這才是女人的歸宿。但婚姻制度其實很苛待女人，她們結了婚就得離開家到陌生地方重新適應起。「嫁」字是女人離家的到另

一個「家」中，但很多時候，女人結了婚，並沒有回家，她們只是找了一個房子讓自己住進去。男人「娶」老婆是擁有（取）一個女人，但女人在這婚姻制度下能擁有自己嗎？

看到自己的親友在這婚內／婚外受苦也吃苦時，我很難過，難道我們沒有別條路走了嗎？

當我這一路走來從孤獨存在、關係破裂、與自己相認、嘗試另類情愛關係、發現我的無家感到尋回原鄉路，我生命裡歷經好幾趟轉折，此刻對自己的生命存在，能擁有身心安頓的安然，我多希望讓其他女人看到生命，還有除了婚姻之外的路，在自己不想結婚或是不確定，或是無法進入婚姻制度時，還可以過得自在安好，同樣可以擁有親密分享及不受良心苛責的性愛生活。

我不想讓我這一路的解放歷程只是我個人內在的爆破，不想只放在論文裡當作一份學術文獻，我想嘗試讓這內爆可以外爆。

二○○七年十月二十八日三十歲生日，這天我辦了一場單身婚禮，向我周遭的親友宣告我要和自己結婚。

單身婚禮邀請函

> 我親愛的朋友們，我要結婚了！
>
> 這個消息對很多人來說可能很意外，但你若真的認識我，你可能也不會太意外！今年我三十歲了。
>
> 但我卻是從兩年前才開始認識自己是個女人，才開始看到這個社會對女人的許多的框架，也才逐漸意識到這個壓力在我身上是如何作用！有些朋友可能參加過我年初在行動研討會上的發表——『一個以情愛體悟生命的吉普賽女人』，看到我在感情上一路的顛簸和行動，二十八歲才開始，也不算晚，好在也還有些體會在。
>
> 許多朋友們都在問，再來呢？
>
> 去年底，大家都知道我交了一個「正常」的男友，也都知道我們過得很甜蜜。而我卻在被愛收留後，才意識到，**原來我生命裡的漂泊流浪感其實與愛情無關！**男友的愛並不能讓我從此落地生根，反而更清晰的意識到自己的失根。
>
> 因此，今年暑假，我做了一個嘗試，我回到我花蓮的老家，與我久未碰面的家族長輩見面聊天，並拍攝我們家族的紀錄片。對一個很疏離的我而言，這是一個很

大的嘗試，因為我在找我的原鄉，也企圖讓自己能在我的家中，落‧地‧生‧根。跟家族長輩們接觸，讓我又有重回到童年時歡樂溫暖的經驗，我的心逐漸安穩。

三十歲，在一個而立之年，我才開始走在回家的路上。

我始終認為，女人的家，不在婆家，也非自己成立的家，那是一條從臍帶連結而來的根。但是傳統總是讓女人婚後就得斷根，嫁出去的女人像潑出去的水…，但我的原生家庭呢？我並不想讓婚姻契約將我和我的家人分開啊！

若維持單身生活就要不斷地承受身旁得關愛眼神，每個戀愛都非得要有完美結局不可，難道不能只是彼此相伴一場嗎？緣盡了，也就互道再會？！

清末民初，女人要是不想結婚，可以自梳示人，但在這看似開放的社會，婚與不婚都變成一種無形壓力，社會仍對獨身女子充滿同情、好奇、不解與評價。面對舊思維之新變種的壓迫，更令人難以大張旗幟地抵抗，我彷若啞巴虧似的苦在心頭。

我此刻的生命是我最滿意的樣貌，明心見性、懂得接納、喜愛自己、有勇氣背包旅行、自由而不恐懼、享受人間情愛……，我不想要結婚，承受婚姻制度強加在女性上的壓力。若是要結婚，我想跟我自己結婚。

我相信我會是一個很好的伴侶，很甜美的情人。

我的第一個婚禮，我要跟我自己結婚。

十月底剛好也是我的三十歲生日，也邀請各位親愛的朋友一同參與──『**一個女人挑戰傳統‧追求生命自主**』的生日／單身婚 party

歡迎你們攜伴參加，並告知我有多少朋友會一同前來。

時間：十月二十八日（日）下午 2:00～5:00

4、連結親密力量

這份 DM 同時也寄給了姊姊與哥哥。哥哥立刻回信祝福，也允諾要帶著大嫂和姪兒一同參加。原本只是嘗試性質，帶著忐忑不安的尷尬將我的另類暴露於家人間，卻意外地經驗原本很疏遠的哥哥，在我拍紀錄片和單身婚宴期間的支持。姊姊則是來電迂迴地探問我的「生日派對」，了解我的想法和男友的態度後，她微笑恭賀。

我知道她們沒有那麼同意我的行徑，但不反對何嘗不是最根本的支持呢！？

我與自己結婚，同時保證絕不背叛自己，也絕不跟自己離婚。這個婚姻既是我對自己一生一世的承諾，也是我作為一個女人想要藉著跟自己結婚，與我的家族族人連結在一起，在我心中我是江家女兒、是江家的一份子，這個身份將與我的原鄉記憶緊密相連。

男友在場上為我的舉動下了一個註腳：嫁給自己，嫁回江氏家族，這是一條尋根回家的路。

現場來了很多好友，有國中、高中、大學到研究所的同學朋友們，有些人了解我一路的變化，有些則是斷斷續續地看著我改變，有些不是那麼同意我的作為，但是她們仍以行動展現支持時，在當下，我與她們之間有股濃厚的情感連結著。

在場上，我們彼此分享自己對愛情、婚姻、家的感受想法，分享我們作為一個女人，在這個制度下分別在經驗、面對些什麼。

我期許這是一場寧靜革命。

但從我辦完單身婚禮後，周遭親友的生命行徑一如以往，我也才清楚這是屬於我個人需求的歷程。婚禮結束後，我奇蹟似的定靜、平穩，這些年因為感情擾動的心煩意亂頓時被平整安撫下來，我沒有慾望再不斷地說話、連結，騷動不已的焦躁也因而平息，原本激動亂竄的能量，被凝縮進我的內在，小小、穩穩、滿滿充實著。

我對我的生命有股相信，不論我今日作了何種選擇、變化，我都擁有男友與朋友們的支持，即便社會輿論對我不以為然，我身邊仍有一小支的伙伴會與我同行。我也不再害怕睥睨媚行、顛覆傳統的形象會引來何種非議，因為我已經開闢了一條「不再傳統」的路徑了。

貳、家庭帳本 ~ 父親的回家路（玉晶寫於北京）

寵愛我的爸爸　第一次打我的爸爸

我 1981 年出生，六年後我弟弟出生。從記事起我們姐弟一直和媽媽生活在一起，住在媽媽單位的公房裏，筒子樓裏一間 18 平米的小屋子。媽媽在市里一個小鐵路的機務段上班。爸爸在縣城的一個小糧庫工作，住在縣城，平時不和我

們在一起，大概每月會回來兩三次看我們。

印象我小時候，爸爸雖然不常在家，但他回來的日子裏非常寵愛我，常常逗得我笑痛了肚子、樂不可支，那種快樂場景至今仍清晰地印在我腦海裏。我六歲多時，有次不聽話，爸爸打了我一巴掌；爸爸竟然打我了！我又驚又怕。以前他頂多只是嚇唬嚇唬我，那是他第一次真的打我，所以那個巴掌在我的記憶中也就格外得重。我突然感到他離我遠了，不再像以前那麼愛我了；而一個重要的原因，我想是因為有了弟弟。

偏心的爸爸、冷漠的爸爸

那時弟弟出生不久，爸爸對弟弟寵愛有加。爸爸回來的日子裏，我們一家四口在 18 平米的屋子裏，每天一大早爸爸就開始和弟弟嬉笑玩鬧，我被吵得不能再睡，挺煩的，但說他們也不聽。有時感覺爸爸對弟弟，到了有點過於溺愛的程度，可以任由他胡鬧，滿足他的各種無理要求，我覺得爸爸這樣的教育方式很有問題，但說了爸爸也不聽。

鄰居們常開玩笑說，看你爸多偏心你弟弟。開始我也不在意，後來聽多了，越來越覺得果真如此，爸爸對弟弟可以一呼百應，但對我提的意見卻完全置之不理。第一次挨打後，越發堅定了我的這一看法。

那時我對家裏的冷戰氣氛也開始有所察覺，感覺爸爸只有和弟弟在一起時才有說有笑，對我和媽媽都沒有什麼笑臉。特別是他和媽媽基本上不怎麼說話，見到媽媽總是冷冷的。偶爾說話，沒說上幾句氣氛就變得很緊張，然後就都不說什麼了。我對爸爸媽媽的這種關係感到害怕，也擔心某天他們會不會離婚。

小學時，一次作文題目是"我想對爸爸媽媽說"。媽媽問我想寫什麼，我惴惴地說，想寫希望爸爸媽媽不要離婚。媽媽會意，鼓勵我寫，並可以給爸爸看。但後來我還是改變了主意，沒寫這個，寫了希望爸爸不要偏心，對我和弟弟一視同仁。這篇文章後來被爸爸看到了，他似乎很在意。後來回老家，連奶奶也知道這件事，奶奶勸我說，你別說你爸爸偏心了，他沒有偏心，他挺愛你的。爸爸對我的態度似乎也有所好轉。

後來聽媽媽說，爸爸起初確實有重男輕女的思想，畢竟在老家農村山區，很多女孩初中畢業就不再上學了，爸爸最初想的也是，我上完初中找個工作嫁人就不錯了，弟弟可以重點培養培養。媽媽一直是男女平等的思想，媽媽對爸爸的勸

說，加上我學習一直很好，爸爸對我也就越來越重視了。

專制的爸爸

和媽媽相比，感覺爸爸很專制。媽媽在我小時候對我管教很嚴厲，後來隨著我慢慢長大，媽媽對我的管教也越來越寬鬆，嚴厲的斥責變成了溫和的勸導和鼓勵，我感覺媽媽就像朋友一樣，對我平等、尊重。而爸爸則顯得很專制，但我的脾氣很倔，我覺得他說的不對就不肯定，堅持自己認為正確的想法和做法。我的想法通常能得到媽媽的理解和支持。我感到媽媽更通情達理，讓我很容易接受，而覺得爸爸的觀點有時太偏狹了，而且非常固執。

比如，媽媽喜歡看《讀者》、《青年文摘》之類的書，而爸爸卻愛看風水、算命，甚至厚黑學，我和媽媽覺得那些是封建迷信、歪門邪道。又如，那時我在學校是班長，爸爸建議我給老師送送禮，讓我繼續做班長，我和媽媽都覺得不應走人情關係，應該憑個人實力建立威望。而且爸爸竟然鼓勵年幼的我去送禮，走不正之風，我也感到很不可理解，也不贊同。而且爸爸似乎特別看重錢，對一分一厘都斤斤計較，我在家裏發現了一個帳本，媽媽在上面詳細記錄了我們平時的每筆生活開銷，細到一針一線，但即便如此，爸爸有時也會因為錢的事情和媽媽起爭執。

總之，一度對爸爸的印象都是負面的，感到疏離、不認同。

出生和成長的爸爸

2006 年 9 月，在北師大教管院聽了夏老師關於行動研究的短期課程，夏老師鼓勵我們把家庭當作社會田野，把父母當作成年男女，對自家三代人的經驗進行梳理，從中增進社會變遷的認識。從那時起，我對爸爸的複雜情感浮現出來，我開始有意識地整理自己的家庭經驗，這種整理主要是通過我和媽媽的交談來進行的，我從媽媽那裏瞭解到了很多背景性的家族經驗，在頭腦中逐漸勾勒出了家族三代人成長經歷的基本樣貌。我試圖通過把各種途徑瞭解到的，關於父親的零散資訊拼湊起來，去梳理他的成長背景、環境、所走過的歷程，去理解一個更完整、更真實的父親。

我瞭解到爸爸媽媽的差別，和他們各自的家庭背景、生活環境和經歷有關。

爸爸 1952 年出生在大陸河南一個小縣城的山區，爺爺奶奶都是地道的農

民，不識字，一輩子種地放羊，沒怎麼出過小山村。爸爸上中學那會兒，正鬧文化大革命，他沒上初中，被推薦直接上的高中，斷斷續續地算是上完了。後來林業局招工，爸爸被招去到深山裏去伐煤柱子，每人每天要伐 80 根，在大雪天也要上山伐樹，又冷又累，但是吃苦耐勞的他還是堅持了下來。通過這個機會，爸爸得以走出大山，到林業局的苗圃場工作。再後來爸爸到縣裏的小糧庫做了一名業務員。小糧庫的收益有兩部分：一部分是儲備糧的國家補貼，另一部分是單位自己經營所得，即利用各地糧食的差價賺取利潤。後一部分就是爸爸這樣的業務員主要做的工作。爸爸經常去火車站上站，要訂好火車皮，保證糧食運上火車，順利到達目的地。

媽媽 1951 年出生，和爸爸是一個縣城的（爸媽的老家相隔二十多裏地），但媽媽的家鄉是平原地區。姥姥也是地道的農村婦女，姥爺讀過書，算得上村裏的文化人，也很重視子女的教育。媽媽是老大，為了把更多的機會留給四個弟弟妹妹，媽媽讀到初中畢業就沒再讀書了。媽媽在村子裏非常能幹，被"鐵姑娘隊"選中去修水庫，後來有機會到市里的小鐵路處機務段上班，在車間裏開車床，加工各種零件。

爸爸的出生地是山區，成長環境相對更封閉些，聽媽媽說老家山區有些思想還是挺落後的，甚至還留有一些愚昧的做法，也許這使得爸爸的思想相對封閉保守一些。而媽媽成長于平原地區，加上姥爺有些文化，使得媽媽的思想相對更開明、民主一些。而且媽媽做的是技術性工作，把自己的活兒幹好就行了，媽媽教我的主要是真、善、美。而爸爸做業務員需要經常跟人打交道，人際關係和社會閱歷很重要，所以爸爸有時會教我一些世俗的東西。

一無所是的爸爸、讓我心疼和感激的爸爸

2007 年 12 月，有位朋友問起我的爸爸，我說起爸爸的專制、固執、小氣等等。講完以後我發現自己說的竟全是爸爸的缺點，爸爸難道沒有優點嗎？我自己也覺得爸爸不應該是一無所是，於是集中想了想爸爸的優點。我想到爸爸特別吃苦耐勞，他給我音樂上的啟蒙，教我物理知識，幫我復習歷史，對我的種種關心。我還想到爸爸在我上大學後寫給我的那封信，大意是說，你考上大學了，已經成了高級知識份子，以後爸爸未必有你知道的多了……這封信讓我第一次感到爸爸似乎從高高在上走了下來，對我更尊重了、更平等了。我感到爸爸其實一直

成為一個人 － C. Rogers.

在變，他的固執和狹隘只是較封閉的生活環境造成的。

我盡力去想像爸爸走過的道路：他做過許多重體力活，工作是在最基層奔波，而且還常常騎自行車（為了省錢）從縣城到市里去看我們，曾經鋼鐵般強壯硬朗的身體，竟也日漸虛弱了。他從農村來到城市，在基層跑業務，一定吃過不少白眼，受過不少擠壓，見過太多的世態炎涼，所以才會沾染上一些市儈氣。他以那樣微薄的工資養家糊口，供養我和弟弟上學……所以才會對錢那麼斤斤計較，那麼"吝嗇小氣"。而他長期一人在縣城工作生活，工作勞累、起居不規律，又沒有人照顧他，所以他的房間才會常常一團糟，也不怎麼講究衛生……想到這些，我對爸爸感到很心疼，也有了重新的認識和理解。

在那天的日記中，我寫道"對爸爸的重新認識讓我心潮澎湃，輾轉難眠。一直以來，爸爸在我心目中並沒有多麼高大的形象。曾經想過，如果爸爸能更有成就、更有能力、更有人格魅力，也許我會比現在更好。但爸爸始終是一個掙扎在社會底層的小人物。我只看到了他的吝嗇小氣，他的窩囊無力，他的愛錢如命，他鼓勵我們向上爬的功利，他強迫我們服從的專制，何曾想過，在這些的背後，是他為了家庭、為了子女，幾十年的勞苦奔波，是他從農村來到城市的幾多艱辛苦楚，是他在底層備受壓迫的忍辱負重，所以，他才會有那樣想改變命運的強烈願望，以及寄託在我和弟弟身上的殷切期望。爸爸啊爸爸，也許你不是個成功的男人，但你無愧於一個偉大的父親，女兒要好好報答你。"

不溫柔的爸爸、不稱職的丈夫

經過梳理，我對爸爸的印象有了很大改變，也更能理解和體諒爸爸，唯有爸爸對媽媽的態度成為我的一個心結。

大概 2001 年，爸爸內退。國家統一的標準大糧庫建成以後，加上各地的糧食差價越來越小，爸爸工作的小糧庫效益漸漸不行，沒什麼業務，也開不出工資，工人基本處於失業狀態。單位每月只給爸爸發 200 塊錢，扣除各種保險後，基本不剩什麼。只是爸爸還沒有到退休年齡，還要等幾年後退休才能領到稍高的養老金。於是 2002 年爸爸來到市里，找了一份臨時的工作，終於和我們娘幾個住在了一起。

2002 年媽媽也內退了。媽媽工作的小鐵路起初效益非常好，是市里的利稅大戶。但後來大鐵路一開通，小鐵路漸漸停運，單位效益越來越差，只能把機器

零件逐漸變賣，最後把廠房承包出去收取一點租金，老職工基本上自謀出路了。媽媽到一家私人工廠繼續做機床加工。2006 年媽媽退休，但考慮到我在讀研，弟弟還在讀大學，都需要錢，媽媽繼續到私人工廠做工。長年的辛勞加上在私人工廠工作的高強度，使得媽媽的身體狀況急轉直下，經常腰酸背痛。2007 年我研究生畢業找到工作後，媽媽終於沒再工作了。

我們一家人住在了一起，但假期回家時，發現爸爸對媽媽的態度很不好，一點小事就著急上火地發脾氣：嫌媽媽早鍛煉出門時弄出了響動，讓他睡不好覺；嫌媽媽東西放的讓他找不著；嫌媽媽在家裏走來走去讓他心煩；嫌媽媽又忘記關燈……諸如此類的事情，而且他有話也不好好說，語氣凶，講得也很刻薄，我都有點聽不下去。媽媽每次都好聲好氣地跟他說，他也不領情。

有次媽媽做飯時弄出了一些聲響，爸爸怒氣衝衝地到廚房去責問媽媽，媽媽大概也憋了一肚子氣，就把手中的水壺在灶臺上重重地頓了一下。氣氛變得很緊張，當時弟弟說了句，"別吵了"，後來爸媽都沒再說什麼。還有次我和媽媽晚上鍛煉回去晚了點兒，爸爸已經睡下了，媽媽也去睡了，我去洗澡。正洗的時候，聽到爸爸在房間裏罵了一句，說著，早上五點就不讓人睡了，晚上十二點還不回來！媽媽小聲說了句，玉晶還想多鍛煉會兒……我聽得十分驚心，趕忙說，是我，我儘快洗完……媽媽說知道爸爸睡眠不好，早鍛煉和做飯時她儘量、儘量地輕手輕腳、小心翼翼，但稍弄出一點聲響，爸爸就會大發脾氣。

我特別不能理解，爸爸為什麼對媽媽那麼不好。感覺媽媽勤勞能幹，又特別通情達理，有時還忍氣吞聲，但爸爸卻動輒發脾氣，好像總是看媽媽總是不順眼。媽媽常關心爸爸的身體，出去逛街也總想著給爸爸添些衣物，但似乎從來沒見爸爸去關心體貼過媽媽。在爸爸身上，我完全看不到一個丈夫，對妻子應有的體貼和關愛。我為媽媽感到深深的難過和不平。

我非常希望幫助爸爸媽媽改善關係，我和弟弟都出來了（我 2000 年離家到武漢讀大學，2004 年到北京讀研，2007 年畢業後留京工作，弟弟 2006 年離家到鄭州讀大學），平時家裏就是爸爸媽媽在，如果他們兩人能夠互相陪伴，應該都能過得更好一些，我也可以更放心一些。感覺媽媽一直希望和爸爸建立良好的關係，她做了很多的努力，也做了很多的忍讓，但無法從爸爸那裏得到足夠的回應。

爸爸這樣的態度究竟是什麼原因呢？我問媽媽，爸爸對她是一向如此，還是

後來變的？媽媽說剛結婚時也曾經有過一段感情很好的時期。但後來，因為經濟上的問題，以及其他一些原因，感情慢慢變淡了。爸爸媽媽長期兩地分居，媽媽一個人帶我和弟弟長大。爸爸嫌媽媽總是攢不下錢來，他們因為這個沒少起爭執。但媽媽說，她實際上一直非常省吃儉用，我們家比鄰居家裏條件要差一些，但她不想委屈我和弟弟，儘量為我和弟弟創造和其他孩子一樣好的生活條件，加上和親友的禮尚往來，她那點微薄的工資根本餘不下什麼。

2009 年 6 月，第二屆海峽兩岸行動研究研討會上，聽宜霖講到她的爸爸媽媽也經常在家中算賬，但算來算去怎麼也算不清楚，我覺得跟我們家好相似，並突然想通一點那是怎麼回事，因為以他們那樣微薄的工資要撐起這個家，養育我和弟弟，供我們上學，他們必須在多年以來辛苦勞作、省吃儉用，一分一厘地去攢，但即便這樣也還是常常捉襟見肘。所以，我也明白爸媽的衝突是受家庭的經濟狀況所影響，加上爸媽長期兩地分居，對各自的經濟狀況並不能完全瞭解，也容易造成不能互相理解。

對爸爸來說，作為一家之主，家庭經濟、以及房子，何嘗不是他心頭的重擔呢？為了我和弟弟上學，我們家一次次放棄集資買房的機會，二十多年來，一家人都擠在媽媽單位又小又簡陋的公房裏，老鄰居們都陸陸續續買房搬走了，只有我們家還一直住在那兒。直到 2006 年左右，我研究生快畢業時，家裏才買了房子。而這次買房，爸爸拿出積攢的錢有八萬元之多，要知道，他一個月的工資只有兩三百。這麼一大筆錢是怎麼攢下來的，周圍的人都感到很吃驚。如果沒有爸爸的"摳門"、斤斤計較，也不可能有我們家現在的房子。

病痛纏身的爸爸

2009 年 7 月，我在讀書會做了一次關於我的家庭經驗的報告，大家的回饋給我了很多啟發。一是讓我反思對父親的理想看法是從哪兒來的；二是提醒我跟媽媽再確認一下，爸爸對她到底好不好，因為我在家的時候並不算多，也許有很多事情沒看到；三是提醒我找機會當面問問爸爸自己的想法。

於是在那個暑假，我跟媽媽聊了很多。我問了媽媽，你覺得我爸對你好嗎？她說，不好。她說覺得自己在家裏就像奴隸一樣，特別是爸爸對她總沒有什麼好臉色，說話也一副惡狠狠的樣子，似乎特別煩她。還不如對外人，爸爸對外人一向都十分和氣，笑臉相迎的。媽媽說她在家裏處處小心，但還是稍有不慎，就會

惹爸爸生氣。媽媽還說姥爺剛去世那會兒，有次在電視上看到送葬的畫面，她觸景傷情，哭了很久，到後來哭到人都快虛脫了，當時爸爸在旁邊，一句安慰的話都沒有，讓她特別傷心……媽媽講了很多她的委屈，講到後來，她竟渾身發冷，一定要找件大衣披上，她說覺得從心底發涼。看到媽媽這個樣子，我特別心疼，媽媽哭了，我也和她一起哭。

我打算和爸爸好好聊聊，媽媽也希望我這樣做。但我一直很難跟爸爸開口。平時和爸爸的交流只是日常性的問候和生活上的話題，很少深入談心，特別又涉及爸媽的關係，我幾次欲問又止，實在不知如何開口。一直到暑假快結束了，我就要返校了，心想再不問就沒機會了，問題不知還要拖多久。終於在回校前找了一個機會，趁媽媽和弟弟都不在家，我和爸爸聊起了天。從他的身體聊起。總聽爸爸說他身體不舒服，似乎渾身上下都是病，不知吃了多少藥，屋子裏堆滿了藥書和藥、儀器，卻不大見效。我問爸爸到底是哪里不舒服，什麼原因引起的。爸爸講了很多，頭暈、頸椎病、胸口悶、肋骨疼、老寒腿、失眠……他說，誰知道，咱就從來沒有舒服過……聽了這些，我也感到特別心疼。

聊到後來，我終於鼓足勇氣問爸爸，你對媽媽是什麼感覺？他說，沒什麼感覺，現在都老了，還能有什麼感覺。我又問，你對她有什麼意見嗎？他說，沒什麼意見……停了一會兒，他說，我也知道，我好起火兒。可能主要還是我身體的原因，肝裏面有火，隔段時間得清清火，要不然憋得難受。而且特別容易驚著，他說你知道那次我跟你媽吵，那會兒我好不容易剛剛睡著，你媽在那兒弄水壺，把我一下就驚醒了，就像丟了魂兒一樣，感覺心慌得很，特別難受。我說了她兩句，她還故意把水壺弄那麼響，我當時憋了一肚子火，看你們在，我才強忍著沒發出來。我跟爸爸說，兩個人住在一起，難免會互相影響，媽媽其實已經很小心了，特別注意不吵著你，但她不可能一點聲音都沒有呀。爸爸也說，失眠主要還是自己的原因，不能怨別人。我勸爸爸跟媽媽說的時候態度好一點，這樣她也比較能接受。

這次的談話就這樣結束了，爸爸的回答讓我感覺很吃驚，也稍微鬆了口氣。原以為爸爸對媽媽有很多不滿，所以才是那樣的態度，誰知他對媽媽並沒有什麼意見，他更多的是歸結於自己的身體原因。他身體上的諸多不適影響到他的脾氣，他現在在火車站廣場收費，大概也不少受氣，我和弟弟都大了，媽媽大概是他唯一可以發發脾氣的人了。

後來我把爸爸的回答告訴了媽媽，讓她不要太介意，爸爸對她並沒有意見，發脾氣並不是針對她，只是因為他自己身體不好，我讓媽媽多擔待點。媽媽說她以前跟姑姑說時，姑姑也說爸爸從沒說過媽媽有什麼不好，家裏上上下下對媽媽這個媳婦都挺滿意的。媽媽感到了些許的寬慰，但也覺得委屈，難道他要清火，就得發在我的頭上嗎？

後來我又想了想，爸爸在市里找的臨時工作，是在火車站廣場收停車費，他們有任務量，完成任務的基礎上，多的部分可以給他們。起初可以掙到一些錢，收的越多掙的也多，好的時候能掙七八百。所以儘管是三班制，工作時間不規律，沒有假期，又要在戶外風吹日曬雨淋，爸爸還是儘量多做一些，多掙些錢。後來這項業務承包給私人了，任務量越定越高，剋扣得也越來越厲害，爸爸他們即便幹得再辛苦也掙不到多少錢。而且爸爸的身體也不太好，我勸爸爸別幹了，爸爸說他也真的不想去幹了，但弟弟還上學，他幹的話，每月能有幾百塊錢收入，多少能減輕些家裏的負擔。

工作時間的不規律，加上爸爸睡眠不好，所以他儘量晚起早睡，多補補覺。而媽媽那時已經退休了，早晚想出去鍛煉會兒。我放假回家後，也常和媽媽一起出去鍛煉，所以爸爸跟我們的時間往往不一致；加上爸爸失眠很嚴重，因為他頸椎變形，壓迫到神經，加上血壓低、壓差小，所以經常腦部供血不足，睡覺時頭暈、心慌的情況經常出現，所以睡不好，對聲響也特別敏感。所以我跟媽媽商量，我們儘量調整鍛煉的時間，在家裏也放輕手腳，照顧爸爸的休息時間，減少對他的打擾。

在家不愛說話的爸爸

不管怎麼說，我的心結總算去了一些，但仍讓我感到十分困擾的，一是爸爸不斷地自開藥方，身體上的問題卻似乎層出不窮，眼見得他飽受種種病痛的困擾，我既心疼又擔心；二是爸爸在家裏不愛說話，常常陰沉著臉，只有我和媽媽說說笑笑的，但看到爸爸的樣子，我們也高興不起來。

為了弄清楚爸爸的病痛，我開始看一些醫書，同時也回過頭思考我們家長期以來形成的互動模式和相互關係。在讀書會彙報時我曾講過一件事情。弟弟高考報志願時，我和媽媽、弟弟最終達成了一致意見，弟弟也照此意見填報了志願，只有爸爸的意見和我們不一樣，他對這件事情十分不滿。當時讀書會的朋友對這

件事提出了質疑，為什麼爸爸的意見沒有得到尊重？我說，按我們的意見來，是因為爸爸說的沒道理，我們做的是客觀的、合理的選擇。朋友們又問，為什麼你們的看法是合理的，你爸爸的意見就是不合理的呢？

這樣的質疑讓我反思，自己原先一直感到理所當然的一些想法。我想到，因為我和弟弟從小都跟媽媽一起長大，聽過媽媽的很多教導，也看到了媽媽的很多辛勞，跟媽媽有種天然的親近。而爸爸不經常回來，我們對他的一些教育方式、想法和做法，並不是特別認同和接受。所以家裏有事情時，我和媽媽、弟弟很容易就形成了一致，爸爸常常得不到支援，最終往往是按我們的意見來的。爸爸雖然表面上是一家之主，但實際上在家裏這樣的事情上，並不能樹立起真正的權威，也許這讓他長期以來備感壓抑。也許這也是他生病、以及不愛說話的重要原因。

我把這個想法跟媽媽交流了，媽媽也覺得我說的有道理。她說原來以為她自己，在家裏一直是忍氣吞聲的一方，沒想到有次吵架，爸爸說，家裏誰不知道你厲害！她十分詫異。媽媽說確實感覺我和弟弟都更聽她的。她想起有次弟弟在家裏看電視，爸爸說了好幾遍讓他回屋看書去，弟弟都沒動。後來媽媽說了句話，弟弟就回屋去了。所以我跟媽媽說，我們在家裏要照顧爸爸的感受，儘量維護他的尊嚴，尊重他的意見，媽媽也表示同意。

我常常努力緩解家裏緊張、沉悶的氛圍，和媽媽聊天的時候會有意識地拉上爸爸，在外時往家裏打電話也儘量和爸爸說上幾句，慢慢地，從原先跟爸爸很少說話、沒話說，到後來可以輕鬆愉快地聊各種生活話題，我和爸爸的日常交流已經是比較順暢了。

不能深入交流的爸爸

但是我一直特別希望和爸爸能有更"深層次"的交流，我對爸爸、對家庭的結構都有了新的認識和理解，但這些想法都還沒怎麼跟爸爸交流過。很想知道他自己究竟是怎麼想的，特別是他對媽媽的看法究竟是怎樣的，感覺自己還是不大知道該怎麼開口跟爸爸說這件事，一提起這個，爸爸似乎就比較沉默了。

2009 年 11 月，在夏老師的講座上聽到"沉默的呼吸"，講多種相容的可能性，我也把自己關於家庭的困惑向夏老師做了提問。夏老師的回覆讓我有了新的認識和理解，使我認識到，爸爸和媽媽長期兩地分居，媽媽對於作為丈夫的他，

和作為孩子父親的他都是有期待的，而爸爸近幾年雖然和我們住到了一起，但他是在原單位開不出工資、事業上在走下坡路的情況下過來的。來到市里，對爸爸來說，是來到一個比較陌生的環境，不僅沒有他所熟悉的同事和朋友，連家和家人對他來說也是比較陌生的，媽媽、我和弟弟如何對待他，使他能夠真正地回家，是我們需要摸索的。我也把這些想法跟媽媽做了交流。同時也讓我想到，我之前對於跟爸爸有深層次交流的想像可能過於理想化了，爸爸的沉默少語，本身就是需要我去尊重、理解和包容的，我不應該總是試圖讓他講更多的話，講不講，講多少，都應該由他自己決定。

跟爸爸的交流有一些新的突破是在 2010 年的寒假。我讀了《高效能人士的七個習慣》這本書，感覺和行動研究有許多共通之處，書中講了一些具體的技能，其中之一是"知彼解己"，對我觸動很大。"知彼解己"主要是講，和人溝通時，應當首先理解別人，再表達自己。我感覺自己常常聽不進去爸爸講的話，於是在跟爸爸交談時，有意識地用"知彼解己"來要求自己。有次爸爸在家裏談起一件事情，很快就被我和媽媽否定了。後來爸爸有時還提起，我便儘量耐心地聽，發現爸爸的意見當中確實有合理的成分，而他也不再那麼堅持之前的想法。我初步感到了"知彼解己"的效果，便把這個想法和媽媽交流。我跟媽媽說，不管覺得爸爸說的對不對，至少先聽他把話講完，別一下子就把他的意見否定了。媽媽也開始注意這一點，後來有次再談起這件事時，我和媽媽都耐心地聽爸爸講，媽媽也感覺到了這樣做的效果，她說，確實應該聽他講，我們聽他之後，他自己也說，覺得自己原先的想法有不妥之處。

我儘量注意這點，但還是難免和爸爸有些衝突。特別是爸爸常常談起對我選擇另一半的看法，我覺得他不能理解我，感到很著急，常常說不了幾句，就忍不住大聲爭執起來，我們各說各的，誰也聽不進去。但看得出，爸爸對這件事很關心，也一直希望跟我有更多的溝通。而我一直在努力控制自己的情緒，儘量聽爸爸講。直到後來有天晚上，我終於和爸爸有了一番比較深入的、心平氣和的長談，實際上這也是我期待已久的。當爸爸又談起他的看法時，我認真地聽他講。剛開始有時還控制不住自己，急於反駁和為自己辯解。後來我有意識地控制自己，耐心聽爸爸講，儘量先肯定爸爸的話當中自己認同的部分，儘量體會爸爸的顧慮和擔心在哪裡。當我對爸爸的觀點表示認同和接受以後，他也就不再堅持原先的觀點，轉而說起其他想法。同時他對我的想法也有了更多的理解，我們可以

進一步交流更多的東西。我發現不必再費力地為自己辯解，我們交談的聲音也由大吵大嚷，漸漸變成了溫和的輕聲細語，我們已經無需再爭論和辯解，而可以真正心平氣和地交談和相互理解、共同探討了。（摘自 2010 年寒假日記）

後來這樣愉快的交流經驗，還在爸爸、媽媽和我三人之間一起吃飯交談時，出現過一次，感到這才是真正的溝通交流。以前我一直覺得爸爸不能理解我，聽不進我說的東西，但我何嘗真正聽進去他所說的呢？我們的交流和理解其實是互相的。

家庭帳本

2010 年 4 月 27 日晚，我在讀書會做了關於《父親的回家路》的報告，夏老師問我，父母以那樣少的工資，是怎麼攢出錢來供我和弟弟上學，又買了房子的。這個問題著實把我問住了，以前沒怎麼想過。也覺得很吃驚，想不明白。夏老師讓我回去算一算這筆帳。

我算來算去的也沒有完全算明白，但確實感受到了父母的不易；一些以往生活的片斷也浮現了出來。

我想起小升初時，因為我是農村戶口，在市里上初中要交高價的贊助費，當時我積極準備參加微機競賽，如果能在競賽中取得名次，就有機會進入市重點初中就讀。但是在最後一輪參加省裏的競賽前，我被通知因戶口不在本地不能參加。這個機會喪失以後，我很沮喪，記得那會兒，爸爸天天拿粉筆在家裏的地上，算我以後上學要花多少錢，怎麼算都是一筆天文數字，他算一次我就哭一次。當時我心裏有點抱怨爸爸，本來我心情就不好，他還老是把我弄哭。現在想來，那時爸爸作為一家之主，是在琢磨以後如何供孩子吧。那會兒，爸爸提過把我送回老家讀書，媽媽堅決不同意，說那樣會把我耽誤了，而且寄住在別人家裏，對我的發展會很不好。後來我參加市重點初中的入學考試進入了前幾名，3200 元的贊助費免除了 2000 元，於是上了這所學校。大學畢業時，也有阿姨勸我別再考研了，早點工作可以減輕些家裏的負擔，那會兒，我心裏矛盾，後來媽媽還是說，只要我能上，就一定供我。我就這樣一路讀了上來，家裏也一直供我。

想想自己差點兒被送回老家讀書，也差點需要早早工作減輕家裏負擔，我之所以能讀到碩士，是家裏一直在咬緊牙關供我啊。現在我已經工作幾年，也即將

面臨著買房、結婚生子等等，想想北京的高房價和自己的死工資，不知道哪年哪月才能住上自己的房子，而供養孩子更會有一筆不小的支出。而算算房價與自己的工資比，和當年父母面對的房價與工資比（父母常年的工資都是幾百元，而2006年買房時總價13萬多），恐怕父母當時面臨的壓力不比我現在小。

我想起上高中時有次準備出去，自行車沒氣了，爸爸讓我上四樓家裏去拿打氣筒，我當時嫌麻煩，想出去到大門口修車的地方花一毛錢，打了氣就可以走了。爸爸說不行，一定要我上樓去拿。當時我挺不情願的，說，不就一毛錢嗎。爸爸說，你以為一毛錢掙得很容易嗎？那會兒我真的不知道。

我想起大學時，我沒有申請貧困補助，爸爸知道後大發雷霆，他對我媽說，"她還以為咱們家不貧困，她可能還覺得咱們家條件挺好的。"我一直知道家裏不寬裕，但對父母籌錢的辛苦確理解不夠。上大學的學費，也是父母籌好了讓我順利交上的。即便在那樣的情況下，家裏還給我買過微機，買過電子琴。

家庭帳本雖然沒能完全算明白，但是我回頭看到了自己以往一直沒能看到的東西，心裏對父母充滿了感激。

回頭看時，發現自己寫了那麼多對父親的不滿，現在已經慢慢都沒有了，我對他有的是心疼，是感激。2010年6月弟弟大學畢業，在鄭州找到工作，爸爸沒有再繼續工作了。我時常打電話回家，會和爸爸聊上幾句，儘量尊重他的意見。現在感覺他的聲音裏充滿了慈愛，聽他說身體已經好多了，我感到無比欣慰。

《第八章》
斗室星空～家庭經驗晒穀場

我在 1970 年代初期開始學習源自 Kurt Lewin 的團體動力，1980 年代初由 Viginia Satir 帶領的工作坊[1]進入家庭治療與心理劇的學習；1983 年 30 歲時，做了一個重要的專業生涯抉擇～對自己在大學教學之外社會參與的作用，認定為一名社會教育工作者而非心理治療師（夏林清，2004）。是這個決定，啟動了支撐這本書中的不同方法取徑的社會實驗。許多人可能沒有機會知道，近年來以各種形式傳播開來，且業已商品化的心理劇開山鼻祖 Moreno 的原初創發概念與方法，正是一種**推進社會實驗的行動探測方法，而不是套裝模式的傳銷式置入！**

1. 重返 Moreno ~ 探測社會中如詩般流動的感覺結構

Moreno Jacob 年出生於 1889 年的羅馬尼亞，是心理劇與社會劇的創始人，同時也是團體心理治療的重要領頭人之一。

Moreno 在自傳中提及了他與 Freud 在 1912 年的相遇及差異：「我參加了一個弗洛伊德的演講。他剛剛完成了一個分析的心靈感應夢。我在中間離席，他挑出我離開的行動，問我，我在做什麼。我回答，好吧，弗洛伊德博士，我在離開你的地方，開始了我自己的起點。您在你人工設置的辦公室滿足了人們。我在街上，在家裡，在他們的自然環境中見到他們。」

1953 年，Moreno 在提出社會劇與心理劇論述方法的巨著「誰應該存活」（Who shall Survive?）中，明明白白地說他所研發的做法是「一種行動的方法，一項行動實踐」（an action method, an action practice）。

「因為我們靠近人，我們得以在個人——心理面上推進社會測定的探究過程」（p.73 ,1953），「社會探測」是我給 Sociometry 的譯詞，在心理學領域裡

---

[1] 1982 年美國家族治療家 Satir，在台灣吳就君老師邀約下到台北進行工作坊，這是台灣心理與社工專業界學習西方家族治療的一個重要事件。

Sociometric 一詞大家慣用的中文翻譯為「社會計量」，它早已被量化測評的方法建構成問卷與量表，但是「計量」一詞的量化分析卻是和 Moreno 原本提出此一概念的原初意涵大不相同的！看一段 Moreno 的原文：

"這一社會探測，不是來自訪談或「問卷」方法，它是一行動方法，一行動實踐（an action method，an action practice）。社會探測研究者（The sociometric researcher）假設了研究中一種「萌芽狀態的位置」，它深入到實驗方法中，是一種參與的行動者，是一行動的科學（Moreno，P.73，1953）。

Moreno 要心理工作者去探測的是「在社會現象尚未湧現轉成心理的、社會的、人類學的或經濟的現象之前的一個社會現象的深層面。」（p.54，1953）

「metric」一詞同時有詩的韻律結構之意，所以 Moreno 所謂的「流動的感覺」（flowing feeling），是他在行動方法中所企圖捕捉"人與人之間的一個具社會性的如詩的韻律結構（a sociometric structure）（P.53，1953）！我認為這樣的理解才貼近 Moreno 的原意！他甚至以「革命性的動態」（P.53，1953）來宣稱這些進行行動實驗的工作者是在一深層次上，見識到社會過程！正因為 Moreno 說他所發展的社會韻律測定的行動實驗方法是「革命性的動態」，所以他明確地如下陳述著：

"社會測定／韻律是人民的，被人民創發的、為人民的社會學；這一公理被應用到社會研究自身（social research itself）上。這是行動中全體參與的公理（Rule of universal participation in action）……，它恰似朝向未來的一真誠的社會實驗方法。行動者是在社會內部做著緩慢但真實的進展，他不急於用快速建構的控制實驗的方法去檢驗假設，他安步當車地思度著他行經其中的新情境。即便從未被證實有效，一個假設可能仍然真實，反之亦然。寧可等待到它可以被實實在在的檢證，而不是未成熟時就去「無效」地檢證它。"（P.62.63，1953）

重返 Moreno1953 年的原典，我們還原了心理劇與社會劇做為社會實驗方法的立基處，這也使得已被上半個世紀商品化的心理劇，得以返璞歸真地拿起它的方法論立場，即在行動中進行實驗的立場。在台灣，我們所發展的「斗室星空家庭田野的方法」，也不是在市場導向與治療專家主導的方向上發展出來的，它是我們在台北縣勞動階層聚居區內，在經營一所成人學校的過程中，所遇到的一個挑戰：如何讓一生勞動養家，辛苦不堪的成年男女，能打開自我的閉鎖，將身心負重的，傷痕封印的家庭經驗說開來，在聽見與看見彼此時，讓痛苦可以流轉，

生命能有提升轉化的機會。

2. 家庭經驗晒穀場

由 2000 年到 2005 年的家庭經驗工作坊，是專門為台灣台北縣蘆荻社區大學學員們，所設計的一個開放性參與學習的公共空間。

1999 年 10 月蘆荻社區大學成立於勞動階級聚集的台北縣，絕大部分學員來自勞動家庭，女性學員佔 73 ％，高中職以下佔 70 ％，以 30 歲至 50 歲的中年女性居多。為了承接住這群前半生辛苦勞動，持家育子的勞動婦女，蘆荻開設了 18 門「經驗性的課程」[1]，作為啟動學生投入學習的方法，其中婦女課程佔了 11 門。我們透過「說故事」的經驗學習[2]方法，讓同學彼此的家庭及生命經驗，得以被互相看見及理解。除了在課程中的經驗交流之外，我們也會做跨越不同課堂，涵括各種生活主題的經驗論壇，（如「婚不婚有關係」、「我的生涯選擇」、「男人也有更年期」等等），創造了各種談論生活辛酸與生命經驗的機會。

2000 年，我們發現有一些學員，被生命中的痛苦經驗緊緊包裹，經過思辯與討論，我們清楚地拒絕了「專家式的諮商治療」的作法，因為我們不要「病理與社會問題化的標籤快速貼上了」個人及婚姻家庭的經驗。於是，2000 年 11 月 18-19 日，我們設計了跨越課堂的「家庭經驗工作坊」[3]，創造一種群體共學的參與空間是我們的方向。從 2000 至 2005 年，大致每隔一年就舉辦一次，共舉辦 4 次，共有 322 人參與，其中蘆荻學員為主要參與者，佔 47 ％，其次為大專學生佔 24.25 ％，再者為基層勞工與工會團體的幹部，佔 15.75 ％，社會人士／工作者則佔 13 ％。4 次工作坊中曾經出現的主題為：辛苦勞動且兄弟姊妹眾多的家庭（8 個以上兄弟姊妹），家中有愛喝酒、暴怒、打人的爸爸，離婚女性的情慾表達，家有病人的重負，家庭代工的勞動經驗，女人墮胎的痛苦與男性結紮的心理抗拒，家有失業、潦倒或情感壓抑的中年男性，有距離與衝突的父母子女關係及性

---

[1] 課程包括大團體動力實驗室、女性成長與婚姻、女性學佛與靜坐、婦女的身心健康與性、自我覺察與人際溝通等課程。

[2] 經驗學習（expeniencial learning）是心理學小團體方法所依賴的一種學習理論，它強調人能由經驗中發生概念化的學習進程。

[3] 工作坊主要的帶領人為蘆荻社區大學夏林清校長，以下文章中的夏林清均簡稱夏，從 2000 年至 2009 年共舉辦 19 場，摘要請參見附錄。

侵擾的議題。

2.1 拼裝車與晒穀場

　　2005 年 12 月 31 日，社大舉辦了「一種集體的反映方法—蘆荻家庭經驗工作坊」研討會，為第 1 場至第 4 場工作坊的總結報告，並邀曾經參與工作坊的成員參加。研討會中夏林清使用一些隱喻，如「拼裝車似的台灣家庭」、「家庭像一只口袋」等意象，來描述家庭的共同經歷：

◎「拼裝車」似的台灣家庭

　　在歷史發展上看來，家庭從來不只有是現在小家庭的模式，若以現今小家庭的這種形式和男女角色的安置來看家庭，其實家庭早就已經七零八落了。台灣像是一部拼裝車，在世界資本主義的系統中，「家」做為勞動力的提供單位，是用一種拼裝車的形式去銜接資本主義世界的生產環節，市場化的消費經濟則讓拼裝車披著小轎車的外殼。多數家庭其實是非常辛苦的像一部拼裝車，要幫台灣的經濟往上拉，而父母作為這樣的成年人，只能拼命為了讓拼裝車的零件不要脫落、崩解；他們在賺錢的同時，還要去使用各種可能性讓家有基本的穩定，這樣小孩才不會脫落出來如變成中輟生，每個家庭都承擔了很多辛苦，這種辛苦很多時候會展現在夫妻關係的分離、親人的死亡，甚至展現在性別認同的抗爭上，或是小孩的發病上，或者唸書唸不好上。

◎家庭像是一只口袋

　　「家庭」像是一只口袋，在忙累的生活中，每個人在這只口袋裡爬進爬出，每個人都渴望在口袋中得到親密、照顧與休息，但這種需要在許多家庭中卻不易獲得，有的「口袋」窮得底都往外掏空了，家裡每個人都飄移他鄉討生活，有的「口袋」裡架起了日夜無休的機器，有的突然富裕起來，以致於「口袋」內外的感官享受，在商品消費刺激下充血式的高漲！不管那一種口袋，口袋裡的矛盾經驗衝撞著每個人，口袋內、外都消化不了的經驗，被人攜帶著往內扭曲自己，往外衝突壓擠別人。對「口袋」變形與解構的重新理解十分迫切，因為人的自尊與價值感和「家庭」的特定經驗，怎麼被定性與理解息息相關。

◎晒穀場

蘆荻社大像一個大的晒穀場，家家戶戶可以在太陽底下，把裝箱發霉的經驗攤出來，曬一曬、晾一晾！我們體認到社會壓迫有著穿牆越戶無所不在的家戶特性，並試圖發展出與參與者一起回觀家庭經驗的工作方法；我們看待個人的婚姻與家庭的痛苦為我們共享的社會經驗，不往私人化印記或封存或逃避的生活適應模式走去，也不鼓勵專家諮詢的市場化消費方向。

在這個階段中，我們確立了幾個清楚的立場與作法：1、每個人的內部存在和他人相聯繫的經驗，辨認與重新理解台灣兩代人家庭內外的生活經驗是分享交流的主要工作，2、接住與舒展開被個人承載，但因文化條件不足，而扭結的情感與經驗，3、擋住簡化家人關係所負擔的社會性經驗的複雜性，與將個別家庭成員問題化的詮釋勢力，4、拉開集體經驗中去脈絡化、去歷史的生命皺摺，邀請並挑戰參與者進入他人生活世界的感知力；同時大家一起學習重新框定過往不堪的經驗，與曾被自己問題化了的家庭經驗。

2.2 勞動疊影與差異結構的辨識

在 2004 年 1 月 31 日至 2 月 1 日第 3 場的工作坊中，除了蘆荻學員外，工人、教師與大學生，相互參看彼此的家庭經驗，例如一名大學生參與者，對著場中貨車司機的中年工人淚流滿面，邊哭邊說著，也是貨車司機的父親，失業自殺身亡的故事，在工作坊進行的過程中，我們邀約不同社會背景的參與成員組成讀書討論的小團體，繼續發展共學共讀的關係，於是一小群中小學老師，開始與蘆荻學員組成學習小組，有人做讀書心得分享，有人則敘說自己的婚姻與家庭故事。這個過程，到後來發展成基層教師協會「勞動疊影教師共學」的學習方法，基層教師協會王慧婉老師，對於在工作坊中的學習是這樣描述的：

「家庭經驗工作坊開始開拓我的視野，可以這樣談家庭，可以不同階層人一起談自己仍不敢正視的憤怒情緒，和我並不想碰觸的真實感受。於是在與小精靈（一工人參與者的綽號）的對話中，我從女兒的位置發言，開始對上──自己與父親的關係。看到家庭中的男性如何努力打拼的心情，我開始願意瞭解父親與弟弟努力想翻身、被看見的心情，了解那個苦悶與失敗，雖然還無法接受。雖然我過去有些了解，但是不

願正視，也就是開始了心中的拔河。」

　　台灣基層教師協會，由 2004 年以「勞動疊影」為名[1]，開始在不同的教師群體中推動著中小學教師，經由回觀反映他們自身家庭經驗的探究歷程，深化與細化自己對學生的接納與理解。

　　從 2006 年第 5 場開始，工作坊開始與弱勢團體協作。第一個協作的邀請來自一位資深的肢障工作者[2]李燕。在第 4 場工作坊中，李燕看到了身障者在一般人為主的大團體中不易發言的特性，她企圖尋找一種方法，讓身障者現身，敘說與整理自身經驗，因而促成了第 5 場以身障者為主體的工作坊。

　　而第 5.6.8 場，三場以身障者為主的工作坊，共 205 人參加。涉及身障家庭夫妻相處的議題，障礙者在社會中與各方互動的困難，及自立之路的困難。所有肢障參與者均深刻體驗過發病過程，被病理標籤化的社會歧視，同時亦因生病而與手足、家人間的相互擠壓；在不斷敘說的過程中，更觸碰了幾乎沒有機會談論，探討的肢障者情慾的議題。

　　2006 月 4 月 15 日第 5 場工作坊中，談及肢障者的身體不便，其差異如果沒有被指認，即便是照顧了肢障者幾十年的母親，其實也容易在日常互動中被忽略；家有手腳不方便的孩子，父母照料養育的重負是可以想像的，這重負之中有著社會的標準與歧視評價；當社會整體尚未主動對這些社會性差異的不平等結構有效回應時，小小的家，特別是父母便成為了社會資源權力及制度條件不對等勢力下，各種不平等壓迫力量的承接負擔者。然而，在小小的家庭中，一位辛勞照料小兒麻痺不良於行女兒的母親，在護衛拉拔著女兒長大的過程，卻不見得能清晰意識到生活細節中女兒和自身的差別；因為母女關係長年來是連體般地，向外奪取生存空間及發展資源的！李燕在工作坊中如此說著：

　　　「我今年四十一歲，我是六歲得小兒麻痺，大概有二年的時間，媽
　　媽身體老化了，因為我沒有結婚，我就負擔起照顧她的責任，因為她一

---

[1]　基層教師協會從 2003 年開始結合基層勞動家長，展開勞動教育觀的對話，到 2004 年暑假在陽明山天籟進行「拉開勞動疊影」工作坊，透過貼近自己家庭經驗的歷程，確認「拉開家庭內外的擠壓和脈絡」，分辨教師眼淚的厚度，成為不被由上而下的教育政策扭曲和壓扁教師的方法，並得以持續在教育現場中實踐，資源刻意傾斜相對弱勢學生的勞動教育觀。《拉開勞動疊影──「老師的家」和「她的教學」故事 2010.9 出版》

[2]　李燕當時是廣青文教基金會的執行長，參與過第 4 場工作坊後；提出協作的邀請，後來協作了第 5.6.8 場的工作坊。

直跟我同住在一起啦，在這個生活裡面呢，有很多的生活細節就被突
顯。……我發現她已經照顧我了四十一年，可是我居然發現，有很多生
活的細節是她不知道的，……台北縣現在實施所謂的垃圾分類，那我們
廚餘要分一類嘛，廚餘它有一個桶子給每一個家庭，然後那個有個蓋
子。有一天我把杯子裡的茶葉渣，先倒在盤子上面，我想待會我再來處
理，因為我沒有穿支架，要我一邊彎腰一邊把蓋子打開，再把茶葉渣倒
下去，我是沒有辦法完成這個動作。……。我媽看我一盤子茶葉渣放在
盤子上不處理。就開始就要唸我，我就跟她解釋我不能做到的原因，分
析給她聽的時候，結果發現她老人家卻楞在那兒！就這樣子，我有一種
悲哀就從心裡出來，天哪，我六歲就小兒麻痺了，我至少跟妳生活了
三十年嘛，妳真的不知道我是那麼的不方便嗎？」

2008 年 5 月 4 日第 8 場工作坊中，同時是肢體障礙也是同志身份 40 多歲的
V，敘述了自己在前三十年花掉所有的力氣，處理障礙而來的自卑，三十歲之後
才有空間意識到自己的性慾和探索自身的性取向。V 是這麼描述的：

　　「我在三十歲之前，我一直被一個無名的詛咒所詛咒著的，……，
包括我身邊的一些朋友常常會說，因為你上輩子做了太多壞事，所以
這輩子要遭受到報應，或者是一種因果輪迴！我在三十歲那年，我終
於正式的、很肯定的，把我殘缺的部分、我自卑的部分完全丟，丟到腦
後，……。我在三十歲的那一年，我開始意識到我是同性戀者。」

在「家庭經驗工作坊」發展過程中，一直成為大家共同學習泉源活水的「家
中重疊著的各種社會勞動（含家務勞動、生殖勞動……等）」的經驗，與「家人
關係中所被迫承載住的社會性差異（含性別、年齡、階級……）」，一直是群眾
共學的主要材料，肢障（殘疾）者較之一般人更深刻地，承擔住大社會往家內
壓擠的社會歧視、貶抑與污名排除的壓迫力道；因此他們的主動的參與，使得
「家」所涵容的社會差異結構，更為鮮明地拋擲於團體共學的關係空間中，參與
成員也學習用眼、用心去承托住他人。

2.3 社會學習、星空視野

「社會學習」一詞的啟發來自 Axel Honneth：

> 「社會學習過程是指一個社會內部主要進展的動力，不是來自「廣
> 大群眾」的模糊圖像，也不是某種匿名的行動系統，而一定是得依靠
> 特定的社會群體不斷和其他社群對話溝通的過程；而對該特定群體而
> 言，在與其他社群對話的過程中，新的認識與社會行動的能力也增加了
> （P284，1991）。」

「家庭田野」的工作方法帶領參與者進入不同處境的家庭與社群，在看見彼
此時，發生豐富的社會學習。

2006 年開始，工作坊除了與身障團體協作之外，陸續與精神障礙、國際家
庭[1]、工傷者、基層教師、日日春性勞聯等底邊社群展開協作。以協作團體自身
的議題為主題[2]，邀請其他社群參與，創造了不同社群整理自身、參看經驗，與
情感流動的社會學習空間。

2.3.1 瘋子、家人與醫療制度的社會劇

以 2008 年 6 月，我們在台灣台北縣的慈芳關懷中心[3]，發生了類似社會劇
（social drama）[4]的學習過程：

此場工作坊，參與者 80％為精神障礙社群，包括當事人及家屬，其餘為其
他民間團體；主要談及 3 個部分：一為病友和家人共生的矛盾關係，二為藥商、
醫療體制和健保給付的利益關係，三為促進精障權益之民間團體間的內部差異
性，和專業工作者不同工作位置的差異性；討論過程的簡要描述如下：（這裡的
過程描述，側重在夏林清在操作上的選擇及工作坊成員經驗交流的聚焦處）

夏開場談「家」並沒有固定樣子，透過一名夥伴宜的文章，談教育體制如何

---

[1] 國際家庭是指跨國婚姻所組成的家庭，尤指台灣男性與娶東南亞女性所組成的家庭。國際家庭家
庭經驗工作坊由蘆荻社區大學與台灣國際家庭互助協會（TIFA）發動，曾協作了 3 次工作坊。

[2] 夏林清的位置並非以專家身份入場，而是場中主發動團體的協作者。

[3] 此次工作坊於 2008 年 6 月 8 日在台北縣慈芳關懷中心舉辦。此中心位於土城，2005 年 6 月設立，
為台北縣政府委託台北市康復之友首創，以身心障礙福利服務中心之精神障礙者會所，參照美國
紐約活泉之家的會所模式，希望耕耘有助於精神障礙者復原的環境及互助社群。

[4] 社會劇是處理群體之間以及集體意識型態的一個行動方式。社會劇的發展有很多與心理劇是不同
的，心理劇，領導者關注的是個人以及他的私人困境。社會劇的主體是「團體」。它假定每一個
團體已經受到社會與文化角色的制約，它與團體工作處理社會問題並希望能夠達成「社會性的舒
解」。（參考 P.87-89，who shall survive？，1953）

更鬆軟，老師需要一個回顧教學、家庭經驗的空間；同樣地成年父母也需要有個談論家庭經驗的空間。過去在學校裡看到孩子成長的辛苦，在蘆荻社大家庭經驗工作坊的空間中，看到成年人要撐起家的辛勞。

夏開始邀請參與團體做介紹。其中母親服藥多年的珍，開始談到他對精神藥物的認識。「我也有些朋友就是精神科醫生，他們說很多時候，他們開藥是跟健保的制度和跟藥商藥廠之間的關係非常有關的，……，只因為那樣子的健保給付其實會變的比較多，它當然也開啟我要去瞭解這些藥物到底是怎麼樣，……，我看到很多藥物的作用，說叫做穩定，事實上把你冷凍，讓你遲緩下來，讓你有些情緒在那個時刻其實是沒辦法湧出來，它其實是透過那個神經的管制的方式壓抑下去，……，所以我看到我媽媽很多時候眼神有種呆滯，或是行動會變成有些遲緩，其實藥物影響的作用是非常大的，可是這些副作用在過程裡面，大部分的時候，這並不是醫院所關切的點」。

曾擔任精神科護士的眉說：「在醫院裡健保制度和他吃的藥的關係，那其實都是醫護人員私下討論的東西，其實是不會讓病人和家屬知道的，……，我在醫院開醫療討論會是討論病人服藥順不順從，而不是討論這些藥副作用對他們的痛苦及問題在哪裡，其實我們對於病人吃藥副作用的痛苦，跟如何因應這件事情討論的非常少……」。

接著7至8位夥伴的發言，都在討論對藥物的認識及藥物帶來的副作用（例如：它只是輔助，要走出去得要靠自己等），工作者靈敘述他們協會透過課程推動，對藥物的認識及使用藥物的決定權，該由誰來做決定？是醫生？要與病患與家人討論的嗎？而後夏做了小結：「我們不能夠讓藥只把我們情緒包起來，妳知道人的情緒其實是一個重要的生命的動能。」，接著又說：「而當一個人稱之為精神病發作的時候，很容易有兩件事情產生，第一就是個人被問題化，……，然後第二馬上跟著，其實是社會排除或隔離。今天我們有這麼多團體在一起，談藥物對我們的副作用，談我自己怎麼在想藥，談健保，我們要爭取到的空間是：不把人作為一個被稱為情緒發病的、被排除出去的問題個體，我們不要孤伶伶的被問題化！我們要我們坐在一起來搞清楚，任何一個生命、任何一種人都要有自主與自覺的機會。」

　　接著林[1]報告下個月（2008 年 7 月）即將要實施的「精神衛生法」新的規定，急性住院時需要病人同意，如果病人已來到精神科醫院，病人及家屬對於住院意見不同時，則 3 天內要由委員會來審查決定是否該強制住院，患者最多只能在醫院留 5 天。

　　夏把精神衛生法涉及不同位置的人進行雕塑[2]，請現場參與者坐在不同位置上，代表幾種人，分別是：醫護人員、病友及家屬、藥商、審查委員，用繩子拉著，代表著相互間的關係。場中幾位較熟悉新法的人，開始針對修法後會造成什麼局勢作分析，包括將造成醫師和審查會的緊張關係[3]，及實際施行存在許多困難[4]。夏在過程中不斷進行提問及催化討論，讓場中大多數不熟悉此法的人能慢慢進入。

夏將現場分為幾群人，林正針對精神衛生法未來修法與現場幾群人的關係，進行說明。
夏站在林的右後方，不在相片中。

---

[1] 林首成於 2004 年在台灣成立第一個精神障礙者的家屬團體──「台北市心理復健家屬聯合協會」。使用網球訓練當事人呼吸、專注，作為心理復健的工具。

[2] 肢體雕塑是 Virginia Satir 於 1965 年最具代表性的創作，她要求家庭成員藉由姿勢與身體肢體，刻畫表現彼此的關係疏近、溝通和關係型態。

[3] 在新法實施前，只要 2 位醫師就能下是否住院的決定，現在還要交由委員會審查，因而造成了醫師及委員會之間的緊張關係。

[4] 困難包括而審查會由各類專家組成並非第一線工作者，對於病患狀況不瞭解且要他們 3 天內，立即做出病患是否住院的決定實有困難，再者是醫師呈報到衛生局受理到送交審查會，程序上時間的掌控沒人能負責任。

接下來花了許多時間討論，新的修法到底企圖想解決什麼問題？有人說是因為舊法時期，常因病友家人分家產而硬要病友住院；有人說所以在新法中加入了人權的概念，是因為長期照顧對家屬而言是很重的負擔，常常吃藥、住院有時是為了能讓家屬休息，當家屬要求住院時，2 名醫師做出住院的判斷後就可以住院，因而之前病友聲音不會受重視；有人說修法後會讓病友住院不易，以解決目前醫療資源不足的問題。

林說到這次修法推動主因不是人權，民間倡議團體完全沒受邀參與，新修法牽涉醫生和藥商的利益，是建基於健保的「總額給付」制度下。「總額給付」是指健保給醫院的總預算是一個定額，醫院收多少病人就給多少錢。但如果病友住院醫師就沒有額度開昂貴的藥，住院經費和吃藥經費變成相互壓擠的狀況，新的修法有意讓住院變得困難，以利於將預算用在藥物費用上而非住院費用上。

余談及之前，他完全不知道正在修法，對於一個工作者而言，忙於應付不同方案工作而來的行政要求，忙著填寫各式表單與處理家屬的抱怨，已經疲於奔命，根本沒有什麼時間，去看整個精障服務生態結構長成什麼樣貌！

林再次提及：「精神疾病要好，吃藥不是重點，重點在生活訓練」。大家開始討論新的修法並沒有解決大家的需要。包括，病友需要有像慈芳這樣的空間及需要就業機會等，這些都需要有更多的討論。這場工作坊，成了一場精神醫療用藥、新法修訂、什麼是精神病友的需要的公共論壇。

2.3.2 死亡的傷痛與社會絕境

死亡與分離的創傷悲痛，常是心理劇牽動全場情緒投注的焦點主題，「斗室星空」的工作坊也常發生著這些經歷，勾勒出傷痛是發生在怎樣的一種當事人的社會處境中？而去社會脈絡的心理劇操作，易將傷痛包裹回抽象化的人的心理概念，或跳接到靈魂的訊息層次 (如海寧格的家族排列)，將「人」的雙腳抽離了社會脈絡的實在土壤！

2008 年 11 月，工傷者[1]的家庭經驗工作坊，討論了勞健保制度如何壓制了工傷者，讓工傷家庭更貧窮交迫，兒子陪伴母親一同經歷貧窮，之後兒子意外身

---

[1] 此次工作坊由「工作傷害受害人協會」協辦，協會成立於 1992 年，是由一群因工作受傷（亡）、罹病的工傷受害者及家屬組成，主要的工作方法是從一個個工傷受害者的經驗協同中出發，發展出對社會制度（結構）的批判觀點，進而展開變革行動。

亡，母親對兒子的不捨與情感，這一場發生了回顧家人死亡的傷痛分享過程，也
是現場許多工傷者情感流動與相互支持的群體過程；接著轉向場中工傷者，在不
當的醫療健保制度中，工傷者本人與其家人所遭受到的身心傷痕，過程如下：

工作坊一開始夏先介紹工作坊的歷史，說到此次槙在書寫的故事中提到在礦
坑工作的酗酒、回家發脾氣的爸爸，其實在 7、8 年前的工作坊中，許多人也跟
槙一樣有愛喝酒的爸爸，到成年後回頭看時，才能理解當年的父親。尤其槙後來
才能體會到的「父親從礦坑中爬出來後，讓自己喝得醉茫茫，知道自己活著真好
的感覺」。接著夏提到工傷協會成立緣起，不要只是在工傷後等著領國家補助，
而是看到法令不公、不完備時，去監督國家的修訂法令爭取工傷家庭的權益，這
種社會意識及社會覺察是人生在世的脊樑骨，挺起脊樑才能長出看到高高低低不
同社會地形的視野。

工傷協會的榮及槙帶動參與者教唱自己的創作歌曲「回家」及「阿母的飯
鍋」[1]。夏邀場中人發言，賴媽媽搶先語帶哽咽地說：「我兒子半路被人撞倒，沒
賠錢，我一直傷心一直傷心」，賴媽媽用一股腦兒全倒的方式說話，大聲啜泣
著，對大兒子阿煌 26 歲車禍身亡的不捨。賴爸爸 70 多歲目前患塵肺症，賴媽媽
今年 63 歲，談到自己當年 30 歲時，賴爸爸被礦坑裡的石頭壓到無法工作，自己
什麼工作都做，修路、挖礦、洗碗、背石頭，邊哭邊說她當年一個人養一家子的
辛苦。

夏讓場中參與者扮演賴家一家人，賴爸爸背駝著彎腰半蹲在遠處，5 個小孩
或蹲或坐圍靠在賴媽媽身旁，鼓勵賴媽媽敘說當年的狀況。賴爸爸原本在九份[2]
的礦坑工作，後來老闆跑了，沒領到薪水，不久後賴爸爸又被礦坑中石頭壓到住
院了 5 年，前前後後工作不到 10 年的時間，家庭經濟的重擔全部壓在賴媽媽身
上；5 個小孩，最大的阿煌 10 歲，最小的泰 3 歲。賴媽媽說，做小工 1 天才 40
塊錢，給歐巴桑幫忙照顧孩子得花 20 塊錢，剩的錢不多，買米只夠孩子吃，自
己只喝湯根本吃不飽……。尤其提到 30 多年前，勞保的規定每個醫院只能住 1

---

[1] 工作傷害受害人協會與黑手那卡西工人樂隊，合作教工傷者創作自己的歌。第一首是榮做的歌歌
名叫「回家」，描寫因遭高壓電觸電後，緊急截肢住院 4 個月後回家的心境。另一首歌名叫「阿母
的飯鍋」，描寫工傷住院 3 個月後，回到家的第一頓飯，媽媽煮了一鍋飯，但槙卻無法自己添飯
的深刻記憶。

[2] 九份位於台灣台北縣瑞芳鎮，早期因為盛產金礦而興盛，後來也開挖煤礦，礦坑挖掘殆盡後從而
沒落。階梯式樓房面朝海，目前成為一個很受歡迎的觀光景點。

個月，所以賴爸爸在 5 年之中不停地到處轉院。

　　夏問場中人，曾經不停地轉院的人舉手，多位工傷者都舉了手。其實不只是過去 30 多年前的勞保制度，即使是現在的健保制度也同樣如此。場中仍柱著枴杖的工傷者阿建說到，身上的傷從小腿一直到屁股，第 1 次縫合時，健保局只給他住院 10 天，傷口還沒好就要他出院。阿建談到健保的「總額管制」制度，是醫院急著趕病人出院的關鍵，大醫院一整年度的總支額為 1000 萬，健保局只支付百分之 80 而已，醫院是想賺錢的，健保局補給各科是有定額的，健保局逼醫院，醫院董事逼醫生，醫生踢病人。工傷協會工作者黃小陵補充說，工傷者法令上寫明不受總額管制影響，但現實上病患卻因總額管制而被趕出醫院。另一位坐著輪椅的工傷者阿倫，因工作中搭乘電梯摔到地面而胸腰椎受傷，敘述自己開了 3 次刀，住進加護病房 2 個月後，醫生趕他出院，各方推來推去，他分別找醫生、健保局、勞保局理論卻苦無結果，最後阿倫只好放下狠話，要勞保局跟醫院協調，否則要把救護車開到勞保局門口。雙方終於協調出結果，才讓阿倫得以進行整個後續醫療，包括：右腳整個切斷，先後轉骨科、神經外科、復健科，總共住了 186 天，阿倫說：是因為自己會吵，所以才有糖果吃。夏把「我會吵」這 3 個字重新詮釋：「我會吵」是一種自己能說、能鬥的能力；即便是躺在床上時，你是把那個力道拼命出來。後續阿倫自己找書看，研究職災條例，並拜訪台北市 10 幾家大型醫院及醫生，醫生們也同意，只要是職業災害就不受總額管制。夏並指出阿倫正在做一件事，從自己的經驗出發跟協會站在一起，要求醫院並告訴職災者職災住院是不受總額管制的，而非默默不出聲回家躺著，當回家躺著時，家中的父母、妻子與小孩也就立刻承受到巨大的壓力，這一制度的不義絕對擠壓到家庭。

　　夏將方向朝向傷病期間，家人們如何在承擔。阿倫開始敘說住院期間，白天 5 個弟媳婦輪流照顧，晚上 5 個弟弟照顧，週六、日由老婆、兒子照顧，全家動員的狀況。前 3 個月，老婆的老闆允許她白天不用去上班，但晚上必須補班到 12 點。老婆的辛苦他看在眼裡，兒子剛好又要高中聯考，阿倫自己下半身都麻痺，都不敢告訴他們，怕增加家人的負擔，自己只能偷偷地哭，情感往內縮著，直到 1 年前才敢告訴家人。

　　在社工系的萬老師提到，因為醫院社工基本上受聘於醫院，所以無法很快跟病患站一起，但可以跟工傷協會一道想想如何發展，阿倫提到社工員都待在辦公

室，沒主動查訪。夏則回應社工如果受制於醫院，就像被廢掉武功的人，他們是要有膽識才能站出來；教育者訓練學生，不管是社工系或心理系，不能使他們碰到事情時都成了縮頭烏龜。

夏再把主題接回賴媽媽跟她的孩子。賴媽媽開始滔滔不絕地說著，當時賴爸爸住院期間，賴媽媽每天搬石頭、挖路工作超過 10 小時，一天睡不到 2 個小時，孩子在假日也會幫忙背磚塊，做工賺錢；談起孩子們都會互相照顧，目前孩子都已經工作，或念博士，或嫁人，老二沒嫁，最小的孩子泰在開饅頭店。談起當年才 10 歲的大兒子阿煌的貼心，了解媽媽心裡會害怕，於是每天清晨 4 點多，就陪著媽媽經過墳墓場搬石頭上山，然後 8 點多自己再去國小唸書；但 26 歲那年車禍死了。夏指出他兒子與她的情感，是大兒子貼心地陪她一起辛苦工作，經歷貧窮的情感。這難怪賴媽媽捨不得阿煌，一想到就哭。

夏與賴媽媽來回對話，試圖讓賴媽媽更安放對大兒子阿煌的情感。賴媽媽覺得阿煌應該還沒投胎，還在受苦，阿煌曾出現在賴媽媽及小弟的夢中，小弟泰說，哥哥是想跟媽媽及家人說再見。小弟泰進入大哥阿煌的位置，夏讓阿煌跟母親說說話，阿煌握住母親的手，要母親不要再傷心，不然阿煌也不會快樂，希望下輩子有機會再做她兒子，跟媽媽說謝謝，說再見。

夏問現場的人有沒有經驗過與家人的分離，想跟賴媽媽說說話？均提到兒子在工地工作工傷死亡後，讓他現在成為工傷協會會員，想為社會服務。目前就讀社工系的富發抖地說著話，想起父親住院昏迷時，母親背著嬰孩的富，帶著兄姊一起去打掃分食幾個便當，有一餐沒一餐的貧窮經驗，但這些經驗後來是被教育及升學隔絕掉，並往內壓抑的；富感謝剛才阿倫的分享，讓他比較瞭解當年生病的爸爸為何不說話，不常回家。賴媽媽最小的孩子泰也在現場，談起當年跟媽媽一起抱磚塊上山，1 個磚塊 5 毛錢，及清晨去打掃公共廁所賺工錢的經驗，工作回家沒東西吃，就抓青蛙自己煮來吃，生活雖然貧窮但是開心的。夏也讓其他扮演孩子的人說話，其他兩個孩子則返回說自身經驗。育談到父親過世後，母親扛起家庭重擔的辛苦，承則談到對不太說話爸爸的情感糾結。

午餐後娟分享母親過世後，才體會到當年母親想蓋廟助人的動力，但卻被自己及家人以迷信為由反對，讓母親只能期待來生再助人，夏則回應如何接住母親的願望，關係可以不因生死而阻隔，個人的精神力量在面對與通過生死經驗後，也會提昇起來！貞分享自己是佛教徒，先生車禍後，自己強忍住眼淚，不想一直

哭而把先生留住，並瞭解車禍現場督促政府改善交通號誌，建立安全措施。燕則分享透過場中，已年老的賴媽媽一再重複對身旁孩子說：「我哪天賺了錢，我再一點給你」的言語，她終於理解媽媽不是勢利，而是要證明自己的能力，夏則回應那是母親跟孩子的情感，錢是養孩子的資糧。另兩位成員分享自身經驗，並希望賴媽媽要走出悲情，看到現在她身邊孩子們的孝順。

最後工傷協會教大家唱「阿母的飯鍋」及「回家」，工作坊就在歌聲中結束。

阿母的飯鍋[1]

阿母的飯鍋，猶原放在桌頂，
清香的飯香，引動著我的腹腸，
手拿著飯匙，看著飯鍋內，
我的目淚，一滴一滴滴落來！

啊！到底是安怎[2]，
這麼簡單的待治[3]，我哪會做不來，
是為什麼樣啊！
阿母的飯鍋，一直跟我捉迷藏，
不是我懶惰，是我無手（到）幫忙，
啊！從今以後要安怎，
這甘是咱以後的運命[4]！

阿母的飯鍋，猶原放在桌頂，
清香的飯香，引動著我的腹腸，
手拿著飯匙，看著飯鍋內，
阿母的飯鍋，安怎離我這麼遠！

---

[1] 兩首歌曲收錄在黑手那卡西工樂隊第3張專輯，兩首皆為台語歌。
[2]「怎麼了」之意。
[3]「事情」之意。
[4]「命運」之意。

回　　家

回來厝的路，哪會變的這麼長，
住了二十九年的房間門，又為何如此的生份[1]，
阿爸！阿母！我知道你們在等，
等著你們的子兒　平安回來！

回來厝的路，哪會變的這麼長，
住了二十九年的房間門　又為何如此的生份，
阿爸！阿母！我回來　啊！
但我知道　你們心肝在痛！

我回來啊！回來厝ㄟ！
因為我麥走出　這ㄟ門[2]，
我知道　你們已經哭過了，
是因為你們的子兒　已經變了，
是因為破碎的身軀　失去了自由！

3. 視框轉移的學習與工作路徑

3.1 關係中認受與爆衝情緒的變化歷程

　　2000 年我（王淑娟）論文完成並第一次完整地敘說了我家的故事，這並不代表我的情緒就已變化了！雖然對家的情感靠近了，但這 10 年我的體內仍儲留著對父親的恨意；不過我開始承認自身強烈情緒的爆發方式，對婚姻與工作關係的影響。10 年間我慢慢在變化，在幾個重要的關鍵點上，家庭經驗工作坊給了我反芻的土壤。

　　我身上帶著兩種身份進入工作坊的學習，一是帶著沈重的情緒包裹，想掌握

---

[1] 「陌生」之意。
[2] 「我曾經用健康身體走出這個門」之意。

機會整理自身經驗的人，我是場中家庭經驗的反映學習者；我的第二個身份是，做為一個社區教育／組織工作者，我希望這個工作方法能為我所用。

　　我在場中觀看他者，一幕幕類近我家的故事在場中上演，類近的情感與情緒像是一條長長的溪流，我跟著進入了感通的溪流之中，一同抵擋住主流價值加諸自身的壓迫。

　　2000年11月19日第1場工作坊中，大家依照了自身婚姻狀態進行分組討論，小組分成：離婚、在婚姻中纏鬥、美滿婚姻及不婚的小組。討論著為何婚姻到後來得纏鬥甚至解離。談到其實生活中有無數壓力，當有壓力時女人常用的是逛街、燙頭髮、打小孩；男人最常用的媒介是喝酒、暴怒及性。談到喝酒及打人的爸爸，場中4個人開始敘說，幼年時看見的鬱悶、失業、喝酒暴怒、打人的父親。我也進場邊哭著邊說著，爸爸打人時姊妹們縮成一團的景象。而當時給我的學習是，打人的爸爸通常被社會塑造成「罪大惡極」、要把他綑綁起來的氛圍，而當集體呈現這麼多打人的爸爸時，它先鬆開了「家中有打人的爸爸是可恥的」概念，才能讓我繼續思考，這是一種什麼樣的社會及家庭結構？才發生了後續我對父親理解的可能。

　　2002年12月7日第2場工作坊中，先由三位蘆荻資深學員做引言後，分組討論出現了一些主題，例如：父女或母女間矛盾的情感、女人的情慾及性、父女間疏離矛盾的情感等。我主動說出，我們這組討論了女人嫉妒的情緒，當時強烈的嫉妒情緒也正困擾著我，沒有出路。夏要幾個同樣有嫉妒情緒的人坐在一起。其中，有一女性成員開始談到對女兒與先生親密的「嫉妒」；她努力告訴自己不要如此想，但是沒辦法；她哭著說，自己很想把女兒跟先生分開。夏指出嫉妒的背後，其實涉及自己想跟女兒和跟先生親近，卻親密不了的難過及傷心。而另一個成員真接著說，她目前是單位主管，但她底下的一位同事經驗比自己優秀，讓真覺得危險。夏要真更說明危險是什麼，真說對自己而言，能力是重要的事，別人會看身為主管的她，能力卻沒有屬下強的威脅感。夏用了肢體雕塑，要一名成員在真面前做一個亮麗的姿勢，並要真感覺那是什麼樣的威脅感？真說她並不是覺得位置不保，而是覺得丟臉。夏指出真怕的是，這邊有一個人用手指著真，這是來自別人的評價。真要對抗的是來自別人眼光，帶給真的壓迫而不是真的嫉妒。真當場大哭！

　　在當場，思辨嫉妒底下所隱藏的是什麼樣的情緒是重要的課題，場中兩位成

員的勇敢出現，讓我可以放下先鬆掉自己，更往下探索，嫉妒在內心隱身，原為外界認為不足為外人道的難堪情緒。

2008 年 11 月 22 日第 12 場工傷家庭經驗工作坊[1]中，賴媽媽啜泣式、一股腦兒全部倒的敘說方式，非常類近我家人的強烈情緒；過去當我想跟家靠近時，最容易讓我彈開來的是就對家的情緒，一接近就想逃離；但因為我還有第二種學習身份，作為工作者，我希望此工作方法能為己所用時，我逼迫自己不能逃離並要觀看。在工作坊中，我藉由「觀看賴媽媽」，讓自己進入一種比「觀看自己家」遠一些的距離，因為有些隔開及距離，得以不被情緒夾纏封死，而仍會被經驗感動、流淚或做回應，進入了共通情緒的溪流之中。而我沈重的情緒包裹，就在情緒溪流中浮浮沈沈，在浮沈之中努力不被淹沒，仰頭看見我家和賴媽媽家的社會差異結構。

我家和賴媽媽家身處共通的貧窮溪流之中。同樣是礦工家庭，賴媽媽帶著一堆孩子、借錢才能讓孩子讀書、晚上沒睡兩個小時半夜洗衣的經驗，生活貧苦的處境像極了我家。賴媽媽跟我媽媽一樣，都有滔滔不絕、無法停止、非得說不可的痛苦，撲天蓋地的情緒得衝出來。

而兩個家庭間的社會差異結構則是，賴媽媽家因工殤、工作人丁少而帶來的貧窮；我們家則是孩子眾多而來的貧困外，還得承擔媽媽被認為「搶人丈夫」，遭受粗俗辱罵的踩踏。賴媽媽將辛苦支撐生活的情感投向分擔家計，卻因工作傷害而死亡的大兒子阿煌，賴媽媽難以由傷痛欲絕的痛苦中走過，在這場工作坊中她哭泣不已，但是探索往前的開始；我們家則是對共渡貧窮的情感與恨交雜，而恨的強度大於共同走過的情感，家中的女兒們對貧窮的怨，及對同父異母哥哥的憤怒，均投向了父親（家中的領導及權威者）的身上。

撥開、安置擋在眼前，阻礙對人理解的情緒是多麼不容易的事，啊！我走了10 年還未完成，包括：對貧窮痛苦的記憶、性道德的污名、對家庭圖像的負向標籤，這些都使人辛苦受罪。我的家人、工作伙伴像是個軟硬兼施的墊子，在日常生活中，不放棄和我衝突與對質，這些都讓我有機會來來回回地意識到自己和他人的關係中滿溢著強烈的情緒張力；當這一張力累積到某種能量時，我的情緒就爆發了。工作坊讓我重返情緒能量現場，回頭看到複雜的社會及家庭結構；情

---

[1] 第 12 場工作坊的摘要，請參見附錄。

緒是個爆發的能量，它引我看見自己及辨識理解他人。

3.2 去脈絡化的性諮詢經驗

1995-1997 年間，我在台北一家頗具名氣的性諮商治療中心，從事性諮詢工作。此中心的設立是因應台灣，跟性相關的門診環境不夠隱密，且沒有專門為性問題而設立的治療機構，強調注重隱私、專業、高品質，當然收費也高。來的人大都是不滿大醫院繁複的醫療等待流程，且不要在眾目睽睽之下談論性問題的就診者，該中心健保不給付得自費，所以能來的人大多經濟能力不錯，只有極少數的勞動階級，或因為青春期孩子的性侵擾案件，被法院建議得來中心進行諮商以矯正性侵擾行為，父母便只好帶著孩子進入中心接受治療。還記得一名穿著並不體面的父親，他就在老街的中藥店當店員，薪資待遇並不好，每次來時又必須跟老闆請假，小孩諮詢時，他就在門外等，看他掏錢付小孩諮詢費用時的猶豫，我心裡實在很不忍。

由 2000 年迄今，我則稱自己是一位「基層家庭教育工作者」，此刻由「斗室星空」的經驗回觀那兩年，坐在諮詢室內的助人工作，醫療病理化的權力關係，歷歷在目。

國內性諮商治療都是跟隨歐美的腳步，性被醫療化、疾病化、切割化、隱私化。「當當代美國性瓦解了十九世紀的「正常／變態」與雙性模型、提倡新的性愉悦來維持異性戀主流婚姻制度後，弔詭與反諷的是，在「新愉悦」的醫療論述中，卻伴隨而起新的醫療規訓、新的「正常與病理」。無論是 DSM-III〔1980〕(Diagnostic and Statistical Manual of Mental Disorder 精神疾病診斷準則手冊)、DSM-III-R〔1987〕或 DSM-IV〔1994〕，「性的功能障礙」或「性與性別認同的錯亂」中的各種不同病理，均是扣著 Masters and Johnson[1]的「性反應循環」為藍本的。凡是「循環」中提到什麼功能或階段，如果在一般男女身上看不到，那就是障礙或錯亂，就有進行醫療的需要及正當性。」[2]

而國內性異常的界定，也均以此為依歸。性議題被操作成非常中產的單一模式成了主流，坊間教導夫妻如何談情說愛，相當技術性的性姿勢、性按摩、情趣

---

[1] Masters and Johnson 兩人是夫妻，在 1966 年出版「人類性反應」(Human Sexual Response)，之後美國性治療都以此為藍本。

[2] 摘自傅大為 (1997)《一個「性史」的討論》，P17，〈性別研究的新視野：性學的性邏輯〉

用品等以此為準則。我任職期間，曾參與了台灣首度舉辦的「性之旅工作坊」[1]，其內容是仿照美國的性工作坊而設計，內容太偏重在生理、心理及醫療層面；而文化、社會、家庭、男女權力關係等等可能的「外在」狀況卻不被討論，性被切割成心理、或更重要的生理機能、乃至醫療技術的「修正」。好的性與親密經驗固然令人嚮往，但是它不該成了「唯一準則」，不去看婚姻與關係的脈絡及處境的限制，反而將之疾病化。

在過度強調「性愉悅」的單一標準下，「教育者／諮詢者」成為了專家，性不愉悅者便順理成章地成為了「有問題」的求助者，但是人在失業壓力下、夫妻關係緊張中、孩子教養責任下，要求性的「愉悅」常是緣木求魚，這使得求助者常是帶著問題來，卻帶著被問題對待的標籤離去；人仍活在原有場境及關係中改變不了什麼，但卻時時刻刻被提醒著自己的性是有問題的。

反觀在家庭經驗工作坊中，談女性避孕的辛苦、談每個人性慾高低差異，談夫妻間的性不一定每次都很愉悅，有時如同繳公糧，談有時想做愛只為了要放鬆睡覺，也談年幼時被性侵擾的經驗。性的討論底下有著夫妻關係的脈絡、各式家庭謀生育子的紛亂樣態、參與者雖有差異的生活步調，但彼此之間可以談論的開放性，使得性在大家鬆軟的理解土壤下回歸自然。

2010 年 3 月 13 日，日日春舉辦的「肢體障礙者的性／別議題座談」中，幾位肢障者都提到因為肢障不便，不容易尋找到情愛及性的對象；韓更提到因為下半身感覺受損，而使性慾望在體內膨脹難耐，他描述了受傷後自己如何經驗到性慾的高漲、難耐與消退。「24 歲那年的一場車禍，讓我成了終身的障礙者（脊椎損傷），而且是一位下半身完全癱瘓的障礙者，……成為障礙者之後，除了知覺上我再也覺察不到我的下半身，……，這樣的感覺對我而言，有的時候真的是一種折磨，每當夜深人靜，我獨自一個人看著 A 片同時卻又情慾高漲的時候，真的很像一罐開口被封死的牙膏，滿滿的牙膏卻擠不出來，同時身體有一種快要爆炸了的催促，最後只能夠靠時間自然的降溫，然後意興闌珊的去睡覺」。

---

[1] 此工作坊在 1996.11.30-12.1 在台北近郊舉辦，2 天 1 夜每人收費 8000 元，當時共 21 人參加，其中有 6 對是夫妻一同參加。參加者有的是想學習，有些則在性上遇到困難。課程主題為：性語言、自慰、男女性生理、異性戀和親密、青少年的性、「接觸」的神奇功能、性交姿勢、性幻想、性按摩、性體操、同性戀、雙性戀、變性慾、殘障者的性、老年人的性、性變態、性功能障礙與治療（生理性）、性功能障礙與治療（心因性）。主要的方式是講授及看影片，較缺乏以學員經驗為基底的討論。

台上肢障者韓敘說了脊椎受傷後，性沒有出路；台下由青少年即成為精神病友的菁[1]迅速地舉手回應：「我想講我的經驗，我是走不出性這條路，因為我從國中一年級受到性騷擾。……單親的母親跟女兒講說，不要喜歡上男人，男人是可惡的唷，……，結果同鄉的男生就聯合起來欺負她，然後她就發瘋了；我的故事就類似這樣子唷！我很少有性的想法，這樣子將來我死了墓碑上可以刻上「原封不動」，哈哈！（全場笑聲、掌聲不斷），我最近撿到一個玉石，我就喜歡每天摸著它，也許這就是我的性吧！」

協助所有成員進入社會關係的脈絡處境，來表達、反映與學習，是發展「斗室星空」方法的立基處，我們的視框發生複雜豐富化與工作方法變化的選擇，都因「斗室星空」而產生。

3.3 複雜的生活現場與多重進路的家庭工作方法

我曾於 2002 年 7 月參加了，在台灣高雄舉辦的心理劇工作坊及 2010 年在台北參加家族系統排列工作坊，此刻經驗過「斗室星空～家庭經驗晒穀場」的工作方法後，更加感受到其中的差異。

心理劇在方法上以主角的議題或事件為中心，加上輔角的協助，演出協助於主角成長的一幕幕演劇；而家族系統排列則強調潛意識，在家庭中代與代間的傳遞作用，做為家庭成員代表們當進入排列現場，即進入當事者的家庭系統，憑著直覺感受現場動能進入關係真相，必須正視及尊重家中秩序的運作，讓愛在家人間流動。

在對人經驗的理解上，心理劇沒有太多社會性脈絡的鋪陳，方向較朝向溝通模式、彼此關係及家庭系統的理解與成長；而家族系統排列並不希望使用太多言語來瞭解當事人，憑現場直覺及動能將問題指向代與代之間家人間的位置、秩序與關係；相對於「斗室星空」則在多層次的社會脈絡中瞭解當事人，不去脈絡地談當事人的處境。

不管是心理劇或家族排列，都設定一個清楚的主角，而輔角（或代表）的角色是協助完成演劇或排列，以協助主角，其餘的參與者則為觀眾。主角和場中其他人的經驗交流上，心理劇只能在演出後的分享時段，進行個人感受、經驗的分

---

[1] 菁目前是台北縣某精障社群正復原中的重要成員，多次參加家庭經驗工作坊，在近兩年的積極參與中，表達益發切題與簡明。

享，且不分析、不批評、不面質當事人；而家族排列的帶領者則強調排列後，不
要與當事人後續談話，這使得場中只看到了主角個人的經驗，難以繼續探索，場
中現象和其他參與者的關係及經驗有無共通性；相較於「斗室星空」在進行過程
中，不斷地呼喚場中每一位參與者的主體經驗，試圖讓場中彼此經驗出現進行相
互對話，有極大的差異。後者的作法其作用為，一是從一個現象企圖檢視它的集
體性及社會性（例如：工傷者不斷地轉院），也避免了認定當事人成為了有問題
的單獨個人，將問題指向個人的歸因方式。其二是讓場中非主角的參與者，有了
更多層次的參與位置，不是只侷限在輔角（代表）或觀眾。

再者心理劇的方向上常朝向問題解決，企圖改變當事者與他人的溝通模式，
以處理彼此關係的凍結狀況；而家族排列則朝向對代間家人關係、位置的重整，
企圖排列出解決問題的景象；「斗室星空」則朝向對現象場多層次社會性的理
解，繼以開創人與社會制度互動下人的主動創發性。

我由 2007 年起開始在國際家協[1]工作，跨國婚姻呈現出比一般家庭更複雜的
社會脈絡，包含政治文化的差異、國家法令的壓擠、家庭內代間關係、勞動生計
壓力下矛盾等。而我們進入家庭生活現場進行協商，踩進夫妻衝突、家庭關係之
中，努力瞭解雙方處境，讓雙方看到彼此處境及差異，及涵容彼此差異。這種進
入日常生活、踩進家庭關係之中，理解多層次社會脈絡的家庭工作方法，有利我
們在實務工作中推進家庭關係的理解。

---

[1] 台灣國際家庭互助協會簡稱國際家協，2006 年 11 月 5 日成立，在台北縣三重市及高雄縣鳳山各
有一個辦公室。跨國婚姻所組成的家庭成員都是我們的服務對象。

附錄——斗室星空～家庭經驗晒穀場辦理場次表及摘要整理

家庭經驗工作坊辦理場次表

時間	場別	協作單位	地點
2000/11/18-19	第 1 場家庭經驗工作坊	無	蘆荻社區大學
2002/12/7-8	第 2 場家庭經驗工作坊	無	蘆荻社區大學
2004/1/31-2/1	第 3 場家庭經驗工作坊	無	蘆荻社區大學
2005/8/20-21	第 4 場家庭經驗工作坊	無	蘆荻社區大學
2005/12/31	研討會：第 1-4 場總結報告：穿越門牆的家戶——種集體反映的方法研討會	無	蘆荻社區大學
2006/4/15.4/22	第 5 場家庭經驗工作坊	廣青文教基金會	蘆荻社區大學
2006/10/22	第 6 場障礙者家庭經驗工作坊	廣青文教基金會	台北市身心障礙福利會館
2007/12/2	第 7 場家庭經驗工作坊	基層教師協會、麗山高中	麗山高中
2008/5/4	第 8 場障礙者家庭經驗工作坊	廣青文教基金會	台北市身心障礙福利會館
2008/6/8	第 9 場精障家庭經驗工作坊	台北市心理復健家屬聯合協會、台北縣慈芳關懷中心、台灣風信子精神障礙者權益促進協會、台北市私立活泉之家	台北縣慈芳關懷中心
2008/7/19	第 10 場蘆荻家庭經驗工作坊		蘆荻社區大學
2008/10/26	第 11 場國際家家庭經驗工作坊	台灣國際家庭互助協會	蘆荻社區大學（遷移後校址－鷺江國小）
2008/11/22	第 12 場工殤家庭家庭經驗工作坊	工作傷害受害人協會	同上
2008/12/28	第 13 場家庭經驗工作坊	輔仁大學心理系	蘆荻社區大學
2009/05/10	第 14 場家庭經驗工作坊	台灣風信子精神障礙者權益促進協會	台北縣慈芳關懷中心
2009/9/5	第 15 場日日春白蘭家庭經驗工作坊	日日春關懷互助協會	台北國際藝術村
2009/09/27	第 16 場國際家庭家庭經驗工作坊	台灣國際家庭互助協會	台南勞工育樂中心
2009/10/11	第 17 場「蘆荻國際家庭」家庭經驗工作坊	台灣國際家庭互助協會	蘆荻社區大學
2009/11/08	研討會：「以家庭做為方法」研討會	無	台北市身心障礙福利會館
2009/11/29	第 18 場精障家庭經驗工作坊	台灣風信子精神障礙者權益促進協會	台北縣慈芳關懷中心
2009/12/10	第 19 場家庭經驗工作坊：斗室星空－家的社會田野、勞動疊影的壓縮與政治歷史的斷裂離散	格鬥天堂、台灣國際家庭互助協會、清大亞太/文化研究室及台聯大文化研究跨校學程	台北市身心障礙福利會館

第 1 場至第 19 場「斗室星空～家庭經驗晒穀場」摘要整理

一、第一場家庭經驗工作坊

（一）、日期：2000/10/18-19，地點：蘆荻社大，人數：41 人，成員以蘆荻學員
老師為主。

（二）、摘要：

- 第 1 天：淑娟邀曾是輔仁大學心理系家庭關係與個人發展同班同學的秀菁、
甄蘋進入蘆荻擔任引言人，之後分 3 組，分別討論：父女關係、勞動家庭的
辛苦、作母親的焦慮，如何作才不會太緊或太鬆。四種婚姻狀態作小組的討
論——未婚、婚姻美滿、婚姻中掙扎、離婚。

- 第 2 天：許多家庭出現酗酒的父親，女兒遠遠地看、害怕、不敢接近。純講
離婚後回家時父親的責難，導入「哀傷」主題。

二、第二場家庭經驗工作坊

（一）、日期：2002/12/7-8，地點：蘆荻社人，人數：35 人。參與者以蘆荻學員
為主。

（二）、摘要：

- 第 1 天：蘆荻男性學員老杜、離婚後來蘆荻的蓉擔任引言人。老杜在場中邊
說邊哭，莉蓉談情慾、跳佛朗明哥舞的過程，成了團體很好的觸媒。之後分
組，男性的經驗是這個社群的人所不熟悉的，大家想探頭瞭解。

- 第 2 天：被傳統視為禁忌、受意識型態壓迫的的經驗（如：女性的情慾與
性、女性的嫉妒、憂鬱症、性侵犯的經驗、婚前墮胎、……等），得以重新
被理解。希望推成社會行動——男性結紮推案，但沒有成功。

三、第三場家庭經驗工作坊

（一）、日期：2004/1/31-2/1，人數：137 人，地點：蘆荻社大，參與成員：蘆荻
社大學員、工會幹部、輔大研究生、輔大大學生。

（二）、摘要：

- 以上幾組人造就了這次的特性—— 1. 世代的差異造就了父母與子女清晰的
對話 2. 工會幹部家庭的進場，呈現了生存的力道，對社群造成很大的刺

激。

- 出現的主題——父母如何看待孩子要如何發展；夫妻關係中的拒絕與冷漠的手；家庭關係中的各種糾結——婆媳，先生尤如夾心餅，家庭成員想進入不知怎麼辦；女人想撫摸男人肩上的辛苦，但男人卻覺得更是沉重；中年男性工人的失業；動粗家庭、親人自殺的家庭，無法接住親人的哀傷；父母與子女的區隔——孩子並不知道父母的工作、性等等經驗；小孩談對父親要尊嚴的理解；階級幾代下來的複製。

- 延續性活動——社群互助讀書會

四、第四場家庭經驗工作坊

（一）、時間：2005/8/20-21，地點：蘆荻社大，人數：109 人

（二）、摘要：

1. 第一天：夏先針對前三場工作坊的發展、家庭的意象作描述。夏特別指出經濟勞動的份量，讓家庭像口袋裝著許多堵住的痛苦和情緒。上午繞著母女母子議題，蘆荻學員誌先發言，談與女兒的衝突中，看到了自己一直被壓抑的怨。佳談與誌類似的處境。離婚的宜，分享離婚、決定獨力養女兒。下午 3 條軸線：1. 華談想處理與孩子及與父母關係，其他人開始跳出來談與親人關係。2. 家中柱子的婉談到現在得承擔父母經濟的不甘願。3. 美談及身為長女的付出，和被懷疑偷了老公錢而離婚，沒人支持的孤單。整個下午 10 多位參與者紛紛發言。

2. 第二天 8/21 夏用家庭代工勞動的紐帶的隱喻說明，在勞動的過程情緒要被控制，有些人家庭轉不動則解離出去。昨天未說完話的華談被舅舅性侵擾、手被攪飼料的機器壓碎的過程。夏反映華的父親作為一個沒出路老農民的怨懟。美談老公動粗的經驗及對動粗先生的理解。在場其他人燕談被哥哥性侵擾的經驗，娟談家人被性侵擾的經驗。接續一些人談疾病標籤。

五、第五場家庭經驗工作坊

（一）、時間：2006/4/15.4/22，地點：蘆荻社大，人數：58 人，參加成員：精障、身障社群、蘆荻社大、社工工作者。協作單位：廣青文教基金會。

（二）、摘要：（李燕整理）

1. 與廣青文教基金會合作，以身心障礙者經驗為主軸的家庭經驗工作坊。

2. 討論議題：

（1）第一天 2006/4/15

　　　　從最初的障礙夫妻相處的婚姻議題，展開現場不同已婚者對其婚姻、情感的各自見解剖析，似乎讓「障礙夫妻相處的婚姻議題」成為「一般夫妻相處之道」的內容。後來，則轉進到「男女分工」角色固定化的議題。

　　　　接著，進入障礙者的原生家庭溝通議題，主要是所謂從小就障礙的人與中途致殘者，兩者與家人溝通的不同狀況，尤其是中途致殘者要如何架構或被架構出，一個失去原來行動能力後的生活空間？

　　　　這樣的內容引發現場障礙者細緻描述與家人在行動、空間等謀合的困難。這也突顯出障礙者要「獨立」出於照顧者的過程、要獨立現身的過程。

　　　　這條「獨立之路」正是台灣社會目前所欠缺，台灣很容易將障礙者的獨立之路，演變為困苦奮鬥的「勇者之路」。

　　　　這也召喚出其他障礙者敘說，照顧者的心情——被自己指責與社會歧視。由此點則延伸討論到「社會裡的正常人是如何看障礙者？」的議題，突顯出兩極光環——障礙者，不是要像鄭豐喜、劉俠，就是很卑微。

　　　　之後，話題進入到「障礙者」名稱、命名的意義，這部分牽涉了社會資源分配需要的概念。但也有人認為「命名」僅是對照差異的存在，而無須擴及社會中的歧視議題。

　　　　後來，反倒讓平日可以掩藏於「非障礙」者身分的障礙者現身，談其矛盾與痛苦。

（2）第二天 2006/4/22

　　　　接續上週話題，提到因應社會福利的輸送管道，人就被以不同障別命名而區分，這造成了某種的距離感，但也看見因身體的獨特性，造就不一樣的能耐。在此，顯現出「差異」，明瞭看見「差異」與尊重「差異」的重要性。

　　　　藉由精障者敘說發病過程，提到「病理化」、「問題化」概念，也提及在男女關係裡，被污名化的經驗。由此，參照出障礙者可以為自己的狀況命名，藉此動作，產生不同意義。也看見社會體制對於「污名」的作為，非個人化問題取向。

後來，帶出障礙者的原生家庭裡的手足、父母關係議題。

障礙者由於需要被照顧，因此與照顧者產生極親近的關係。相對，其他手足和母親可能就沒有如此緊密的關係。這也影響其他手足與原生家庭的關係。手足在父母有限的體力與時間資源下，勢必被擠壓掉了原有的關心；此狀況召喚出現場，其他身為父母在對待子女的經驗。

最後，因上週最後話題——障礙邊緣者的心情，觸動了現場朋友聊到其在社會中、或在障礙者族群裡，該不該現不現身的議題。這涉及了障礙者若要能被看見，就需要有機會和別人拉開距離，如此，才有機會回過頭來看見自己的存在。

六、第六場家庭經驗工作坊

（一）、時間：2006/10/22，地點：身心障礙福利會館。人數：43 人，參加成員：精障、身障社群、社工、志工、蘆荻社大 23 人。協作單位：廣青文教基金會。

（二）、摘要：（李燕整理）

- 老夏先從此次 DM 的「缺憾還諸天地」這句話，開始說明人存活在天地裡，要跟其相通、相容、共存；與他人也是要相通、相容、往來。這也是此次工作坊的精神—希望創造一個我們和他人關係場域，並在此場域裡，清晰看見他人樣子，並從與他人互動裡，看見自己可能原來都不知道的樣子。

- 這涉及共容的必要性，就是：「差異要能夠看見的同時，還要允許它存在」。因此需要彼此自動調整，這就是互相要敏感彼此的存在，讓彼此都有一個過程可以不斷的被參與的人，協助自己往前走。

- 接著，現場又被某位障礙者的個人問題「綁架」。因為，在場其他人都不太「願意」或不太「敢」去打斷他的發言，一如不打斷之前那位組織理事長的發言。也因此落入一種「個人諮商」的狀態裡。

- 最後，是由蘆荻社大的非障礙成員現身，透過個人生命故事來「解凍」障礙者陷入個人痛苦經驗。

- 澄清此次活動目的與精神後，現場的障礙者開始述說自己障礙的狀況，有精障者與肢體障礙者的陳述。這類的陳述內容涉及到個人障礙、生計與政策的影響。

- 之後，就談到自殺議題，現場有障礙者出場相救，也有精障者出場與其對話。由此談到「理解」與「同情」的差異。
- 某組織的理事長談到個人障礙影響家庭經濟，而家庭又受到社會結構影響的巡迴結構。也談到在組織內其他成員的狀況，因此建議應該再組織內部創造一個讓成員在與障礙適應過程中，能有一個轉圜的空間。
- 現場試圖讓大家看到組織理事長的發言層次，一是經驗層次，二是集體代表的身份就是理事長的身份，三是踩在理事長的這個位置上，想要對國家和政策講話。

七、第七場家庭經驗工作坊

（一）、日期：2006/12/2，地點：內湖區麗山高中，人數：85 人，協作單位：基層教師協會。

（二）、摘要：

- 夏開場。淑娟報告如何看周遭男性慾望的出口，慧婉報告父親弟弟的經濟及對他們愛恨交加。
- 場中其他人談手足間的發病、經濟漏洞、發展，美、紅談當姊姊的跳下去幫忙。
- 精神病人想結婚的渴望。瑩出場講話。誌談他跟爸談性，如何看父親及丈夫不斷地想成功及創業，身為女人的擔心及辛苦。
- 日日春嘿咻劇團演出家庭劇：家中不可說的祕密。
- 談家中女兒跳進去幫忙家計，不管是外偶或性工作者。談男性的性。

八、第八場家庭經驗工作坊

（一）、時間：2008/5/4，地點：身心障礙會館，人數：104 人。協作單位：廣青文教基金會。

（二）、摘要：

- 自己是身障者的 V 談自己同志的性慾、性關係、社會評價的覺知。
- 芝：談自己的性慾低、5 歲得日本腦炎，8 歲時，正青春期的哥哥以她作為性的出口，及父親帶其至加拿大求醫的過程。
- 婷：談 8 歲得小兒麻痺，19 歲後才接觸殘障團體。婷講小時候也玩性遊戲。

- 芝在現場癲癇發作倒在地上，她說明此為情緒化的癲癇在發散情緒張力。
- 石：大陸配偶談老公工傷後亂花錢，石跟老公搶信用卡打架，及去找警衛理論被打而昏倒的過程。及工傷後病情變化後，關係的變化。
- 婷：談自己努力希望別人把他個人與身心障礙分開。其他人回應分享……

九、第九場精障家庭經驗工作坊

（一）、時間：2008/6/8，地點：土城慈芳，人數：100人。協作單位：台北市心理復健家屬聯合協會、台北縣慈芳關懷中心、台灣風信子精神障礙者權益促進協會、台北市私立活泉之家。

（二）、摘要（略）：此次主題為：1. 病友與家人共生的矛盾關係、2. 藥商.醫療體制與健保給付的利益關係、3. 促進精障權益民間團體間內部的差異性和社群內專業工作者的不同位置的差異性。

十、第十場家庭經驗工作坊

（一）、時間：2008/7/19，地點：蘆荻社大（國立三重高中），人數：164人

（二）、摘要：

- 夏開場說明蘆荻的戰役反OT，夏說蘆荻是晒穀場，說明現在社會充滿許多問題標籤。我們不問題化個人。
- 談過去工作坊曾出現的主題，並做分組討論。1. 家有「愛喝酒、暴怒、打人的爸爸」、2. 家中有10個兄弟姊妹、3. 家有病人 4.. 家庭代工的隊伍、5. 離婚女性的情慾表達、6. 家有失業潦倒的中年男性、7. 親子關係、8. 女人墮胎的痛苦、9. 男性結紮
- 回顧慈芳身心障礙場的主題，中午觀看種菜日記紀錄片。下午場中6-7個人談自己或學生或家人是精障者的經驗。
- 放蘆荻反OT短片

十一、第十一場家庭經驗工作坊

（一）、時間：2008/10/26，地點：蘆荻社大（鷺江國小），人數：88人，協作單位：台灣國際家庭互助協會

（二）、摘要：

- 上午夏老師引言，說明工作坊的歷史。談蘆荻社大搬家與公共利益的公民教育。
- 玉女、淑娟說明蘆荻社大外偶課程、國際家協成立緣由、介紹「國際姊妹花」與外籍姊妹。
- 夏老師請國際姊妹花（陪讀老師）出場，羽說其弟妹是外籍配偶的故事，嫚同是相親結婚，卿說與外籍配偶陪讀的經驗。女談自己家庭外籍弟妹進來後家庭關係變化，玲談弟妹是大陸配偶。
- 夏老師以芳羽的訴說擺出一個「家庭關係」的位置圖像，說明家庭關係的複雜度。
- 進行一長段昌敘說，父親為昌娶外偶的的過程。金德介紹國際家庭老公俱樂部。
- 下午延續請芳羽（代表小姑）、阿昌、阿昌老婆排出「夫、妻、家屬」的關係圖，邀請團體成員對話。並徵詢團體討論的方向。
- 場中成員如輔大學生談父親的角色及壓擠。諮商輔導員珠談理解老士官的權威與金錢控制與配偶關係。
- 工作者丹敘述兩個與外籍配偶家庭的互動經驗故事。其他人分享。德、柳教唱歌，結束。

十二、第十二場家庭經驗工作坊

（一）、時間：2008/11/22，地點：蘆荻社大，人數：88人，協作單位：工傷協會。

（二）、摘要：

- 夏林清引言
- 賴媽媽敘說，大兒子往生十幾年了，對他懷著在困苦中一同走過的情感。
- 談工傷者勞保住院只能住院一個月法令的不公，工傷者如何爭取的過程。
- 夏林清重回賴爸爸工傷、賴媽媽辛苦勞動的現場，讓賴爸爸的痛苦及賴媽媽及孩子一同經歷辛苦走過的歷程重現。並與已經死亡的大兒子說再見。
- 團體成員自由出現反映學習與自身經驗及感言。
- 合唱「回家」與「阿母的飯鍋」聲中互道珍重再見，結束。

十三、第十三場家庭經驗工作坊

（一）、時間：2008/12/28，地點：蘆荻社大（鷺江國小），人數：126 人。

（二）、摘要：

- 上午：輔大學生娟描述母親玩股票，家中 3 間房子沒了，母親情緒常失控，吃藥、歇斯底里，與母親扭打的過程。現場有吃過藥、自殺的人及母親也吃藥情緒失控的，與家人扭打過的人出場說話。細談扭打的過程。燕進場談

- 下午：擔任老師的婉，談母親一直要維護透天厝，婉覺得得承擔娘家經濟的煩躁。

- 其他發表經驗，包括玲說他們孫子輩共同分擔、蘆荻學員生談背小姨子 600 萬債務，貞說負擔自己能負擔的。

十四、第十四場精障家庭經驗工作坊

（一）、時間：2009/5/10，地點：土城慈芳關懷中心，人數：121 人。協作單位：台灣風信子精神障礙者權益促進協會

（二）、摘要：

- 夏林清引言

- 劉小許談及帶風信子伙伴一同勞動生產、經營有機農場商店、工作討論的情形。

- 工作者談機構拿什麼樣經費，背後是要有所選擇的。

- 談轉介單，醫生決定生死。

- 不讓精障者開戶，從行動中去污名。勞動薪水做為去污名的工具。

十五、第十五場日日春白蘭家庭經驗工作坊

（一）、時間：2009/9/5，地點：台北國際藝術村，人數：137 人。協作單位：日日春關懷互助協會

（二）、摘要：

- 夏引言，工作者談與白蘭接觸的經驗。

- 瑩：問同性戀會不會很變態？說愛一個人被拒絕很痛苦。夏問在場的人，許多人都有愛過別人但被拒絕的經驗，瑜、傑出來與之對話。

- 夏：保持對一個人的愛，帶著走，也許哪一天就變化了。

- 琪談她跟瑩的關係及她認識的學生有性的需要，跟流浪漢在廁所做愛。
- 夏：面對性、身體、心理的需要，當沒有條件照社會條件模式，他仍有需要，有被發展的權利。
- 貞：唸社工所說家裡在路邊攤賣早點，被老師說不衛生。
- 瑜談自己有個送精神分裂的媽媽，送進醫院後就跟媽媽失去聯繫。3 年前躁鬱症的姊姊發病；自己很害怕自己發瘋，撐著走到現在。
- 瑩說智障的標籤被貼了 22 年，在現場大聲喊我不要、我不要。此一大聲哭喊引發其他人的共鳴。憂鬱症的娟、移民日本的子、佳談送媽媽及姊姊進醫院；任談發病到現在，當時被欺負的過程；A 女談從小就很胖被欺負。
- 夏作小結：不管是精障、發胖、娘娘腔、身體腳的問題，在情感關係還是會被歧視。我們應該努力促成去污名運動，讓社會結構是鬆的像竹籬笆吧。
- 藍談本身是愛滋感染者。逃家自閉、在同儕支持下排除污名。
- 芳萍：談再次去白蘭家接觸到二姊夫，才更瞭解二姊夫他們也在承擔家。污名的厚重，多年之後才能有機會接觸更多人，有更多瞭解。
- 夏總結：家庭經驗工作坊搶奪一個主動發展的空間。去看見社會污名的深溝。

十六、第十六場國際家庭家庭經驗工作坊

（一）、時間：2009/9/27，地點：台南勞工育樂中心、人數：60 人。協作單位：台灣國際家庭互助協會。參加成員：國際家協會員。

（二）、摘要：藉由南家協協助 88 水災，罹難越南籍外偶段氏琛母親來台的過程，談論母親對外籍配偶的情感，南家協姊妹的協助讓外婆趁孫子深睡一刻，才有機會抱著他走一段路。討論監護及遺產分配，一種合乎情理法的判斷與決定過程。參與的姊妹發言表達參與過程中的情感及看法。

十七、第十七場蘆荻國際家庭家庭經驗工作坊

（一）、時間：2009/10/11，地點：蘆荻社大，人數 101 人。參與成員：蘆荻及國際家協合計 60 人，其餘為社會人士、學生、社工人員、教師等。

（二）、摘要：這次主要是談國際家庭議題。工作者玉女先報告蘆荻國家家庭社群與姊妹花的發展脈絡。提及與國際姊妹花的協作，陪讀過程中觀點差

異與張力拉扯。玉女說到希望姊妹花貼近外偶，但他也無法貼近姊妹花。麗卿首先發言，其他姊妹花也接續發言，談看到玉女的累、辛苦，像自己女兒挺玉女。玉女也談及越南籍弟妹進門家庭關係的改變，家中大弟、小弟、姊姊各自找不同的出路。場中其他人回應。

最後 1 小時，國際老公唱歌，談在老公俱樂部中都在聊些什麼大家說得很溫和，尤倩出來爆料，更讓真實面出現，夫妻吵架、擔心老婆不回台灣，娘家父母需要錢的爭吵，這些事情真實在發生，他們也在團體中互相協助度過。場中其他人回應。

十八、第十八場精障家庭經驗工作坊

（一）、時間：2009/11/29，地點：台北縣慈芳關懷中心，人數 43 人。參與成員：主要為精障者及家屬，其餘為社會人士、學生、社工人員、教師等。

（二）、摘要：第一段主要為風信子協會發表創作的歌曲。發表歌曲之後，引發現場工作者、身障者、家屬的發言。談及歌聲中帶動情感的流動性、身為障礙者被困在牛車上相似經驗的共鳴等。第二段為風信子參訪加拿大精障團體的經驗分享，夏老師勉勵精障者，加拿大發展精障者運動已經 50 年才有如此成果，期待精障者就在現有的土壤中，在未來幾十年中讓精障社群得以繼續發展。

十九、第十九場家庭經驗工作坊

（一）、時間：2009/12/10，地點：台北市身心障礙福利會館，人數 52 人。參與成員：社會人士、學生、社工人員、教師等。

（二）、摘要：此次主題為：「斗室星空～家的社會田野．勞動疊影的壓縮與政治歷史的斷裂離散」。夏林清開場，報告工作坊的歷史脈絡。國際家協工作者李丹鳳先報告陪父親回大陸返鄉探親，道出父親因為戰亂少小離家經驗到家的離散與重新聯繫的歷程；格鬥天堂的劉子茵則報告在社區中如何建立起一個類近家的支持空間，給於原住民孩童支持與協助。大陸學者閔冬潮及印度學者 Mary E. John 做回應。

第四部份 路徑知識 4

學習的共同體～讓我們相互對看與參照

【第九章】在地人形：政治歷史皺摺中的心理教育工作者

【第十章】實踐取向的研究方法

【尾　聲】離散斷裂後的遭逢對看～在政治歷史差異結構中長
　　　　　大與發展

路徑知識（4）～ 學習的共同體～讓我們相互對看與參照

1. 拉開經驗的皺摺

生活經歷與生命經驗是以一種堆疊的皺摺狀置放於身心記憶的某處。「記得」是經驗，「回憶起來」是拉起線頭回返觀看的動作，回觀反映則是重看在關係與處境脈絡中的自身與他人的梳理行動，它是一個三度空間的返身與反映行動來回的運作過程。它的起點是你「立定於此時此刻（當前）自己所存在的社會處境中，自覺地選擇要進行對家之相關經驗的探索。」此一自覺的選擇，會啟動你進入一個三面向的空間。

往身心內部覺察的空間、往過去關係經驗痕跡回看的記憶空間，與往外置放自己和他人對照參看的社會關係構形再現的空間。

每個人的身心之內均承載著可被辨識的經驗，往內覺察觸摸就打開了往回觀看的通道，每一分分寸寸的現在與過去，連接著那個分寸時空中的外部的社會現實狀況。

你可以一個人自己進行回觀反映，但社會關係構形再現的第三個空間，則是在群體中推進才可能較為實在與豐厚。拉開我們的經驗皺摺，回觀反映的三度空間是自己與他人的差異性，得以被觀看辨識與理解善待的共學場域。

2. 斗室星空路徑中的三度空間共學場域

這種三度空間共振共學的場域創發，就是斗室星空心理教育方法的核心要點[1]。

『斗室星空』是一種在地耕耘的方法取徑與實踐路徑，它可以是工作者的田野之旅，它可以發生在一對一、小團體與大團體的對話現場，也可以在一個人返身回觀的梳理過程中開展。視每個人的家為一社會小田野，視父母家人與自己都是家內與家外，多種社會關係作用力量交織的身心載具，同時認受我們的生命發展是彼此息息相關的！『家人間的關係』是看不見，摸不著，卻實實在在地，承

---

[1] 請有意的讀者參閱走在「解殖的路徑中：拮抗同行的社會學習」一文，請參見應心研究第 45 期，文章及期刊網址如下 http://www.appliedpsyj.org/

擔著社會關係穿梭進出家庭的作用力道；這些力道經由家人間相互對待的方式，發生了或磨抵相傷或溫潤滋養的後果。透過視家為社會田野的視角，才看得見「家人關係」實為社會關係作用力量的載體。

3. 活化社會關係行動場域的學習共同體

活化社會關係的行動脈絡（activating the action context of social relationships）是 1989 年，我在台灣一場罷工事件現場[1]經歷的一個重要的領悟。（夏林清，1992）

在斗室星空的家庭經驗分享的現場，參與者心頭共振在家人關係與個人身心所承擔住的社會關係作用力道的刻痕與封印，穿插於一場又一場對話交流之中的是短劇，短劇的使用在於「顯影」那些不可見，卻紮實作用的「關係」，在「關係」劇碼共振的交流之中，家人關係與成員身心，或歪扭打結，或漠然裂解的樣態，紛然雜陳地再現了；所再現的正是政治歷史經驗皺摺中，壓扭了人身心發展的社會關係的構形。正是這種社會關係特定構形再現的學習場域，促使我們重新理解家人與社會。這樣的對話場域就是社會學習著床推進的土壤，也是 Moreno 所言，心理社會劇實乃行動探針的好註腳。

在這樣共同學習的場域中，「張力」是同時往內與往外拉開的，『三度空間』的學習視野與空間的開展，靠的是成員參照對話與敘說分享行動，所傳達的情感流動與認識翻轉的「張力」。

我們如此努力去謀求一條發展的路徑，旨在促使家人關係所承擔的重負，得以轉成大家共同學習的資糧，當我在你的經驗中看見我之內的我的家人時，參與對話的張力就在共振中發生了。在富有內外張力的參與現場，我們辨識社會性差異就存在我父我母身上，辨識了階級、性別與文化的社會作用力道；見證了彼此，要求自己與他人得長出涵容住傷痕印記的胸懷，情感張力鼓漲不已！「張力」現場，潤澤了路遙知馬力的長程實踐！

『斗室星空』紀錄了視家為社會田野的工作路徑與方法的研發過程，它不只侷限於與西方家庭治療與心理劇相連繫的參照位置，它可與任何心理教育工作路徑與方法的研發相參看。第九章『在地人形』是我視自己為一名心理教育工作

---

[1] 應用心理研究第 45 期「解殖的路徑中：拮抗同行的社會學習」一文中的註 10，P62

者的回觀反映文章，讀者可將『斗室星空』作為一具體示例來閱讀第9章，第10章則簡要介紹了社會科學方法論光譜中的實踐取向研究方法，『斗室星空』的發展過程也是此一取向方法的一個示例。

學習共同體（Learning Community）的概念與意象，則可以協助我們理解「家」的經驗，所具有的的地方性（locality）與社會脈絡的崁屬性（nestedness），其實蘊含了社會重構的創造力量。相較於社會與企業組織等運用組織學習思維方法推動共同體的努力，若「家」所具有的社會文化與政治歷史的複雜性，能在共享交流的社會活動中流通，它所帶動的能量是柔軟與豐厚且不受時空地域限制的！我在『尾聲』一章中所簡略觸及的大陸與台灣兩三代人的家庭經驗的片段故事，希望亦能對本書有畫龍點睛的效果！

《第九章》

在地人形：政治歷史皺摺中的心理教育工作者[1]

1975 年　22 歲的我正式進入台灣心理輔導領域；我是 5 位第一任專任張老師中的一位，
　　　　編號 9 號。

1981 年　我揚棄了「心理治療者」的意像，逆勢操作（心理治療在專業市場價碼上高於教
　　　　育者）選擇了「教育者」的認同。（夏林清，一盞夠用的燈，2004a）

1987 年　由解嚴前後迄今，和一群投身在工人運動、教師運動與妓權運動中的工作者，
　　　　推進了一個又一個的心理教育方案（夏林清，1999、2002a、2004a）。

2005 年　因著輔仁大學 80 週年校慶的機緣，規畫與進行了「歷史中的心理學」方案，和
　　　　學生們來回北京與台北，探索著輔仁心理學學長們的行路軌跡，思索著不同時
　　　　空中心理學工作者的關連性。「政治歷史皺摺中的心理教育工作者」是自己為
　　　　30 年的工作所做的一個定調的命名。[2]

　　　　這篇文章就是要由這個命名開始，回觀梳理並陳述心理教育的實踐工作，對心
　　　　理學知識在地發展的取徑開拓。

由實務工作到社會實踐

　　由 1975 年成為一名專職的諮商輔導實務工作者開始，「實務工作」的社群
（心理、社工、教育專業及草根組織）就是我認同投入與選擇支持的；由 1987 年
解嚴前後迄今，運動取向的社會變革（movement-oriented social change）亦是我
一直投入的範疇，因而「社會實踐」成為我統攝回觀自己與學生們實作的立足點
（夏林清，1993）。由認同「實務工作」到定性實務工作即「社會實踐」，是我個
人得以不受台灣心理學知識「基礎」與「應用」勞動分工之位階分化的挾制，它
同時也逐步彰顯了一條不去政治化與去規訓馴化之抵制對抗的專業實踐路徑。不
論是年輕時卯力學習過的團體動力、心理劇與身體工作，或是博士階段受教於

---

[1] 夏林清（2006）：〈在地人形：政治歷史皺摺中的心理教育工作者〉。《應用心理研究》。31 期，頁
201-239。

[2] 讀者進入輔大心理系網站（http://www70.psy.fju.edu.tw/elearn/），便可搜尋到與「歷史中的心理
學：接續斷裂的歷史」計畫相關活動的文字與影像資訊。

Chris Argyris 與 Donald Schön，對行動科學與專業實踐的學習，都是當自己有意識地將自己嵌卡在台灣社會不公義體制結構處境中，謀求進路的他山之石。我個人所經歷發生的並非個別化的孤立現象，逆向而行的行跡反映了台灣 70 年代與 80 年代心理學領域的發展條件、在地脈絡與知識權力和物質資源的地景形貌：

> 「我視自己與學生們的努力是一種企圖，企圖在被粗暴快速工業化
> 與國家機器，力圖現代化之社會機制所壓縮承擔、扭轉糾結著的生命經
> 驗中，進行觀看與敘說的突圍求生與結盟發展的雙重策略，而在觀看
> 與敘說的協作關係中，尋找再現的詮釋面目與能引導自己行動向前的方
> 向。我認為這是一種集體關係與共享知識的創作，因為我們努力地辨識
> 與探究自己與他人的可能性——協作地發展——在台灣特定歷史時空中
> 演化轉進的社會過程。（夏林清，2004a：147）」

做為一名入行 30 年的心理學工作者，我經歷了台灣心理諮商／教育輔導／治療領域專業發展樣貌的一個特定切面（夏林清，2004a）。這一個切面是許多實務工作者都經歷，但對其所蘊含的社會政治機能，卻不見得有機會辨識與言明的。我由 1977 年就開始在輔仁大學心理系任教，主要教授團體動力、生涯發展、家庭關係與行動研究等課程，1989 年成立研究所開始招收碩士生後，我開始援用 Donald A. Schön 之「專業實踐者（reflective professional practitioner）」的理論與方法，與翁開誠協作，努力發展一個立基於實務工作中的專業知識路線。下面分三小節來陳述這一發展過程。

立基於在地實踐脈絡的選擇

每位進入心理諮商與治療領域中的工作者，都學習與使用過「個別」與「團體」的方法，重點是在台灣的脈絡中，實務工作者是在「怎樣的在地脈絡」中「如何」使用方法的？他的「使用行動」參與在社會現況中發生了怎樣的作用？他又是「如何面對與反省」自己介入行動的後果作用？把提問的焦點由與概念模式吻合否（我做的是那一派，像不像、對不對……）轉向對「脈絡化」與「如何」的探究，發現與發展在地實踐知識的抉擇機會就會出現了！這種**機會是具有方向性與政治性的**，因為這樣的提問會帶領實務工作者經由自我反映，通向對既存

現實（the existed reality）的建構與既存現況（the status quo）變化與否的探究。實務工作者對自身這個「我」做為介入媒介或變革工具的反映，也同時將他的這個「我」與他所對待來往的他者，及特定現況間關係的辯証張力，拉到可公開考察的亮處。因此，我年輕時期在心理輔導領域中的投入，對我最大的教育不在於特定輔導與治療知識和方法的熟練，而在於當特定的做法介入了既存現況時，它啟動了一個，我對已被問題化之個人與群體身上，所展示的、建構其成為問題點的脈絡化叢結的看見、聽見與尊重的過程。看見的是，他（他們）做為客觀社會存在的主體，是如何承擔住強勁細密之體制化作用力量；聽見的是，他們在體制化作用力量所加諸於其身的、具強制性的適應馴化要求中，所發出的生命掙扎與扭結抵制的聲音；尊重的是，生命無時無地皆有可能發生的奮起鬥爭！這是一個實務工作者的社會學習歷程（夏林清，2002），而這一個社會學習歷程中，內含了一個對現代心理學不當移植的、辨識與拒絕的抵制性自主歷程。

我的社會學習與抵制性自主歷程的啟萌處，是 70 年代台灣四個被問題化的群體：孤獨流離於都會中近似「發病」卻不可能就醫的青年個案、逃家輟學的幫派或被標籤化的不良青少年、盛行鑰匙圈遊戲的男女工人與廣慈博愛院收容教育的雛妓（夏林清，2004a）。在以助人工作者的社會身份參與到這四個群體被問題化處理的社會過程裡，發生了破與立的兩個作用：

1.「破」解現代心理學不當移植套用的抵制性自主

對專業科系畢業的實務工作者而言，發現課本與課堂上知識體系，對回應人們困境難題的不適用，幾乎是出校門後二、三年中的共識，然而這一發現不必然帶領實務工作者，走進立足於在地脈絡的實踐位置，除非他能由實務工作裡，每日遇見的殘局與爛攤中，體悟到了二種權力的運作痕跡：「基礎與應用主從關係所預設的實證主義現代主流心理學的知識權力」與「科技理性管理操作的體制權力」；並在體認權力運作的痕跡時，願意和資源與利益集中的主流化道路分離。

我應該算是台灣心理輔導機構培養的第一代專業工作者，在 1972 ～ 1982 年間，接受了鄭心雄、劉焜輝老師個別諮商的教授，又在吳就君與吳靜吉老師的示範帶領中，熟悉了身體運作的創造性方法與訓練團體（Training group）為基礎的團體動力與心理劇方法；也參加了 1982 年 Virginia Satir 的台灣家族治療工作

坊。在出國唸書時再追本溯源地參加了國家訓練實驗室（NTL）[1]的團體訓練，塔非史塔克大團體訓練與熟悉了第一序、第二序的改變理論（鄭村棋、夏林清，2005）。然而，這許許多多的「專業」資源（含人脈關係），在我選擇了「教育者」揚棄了「治療者」的認同點（夏林清，2004a：137-149）時，就不再具有專業化的市場價格與專家化形像積累的效用。這個認同的選擇一方面帶領我離開了80年代台灣開始流行的各種治療風潮，另方面就去蕪存菁的憑藉著我對「團體方法」與「諮商治療」的掌握轉向前行。「團體方法」是「對民主化探究歷程的追求」，「諮商治療」是「發展能真切聽見，如實懂得他者的關係」。那麼，經由「動態過程」與「發展中的關係」對「變」的理解及自身參與其中的作用過程，就是能耐磨練之處了。

於是，移位到社會田野中，在社會活動（日常生活活動、工作活動、抗爭活動與教育組織性活動……）的脈絡中發展能動的關係，並持續踐行與底邊及社群探究民主之道。

2.「立」足於社會田野的嵌卡存在

「心理學是有用的，但你應當面對社會，心理學一隻腳在實驗室裡，另外一隻腳踏在社會實踐裡。」（孫昌齡，「輔仁80」，2005）

二足分立，來回奔忙，日以繼夜的白天一個工、晚上一個工是1986年迄今的生活方式。二足分立於學院教學研究工作和解嚴前後社會運動的萌發現場，這之間所存在的階級區隔與社會距離創造了強大的實踐張力，正是在這一強大張力中來回工作，我形容自己是「嵌卡」在結構中（夏林清，2004a），「嵌卡」是不得脫身，也不允許自己輕易逃離。在這一張力場中，我曾在描述不同案例的文章中，為辨認實踐歷程的開展與作用而發展了一些概念[2]。學院內培育助人工作者的教學位置與教育實踐的社會田野，創造了二足分立的張力場。下面分別以投身於社會運動中心理教育工作者的實踐取徑和學院內教學與學生論文生產的實驗，來說一個「心理學知識方法」和「人與社會發展」關連扣合的故事。

---

[1] NTL（National Training Laborantory）是Kurt Lewin的學生們為延續與發展Lewin團體動力學，在緬因州Bathel鎮設立的研習基地，1983到1985期間我參加了數次訓練課程；同時亦開始進入由A. K. Rice中心推動的大團體訓練方法（Tavistock Conferance）。Virginia Satir則是於1982年接受吳就君老師的邀約來台進行二梯次的工作坊授課，我因跟隨吳就君老師學習並協助翻譯，遂全程參與。

[2] 見附錄1

穿過解嚴，走進基層：社會變革取徑的心理教育工作者

　　1987 年台灣解嚴，我由 1986 年在哈佛進修兩年後返台，正趕上解嚴前，社會動能騷動不安的時刻，與社會這一股壓制已久尋求變革的動能共振，我開始在學校教學研究與校外的社會參與著；1989 野百合學運衝擊了那幾年的大學生，因而解嚴前後興起的自主工運吸引了一小群年輕大學生的投身（張育華，2006；顧玉玲，2005）。這一支工會組織工作者的小隊伍[1]，一路學習如何與工人協作，

---

[1] 1986 年我修完了兩年博士課程，帶著一年的實習課和論文計畫由哈佛回台北，鄭村棋晚我半年返台，努力設法進入台灣省總工會組訓組工作。我將反映實踐與行動科學方法，整合到自己多年在團體動力與方法上的實踐路線中，一方面在教育、社工與心理諮商領域中發展轉化專業工作者的方案，另一方面則與鄭村棋協作，在解嚴前醞釀著變革的社會氛圍中，探索台灣工人在其生活世界中的抗拒壓迫與自主行動的能動性。前一個企圖由 1986 年～88 年，我在陽明山台北教師研究中心的「中、小學教師成長團體領導訓練方案」開始，一直延續到中華民國基層教師協會的成長與發展；後一個企圖則在輔仁大學應用心理系的教學與國科會研究案中，和鄭村棋及一小小群學生們一起由田野調查與參與觀察開始，稍後便在自主工會籌組的動能中，走向鼓勵與支持大學畢業生進入工會秘書的角色位置，支持他們能在耐得住低薪養活自己的同時，摸索著工會自主性組織力量的發展方法。

1987 年，鄭村棋轉任中時勞工記者，在四處採訪工運現場狀況之餘，協助工會發展組織與進行會員教育。1988 年 12 月初的一個傍晚，鄭村棋在忙於協助新光紡織士林廠員工的關廠抗爭中，因獲悉桃園客運工會常務理事曾茂興遭資方惡意解僱，忙碌中專程開車由台北載郭吉仁律師到桃園，接中正機場桃勤工會理事長柯正隆同赴中壢探望曾茂興，回程鄭村棋送柯正隆回家後，在機場附近，不慎撞死了騎車欲上晚班的工人楊先生，在奔忙關懷工人幹部抗爭的路途中卻撞死了正要上工的工人，我們痛苦地傾所有儲蓄與死者家人完成了賠償協議，雖然警方勘驗後認定肇事責任不在我方。稍後，桃勤工人為此募捐了二十萬左右給我們，我們便計劃將此捐款轉用到成立工作室（即勞工教育資訊發展中心的前身）的樓頂違建改建工程中。所謂的改建，不過是仁愛路二段一棟老舊公寓頂樓早已廢棄的一間房間。當時我的朋友李宗芹用四樓開了一間舞蹈工作室，就讓我分擔低廉的水電費使用樓頂。1989 年夏天，鄭村棋去美國訪友，我則負責監工並自己舖地板，完成了一間帶有廁所的樓頂違建。在酷暑中，陪我一起舖上舞台用黑色塑膠地板的是老朋友李憶微（現任教於東吳大學社工系）。

有了一間房間後，原本在我家進行的美寧關廠與小外包家庭工廠調查討論活動便移至了工作室。1988 年 4 月，鄭村棋、吳永毅、張玉琴與中國時報工人組中時工會，9 月初發生了強烈抗爭事件，三人皆遭解僱。隨即鄭村棋即投入新光紡織關廠抗爭，1989 年遠化工會旋即遭鎮壓，鄭村棋與吳永毅便是在中時工會籌組與新光關廠抗爭參與的過程中，做了投身工運的選擇。亦是在這二年中，一小群年輕學生在畢業後選擇進入工會，以低薪從事極為複雜辛勞的工會組織工作。陳青黛、王芳萍、張育華、顧玉玲、張雋梅、彭道堯、王淑娟、陳定傑都是在這個時候，蹲下了台灣大學生虛浮不實的身段，進入了工人的群體生活之中。陳青黛與彭道堯先後在遠化工會與中正機場聯誼會擔任秘書，王芳萍在中時工會，張育華在圓山空廚工會，張雋梅與顧玉玲在自立晚報工會。王淑娟與陳定傑在參加完小外包工廠勞動調查後，結了婚，選擇了另外的生涯道路；然而十幾年後，王淑娟又回到了我們這一支運動路徑中，陳定傑也於二年前成為「日日春」妓權運動中重要的工作者。跟著我學習團體方法的國小教師侯務葵，則由 1986 年迄今，持續地推動基層教師的自主運動，也在 1989～90 年間協助我們為中正機場聯誼會的成立，所設計的工人人際關係學習團體。

參與了多個自主工會與聯合會的成立與發展工作，稍後亦因著工作的發展成立了數個 NGO，並於 1999 年籌設了蘆荻社區大學（李易昆，2003）。

由 1987 ～ 2005 年，台灣政治發生了政黨輪替與國族主義的戲碼，台灣經濟的產業結構則已根本性地變化了，合法外勞、非法黑工與台灣失業工人交相編織支撐著勞動市場的地景。台灣自主工運由興轉弱，政黨政治吸納的 89 年野百合學運菁英份子，已是政黨政治演出要角，而我們仍在基層工作。18 年前二十出頭的大學生，如今已邁向四十歲的中年，18 年的運動實踐夠辛苦卻值得，因為在歷史的記憶裡，能在基層位置裡穩定的、相互支持地磨練著社會運動的草根方法，卻沒有因政治壓力而短命夭折或各自棄離遁逃，算是不易了！它當然算是台灣人民民主力量的一項成果。目前的這個階段，我們正努力創造條件，讓這一集體之路徑與行跡的實踐知識，得以辨識與表達出來。

在基層的位置幹活

> 我有幸，長期貼近基層勞動者奮力搏鬥、挫敗擠壓、長出／或沒能長出力量的歷程；我有幸，共同參與衝撞體制的抗爭，並撕裂般地被滋養與改變。如果我大量使用「我們」作為敘述的主詞，那確實是因為行動的背後是組織性支持力量，而熬夜打拼的素香、靜如、燕堂、醒之、競中……也是作者欄中必須被併列的名字。〈得獎感言—記錄、發聲、實踐〉（顧玉玲，2005.10.11，中國時報）

沒有在基層的位置中持續不懈地工作，就不會發展出基進的方法，也沒有任何一個社會可以移植另一個社會所萌發的路徑與方法；然而工作者記錄、回觀、與反思的知識，卻可以如穿越時空之如豆燈火，使其他在暗夜中摸索前行的工作者，得以藉些許亮光，辨識自己眼前形勢與舉足落腳之判準。

為什麼選擇在「基層的位置」中工作？道理很簡明，基層的人口眾多，勞苦大眾的他者容顏就在你左右；再來，「基層」即政治與經濟權力的中、下層，資本主義工業管理體制與政治權力的運作系統，皆由上而下操弄著。位居較高社經位置或選擇順流謀利的專業工作位置，在其自身物質條件受階級政治權力保護的同時，失去了許多對層疊交錯的場域張力，是如何摧逼壓迫著人的具體接近的機會，工作者在基層較有機會面對利益取捨的生命抉擇。

　　25 歲那一年的 7 月到 9 月，我由美國回來，進入了桃園大園鄉的紡織廠，做了兩個月的女工（夏林清，2004a）。離開時認清了一件事：我無法改變我的階級出身，但我可以改變自己參與的位置。這個體悟是重要的，「階級」的「類」和「成員個體」的選擇層次得以不被混同，而複雜的交互滲透作用是需細緻辨認的。然而，階級背景及其所挾帶的資源與養成的生活習性，像是一張黏著在屁股上的椅子，這把椅子不會因為我往工廠蹲就消失了，但我至少可以做決定帶著它移動。帶著它移動到勞動階層的生活與工作環境中時，這把椅子的優越條件就立即在對照中顯現，譬如，15 歲的女工沒有退路，只能在強度紡織廠的勞動中被操磨適應，而我可以困乏遁逃。位置選擇是一種自由，它來自於對階級處境與文化岐異敏覺辨識之際，對自身投入的承諾；使用這一種選擇與承諾的自由，同時就啟動了面對利益取捨衝突的立場抉擇。

　　如果說，我的 70 年代末的「工廠生活兩個月」，其實是一個「實務工作者」在左翼運動思潮衝撞下，對大理論與熱情革命想像的一次，壓抑著政治恐懼的孤獨實驗[1]，那麼在 1987 解嚴後自主工運與 1990 在野百合學運牽引下，投入到社會運動中的工作者就顯得吾道不孤了！至少，有那麼一群人投入到解嚴後的社運中，而得以在政黨輪替的政治運動中，對照凸顯了五年級生往上的政治菁英權力路線與往下紮根的實踐路線。（張育華，2006）這種對照對個人、集體與社會另類發展的想像，對實踐思想具有啟蒙作用：

> 人們是如何和他自己的社會位置發生關係的？如何維持自己在一特定社會位置中的利益？他們在什麼樣的條件下會放棄他們的利益？或是為自己的利益奮戰？或是選擇一種適應的策略？（夏林清，2002：135；Honneth，1991）

社會探究的實踐者

　　對我而言，對研究方法典範所彰顯之意涵的理解，並不在於它們在學院內爭

---

[1] 1976 年我回到台灣後不久，去了大園的紡織工廠，稍後，就發生了葉島蕾事件（政治迫害的冤獄事件），我的二哥（夏禹九）後來對我說，他在西雅圖知道葉的政治迫害事件時，對於我的生猛實在擔心。等我在工廠生活受挫退回專業工作者身份後，亦曾試過再回到救國團張老師工作，前張老師總幹事劉安屯先生曾有意邀我擔任專職研究員的工作，但未成功。多年後，我在美國遇見當時已欲退休的劉安屯先生，他明白告訴我，當年無法聘用的原因是我那有問題的政治記錄。

鬥方法論典範的戰鬥力，而在於它在一個特定的社會過程中，面對特定社會群體及其所生活著的問題處境，力圖探究社會變革（個人、集體及制度）路徑時，對行動者辨識現象場域複雜性與行動抉擇有效性（有效指的是對互為主體／主體間協作關係的發展）的作用。這其實正是 Donald A Schön 在闡釋「行動中反映」（reflection-in-action）概念時，指出的實踐者的行動即為一種實驗，而其行動是要被置放入實踐者的探究（inquiry）中來看待的（Schön，1983）。在受益於 Schön 與 Argyris 之教導後，援用 Schön 的專業實踐與反映思考方法到台灣時，我卻由一開始便使用「社會探究」與「社會學習」（夏林清，1990）來界定我們在台灣的實驗。

　　倘使我們回溯到行動研究與變革知識在西方社會現代心理學中的發展脈絡，Kurt Lewin 這位被稱為「團體動力之父」的社會心理學家，由德國轉到美國落地生根的知識探究取徑，在五０、六０年代於美國被接收的變化、吸納的方向，就恰恰和我們相反。Lewin 在一九四０年代中，提倡為社會變革（social change）服務的社會心理學知識，他在發明了訓練團體（Training Group）的原初方法後不久，便因車禍死亡。他的理論與方法，在五０、六０年代美國大型企業與中產社區興起的社會脈動中，被吸納轉變成了以服務於社區領袖和企業組織發展為主的行動研究。「社會」兩個字其實是失落了！正是在怎樣社會位置中的實踐者，選擇如何實踐的差異，決定了方法論與知識論的選擇與發展樣態。同理，Paulo Freire 的成人解放教育源起於巴西農民識字教育，歐洲六０、七０年代學生運動與反戰運動，也是今天批判教育學與批判心理學萌芽的溫床。而當蘇聯發展心理學家 Vygotsky 在遭史達林鎮壓多年之後，卻在美國分別被實證主義心理學工作者與批判心理學工作者，在不同的立場上以不同的手法援用、闡釋與發展（Holzman，1999）。

　　我對知識論與方法論典範分辨的能力並非仰賴學院的學術訓練，而是源自由年輕一路走來的政治覺察和社會運動的參與，亦即我從未在具體問題環境中，企圖回應特定人群實際生活難題的這個處境位置中離開過，我曾用「專業方法跟著生命選擇走」來勾勒自己的這個發展歷程（夏林清，2004a），它也就是理解「基進」（radical）為徹底或追根究底回到根部的一種面對社會正義的姿態立場。我也就稱在探索這樣一條道路的人為社會探究的實踐者。在這樣的方向上，我們這一群穿過台灣戒／解嚴年代，走進基層的工作者，十餘年來的實踐反映出了怎樣

的知識與方法呢？

社會田野中的群際動態關係與活動介入

> 一個人是不能獨立弄一個方案或活動的，我老是和一小群朋友一起
> 和另一群生活在不同社會處境中，承受著某種痛苦辛酸的人們互動影響
> 著，專業上可將它歸納為「團體方法」。但說它是團體方法時，自己和
> 對方是怎樣不同的社會群體就去脈絡化的不見了，自己被對方生命經驗
> 衝撞的影響也抽離忽略了。（夏林清，2004a：137）

寬廣一點地來說，任何一種心理團體方法的目的，都朝向個人與群體在其
生活處境中自立互助（含相互依靠支持）的能力增長，那麼「敘說表達、經驗對
照、脈絡化理解、認識轉化與行動實驗的學習歷程」就是團體方法的精要之處；
這也是對 Kurt Lewin 研發之「訓練團體」（Training Group）、「生活空間」（Life
Space）、「動力場域」（dynamic field）、「社會變革」與「行動研究」概念的體
悟。更精確地說，由 1975 年在吳就君老師所帶領的訓練團體中初識團體動力開
始，30 年來團體動力的方法被我去蕪存菁地，依不同社會田野群際動力的發展
現況，以不同形式的團體運作方式整合在社會變革／運動取向的工作過程裡。
Kurt Lewin 英年早逝於美國，他對於社會變革的知識取徑，並沒有在其美國弟子
的工作中有明確的彰顯。在 50～70 年代與世界風起雲湧社會變革風潮脫落隔離
的台灣長成的我，反而在對抗政治壓制之抵制性自主的追尋歷程中，扣著「社會
變革」發展著心理教育的方法。

這一種社會變革取徑的做法，使「團體方法」轉化成了系列社會活動：一組
或多組參與者經驗學習的活動形式，它可以名之為「人際敏感度學習」、「工作
坊」，也可以是「論壇」與「展演」。易言之，去其固定形式，以如何有利於特
定對象的學習，由社會群體問題處境、生活困境與身心困頓的轉變的考量點來
設計介入方法，開展一場參與變革與共同學習的實驗就是「團體方法」。讓我以
「群際動態關係與活動介入」的觀點，來說團體方法實驗方案的幾個示例；方案
踐行過程中工作者與參與者的轉化，會激發草根團體的成立或接續的社會實驗方
案。我視 1983 年以前的實踐經驗，為自己實踐方法粗胚形成的階段（夏林清，
2004a）。

在團體中「認識」不同的人，特別是不同人社會存在的位置和這些位置間，所存在的社會關係構形（configuration）的表現樣態與運作機轉，同時反身自省地覺察與運用自己做為改變的促動者，是社會變革取向團體方法的基本功夫。當工作者將實踐定向於社會變革（含個體之內、人我之間、團體做為一個整體（group as a whole）與群際之間的經驗）時，她的實踐是一定不可能只依靠或操作某種她所習得與精熟的團體模式；團體中隱然湧動的群際關係得以如實、適時地被參與成員辨認、揭露與對話，也就是社會學習與共同體（社群）開展的探究歷程了。依對團體方法的如上界定，在不同時間點上，我曾具體設計與使用團體方法到教師社群、工人社群與成人學習者社群。[1]

Kurt Lewin 的場地論（field theory）在 1951 年提出，而踐行其場地論的方法則是他在美國發展出來的訓練團體（training group）。Lewin「訓練團體」方法的核心，即在於對「團體過程的動態變化」與「此時此刻」（here and now）互動建構的覺察、反映、與介入解凍的學習（夏林清，1989）。Lewin 場地論的創發來自於他第一次世界大戰的參戰經驗，同樣的，英國團體知識與方法的領航者 W.R.Bion 與 S.H.Foulkes，亦築基於第一次世界大戰後的社會復元動能中（夏林清，2002）。英國因其社會之威權關係模式穩固，同時與歐陸心理分析理論與方法之關係亦較美國直接，所以 Bion 與 S.H.Foulkes 所發展成形之小團體與大團體方法，融合了心理分析、客體關係、與系統理論。與 Lewin 之方法相同的是，二者皆以無結構的團體過程取向為其操作方法，但無論是 Bion 或 Foulks 則皆意圖反映與解構威權關係模式中固著的情感結構；指團體成員情感與行為模式中和權威角色之關係模式的緊密構連，正是社會關係中存在的這種構連維持了動態平衡，卻實則不變的人際行為世界結構。當然，若往歐陸看過去，法國與德國亦皆於一九六〇年代末到一九七〇年代，分別由集體潛意識與意識型態的分析，對團體方法發生了重要的「破」英、美心理治療團體方法模式化操作形式的貢獻（夏林清，1992）。接上此一「破」處，人們日常生活與社會運動的田野中，便處處見到團體動力的示現了！

我對歐美大、小團體方法的理解與使用便是由這一破處轉折生根。亦言之，我在一九七四年開始接觸小團體方法後，便一路按圖索驥，對於操練這一種可操

---

[1] 請參見附錄 2

作之教育介入方法，對一個社會民主經驗的立基式作用未曾鬆手。在我的實踐中，它是我的視框（frame of seeing）亦同時是介入的方法（method of intervention），只是對我而言，「團體方法」的操作已不是一種諮商與治療情境中的運作形式，它已轉化成不同的運作形式，它亦是開展認識歷程的重要取徑。易言之，只要有人群在、有對話發生，轉化團體既有結構變與不變的參與機會即存在了。

1. 社會田野：「社會結構性生活環境」、「體制化存在處境」與「群際社會關係脈絡的構形」

對一名實踐者而言，社會田野不是人類學家參與觀察建立紮根理論的田野，也不是批判教育民族誌學者參與觀察的現場與回饋討論的關係；它是實踐者在投身涉入與他者發展關係的過程中，得當機立斷將其當時的理解轉化成可介入的行動與活動，因而對她來說，名之為「田野」的社會場域中的複雜與流動的現象訊息，是要被她由一個行動探究的關切點來組織整理的——即形成依社會變革取徑而產生出對個體、群體及制度的理解，此一理解無必要要求論述式周延與過於複雜，而是要能被實踐者轉化成自己往前探究的實踐行動，但也不能是去脈絡化的簡化認定。這一個知識辨識與轉化為行動的關切點，便是實踐者抵抗主流意識型態與學院知識權力的立足點。站上這一個立足點，磨練自己對當事人社會結構性生活環境、體制化存在處境與群際社會關係脈絡構形的辨識理解，並同時轉化成自己的實踐行動，這就是在地實踐的專業能耐。這一組概念呼應著階級處境，與體制化社會機制的社會學概念，語詞差別說明了對實踐者而言，這三個概念是要被用來理解個人與群體存在與生存的樣態，而實踐者的理解是和他可以如何生產介入行動，以有助於自己與他人協作地朝向「自立自強與參與改變不公義體制」的方向發展。也是這一實踐旨趣的價值立場，這使得這三個概念之間的關連方式和多數社會學概念的作用不同。

2. 組織與教育間分立轉化與涵化統整的交互作用

長期在社會運動田野中工作，組織者（organizer）運動者（activist）與教育者的名稱與組織（organizing）、動員（mobilizing）與學習（learning）之間的作用關係確實困惑著不少實踐者。2002 年我開始著手回顧書寫自己的實踐經驗時，重讀 Myles Horton 與 Paulo Freire 的對話錄（We Make the Road by Walking，1990），

其中的一段話使我得以辨認自己實作案例中，組織過程與教育學習歷程間存在著分立轉化與涵化統整關係：

> Paul 說組織（organizing）過程教育了人。我說教育使組織成為可能，但二者有不同的利益與著重點⋯⋯。別人設定我們是一組織者的訓練學校（指高地民眾學校），但我一直說不是、不是。我們辦教育，而後他們自己組織起來了。他們成為組織者或是運動組織中的教育者。我們不是做技術訓練，我們看重你分析、表現和與他人發展關係的方式，這是教育。⋯⋯如果解決問題是目標的話，有很多方式都比通過一個教育過程要來得簡單。解決問題不能是教育的目標。它可以是「組織」的目標。這是為什麼我不認為「組織」和「教育」是一件事。⋯⋯組織者投身在一特定目標的達成中，這一目標或是指向一結構性變革，或是為資本家服務強化原有系統。這個問題是令人困惑的，因為許多人使用組織和動員做了一些教育，便認為已達到了「充權」（empowerment）。但更常見的卻是他們在這個過程中以專家姿態教導他人，以致於反而貶抑了他人的力量。⋯⋯一個組織起來的經驗（an organizing experience）可以是教育性的。但它必須是與要以實踐民主決策為目標並存的，就是使人們參與到民主決策過程的行動中，而非只要一個權威的領導者⋯⋯（Bell，Gaventa，and Peters，1990）。（夏林清，2002）

Myles Horton（1905-1990）與 Paul Alinsky（1907-1972）均為 30 ～ 50 年代美國重要的實踐者，Horton 是投身在社會變革教育與工人組織權利（education for focial change and workers' rights to organize）的教育者，Alinsky 則是社會運動中（由工運到社區運動）的組織者，Horton 於 1932 年於田納西創立高地學校，Alinsky 於 60 年代末成立培訓基進專業工作者（professional radicals）的學校。兩人投身作用的場域與作用角色的不同是 Horton 對照陳述的背景，我則一方面參與到工人運動團體之組織內部（這個運動組織內部成員的位置，持續鍛鍊了我的介入能力，促進這一組織發展的過程是立基於成員自我轉化與協同學習的關係發展之中的）；另一方面則在運動投身的基礎上，以教育者與研究者身份開拓著專業實踐與草根成人教育的基進路徑。20 年來，我在工人運動和學院教學研究二者的投入的本身就是建構了一個張力場域的演進歷程。「張力場域」是一個實踐

用語，這是指實踐者在特定的社會脈絡中行動時，持續感知場中或隱或顯之個體之間或群體之間存在的作用力量。我的實踐位置使得我辨識「個人對自己與他者之社會存在覺察認識的學習歷程」和「共同學習與協作關係得以有意識地，被個人與群體共同創造的發展歷程」的雙重歷程，並靈活對待相互可能牽引的作用關係。因實踐者力圖有效介入以促動變革與學習，所以他是有感有知地活在張力場域中的，「張力場域」是實踐行動在社會田野現場指認構做出來的學習空間。

3. 張力場域的建構與矛盾涉入的對話

工人運動中的兩個示例（勞工人際藝術學習團體與工傷俱樂部及工傷協會勞教講師培訓[1]，均是在已組織起來了的自主工會組織的工作脈絡中，為推進組織發展、達成特定目標或解決特定問題，而設計的團體活動。

1988 年，在自主工運興起的過程中，桃園中正機場桃勤工會、復興空廚工會與機場免稅商店工會共同推動中正機場工會聯合會，為了促進各工會理監事及會員們對聯合會的認識與發展彼此的關係，台北勞工教育資訊發展中心（我是創始人之一）便與桃勤等工會合作，我們設計了一組勞工教育的課程，其中包括了勞工人際關係學習團體。我負責設計課程並協助基層教師真實教育連線（基教前身）中，受過小團體方法訓練的團體催化員擔任學習團體領導員，中國時報工會幹部擔任勞教專題講師。當時的團體不只促進了中正機場工會聯合會的成立，亦深化了不同工會相應共存與異同連繫的成員相互的互動與認識。1995 年已成立四年的工作傷害者協會，為開發工傷者本身工傷經驗中的知識，並促使工傷工人自己做講員，我們設計與進行了故事團體，工傷協會在這一次有效使用團體方法之後，後續在 1999 年組織亡者家屬的工作與 2002 年承標與完成「勞動工人敘說－書寫生命故事與口述歷史」的研究案中，均靈活應用了大、小團體的方法（顧玉玲，2004）。這兩個案例均是在一個運動組織中，為了達成該組織在特定階段中的發展需要而設計的團體方案。同樣也是在一個已成立的組織內持續運用團體方法，但它的探索性質明顯高於完成特定的發展目標，蘆荻社區大學的發展過程是這樣的實例。

1999 年我帶領一小組工作者開始在台北縣蘆洲與三重地區籌設社區大學，

---

[1] 請參見附錄 2

第一個學期湧入了452名學生，而85％為在地婦女，平均年齡為45歲。面對這種狀況，我們立即變動了原初由黃武雄教授等人所設想的課程概念，設計了以女性經驗為主的學習課程，團體分享與社群支持關係是貫穿課程設計的軸心；2001年蘆荻社大已穩定住了學員人數及課程結構，社群內分享與交流活動活絡，然而以在地勞動與小店家、小廠主為主要背景的學員，身上攜帶與積澱著豐富卻糾結壓制的婚姻與家庭經驗，於是我們由2001年開始設計了家庭經驗工作坊，在社大中庭的開放空間內，每1年半到2年就舉辦一次，女性課程與家庭經驗工作坊在社區大學課程更新的實驗歷程和學校開放，支持社群的發展過程分別具有重要的轉折、涵化與整合作用。（王淑娟，2005）

　　1986年，以中、小學教師的主要參與成員的讀書會與團體督導訓練和1998年「第一屆性工作權利與性產業政策行動論壇」[1]，則相對地較彰顯了因學習的深化而轉進到一個民間小組織的成立。基層教師協會是一小群中小學教師成立於1990年的教師組織，然而這個協會得以成立的「發生」歷程是長達七年的一階段轉進到另一階段的團體活動（由成長團體到跨校督導討論團體，再到教師讀書會）的發展脈絡。（王慧婉，1999）。同樣的，2001年行動研究學會的成立與2005年勞動家長協會的成立，也是在以學習為主的社會活動（如論壇與工作坊的設計）中，衍生而來的組織。行動研究學會的成立過程亦是中小學教師群、大學負責師資培育工作的教授群、大學社工、心理、衛福等系教授群與成人草根教育工作者之間，知識權力張力關係的發展歷程。為什麼說是一個發展歷程？因為這種群際之間實存的、承載知識權力與階級資源差異性的社會關係，是在共同發展協作方案與參與學會組成的過程中，被個別與集體行動者辨識並轉化到溝通行動中，或提出要求或進行協商；群際關係是在學會籌組過程中，在具有張力的溝通對話中呈現並變化著的。由公娼抗爭事件到日日春協會成立的示例，則是一個在抗爭張力社會現場中進行集體學習的團體方案，把握妓權運動在地實踐方向，日日春工作者一路，開創了多種團體運作方法與文化表達形式相混同整合的社群發展方法（夏林清，2002）。「張力場域的建構」（TFC）與「矛盾涉入的對話」（CEC）則是在社會不同現場裡，工作者在團體活動中推進行動探究的二種主要的作用。

---

[1] 見附錄2的說明，同時可參考王芳萍（2009）：《女性運動者的政治性生成：台北市公娼抗爭和日日春運動紀實》，輔仁大學心理學系，碩士論文。

若以前述 4 個示例來說，由「公娼抗爭」轉進到「日日春」則是兩種作用等量齊觀交織運作的示例，蘆荻社大家庭經驗工作坊、中正機場聯誼會勞工團體與工傷協會故事團體，則是涉入到個人人際與團體矛盾經驗的對話先發揮了作用，特定焦點學習得以被勾勒的張力場域才隨之產生。中、小學教師由成長團體到基層教師協會成立的過程則與公娼抗爭示例相同，兩種作用等量齊觀交織作用，但其發展歷程則表現出抑制與模糊化張力關係的特色。在多年與中、小學協作的工作經驗裡，這一特色正反映了台灣教育體制對教師日常生活環境的模塑機制（夏林清，2002）。

運動投身中的我群關係與自我轉化

上一節提及選擇進入非專業制式化環境工作的工作者，如同社會田野中的實驗者，學院所預設之專業知能與自身作用的方式，是絕對會在投身過程中被解構與重構的。在西方現代心理學移植置入台灣之社會過程裡，最需要在學院與專業制式化工作環境外投身之工作者，進行實踐知識整理的價值。在社會田野基層位置中工作的投身經驗，絕對已然引發了「我群關係」（含對個體、群體與體制環境和人之間關係的深刻理解）與工作者自身轉化的兩大交織生成的經驗範疇。

任何一位實踐者的介入行動會反映了，他對現況可以如何變化的認識和他自身的能力與限制；同時他也就立足於自己介入行動的參與點上，實踐者也就做為整體現況的一個構成部份，經歷與探究著社會變革所指涉的一個複雜的社會過程。「介入」同時意指自己將自己「卡」入一個特定的位置——在特定社會脈絡中，以自己的條件和能力所能取得的一個行動的位置。

易言之，實踐者是做為一名特定處境中的行動實驗者，有意識地選擇設計與實行他的想法與做法。這麼做時，一個自身、他者與系統體制交相作用的變化歷程和實踐者自身所具有的庫存經驗，一定是同時或顯或隱、或主動使用或被動牽引地也發生著一個變化過程。

在這篇文章中，我以「我群關係的變化歷程」和「自我轉化歷程」來稱呼這一相扣連的實踐者，所經歷的內部與外部過程。用「我群關係」來框定對一個複雜的社會變化過程的描述，亦同時指向了對「實踐者」作用的考察，也就是說，「我群關係」與「自我轉化」是一組描述社會變革取徑之心理教育工作者如何生成的概念。下面以兩位五年級生投身在工運中的實踐故事，來勾勒出此一內外相

扣連的轉進過程。

1. 異化焦慮的返身重構

　　1990 年野百合學運的中正紀念堂現場，大二的李易昆在參與的七天中（1990
年 3 月 16 ～ 22 日），因為發板凳的服務工作做的很好，便在廣場學生群中做了
小組長，到了 1990 年 5 月反軍人干政的學生運動聚集現場，他就負責了買便當
的工作。「發板凳發得很好」的李易昆，在 1991 ～ 1995 年碩士學習的四年中，
開始投入到外籍勞工的社會服務工作。1997 年當完兵回來後即進入工人立法行
動委員會擔任組織工作者，1999 年轉任蘆荻社區大學主任秘書，負責推進社大
的籌設與發展。在李易昆運動投身的實踐歷程中，「很會發板凳與買便當」的實
務操作能力，來自勞動家庭早熟童年的家務操作能力，也延展發展成參與草根運
動，務實而有效解決各種問題的自尊、自信與技能：

> 　　「勤」具體展現在勤奮讀書與勞動。回家第一件事一定是先作功
> 課（作完功課後只可以看半個小時的卡通，則是儉的規訓），之後作手
> 工，像穿梳子、作馬達之類的事。我印象中約是我小學一、二年級的時
> 候，只上了半天的課，中午回家一吃完飯作完功課，就是穿梳子的時
> 間。穿一片梳子可以賺到一角錢工錢，一片梳子大約要穿 120 根梳釘，
> 每一根都必需是直的，否則沒賺到錢，還要倒扣。勞動的時候，鄰居同
> 樣也作手工的阿姨也會來家裡一起作，邊作邊聊天，我也坐在大人堆
> 中，那種感覺一點兒都不辛苦，反而有點我像是個大人的味道，因為我
> 不只是個小孩，我是個有生產能力的人。那種自在，那種自信，至今難
> 忘。（李易昆，2005）

　　勞動家庭的勤儉持家和家庭工廠的勞動生產重疊著，使用了家庭與鄰居關係
中的情感與相互的認可，這正是台灣客廳即工廠加工產業所消耗使用的社會關
係。做為這樣一個家庭中參與在勞動中的兒子與童工，李易昆在一路長大的過程
裡，發展出了卓越的操作能力，他善於使用工具修理各種機械器物，解決技術性
難題，操作能力、位置取得與關係中的被肯定支持著他的長成：

> 　　就如同我童年早熟的家務操作能力，為我贏得了作為一個成人的尊
> 嚴一樣，成長過程中一路發展出來的操作能力，也為我在各種社會關係

中快速找到位置。我想人人都喜歡那種有功能被肯定的感覺，而我的被肯定則是主要來自技術。隨著年紀漸長，技術指的不再只是一般的機械技術，也包括了處理人際關係的技術。在高中時期，我的善於殺價就是同學當中最被為稱道的。班上辦活動，與外頭廠商談價錢，通常就是由我代表去談。

我身上的技術能力為我贏得社會關係中的肯定，在不同的成長階段總有不同的相應的技術能力被我發展出來，這樣的發展過程在我身上發生了兩個作用：一、我變得只會以技術能力來與別人發生關係，二、我也變得只以技術能力來看人，包括看別人與自己。也就是說，我與別人的關係是以我對人「有用」來展開，同時我也是以「有沒有用」來看自己與別人。這就是我的工具性的極致表現。（李易昆，2005）

李易昆指認自己這一工具性作用極致化的另一層發展脈絡便是他 1991 年開始投入工作的工人教育與運動的社會田野。1999 年，李易昆由工人立法行動委員會轉到蘆荻社區大學，負責帶領工作團隊籌建社大。任何一個社會都是一個立體多層多面自成其形體的存在構形，在任何一個區域、一個角落（或一個橫切面、縱切面），因著特定相似性或某些共通之集體經驗而生活著的群體之間，都有著相對自主的存有空間與互為主體關係發展的機會；這些機會就是社會學習與運動取向工作者所看重的；當然，所謂的階級、種族與性別文化的社會宰制機制，也就是會阻隔這些機會的被看見與發現。李易昆由工人運動中推動修法的工作位置，轉換到成人教育草根教育工作者的位置，前面提及 Horton 與 Alinsky 對組織與教育的分辨，也在李易昆身上發生：

但在社大的工作中，面對學員組成的複雜性，組織的方向與方法變得曖昧難辨。社區大學作為一個教育單位，這個空間中參與者所被調動的生命經驗，不若在工會運動中的參與者被調動的生命經驗，有著同屬於勞動面向、集體行動的一致性。學員來到社大的空間中，他們使用社大作為他們在日常被體制、勞動、家庭規約的生活之外的出口，就積極意義而言，他們來到社大是作為尋找生命的另一種可能的行動，而他們在社大會找到有什麼不同的可能性，正是我作為教育工作者應去尋找與發現的。我必需在學員們在社大的自主活動中，去看到他們的活動與他

們的生命經驗之間的對話關係。看清了這一點，我的教育設計的行動才有可能擺對位置，然後與學員們尋求生命轉化的動能發生聯繫，組織的可能性也才會出現。（李易昆，2005）

然而，努力與社大成年學生生命經驗呼應對話的李易昆，卻在自身與他者交錯影響的複雜歷程中，發生了焦慮與恐慌襲捲而至的瘋狂經驗：

> 這些被我壓抑的慾望與情感，就像是我經年未整的抽屜，學員說的故事就像是把他們的生命捧到我的面前，說：「你看，這就是我的生命」，那我的呢？學員們說的故事打翻了我的抽屜，把我長年逃避面對而隨手往裡塞的許多未安置的情感、慾望及痛苦散落一地，如此狼狽以至於我再也無法優雅。

> 重新觀看自己的壓抑，就像是重拾遺忘在多年前的自己，難堪卻是實在，原先被塞在抽屜中的物件，如今攤開在桌面上，一件一件在我的眼前。（李易昆，2004）

「瘋狂」是社會內／外，個體內／外的互屬與交界的生命洗禮！李易昆並未料到，「焦慮恐慌症」竟是接踵而至的自身生命與運動實踐交纏的課題。

〈瘋狂〉

> 一個再平常不過的週五晚上，那通常不是個我會焦慮的夜晚。雖然我向來是個焦慮的人。但週五的晚上，沒什麼好焦慮的，我還有點輕鬆的心情，想著洗好澡，要來好好地喝個酒，難得隔天週末又沒啥大事。在洗澡洗頭的時候，突然一股難以分辨的煩躁湧上心頭，那種煩躁的感覺我並不感到陌生。

> ……但這次卻是來的又急又猛，當我滿頭泡泡、眼睛緊閉，這股煩躁及焦慮竟像是挑了時間來似的（我似乎也知道它似乎有點故意），我顧不得泡泡會刺激眼睛，趕緊睜開眼，但竟然無效。眼睛沾了泡泡，受不了又閉上，只得連忙胡亂沖洗，有點狼狽地洗完了頭，睜開了眼，那焦慮仍未退去……我警覺到不尋常……（李易昆，2005）

我稱李易昆的恐慌症為一個異化焦慮重返其自身，並要求他有能耐推進

一個生命（含自己、他者與社會）經驗的重構歷程，高度的焦慮與恐慌正是 F.
Newman（1991）所說的一種人們為了因應異化而產生的一種適應情緒！[1]如此去
理解「焦慮與恐慌」時，我們就在拒絕接受精神醫療病症化自身重要存有經驗的
同時，奮力展開一場與焦慮恐慌共同存在、共渡時光的重構歷程。

李易昆在和他的焦慮與恐慌流離共渡的旅程中，給了這個 DSM—IV 上的恐
慌症一個新的名稱——「隨遇而安」；「隨遇而安」是新命名也是一帖藥方，我
同時認為「發病」其實是一種對人類異化生活，提出了密集的情緒勞動的生命要
求，即正是一種異形反撲偷襲的呼叫！當然，**異化情緒要重返個人生命與群體生
活，所需要的勞動創造活動得是手工藝的自主勞動**。易言之，李易昆的「隨遇而
安的遇見恐慌」，同時是一位草根成人教育工作者對自身實踐知識的重構創發的
時機：

> 發展作為動態變化的過程，是發展動能與現存處境進行辯證的活
> 動，其存在著力量的辯證作用，其中有對抗與衝突，這便是政治，形式
> 上就是政治。同時就內容而言，我使用我的工具性操作能力來使自己
> 深嵌於與壓迫體制交纏的運動位置中，雖然過去在工作並不是太自覺這
> 一點，但為了使自己與運動都能夠前進，這正是我與運動共處的存在狀
> 態，這便是政治的。而我的發病就是要開始面對這一點了，我自覺地

---

[1] F. Newman 是這樣描述定性焦慮與恐慌症的：「我相信焦慮是一種適應情緒。從歷史上看，焦慮之
所以這麼晚才出現，是因為它基本上是一個為了因應異化／疏離的情緒或姿態。而異化成為人類
普遍經驗的歷史事實，不只是個人的主觀反應，而是在一個特定的歷史時點上，當生產的社會過
程在性質與數量上，都與生產本身分離到一個關鍵的程度上，例如，產品的交換功能成為生產的
主流模式。

在 19 世紀中葉之前，人類生產基本上是為了使用用途，而在其後的 50 年內，全球的工業發生了
徹底的改變。世界越來越被生產所主導，而這生產不是為了我們的需要，更具體地說，生產不是
為了我們作為人類的需要，而是為了製造出商品，為了被販賣與交換。焦慮的出現作為一種情緒
或姿態來因應「異化」這個社會 - 歷史現象，而異化正是商品生產全面主導下的社會後果。

由柯克建立的關於焦慮的典範，是一種害怕跌入某一種特定極端性質中的恐懼，這個定義後來
被收入到 DSM-III 中。具體來說，這是一種終極的沒有對象的恐懼。它是一種對於某個無以名狀
的，或甚至不足以名狀的「東西」的恐懼、戰慄、心悸、盜汗，隨便你喜歡用那個形容詞。那不
是你走過懸崖邊害怕跌下去的那種恐懼，也不是廚櫃上的煎鍋快掉下來打到頭的那種恐懼。不是
的，不是這些「客觀」（objective）恐懼，客觀恐懼是那種有對象的、有可能發生的恐懼；而焦慮
是沒有對象的恐懼。為了交換而生產（或說商品生產）的異化狀態，在意識型態的、社會的、文
化的以及經濟上的變遷帶來了焦慮，它作為一種情緒的、姿態的、主體的適應機制，以因應一種
新的情緒或態度與引發此情緒或態度的客體（或缺乏該客體）之間的關係。」（Newman，1991）

「運動」自己在運動中的工具性參與方式，我要朝向自己自覺的存在與運動共同前進的方向上，這可稱之為我的新的運動階段的形成與發展。

　　而勞動的隱喻則是更豐富了這個發展的意涵，如同我在耕耘我自己一樣，我過往所迴避的焦慮與恐懼就像荒廢許久的田地，如今我得回過頭來將其結塊硬化的土壤耘開，讓埋藏其中的陰暗得以面見陽光。這樣的勞動沒有異化，而是結合了我亟力發展我自己的動能，我投入我自己的耕耘中，是意之所趨、我之所在。在田裡勞動的意象讓我想到我奶奶。我年幼時愛跟奶奶下田，不知道是奶奶想休息，或是為了來看看我這個在木瓜樹下玩耍的小金孫，她常會來木瓜樹下喝水，然後說「田裡的事是作不完的，作不完還是要作」。我已不確定她是對我說，或是對她自己說，但我記得她的面容沒有怨嘆的意思。就是這種態度的勞動，我應當如此地耕耘自己，看看自己會長出什麼果子來，然後接受它。這是發展而且不是工具性對待的勞動。（李易昆，2005）

小金孫是阿媽田中往返農活中，勞動生產與生命延展的愉悅的表徵，當基進運動的投身是阿媽一生的農活，也是小金孫的生命創造與延展。李易昆的焦慮來襲是異化焦慮的重返現身，而「恐慌症」的病化構形則挑戰了他，展開一場辨識拆解這一異形與重構自身的歷程。

2. 全身而入的階級顯影[1]

　　歷史質指的是一個社會透過各種衝突和社會性運動，從各文化模式中建構其實踐的能力。（頁 95，行動者的歸來，舒詩偉譯，2002，Alain Touraine，1984）

張育華在年屆 40 時，完成一本回觀前 20 年投入社會運動的顛簸歷程：《移動的疊影－我在低地蜿蜒前行的實踐歷程》（張育華，2006）她說：

　　我想，回溯自己四十歲之前的生命史。
　　我想，探究不斷自深處湧現的悲傷、孤單、狼狽，並與自己相認。
　　我想，書寫這些年肉身實踐而來的認識論。

---

[1]「階級顯影」是丁乃非名師在張育華論文口試時，辨識張育華實踐經驗的用詞，張育華受益良多。

> 我想，呈現某種立體的、多層次的改變歷程。
>
> 我想，鋪成某種歷史感。（張育華，2006：3）

1987 年解嚴時育華大三，1989 年大學畢業即進入自主工會運動擔任工會秘書。出身於閩南小有積累的中產家庭，台灣隔離社會現實的學校教育，反而使張育華對峙自己與藍領工人勞動與生活的距離，在解嚴後自主工運的運動氛圍裡，投入到工人運動：

> 我的父親在銀行工作，從基層行員幹到分行經理、稽核專員到退休。小時候，我很喜歡母親帶我去父親的銀行，我們站在櫃檯這一邊，跟在櫃檯那一邊的父親，揮一揮手，我看得見父親工作的模樣，在小小的心靈中，我覺得很神氣。我一直以為每個人的爸爸上班都是像這樣穿襯衫、打領帶，朝九晚五辦公，國定假日、例假日必然休假。
>
> 直到大四在新埔的工會實習，寒冬清晨，冷風襲人，我站在入廠的路口，看著身穿藍布工作衣的工人，兩、三千人真的像潮水一樣湧進工廠。我才知道二十四小時運轉的廠房機器，意謂同時有日夜輪班的勞動者二十四小時相伴，原來，勞動不必然襯衫、領帶、遇紅則休。而且，外人不容易看見工人與機器如何在一起勞動，工人與機器的勞動被隔絕在廠房之內，不像父親的銀行櫃檯，可以從這一邊看到那一邊。
>
> 從此，我的世界開始不一樣，從穩定到失衡，出現好多疑惑。

相對於出身於勞動家庭的李易昆，張育華投入工運的選擇及後續發生的婚姻選擇，是社會階級處境的位移，由工廠抗爭現場工人眾志成城的身體意志，到台灣藍領工人二代家庭挖東牆補西牆困窘生活中，磨難相撞的夫妻身體。1987 年顯現台灣歷史中，被殖民統治與黨國專權壓制的台灣自主工運，是力圖接續斷裂歷史的工人力量。自主工運興於 1987 解嚴前後，1990 年代中期後即因產業結構的劇烈變化，而難以工會集體抗爭的形式接續發展。然而，抓住歷史時機迅速突起的自主工會運動，對張育華而言，像撲擊堅硬社會不義岩層的一波浪潮，她隨之位移：先進入了自主工會的工作位置，繼而選擇與工會幹部戀愛，進入工人家庭卡進了勞動階級的處境位子裡。

(1) 自主工會的工作位置：

勞資開打，是個複雜變化的過程。

台塑公司高姿態堅持一切合法，不斷分化群眾。

公司嚴禁因不接受調動而遭免職的員工再度入廠，大家還是日日來到公司，聚集工廠門口，由工會幹部帶領群眾演講、唱歌、呼口號，凝聚抗爭的意志。每天一早，我六點多出門上班，先到便利商店買齊了各大報紙，一到工會辦公室將媒體對此仗的戰況報導剪下來，製作成戰報或文宣，迅速影印，七點半左右站在廠門口發給入廠上班的員工。每天早晚吸引數百名上下班的員工駐足圍觀，為抗爭的弟兄助陣加油。

有一天，工會理監事兵分二路，一路進入行政大樓會議室與主管談判，一路與抗爭會員聚集行政大樓門口，擊鼓、唱歌、輪番演講。突然，鼓聲咚咚急響，本來排排坐在地上的數十名弟兄以迅雷不及掩耳的速度強行衝進廠區，警衛全傻了眼，大隊人馬突破封鎖飛奔到機械廠。仁武廠區遼闊，從大門到機械廠有一公里遠！廠內正在生產線上的弟兄們聽到人聲雜沓，全都放下工作跑出來聚集，無奈接受調動的、堅持不接受調動的數百名弟兄匯聚一起唱歌、演講、呼口號，抗議公司鴨霸。幾分鐘之內，本來，被隔離在工廠之外的群眾抗爭，衝破資方防線（張育華，2006：15）

(2) 經由婚姻進入了勞工家庭的工人妻子的位置：

我正狼狽的卡在婚姻關係裡面。

我的積怨，來自經濟拮据。債務、會錢、貸款把全家人套牢。直到東東出生，我發現我得養家，我的存摺數字不斷下降，開始恐慌。費了很大的力氣，吵架、打架、寫信、上床做愛之後慢慢套話……才弄明白他用錢的方式及家裏財務的困窘。說實話，我難以接受，我沒有預期要承擔這些。

後來，我慢慢從工運前線往後退，因為我無法解釋那種虛無的感覺。我全盤否定自己在工人運動的戰場上，曾經與工人並肩作戰爭取年終獎金、資遣費、退休金……原來，當工人家庭的經濟網絡出現一個大破洞，那些辛辛苦苦爭來的獎金一點也沒有！

手頭拮据並不好受，我的怒與怨，他的怒與鬱，不時擦撞，我們的關係常在火線上，有時夾擊年幼的東東，我努力維繫保持某種恐怖平衡。

費了很大的力氣才弄懂，大哥是公公最寵愛的長子，即使一屁股債，仍力挺到底，婆婆偶爾忍不住開罵，咆哮之後，還是設法借錢籌錢，他心疼阿母，亦出手相救。闖禍的，滅火的，墊底的，環環相扣，我別過頭，不看這個連環扣，埋頭工作，力求自保不被往下拉。（張育華，2006：50）

張育華所描述的肉身卡位與搏鬥的故事，是中產家庭生活方式與身心慣習在不同階級生活處境中，剝離顯現的差異衝撞刻痕。重要的是，張育華對全身而入實踐歷程的論文書寫，是她清晰堅毅的說出個人與集體追尋變革動能的慾望實現，這便是歷史質的展現：

階級的顯影	歸隊的運動者
我從婚姻踩進去經驗與勞動階級在一起，作為女性，這是個方便，也是一場災難，從此，我的生活、實踐、認識，「公」「私」難分。 　　婚姻是私領域，是黑盒子，裡頭的慘烈通常不欲人知。 　　私領域的婚姻也是我社會實踐的一部份。 　　我真的因為留在婚姻裡，不得不跟這個階級在一起。日常生活，柴米油鹽醬醋茶，煮飯洗衣拖地罵小孩，很真實，我卻一直覺得它是狼狽，我自卑，想掩蓋它，其實它必須，卻看不見。 　　我作為母親，我的教育與文化資源，在婚姻裡存在某種優勢。 　　我走了一段奇特的歷程，從婚姻——經驗階級的意義。	我想念我的工運同志，我花了將近十年的時間承認這個想念。 　　故事斷裂的難題在於：我的婚姻難以發生我想像中、期待中的「運動」，我陷落於某種失落與孤單，失落與孤單緊緊包裹著我的想念。 　　我想使用我的書寫銜接這個斷裂與想念。 　　其實，我沒有放棄，當年的「猶豫」已經發生改變，可是，我看不見自己持續在低地蜿蜒行走的意義。 　　我總是悲傷與自卑。 　　後來，我明白，銜接不等於緊密相扣。 （張育華，2006：78-80）

3. 社會壓迫中的張力學習場

　　我曾用「社會力場中的結點與對抗點」來描述我，對工作者與當事者的生命結盟及行動協作：

> 　　工作者與當事者的結盟就是一個「對抗點」的展現。我將治療者、教育者與社會運動之運動者並列，正是因為他們都是對近乎無解之生命痛苦，亦即生命承載社會壓迫的糾結表現，與令人喪志無力之社會箝制深有所感，且總存留著壓箱底的熱情，等候復甦時機的一種人。（夏林清，2004a）

　　「工作者與當事者生命的結盟」是支撐住，對抗社會壓迫之協作關係的立足點，「結盟」協作是不同個體之被壓制扭曲，與名之為「我」的某個部份的生命經驗的召喚、連結與整合，大團體動力的「集體潛意識聯盟」（夏林清，1992），社會學集體行動理論、存在現象學的精神分裂的在世存在方式（Laing，1959）及

行動科學人際行為世界建構與解構的論述（Argyris，1985），都如盞盞燈火由某個方向映照著人們求生存謀發展的蠕動與奮鬥。個體的生命因其是穿牆越戶無孔不入之社會壓迫的承載體，他做為一個具有三重作用的行動者（自我的存在展演者，生存適應的策略性行動者及朝向解放方向的有意識的行動者），或有意或無意卻一定嵌屬參與在既存現況的變與不變的運動當中。李易昆與張育華在朝向他者的投身過程裡，無可避免地發生了返身解構與重構的生命轉化歷程，運動者立志對抗社會壓迫的實踐行動，同時往外與往內、對己亦對他者創造了具有張力的學習場。「張力」需要在被行動者辨識的同時，如何不只是重複適應性反應，而是創造條件促使探究行動得以發生並持續不斷。因而，投身於社會運動的工作者，是不斷推進社會學習空間與探究歷程的學習者、實驗者和研究者。

邊緣抵制的「反映實踐者」

> 人文學科在自由主義全球化的時刻，到底還可以有什麼樣的作用？
> 任何知識、社會，以致世界的改變，要素之一就是不一樣的「慾望」，
> 這是文化和意識形態爭奪的領空，而人文學科，很重要的一環也就在
> 透過閱讀故事－這種最日常熟習的一種敘事她者（們）的「慾望」的方
> 式－去照見、看見（用夏老師的話語），以致於慢慢知道、認識，讓渡
> 也變易自身原本「自以為是」，自以為自然的慾望。（看到她（們）的慾
> 望－想像之物質條件、具體情境，政治經濟的，歷史社會的；學習何以
> 不同，又且可以不一樣；而不再是過去的人文主義教育，將自身隱含的
> 菁英階層利益、閱讀價值與道德判斷視角，加諸於故事而後不斷重複讀
> 出應和既得利益的所謂普世價值）。（丁乃非，2004）

「反映實踐者」是我的老師 Donald A. Schön 於 1983 年提出的（Schön，1983），我援用他與 Chris Argris 的知識與方法如農具，往台灣 1987 年解嚴後，因社會宰制機轉鬆脫而出現之地層裂縫中耕耘。這一章中以年輕研究生之論文行動來說明，20 年來立足於教學裡培育心理系所「專業實踐者」的社會作用。

抵制性抗拒（resistance）是心理分析的原創，也是反抗運動所援用的一個概念，然而個人要能由其所承載與積澱的日常生活經驗裡，堆疊扭結、看不見卻無時無刻不發生作用的身心構形（夏林清，2006）裡，往內亦往外的解構與重構自

身，丁乃非所謂的不一樣的慾望才得以被自己生產出來。「**抵制性存在**」生命經**驗的辨識再現、抵制性自主行動實驗與對抗結盟的社會關係發展，是我對學生們論文行動所展示之集體智能的命名。**

在台灣制式化學校教育、主流實證邏輯心理學與商品化身心靈治療這三股社會勢力，所牽引交織成的助人專業地景裡，能把唸研究所與論文完成的高等教育文化資源扭轉到一個新的**機會點**上；這個機會點是助人專業即志業（邱延亮，1991）的起點——自己與自我和所關切的他者實實在在地，得以相望看見、辨識理解與協同行動。因而，完成論文是這一個過程中接續與準備前行的行動歷程。

敘說探究的去學習（unlearning）

對年輕學生與婦女而言，對日常生活中或習而不察、或難以言說之宰制刻痕的覺識，在其自我敘說探究（self narrative inquiry）的歷程裡，會啟動一股因「去學習」而展現的再現與覺識歷程。對體制馴化自身有所辨明後的拒絕意向、過去受壓制扭結的自我存在經歷釋放，顯現的感知體悟與朝向獨立的移位行動，是這一「**去學習**」發展歷程的特徵。「去學習」絕非只是一智性思辯的活動，因為它觸及了無條件反抗、無能言說，甚至無以言說的壓制經歷，我因而看見年輕研究生對「自我敘說」方法的尋求，正是他們將「論文」挪置到得以與其生命壓制處，相銜接的一種知識生產行動：

> 在台灣的體制化教育現況中，學生敘說表達的機會與對話發展的教
> 導關係是容易被犧牲掉的，被壓制緊箍著的生命對自由與想像的渴望，
> 十分迫切地尋找允許經驗流動感發生的方式與路徑；這就是為什麼許多
> 碩士班研究生在台灣近幾年多元方法論典範爭論的空間中，對敘說方法
> 與行動研究方法報以熱烈回應的道理。當這種生命發展被體制化束縛的
> 個體發展的事實，又是座落在社會壓迫覺醒意識低落、歷史遭斷裂曲解
> 命運之政治環境中時，「無能言說」和「無以言說」幾乎是不少學生的
> 樣態。於是，「自我敘說」幾乎是一個自我治療的悲憤樂章。（夏林清，
> 2004a：144）

《被封住的嘴：由探究他人到自我探究》（陳孟瑩，1999）、《面具後的臉孔》

（王芝安，1998）[1]與《閱讀、寫作與心理自聊：穿梭在文字中的結構與解構旅程》
（劉于甄，2004）在台灣教育體制與家庭經濟背景的三個不同的位置中，對各自
由自己青少年生命被規訓壓制的特殊構形，在論文裡進行的對抵制性自主，如何
循著由外往內壓制的體制規訓力道，而往內壓扭形塑之拮抗性存在樣態的描述。

> ……的是一種悲傷，從小就存在女性之間的區隔與競爭。漂亮的女
> 生、成績好的女生、被老師寵愛的女生…
> 我想從身為女生這樣的處境中逃脫……
> ……保持距離與對立是我的求生之道。我很清楚地知道，被男老師
> 疼愛與女老師疼愛，對於中學女生要面對的同儕壓力是不同的，那是一
> 個慾望被過度壓抑與禁錮的世界。（劉于甄，2004）

當難以言說之生命抵制性自主的形構歷程與表現樣態逐漸出土之際，原本被
打結成塊或封存或壓扭的、對自己、對自己之內的他人、對自己與他人關係作用
的記憶一片片的浮顯，生存適應的「情緒」，在重返時空脈絡的再現過程裡，開
始朝對自己與他者的生命情感轉化開展；這就是慾望更新或復甦的歷程。

在移動探測[2]中更新慾望

陪同學生發展出自己與他者一起前行的專業之路，我對學生們要長成的一個
方向感是：要有辦法為這個社會提供各種不同角落的人、透過各種資源、創造各
種可能的條件，讓他（他們）能有對話的空間；教育與治療都是對話，如果一個
人有機會在與他者對話的過程中，辨認自己所帶著的各種情緒的扭結包裹，被剝
奪壓制的權力與能力的話，他和外界就是相通的，他的生命就有一個工作的空
間，壓迫人的社會關係就有可能因著這些生命活動的發展空間，而有了對抗轉化
的機會。所以，助人關係不過就是卯全力去創造這種工作空間得以發生的社會過
程；這樣的助人志業就是專業實踐！

現代人的生活常常是被各種或異化或壓制性的關係，所生產的情緒所環繞。
以致於他的情緒，好像一個雜亂的包裹，跟他的知覺歷程、感覺狀態，也就是說

---

[1] 陳孟瑩的論文是她由自身壓制處現身的努力，王芝安的「面具後的臉孔」則由身體所取受之教育
體制化作用回觀反映，從而確認自覺的價值。
[2] 移動探測（Move-testing）是使用了 Donald A. Schön 在「反映實踐者」一書中，對實踐者系列實踐
行動即一移動探測之行動實驗方法的概念。

他自己所能體察與接觸的感知歷程有時都是脫開的。情感沒辦法被連繫起來，人跟外界的關係脫落，然而人都需要適應活著，他就會回過頭，把不具舒適感的感覺隔離打包起來。於是，可能如實與深刻化對自己與他者感知能力的情感與意識素材，就在窄化適應的慣性裡變成了情緒反應（夏林清，2006）。工作者和他所想幫助的他者，都是台灣社會生活在不同社會位置的個體，如老師和她想幫助的學生、治療師和病人、社會運動者和農人、工人。多年來，學生們卯力工作令我動容的不是什麼「專業化」的成就，而是當她們在被現代化社會所設計之工具理性化的助人關係裡，衝撞到了阻擋與隔絕她深刻思考不公義體制與權力結構的社會機制時，她們選擇了不再弱智與無能化自己的道路。這是一條個體的社會情感得以復甦，社會認識可長得細緻複雜與社會行動的潛能得以增加的發展之途。不少學生的碩士論點便是走在這樣一條道路上的「慾望更新的行動實驗」。

我曾用「拼裝車」與「口袋」的意像隱喻台灣家庭：

> 在歷史發展上看來，家庭從來不只有是現在小家庭的模式，若以現今小家庭的這種形式和男女角色的安置來看家庭，其實家庭早就已經七零八落。台灣像是一部拼裝車，在世界資本主義的系統中，用一種拼裝車的形式去銜接資本主義世界的生產環節，而讓拼裝車披著小轎車的外殼。多數家庭其實是非常辛苦的像一部拼裝車，要幫台灣的經濟往上拉，而父母作為這樣的成年人，則拼命為了讓拼裝車的零件不要脫落、崩解；他們在賺錢的同時，還要去使用各種可能性讓家有基本的穩定，這樣小孩才不會脫落出來如變成中輟生，每個家庭都承擔了很多辛苦，這種辛苦很多時候會展現在夫妻關係的分離、親人的死亡甚至展現在性別認同的抗爭上，或是小孩的發病上或者唸書唸不好上，這是我教書二十幾年在工人父母與學生年青人身上的體會。(〈穿針引線看家庭〉夏林清，1999.3.31 台灣立報)

王曉薇與顏如禎是國中與小學教師，都在學校體制化環境中，奮力教學卻身心困竭；她們兩人視研究所學習為「尋找其困竭教育實踐出路的機會」；她們亦都在碩士學習與進行論文的行動探究歷程中，發生了對其自身所承載之勞動家庭與中小學學校體制化經驗，回觀反映與情緒拆包的慾望更新歷程。

曉薇的父親為運將，曾任貨車與聯結車司機，他在曉薇大三時因失業鬱卒困

竭在家中自殺身亡；自殺當日早上曉薇出門上學前，他曾呼喚曉薇：

> 一直以來，父親就是我生活中定時出現的惡夢。時間要轉回 1998
> 年 3 月 3 日當天，那年我大三，在師大心輔系唸書。那時，和失業的父
> 親很少說話，也和媽、大妹少有聊天的機會─大家都習慣這樣的日子，
> 沒什麼不好。3 月 3 日當天，家裡剩我和失業兩個多月的老爸，媽和大
> 妹則工作去了，小妹也上學去。八點多，我獨自在房間裡包著要給同學
> 的禮物，那對杯頗重，而不善包裝的我正努力跟包裝紙對抗，且上學要
> 遲到了，得趕在十點上課前到郵局把東西寄出。打開鐵門要踏出家時，
> 此時爸的房間裡傳出沉重的呼喚，他叫著我的名字，低而濃濁的嗓音悽
> 涼更是哀怨，但我選擇沒回應他。我不知如何面對他，自從他失業後整
> 天就鬱鬱寡歡，我不知如何面對那張愁苦的臉，而以往的經驗告訴我，
> 如果開始跟他聊，一定又是一堆苦水。「爸，我出門了。」我就走了。
>
> ……我就走了。
>
> ……然後再也見不到他了。

　　勞動家庭經驗在年輕曉薇一路走上升學順利的學習之路時，已然脫落斷裂，
然而在都會外圍勞動階層聚居之國中任教的不明挫敗與失落，夾擊壓縮了對失業
父親自殺的沈痛記憶空間。然而，曉薇壓縮封存的生命情感在蘆荻社區大學家庭
經驗工作坊[1]中，遇見與父親一樣在困頓勞動環境中奮鬥生存的聯結車運將工人
時，淚水奔流，她滑移接近了運將工人的勞動生活。當催逼父親失業致死的勞動
體制與被教育體制輕蔑以待之，頑冥難馴國中生的勞動家庭處境間顯現聯繫時，
曉薇老師移動腳步同時進入了，自身之內的勞動父女與學生生活世界中的勞動家
庭。論文不是理性的知識遊戲，而是封棺傷痕悲慟轉化的情感復甦與認識深化的
行動歷程。

　　顏如禎，國小教師，一名裁縫師的女兒。兒時父母日夜縫紉，花樣碎布散
落的桌下是如禎流動戲耍的空間。如禎也有如父似母的細巧精確的藝能智慧，
教室裡的如禎老師是優質的「手工藝」教師，孩童與花瓣各自飛舞四散時，或
繪本或閱讀，如禎兜起學生，串連彼此與編織教學，教育的美好質地是顏如禎

---

[1] 王曉薇在論文中詳細記錄了她在蘆荻社區大學參加家庭經驗工作坊時，遇見與父親相近之勞動
父女時所發生的震撼。

老師決意要捍衛的。如禎來唸研究所是對教學自主的空間，不斷被由上而下、由外往內的教育體制性力量規約要求的背水一戰（與同為小學教師的先生育有2年幼女兒）。然而，捍衛之戰的脊樑要能昂首挺直，需要通過面對害怕、感知恐懼的學習歷程。顏如禎的論文如實地描繪了已體制化了的順服，如何幻化成恐懼，圍堵著如禎捍衛自由的自主渴望。她完成論文的行動探究歷程，拆解了「乖巧長大」所往內壓制憤怒與扭結情緒的體制化自我構形（institutionalized self-configuration）：

以乖做為抗拒體制的保護色	害怕衝突
是我一路從小到大的生存姿態	壓抑隔離情緒
這是我身為裁縫師的女兒	分裂著
在我的階級裡	天真與纏鬥的自己
長出的特定樣貌	在界線邊緣遊走著
不願放棄自由的掙扎	焦慮
乖	焦慮的尋找依憑
維繫著與家人的情感	平凡不起眼的原生家庭
乖	這階級沃土
讓忙碌的雙親放心	竟是我得以站立面對焦慮與恐懼的基石
因為這放心	裁縫師的女兒
放鬆了對我的緊盯	我將以此面貌與你相遇

要能在狀似單純之小學教室中自主教學，所需要捍衛的自由空間，如禎老師的論文是一則去馴化的自由奮鬥故事。「現代學校文化」並非中立，而教學所宣稱的中立反是宰制階級合法性的強化（Bourdieu，1997，孫智綺，2002）。曉薇與如禎要長成有力搏鬥之學校教師的過程中，回復了已被壓制脫落的勞動父母與家庭經歷，對峙了曾誘引或迫使她們順服的適應習性；論文行動的行走路徑是自主慾望拮抗復甦處。

身體力行的社會行動方案

邊緣處境與弱勢經驗的實驗方案，如何可能發展到對另類的社會想像能有所貢獻？身體力行的社會行動方案是創造出一個具有激活因子的實踐過程。劉小許

的《A potential space 桃源二村：精神病人在台灣的勞動權益的實錄經驗》和陳盈君的《走向她：解構社會壓迫的另外一種取徑》是 2 個示例。

劉小許在精神科社工工作 2 年後，懷抱著「有機農場」的病人復元理想考入研究所。研究所的學習資源理所當然的，成為劉小許往理想邁進的土壤，為了有機農場的可行性，小許不只在奔忙於土地法令等現實困難中竭盡心力，她也入菜田操農活。讓小許好友與同學均讚嘆，支持卻不見得敢做夥同行的強大熱情和失眠，小許子夜的清醒慾望是陰陽合體的兩個面相。於是，被社會以精神病人命名而排除的禁制封存，以致於扭曲難辨的生命成了小許：

小許半夜寫的詩：

如果你曾經親眼看過一個人為了控制疾病那種扭曲、額頭浮現青筋、痛苦的臉……

如果你認識一個年輕時候生精神病，好不容易等到年紀大了，可以跟症狀相處了，卻發現自己得了腎臟癌……

如果你看到一個 50 幾歲生了大半輩子病的婦人，在知道你要在山上弄一個康復之家，還眼神閃亮地告訴你：「劉小姐，我要跟你去，我雖然五十幾歲了，我還有體力還能幫助別人！」……

真的！我不知道這一切到底怎麼發生的？如果我不夠 mania，我怎能抵抗這些已然存在的，強加在身上的以為這一切是理所當然的 bullshit？

我現在的掙扎不是另一個倒楣被陷在舊關係的醫療權威，我的掙扎是我要拿什麼對抗如同空氣般無所不在的現實？我的掙扎是另一個空間要如何可能開展？它可以長成什麼樣貌？我的掙扎是很多時候我是正常的不得了，可是到了夜裡你就覺得這個世界不對勁？

夜半失眠的小許異常清醒，被小許名之為瘋狂的黑夜，是小許抽掉生活瑣事的枝節體認生命選擇的能動慾望。

當清醒遊魂的夜間，小許不再被自己黑／白（日／夜）一刀劃分後，病人「發病」即是選擇了勇於生存的慾望能動，理解和她的生命實質地聯繫起來了：

他為什麼要醒來？

「冬天，病房內，急慢性的病人都進入冬眠期了！」

但他只不過是為了求生存罷了

在他被宣告得了精神病之後

他知道他將無法立足在這個真實界面　他得換跑道生存下來

如果他還有那麼一絲絲的勇氣的話

存在主義的哲人曾說：生存是需要勇氣的（劉小許，2006）

　　陳盈君，出生時便被社會價值烙印了私生子的印記，17 歲才發現自己三十度的脊椎側彎，身體永遠疼痛的她對傾聽心的痛全心投入。34 歲時決定離開原來的藝術領域，縱身心理研究所，一待 5 年，而論文孕育的歷程長達三年。盈君的論文以書信體呈現她，如何由自己的邊緣角落走進社會的另一個角落，走入工人群體與原住民家庭中，靠近由 15 歲即在關廠抗爭中，長成工運組織工作者的王秋月。不同於劉小許的桃源二村方案，陳盈君的論文行動是以兩個女人間的情感與連結為文，但盈君走向秋月的跨越社會區隔的關係活動，對兩人來說都成為了一種發展的空間：

　　邊緣是我的位置，從無可選擇的被置入邊緣，到清楚選擇站在邊緣。

　　沒有走進中產，我選擇置身中產邊緣，過簡單和貧窮的生活，邊緣，讓我可以醒著看待生命裡的種種；讓我的生活可以不那麼被社會結構，甚至從結構的圈圈裡脫落出來，因此很多時候看到的東西也不同；邊緣，更讓我成為自己。

　　卑微本身就是一種邊緣，兒時我從小窗戶看著另一個無法迄及的世界，也看到貧富和階級的差異。進入小學之後，世界開始有所轉變，我擁有朋友，而且是老師眼中的資優生，可以不用上課，只要帶著老師的小孩去福利社和逛校園；但是這樣的特權，卻同時遭來同學嫉妒的眼光，為了怕失去友誼，我開始笨拙的掩藏自己的光芒。因為卑微，我不敢理直氣壯的表現自己，在所有的讚美聲音，和比較的眼光裡，我雙腳懸空，沒有任何位置。（陳盈君，2005：14-15）

　　「選擇站在邊緣」的陳盈君選擇走近的「她」，是無法選擇不在社會邊緣與底層成長與生活的王秋月，盈君走近與書寫秋月的慾望是情深意重的情感召喚：

〈為什麼是你〉

我們身處	現在
在二個不同的社會位子	兩個三十幾歲的女人　在此相遇
兒時	我們骨髓裡流著這個年代
一個部落　　一個平地　的	女人的　集體意識
你我	我們都在
站在一個相似的水平	尋找出路
努力地長大	你更自由

（陳盈君，2005：55-59）

　　然而，碩士論文只是身體力行行動方案的副產品，若未能創造出發展拮抗與轉化權力（經濟、性別、文化等權力）之另類社會關係的**條件**，「專業實踐」仍難以落實前進。劉小許的「桃源二村」由構想啟動迄今，已發展成「風信子」協會與有機農場。陳盈君的跨界結盟行動則似臨門一腳，促成了「安貧樂道自由諮商員部落」的成立，「安貧樂道」是一群自由諮商工作者的群體，它的成立志在蓄積能量，抵制諮商治療專業被證照制度窄化與商品化利益區隔。

抵制性自主的社會對話

　　社會行動的實驗實踐方案可投石問路、可舖磚引路，亦可能在一個時空斷裂崩解，卻在另一個時空得以接續！人被壓垮解離就成了精神病患，被驅離地遊來走去；人若被扭結壓縮，或斷肢截體，卻總可依其殘餘力道或依附或結伴，時往外時向內地斷續前進。基層的工作者需要能讓自己在重重限制中，緩慢斷續卻不失其力量的探索方法，劉小許與陳盈君的論文研究，是她們和存在社會另一位置之他者，發展出新的一組社會關係的協作活動。論文「研究」在這裡，是「有方向與方法的協同探究」，實踐者即研究者，實踐過程即研究者選擇探究方法，接續地推進探究的活動，發展出具方向感的探究路徑。要在一複雜動態的社會情境中前進，在人群關係中投身涉入（engaged involvement），並發展學習空間的方法幾乎是必備的。「投身涉入」聽起來較像是一種態度而非方法，但其實它是自己與他者關係對待的倫理態度，亦是認識世界的一種辯證對話位置的選擇；是一種反省自身並與他者對話的能力。

和學生一起協作的學習與研究活動，亦正因為清楚把握不去脈絡化地，對待自己與他者的立論與研究方法，並堅持研究活動是社會權力關係構成活動中的一組活動，社會關係所承載經濟權力及國家體制的運作痕跡才得以浮顯辨識。社會科學專業養成過程與專業的社會實踐效應，也才得以經由「研究者即行動探究者」和「社會實踐者即行動探究者」的設計轉軌，銜接了「反映性的專業學習」與「介入變革的專業實踐」。我視此一逐步發展成形的社會設計，是我挪移了Schön 的「專業實踐」為論述資源之在地邊緣抵制路徑的階段性成果。

批判的起點：拉開政治歷史皺摺的力道

> 批判闡發（critical elaboration）的起點是意識到自己真正是什麼，把「知道自己」當成截至目前的歷史進程的產物，它在你身上積澱了無數的遺痕，卻沒有留下一張庫存清單，因此有必要在開始時列出這樣一張清單。（Said，P.170，2001）

> 「批判心理學」意在質疑理論與實踐的潛在假設，是這些假設使得蓄意的無知、不平等與壓迫，即人類的苦難維持不變。我理解這種質疑的方式是通過我所承諾與投身的探索過程——探索到對主體意識、潛意識、社會、歷史與意識型態的建構歷程。（B. D. Esgalhado, p.223, 2000）

列出歷史進程積澱物的清單不可能只依靠腦力活動，Said 對自己東方論述的研究成果所做出的自我評估是：「……在研究中搞清楚文化宰制的操作方式……一起清除東方和西方兩者，就在對固有宰制模式去學習（unlearning）的過程中走了一小步。」。Said 的「一小步」結語我同意，但「一起清除東方與西方」則為論述想像，當「固有宰制模式」在自身與他者身上的積澱，在自身抵抗的社會活動中浮顯時，如何辨識與取捨？又如何設計與創造實踐方案轉承前行？我曾使用「社會力場中的對抗點」來描述因台北公娼抗爭事件，而啟動之妓權運動過程中的學習經驗（夏林清，2002）。一個在地發生的「對抗點」中存在著積澱遺痕與轉化的機會，「批判」並不會在反抗或抵制的「發聲」處自動落地生根，蔓延發展；「批判」的「發生」（happening）一定就得是一社會發展的歷程。我認為自己和與我一起工作的工作者與學生確實開啟了一個這樣的歷程。

「在地」即復甦與拮抗的社會學習空間

由 1949 年開始，由戰敗國民黨政權接續日本殖民統治，進入美蘇冷戰防線，而得以以依附美國之「反共堡壘」自外絕緣於世界的進步運動[1]，同時挾現代化之名進行了工業化粗暴掠奪之實；由 1987 解嚴迄今，台灣則轉入了一場以政黨政治民主化為名，實則爭奪轉移前一歷史階段所積累之黨國資本為實的社會過程。

心理學，這一門起源於 19 世紀哲學，在 20 世紀因現代化大學體制與實驗室科學方法結合而擴張的知識學門，由 1950 年代開始，也有其變化的歷史。在美國，心理學界由 1950 年代開始了行為主義與認知科學取向之間的爭論，在二大流派之外，亦有在一股微小但表達自由的現象學聲音。對 1960 年代所湧現之心理學人本主義批判思潮來說，現象學則是它最重要的資源。1960 末～ 1970 年代初，對實驗室——實驗之價值（the value of Laboratory experimentation）辯論的社會心理學「危機」不時地，因行為主義與現象學的對立而被凸顯；「自我」於是成了此二傳統逐鹿爭議之區。但在英國與歐陸則並未受限於美國的格局；例如 Kelly 的人格建構理論（personal construct theory）即是以人本主義與現象學為基礎的社會心理學新典範（1970 年代）。在歐陸，現象學與馬克思主義的結合，生產了某些有用的心理學知識，亦是哲學思想具體化的一種形式。在 70 年代的歐洲學生運動中，則萌發了德國的批判心理學與歐陸社會活動取徑的心理系發展。（Tolman，1994）

---

[1] 由台灣看世界，茲列舉，由 1950 年開始的重大事件：

1950 年 韓戰爆發，美軍協防台灣

1950-53 年 國民黨白色恐怖政治事件

1960 年 蘇聯發射人造衛星

1962 年 越戰激化；美軍大量進入東南亞各國

1963 年 美軍黑人民權遊行

1964 年 中國文革開始

1968 年 歐洲學生與社會運動開始

1970 年 台灣學生保釣運動開始

1971 年 美將琉球歸與日本

1976 年 蔣介石逝世，同年，毛澤東、周恩來逝世

1977 年 11 月 中壢事件

1978 年 12 月 15 日 美總統卡特宣布與中華人民共和國建交，與中華民國斷交

1987 年 解嚴，蔣經國逝世

英國並未如德國直接於學生運動過程中另立旗幟，但來自馬克思主義立場與現實的批判，亦促使了客體關係心理分析理論投入到批判反省的思潮中。這一發展則和 70 年代湧現的女性治療中心運動（Women's Therapy Center Movement）發生了關連。同時，在拉康的影響均進入了英美心理動力觀的治療中。在轉回美國，在實證心理學所主導的學院心理學之外，由 50 年代末，因對個人主義心理治療批判反省，而創發的社會治療與批判心理學（Newman & Holzman，1994）亦一直持續發展迄今，並於 1990 年代在成立了獨立政黨（Independent Party），以紐約為其發展重鎮。

能夠在特定脈絡中操作得出「另類」專業實驗的方案，便是創造了一個「社會學習」的過程[1]，走在社會變革取徑中的工作者，是能磨練往體制結構隙縫裡插針埋椿硬功夫的「柔軟的解放者」（宋文里，2002）。有硬功夫的柔軟解放者和或底層或邊緣或弱勢的他者一起工作；然而這名之為「一起」或「協作」的關係，卻必然是兩個到多個身體習性與語言表意形構殊異之個人，因而個體之殊異性得以浮現、辨識，與和他者發生對話的具延展性的共振與共構的活動，必然不是簡化的團結打戰的意象。

在結構隙縫中流動的「我」與「我們」

每個人都是一個在特定時空脈絡中長成的獨特個體，「個體化」的形體以「個人」為行走活動的單位，「個人」的形體與心智同時是個載體，承擔了與其自身有特定聯繫相應的許多他者，「社會關係的脈絡」與「活化社會關係的行動脈絡」是我在不同教育現場，協助他人辨識個人與個人之間可相應參看之共有經驗的概念。

基進教育的「發生」主要依靠的視野與能力，便是能看見以個體化心智形體

---

[1] 我曾多次引用 Honneth 的社會學習概念來註解我的實踐：

社會學習過程是指一個社會內部主要進展的動力，不是來自「廣大群眾」的模糊圖像，也不是某種匿名的行動系統，而　定是得依靠特定的社會群體不斷和其他社群對話溝通的過程；而對該特定群體而言，在與其他社群對話的過程中，新的認識與社會行動能力也增加（Honneth，1991：284）。

Honneth 所描述的是一個以社群為行動單位的社會變革與發展的圖像，多年對社會運動的關切與參與讓我確認這種社群認識與行動能力的變化，才是「運動」對社會進步的主要貢獻，也只有當特定社群中的個體與群體，實在地發生了意識與情感變化的學習過程後，運動的成果才不至於被國家機器所分化與耗損殆盡。

為載體，而做為載體的個人並不見得已辨明的生活經驗。易言之，看得見在體制結構隙縫中流動著的具集體共通性的經驗，進而創造相互參看，辨識彼此的學習機會，就是徹底回到根部的基進教育。我並不是要朝向認同政治的主體命名，而是對碎片堆疊的個體化構形提出一個開放的辨認命名的召喚。

出生在 50 年代白色恐怖時期，由 70 年代中期工作迄今 30 年，我的基進教育的實踐軸線是「人們生活中，或破碎矛盾或被壓制曲解之愛慾渴望的生命經驗，需要通過怎樣的一個個人與集體的學習歷程，才得以被自己重新認識，並求變地往前行動？」（夏林清，2003）

視每個人的這個「我」都是歷史性的特定產品，這個對「我」的形構和社會體制化環境之間的關連性的反映解讀，需要細辨處境異同、考察脈絡糾結，同時創造「我們」一起共同學習的空間。「我與我們」在我之內、亦在我之外，在他之內、亦在他之外，我的部份在他之內、他的部份亦在我之內。壓制的結構再堅實，也永遠存留著隙縫可供「我與我們」流動生成的空間，這就是「辯證自由」（dialectical freedom）的基進教育實踐永遠可能的道理（Greene，1974，夏林清，2003）。這裡使用的「我們」不是固定化認同作用的「我們」（we identity），而是指在一個歷史時空之社會環境內，我與他者雖各自以個體化之個人形體長大，但共同鑲嵌於其中的一個政經／文化／體制化社會關係脈絡。以「政經／文化／體制化社會關係脈絡」來做一個中介於社會學鉅觀系統語言，但亦拒絕輕易挪用歐美自我與人格心理學用語[1]，使我得以在不同的工作田野中，創造一種如 Greene 所言之「集體自我反映」的共同學習空間。

當我之內與他者之內的「我與我們」在共同學習空間中再現時，年齡、性別、種族、政治歷史與階級處境的相似與差異得以相互參照對比，這種再現的共同存在會發生同步共振的效應，共同振動的對話活動會協助個人回觀反映，其自我形構之社會過程與特殊構形的生成歷程，並在參看他者存有與發展樣貌之際，感知自己與他者相似，或差異之「我」的個體化構形，所共同遭逢與承載之關係脈絡與體制文化的作用力量。使用自身遭遇來辨識這些社會性的作用力量，便創造了與他者協同探究的學習機會。

---

[1] 例如自我心理學者 Robert Kegan 對自我轉化的階段性論述、家族治療理論與方法中對人我界線（boundary）與關係線混淆與分化的論點，都易使非歐美心理教育工作者，無視於在地社會政經結構與文化體制環境所創構之一見不到卻實質可感知之社會關係脈絡與社會活動場域。

每個人都有其個體性形成的特定歷史，在台灣生活著的兩代成年人（40-70歲），共同承擔廉價加工經濟環境的粗糙冷酷，多數成年人的生命在其中，被推擠壓扭地模塑因應卻極少機會反思學習。[1]

做為一名社會變革取徑的心理教育工作者，實踐方案的設計是自己與他人共同辨識在地置身脈絡，謀求對彼此具有召喚搏鬥動能與發展意義的協同行動研究，亦是 Schön 所隱喻之「擇低地工作之專業實踐者」[2]的路徑。在地實踐是手工勞動能智慧的積累與傳承，返身再回看，望見一個母職的勞動身形！

母職的移民勞動痕跡

> 我們的父母都是移民～遷移的勞動人民
>
> 勞動有多種～打工、結婚、逃離、流亡都是移民。
>
> 寫字做研究是勞動，生小孩忙家務當然是勞動！
>
> 移民有多途～海、陸、空或合法或非法。
>
> 要勞動才能養家餬口，那裡需要勞動，人民就得移動，
>
> 那管得了國界邊防與山高海深！（夏林清，2004b）

1. 雙層重疊的陰／陽性勞動活動

我外婆在戰亂中選擇離棄了納小妾的外公，帶著孩子寄居娘家。這離異是母職勞動自立自強的行徑，現代用詞為分居。外婆一直是一個背脊筆直的清瘦女子，但戰亂與寄生的貧窮離散了她的五個孩子。作為老大的我媽，有限的童年歡暢記憶盡是外婆的岳陽老家，我因而知道媽見過姨外婆躍上屋頂的輕功！難怪小時候外婆武俠故事講得特別入味；如果講故事是母職中令人稱頌的文化活動，那

---

[1] 蘆荻社區大學家庭經驗工作坊得以持續發展的動能，即在於它創發了一個成年男女相看辨識的機會（夏林清，2005）。同理，2004 年總統大選期間，日日春協會所推動之「妓權公民」政治學習論壇現場，就啟動了 4 年級生與 6、7 年級生以「個體化政治歷史古怪錐體」為召喚，對台灣政治歷史經驗與「我」之構造生成作用關係的交流與學習。2004 年總統大選，「日日春」王芳萍加入立委選舉，「日日春」加入兩個爛蘋果的人民老大選舉運動，以「妓權公民」為題進行多場政治學習的論壇，在這一系列論壇，我參與其中與六、七年級生進行自身政治歷史經驗的對話。「個體化政治歷史古怪錐體」出自於論壇討論文章。

[2] 「低處泥濘地」與「高處乾爽台地」是 Donald A. Schön 的隱喻。他用之來分辨反映性專業實踐者和依循科學實證典範之科技理性實踐者或學術工作者的差別。（Schön，1983；夏林清譯《反映的實踐者》）

麼外婆就是我家故事文化的搖船高手；是搖船不是搖籃，因為聽故事是踏入想像
世界的飄搖神遊！享受她說故事伴她同床入睡的我的童年，不時遇見冷靜的外婆
拉開抽屜，抽出照片看望她離散四方的子女。

抗戰與逃難離散了她的五個子女。媽和大舅算趕上十萬青年、十萬軍的唸書
與從軍的機會，十多歲就外出了。二姨從小送給姑媽養，被當成丫環差用，一點
書也沒唸到；小姨與小舅一度送進了孤兒院吃了苦。稍後逃難時，為了不讓左家
外公家斷了後，外婆硬是託人將小舅送到江西父親與姨太太的家中，小阿姨是照
顧弟弟的那個最辛苦的，沒多享受過母愛卻早逝的小女兒。[1]

外婆和她的妹妹受過完整的私塾教育，就在有機會外出念女子學校的時候，
左家（外公家）就來提親了，外婆的爸令二個女兒分列兩側讓左家挑選，外婆不
幸被選中，得到了繼續唸書機會的外婆妹妹，卻嫌唸書辛苦半途而廢！小時候，
在廚房陪外婆摘豆芽，她就不只一次的說過，算命的都為她扼腕，若不是這麼早
婚，汽車、洋房都是有的，女人一定要自己賺錢獨立！這是外婆給我的廚房庭
訓。

然而，不只外婆，我媽這位抗戰從軍與我爸共識結婚，與弟妹離散，因政權
戰敗而攜母移民的女子，也在移民台灣後就失去了外出獨立工作的機會了。外婆
唸完私塾，媽念到高中從軍抗日，戰亂使她們聯手，在我家內部捍衛著我爸及一
群隨同國民黨政權遷台，在離散流動後聚合的緊密工作社群（正義之聲與正聲廣
播公司的創設成員）。小時候我們家和這群因政治而離散，卻又因謀生聚合的年
輕移民小族群共處於一大院落式的居所。無土地、無錢財、憑膽識才能與辛勤勞
動的，以我爸為首的這群年輕移民小群體和國民黨政權的關係，類似外婆自立自
強母職的主動分居（夏曉華，2003）；只是一方面是政黨政權，一方是婚姻父權。
外婆和爸都是抵制性自主的「分離」而不是關係的決裂對立。外婆是自覺／決分
離、承擔離散失落的母職勞動者，我爸是離散政治移民社群中，抵制政權宰制的
文化勞動者，我是在這一種雙層重疊之勞動活動所鋪設的發展脈絡中長大的。

---

[1] 小阿姨因癌症逝世於 1976 年，那一年我出國留學。1999 年我首次尋找到成都的表弟、妹全家
時，由表弟處得到一本阿姨 1959 年的日記影本，這是一本我迄今始終未能完成閱讀的日記。那
是一位備極辛苦卻拼命踐行共產主義理念，冀求入黨未能如願的共青團員小歷史。我翻看數次，
總是停在癌症初病痛纏身、勞動不休、卻一再自我激勵的字裏行間。我停頓在我擁有了她失去的
母親：外婆的母愛是我幼年安然無虞的依靠，而阿姨只能在病痛與日夜無休的勞動中情傷唱歎：
「不知媽現在那？若媽在就好了！」。

2. 媽在那裡？我要如何才看得見她？

　　我爸走後（2003 年 3 月 5 日），我和我媽才以兩個女人的身體與面目，在母女關係中重見！

　　我是家中的獨生小女兒（上有 2 兄），從小依附外婆同床入眠。冷靜的外婆是我每日放學首先尋找的對象，但外婆性偏冷並不溫熱，媽亦不溫熱。因為外婆所自然具備之母親形象的吸納投射作用，使得媽在離散聚合的外省工作小社群中的存在位置更形隱晦不明，那群離流他鄉的年輕人對母親的思憶與渴望全投向了外婆，媽有工作能力，亦曾有到農會去工作的機會，但我爸不許她外出工作，媽因而在到台灣後，便一直活在母職與妻職的勞動活動中。外婆與媽是母職與家務勞動的夥伴，媽是陪伴在一旁的女兒和我爸的老婆，媽與外婆作夥的母職，不溫不熱卻綿密無失。

　　「綿密無失」是一種她們共同完成的家的治理與照顧，忙碌分工的照料活動（含照顧年輕工作社群的情感任務與每週一次的飯局廚藝），使我從未失去過她們的身影，卻又感覺不到她們的溫熱。想來必是因為這種不溫不熱的性質，媽成為我長大過程中的一個發怒賭氣的對象。然而，她真是何幸呢？沈積於她隱晦順從不溫不熱妻／母形象中的社會存在，要在怎樣的視覺焦點與背景襯托中才得以重現呢？

3.「中空」、「親密」與「健忘」的歡愉

　　我媽當然是台灣前一波的新進女性移民！今年 85 歲的她最大的遺憾是沒機會學好台語，這一遺憾是和被剝奪了農會工作機會的抱怨相聯繫的，媽反覆提及她若當年進入農會，台語一定是會了，家中經濟也不至於這麼辛苦。媽對爸的抱怨並不輕易出口，在爸去世前更是不易聽到，當然這也和我們作子女的在成年忙亂生活中，只有逢年過節的儀式化與週日例行性家庭活動中，才與父母有所互動的方式有關。爸走後，媽開始表達一些唱嘆式的想望，想去北京看戴阿姨（媽的朋友）、想遊英、法……

　　2003 年夏天，我藉自己到英國巴斯（City of Bath）澡堂大學（Bath Univ）研習之便，在倫敦接媽、小塔與三姐（鄭村棋三姐）。在倫敦、巴黎與巴斯玩了 2 週，因為遊「倫敦」是我爸年輕出差時說過，要帶我媽再同遊卻未實現的承諾，

「巴黎」則是他倆在重慶戀愛時,我媽演話劇,以湖南口音朗誦「巴黎的春天」,卻一再被我爸嘲笑之家傳玩笑的印記。

媽抵倫敦前那一個月澡堂大學的研習,實為自己疲累肉身休息用的脫落設想。沒料到同時前往美國紐約,預備遊蕩休息的鄭村祺突然視網膜剝離,困守斗室心情鬱憤。我迅速決定來去紐約倫敦,愛人同志的精神操勞與妻職的照顧勞動,讓我的澡堂脫落之旅的主觀願望,強烈地與現實相錯擦撞卻又遙相嵌連。不過,異地的黃昏綠地,仍有效地發揮了脫落空間中的或反身或錯置的接軌。一個黃昏時候,我到校園咖啡酒廊買杯葡萄酒,下班後借酒放射異性情挑的異國男女坐滿、站滿吧台,這種氛圍迅速將我彈出數丈之外,遠觀之中,竟突然見到了外婆和媽互相依靠守護著家園的一種中空親密的社會存在!

2003 年 7 月底我接到媽,同床共眠於倫敦小旅館中。子夜,媽沈睡微醺。在感覺到這一個完整的全然實存的女人身體時的陌生感,令我清醒!身體是時光歲月與身、心、情感勞動來去與殘留積澱的攪拌容器。口鼻、毛孔散逸出來的唏,嘶,噓聲與氣息,在夜晚的床上對我進行著身體親密的感知薰息教化!我的身心在無聲卻雜染著味道的氣流中,移位穿越了陌生地!巨大母職的規訓機制,生產了在白天一聲「媽」的稱呼中會立即現起的遮障知覺,「陌生」便是這遮障知覺可被挪移開去的示訊。於是,在接著的兩個星期裡,我見識了「媽」這個年輕時健壯,中年操勞,老來瘦削,右背側駝,沈睡會唏呼打酣的女子的身形,在倫敦與巴黎街頭健忘歡愉地行走著。

4. 親密依存、勞動協作的母 / 女

外婆的夫妻關係在生產五名子女的母職勞動後實已結束,她和媽相依分工的協作照顧了我們家。外婆清瘦冷靜的漂亮神態中,幾乎感覺不到一絲絲煩鬱灼熱。黏著她腳前腳後的日子裡,隱然流動的情感波紋出現在:獨身賣獎券老頭每月到家中來賣獎券的僅有的同年齡異性接觸[1]、入睡前小飲數杯的酣然愉悅、打麻將做了副好牌贏了小錢的高興和前述抽開抽屜凝視照片的極其細微的難過。

外婆是在這些溫和情感的微波蕩漾裏,乾乾淨淨立在那兒的一種安定的存在,一點也沒有老人擠皺皮膚的愁苦,也從沒聽到她嘮叨些什麼。臨到末了,約

---

[1] 兒時我黏附於外婆身前身後,記憶中外省賣獎券老頭,每月二次一定爬數十階樓梯上家裏來賣獎券給外婆。外婆老是愉悅地接待他,買下 2 張獎券。我的興奮是在於抽獎券的動作。

半年肝癌的折磨，也僅在極為難忍時呻吟數聲。記憶中最清楚的聲音，除了她說故事的聲音外竟是睡前叩齒的清脆聲音（她可有一副好牙）。

媽基本上在情感表達上，也繼承了外婆的安靜淡然。但實實在在的夫妻關係添加了對煩躁不滿的壓抑，生計與家計的重擔曾一度幾乎壓垮她[1]；可是她也是情緒壓力並不任意飆射的女人。情緒壓力不往外飆射而往內收放的涵養歷程，可能成就了一個不冀求夫妻親密支持的勤於勞動，勇敢當家，自我照顧的母職女人。我家由家務勞動、小孩打理到一切內外事物，全是我媽媽包辦，買菜、做飯、設計房子、修電線、打蛇、殺雞、養安鶉都是她。

我於是知道了外婆和媽的依存與勞動協作，是這一種情感內斂涵養過程的發生脈絡。我實實在在地承接她們的女職勞動的能量，並挪移置入了解嚴後社會運動的田野，亦發展了一小支文化抵抗的心理教育實踐路徑。

在地人形

> 地方是內在的，是主體性本身建立的依據——地方不是建立在主體性之上，而是主體性據以建立的基礎。因此，我們並非先有一個主體，以地方的觀念來理解某些世界特徵；反之，主體性的結構是在地方結構之內，以及經由地方結構而成形的。（Malpas，1999：35，王志弘，2006：54）

這篇文章可以說是對自己30年「低地協作」實踐路徑，與對台灣這二、三代人「我之構形」辨識發現的概梗說明。30年的路徑重構了我對「運動」的看法：運動是已認定或想成為運動取徑之工作者，不離不棄自己置身於其中的「結構性位子／處境」，並在自己特定那個位子裡，轉化社會壓迫，一路走去，如此而已！按此界定，它是一個對社會壓迫、人的痛苦與變革力量和自己作用關係的確認，這是一個認定、想望與方向，亦因而想發展自己與他人之間的支持參看與互助學習的聯結關係。它不是來自他人的要求，它是一個企圖完成自身「個體性」的一種表達性演出。那麼，「運動」就是你的內在成份而自我負責地出現了！

---

[1] 在我爸中年事業垮去結束的那幾年，我媽亦替大舅揹了一身的債，自殺是她構想過的，我和二哥意外在她的抽屜中見到遺書似的書信。

附錄 1 實踐田野中的概念

實踐中萌發的概念	激發概念發生的實踐田野	具參照啓發（F）與操作介入（I）作用的國外學者的理論
※社會探究的學習歷程（p.140，尋找一個對話的位置） ＊活化社會關係的行動脈絡與活化的社會行動者（p.64，台社季刊，站上罷工第一線 p.137 應心研究季刊，尋找一個對話的位置） ＊衝突涉入（p.136，尋找一個對話的位置）與投身涉入（p.151，與娼同行） ※生命方案與社會方案的扭合（註） ＊敘說現身與陪伴動員（p.141，應心研究季刊尋找一個對話的位置） ＊社會力場中的節點與對抗點（p.154，與娼同行；p.141 應心研究季刊，一盞夠用的燈） ＊社會彈道（p.138，應心研究季刊，一盞夠用的燈）	抗爭事件與抗爭中學習活動的設計與介入 ——運動者與草根教育工作者的運動投身與自我轉化經驗呈現與表達的現場	＊（F）失落與社會改變（Peter Marris） ＊基進教育、批判教育與社會變革教育 （F）自由的辯證、處境中的自由與集體自我反映（Maxine Green） （F）解放教學／教育（Paulo Freire & Henry Giroax） （F）社會變革教育中的組織、動員與教育（Myles Horton） ＊團體動力與溝通行動 （I）團體動力（Lewin and Bion） （I）反映實踐與行動科學（Donald A. Schön & Chris Argyris） （F）社會學習（Honneth A.） ＊批判心理學 （F）心理活動的社會史模塑（Luria，A. R.） （F）歐洲活動理論（Tolman C. W.） （I）社會治療（Fred Newman & Lois Holzman）
＊（以 F 代表有益理解之視框作用，I 代表具介入作用的行動探究方法）		

附錄 2 實踐田野中的概念

社群／ 社會田野 時間	教師社群／ 由教育局主辦的教師研習活動到410教改運動與中小學教師日常學校生活世界	工人社群／ 1987年開始的自主工會運動	成人學習者社群／ 1997台北市廢娼事件與由1999年開始的社區大學運動
1986	◎教師成長團體領導者培訓課程、跨校團體督導訓練、教師讀書會／基層教師協會的源起（EOAI）		
1988		◎勞工人際關係學習團體／中正機場工會聯誼會（OEAI）	
1995		◎工傷者說故事團體／工傷俱樂部及工傷協會勞教講師培訓（OEAI）	
1997			◎1997年公娼抗爭過程中的「公娼騷動」行動大學與1998年「行動論壇」與「婦女經驗論壇」／日日春關懷互助協會成立（OEAI）
1999			◎女性經驗學習課程與家庭經驗工作坊／蘆荻社區大學（EOAI）
2001	◎基教系列教育論壇／行動研究學會成立（EOAI）		

E：教育　O：組織　AI：行動探究

EOAI：個體教育學習優先於組織考量的田野脈絡

OEAI：組織（organizing）化的方向與目標引導與框定著教育設計的田野脈絡

《第十章》
實踐取向的研究方法

　　有關實證主義（positivism）、現象主義（phenomenology）及實踐導向哲學（praxis-oriented philosophies）這三種對知識及知識產生不同看法的論述已十分豐富（Morgar 1983, Argyris 1985, 夏林清民國 78），我不擬在此再加討論。為了支撐前述諸章的田野與教育工作，這一章僅就實踐取向研究方法略加介紹。

一、研究即實踐（Resarch as praxis）

　　在哲學領域中，「實踐」（praxis）[1]是一個具有歷史意義的概念，在這裡我暫不進入這個範疇去討論它；在 Lather 對研究方法的討論，「實踐」是指理論與實做之間，來回著修正二者的辯證張力（the dialectical tension）。用淺白一些的話來說，一位研究者的研究行動就是他的實踐，因為在他的研究行動中，可以看到他對特定現象的了解分析（理論）與探究（研究策略的實施）；一位教師的教學活動也是他的實踐，因為在其中有這位老師對學生學習狀態的假設（理論）與改變學生學習狀態的方法（實做）。但如果在這一位研究者與教師的理論與實做之間，並沒有存在一種促進理論與實做間相互影響的「張力」，那麼這稱不稱之為「實踐」呢？譬如說一位教師在多年教學生涯之後，教學活動已經變成是一種例

---

[1] 實踐一詞在馬克思主義的理論中等同於社會實踐一詞，它是指人們改造客觀世界的社會活動，它具有能動性、客觀性和社會歷史性等特點。它包括生產鬥爭、階級鬥爭和科學實驗三種基本形式。生產鬥爭是最基本的實踐活動，是其他一切活動的基礎。自人類社會有階級以來，各種形式的階級鬥爭對其他社會活動有深刻的影響，但它將隨著生產的高度發展和階級的徹底消滅而不復存在。科學實驗是人們認識和探索客觀規律、檢驗科學理論的重要社會實踐形式。在現代科學的發展中，它起著越來越重要的作用。各種實踐活動是緊密聯繫的。它們相互制約、相互滲透、相互促進，但它們又各有自身的特點和規律，不能互相代替。辯證唯物主義認為，實踐是認識的基礎，認識依賴於實踐，實踐對認識起決定作用。實踐是認識的來源，是認識發展的動力，是檢驗認識真理性的標準，是認識的目的。認識的發生、發展和歸宿，歸根到底都離不開社會實踐。所以，實踐的觀點是辯證唯物論的認識論之第一的和基本的觀點。（參考「簡明馬克思主義原理辭典」，江蘇人民出版社）

行性的操作動作，他的教學並不因他對一特定班級小朋友學習狀態的判斷而有所變化；這種俗稱「教書匠」老師的教學行動，就不具有 Lather 所謂的實踐的特性了；同樣的，一位操弄統計數據支持自己某些固定看法及立場的研究者或學者，極可能迴避去經驗這種實踐的張力。

正因為對實踐張力的確認，P. Lather 在 1968 年針對實踐哲學提出「實踐取向研究典範」（praxis oriented research paradigm）時，將「行動研究」方法（Action Research）與「批判民族誌」方法（Critical Enthography）納入組成實踐研究典範的兩股主要力量。Lather 認為研究過程應是一「探究的民主化過程」（a democratized process of inquiry），而此一民主化過程的特徵有三：協商（negotiation）、互動（reciprocity）、啟動力量（empowerment）更明確一點的說；Lather 所認定的實踐取向的研究路線是建立在下面兩個假設之上：

① 人類科學已由實證主義時期（a positivist period）向後實證主義時期（a post positivist period）發展；在後實證主義時期中，我們企圖尋找一種「解放的社會科學」（an emancipatory social science）。解放的社會科學可以協助我們，不僅只是去了解社會權力與資源是如何分配的，它同時也要能協助人們為了創造一更為公平的世界，去改變那些不公正的分配。

② 研究者及他的研究行動明擺著是指向建立一更公正的社會，因而他對既存社會現況的批判，及致力於建立一公正社會的立場，不但不避諱，而且抱持一投入承諾的姿態。（Benson, 1983）

因此，在 Lather 的界定下「實踐取向」一詞釐清了此研究典範，所持有的批判及啟動力量的基本路線，它對現況批判審視的目的，是想推進社會朝更公正的方向變革。如果我們同意任何研究工作也都是研究工作者在其特定的社會位置上，採取了特定的立場所從事的一種社會活動，那麼「實踐取向便是指那些」企圖對抗宰制，朝向發展自主組織以推動社會變革的研究活動。

習慣了實證主義所規範的「客觀中立」的研究者及知識的圖像，一時之間常很難想像實踐取向研究可以如何生產出「科學的知識」？「實踐取向」研究者所持有的批判與變革的姿態，也容易招惹來「偏激」及「意識型態掛帥」的標籤。在這裡，我們需要進一步考察實踐取向研究對知識性質的界定，以及其如何獲得知識的做法。

二、研究過程即批判探究

　　後實證主義與實踐主義方法論之間的論爭，發揮了下面這一個主要作用──它使我們認清了知識並不是價值中立的這個事實；也就是說，知識絕對是具有特定的社會建構及歷史意義的。因此，實踐取向的研究者企圖通過一研究過程，去發現或建立的知識是怎樣的一種知識呢？它是要能增加人們：①對生活中隱含矛盾經驗的覺察。②認識社會既定的現況是怎樣在維持著它的運作機制而不易改變的。以及③去發現一個更公正的社會在當下的社會過程中，轉化發生的「可能性」，「如何發生」的一個社會轉化過程。Lather 稱這種由實踐研究所建立的知識為「解放的知識」（emancipatory knowledge），而「解放探究」與「批判探究」（critical inquiry）則是一互可代用的、用來指稱實踐取向研究過程的概念。

　　當一位研究工作者企圖建立一種能獲得解放知識的經驗研究（empirical research）的方法時，他會遇到二個主要的困難。首先，他得解決研究資料和理論之間的關係是怎樣的？在這裡，實踐取向研究路線凸顯了它和詮釋現象學研究取向的不同，Lather 以實踐取向研究對理論建構（theory-building）的看法不同於紮根理論（grounded theory）之處來說明。依紮根理論的觀點，理論的建構是由原始資料中被研究者發現、辨識與逐步建立起來的；也就是說現象資料是領先於理論的發生的，研究者是不允許對研究情境與現象資料的意涵先賦予任何界定的。在這一點上，實踐取向的研究者則採取一相當不同的立場；他們認為在日常生活經驗中，人們對不公正的社會關係及對抗特權宰制的自主需要，常常是沒有意識到的，而形成人們這種無意識或低自覺狀態的個體、集體及體制的防衛機轉則是十分複雜的。可是了解這既存社會現況的建構過程，卻又是「解放知識」得以建立的重要關鍵，那麼研究者如何對這一部份進行探究呢？Lather 認為實踐取向研究者在進行研究時，對他所深入調查的現象是擁有一定的看法或預設的；也就是說他的腦袋中是先存在著理解與暫時的理論，但他的預設是在研究行動中，和他所面對的新的研究資料不斷地進行一開放的、辯證的對話過程。在這樣的一個資料與理論對話的探究過程中，研究者面對了第二個困難。正因為在人們日常生活言行之中的確存在著心理與社會的，意識與潛意識的模塑人們知覺與經驗的深層結構，而這些結構或機制存在及發生作用的社會歷程，不是因素或變數分析式的思考模式或敘說性的故事所能反映的，所以研究者面對了如何將社會過程複

雜的形構歷程展現出來，從而避免做出只是吻合抽象理論模型，或研究對象主觀意圖的過度化約的解釋。

　　與實踐取向研究對待理論和資料之間關係的這種辯證姿態相呼應的是研究者與被研究者的關係。Lather 用研究者與被研究者關係中「互動來往的需要」（the need for reciprocity），Argyris 則以「協同探究」（collaborative enquiry）來指稱此一雙方共同投入的研究關係與過程。對實踐取向的研究者與對象而言，他們之間關係的性質並不是「資料收集者」與「資料被搜集」者；而同時是研究對象經驗到被了解與有所學習的一個過程。Lather 特別強調在這樣的一個過程中，研究者對自我的反映（slef-reflection）[1]是非常重要的。研究者與研究對象間，這樣一個了解與自我反映的互動過程要得以產生，研究設計當然也就一定彰顯了對話、互動與自我反映的特色了。

　　Lather 提出下列的研究程序提示初學者：（P.266,1986）

① 要以一種互動、對話的態度進行訪談，實踐取向研究和傳統研究訪談規範不同的是，前者在訪談過程中，研究者的自我開放（self-disclosure）是被要求的，後者則禁止研究者出現自己的生活資料；研究者自我開放的目的，在於和研究對象協同地尋求更深刻的相互了解。

② 為了催化協同了解的關係以及對研究議題的深入探測，進行多次系列的個別與小團體的訪談（sequential interviews）是必要的。

③ 對研究資料及現象所指涉之意義的協商。最起碼的要求，是研究者要能將自己的描述與發現做成結論，對研究對象報告並與之討論他們的感受與了解。更進一步的做法，則是研究對象和研究者一起參與在理論建構的工作中。

---

[1] 反映與反映思考：反映是唯物辯證主義認識論中的一個基本概念；是指客觀事物作用於人的感官而引起的映像，也就是人對事物的認識。反映的形式是主觀的，反映的內容是客觀的。感覺、知覺、表像和思維等都是人對客觀事物的反映形式。在人以外的其他生物，存在著反映的低級形式，人類的反映形成則涉及了十分複雜的認識歷程。反映思考（reflective thinking）則是指人們如何觀省自己是如何在認識事物與如何行動的一種思考方式。Donald A. Schön 特別致力於將反映思考的理論與方法運用到對人文社會科學中不同專業之實踐形式的分析上。Schön 認為實務工作者（practitioner）在他的專業行動，絕不只是在行動而已，他的行動也是他的認識歷程的反映；也唯有他能在行動實踐中不斷學習「反映思考」（reflective thinking），他對事物的認識才能提升，專業的實踐品質才能改進。這樣的能力及方法，簡稱之為「行動中的反映」（reflection-in-action）（參考「簡明馬克思主義原理辭典」，江蘇人民出版，以及 Donald A. Schön 所著的「Reflective Practitioner」一書，「反映的實踐者」已於北京教育出版社出版。）

④深入對「虛假意識」[1]（false consciousness）在人們生活中的作用與如何
　轉化的討論。我們要去發現：需要那些條件，人們才能較自由地對意識
　型態進行批判討論。實踐取向的研究者相信，人們會固守著某些意識型
　態，是因為它們提供了生活的方向與意義（雖然它可能是一種心理上的幻
　像）；因此，在實踐取向的研究過程中，研究對象是在和研究者對話的關
　係中，通過對生活中自己過去習而不察與視為當然的信念，以及對權威
　象徵的質疑，獲得了對自我更深一層的認識。簡言之，實踐取向研究著
　重互動與對話的研究設計，而此種設計得以進行，便是基於人們的自我
　了解是具有轉化辯證性質的；此一辯證歷程的進展，不只是帶來研究者
　的自我反映，而更進一步的提供了一個討論的空間，來發現及檢驗概念
　與理論性的架構。

三、研究者即「熱情學術」的探究者

　　「熱情」（passion）這個幾乎和一般人對學術研究者的形象背離的名詞，卻被
實踐取向的研究者用來描述其學術研究工作。實踐取向的研究者，稱他們的研究
工作是「為了發展出一種熱情學術（passionate scholarship）的鬥爭（struggle）」，
而這一鬥爭歷程，是為了要引導我們發展出一「自我反思的研究典範」（a self-
reflexive research paradigm）（Lather,1986）

　　在過去十年中，這一群企圖努力發展熱情學術的工作者，在批判探究的研究
路線上，推動了不同現象領域的研究。雖然，這些研究的範疇仍是一尚未開發完
全的領域，但為了協助研究者進入及發展這個領域，Lather 由過去的研究工作，
歸納了五點建議，下列這五個建議也可以說是彰顯了此一「熱情學術」領域的五

---

[1] 虛假意識：在理解虛假意識（false consciousness）的意義時，我們對意識型態（ideology）一詞必
需要先有一基本認識。依馬克思的理論，人們的「意識」是人們在社會生產關係中的地位決定
的；意識型態則是指在社會政治、法律、道德、哲學、藝術及所傳遞與表現來的觀念形態，在階
級性的社會中，任何意識型態都有一定的階級傾向和內容。在資本主義社會中，宰制階級主控了
文化、教育的思想主導權，為了維持他們既得的政治利益，宰制階級通過文化與教育的機制，傳
播與教導特定的意識型態，使中、下階級在心理意識上接受這一套觀念的作用，是認命或不去意
識到生活中的矛盾經驗。在這樣的前提之下，一個個體、一個羣體或一個階級所持有的觀點或意
識型態，與他由「客觀的」社會和經濟地位所決定的，應有的觀點或意識型態之間的差異，就是
「虛假意識」。（The social science encyclopedia, Kuper, 1985; 國際社會百科全書，袁業愚，1987）

個特點：

① 批判探究是針對被壓迫人民（oppressed people）的經驗及狀態進行研究的一種反應。批判探究的第一步，就是要經由研究工作了解研究對象的世界觀（the world view of research participant）；通常，我們是要在研究對象，對其生活中意義的建構歷程中去發現他們的觀點。

② 批判探究激發及導引「文化轉化歷程」（the process of cultural transformation）的發生。這也是前面一節曾提及的研究者與研究對象之間，具有辯證與對話性質的相互教育的過程。

③ 批判探究注重那些存在在受壓迫人民日常活動與言行中的根本性的矛盾，因為這些矛盾可以幫助人們看清，他們所接受的意識型態並不是符合他們生存條件之利益基礎的。

④ 有關批判探究研究結果的效度考驗，有一部份是要依靠研究對象的參與。研究者要能提供一個進一步的對話空間，邀請研究對象對研究者所提出的，對他們世界的了解（即研究結果）進行討論與批評。[1]

⑤ 批判探究刺激了「批判分析與覺醒行動得以不斷延續的過程」，因為在一段時間內，研究者是和研究對象共同參與在一研究過程中，所以即使研究者為了研究結果的整理，而階段性停止研究資料的收集，但研究者與被研究者對自己及對方的了解，均在研究過程中發生了變化；所以，研

---

[1] 實踐取向研究的效度問題：效度（validity）主要的考驗作用不是去支持某一解釋，而是去發現可能會有的錯誤。針對實踐取向研究，Lather重新整理了效度的概念（1986，P.270）

1. 三角檢驗（triangulation）對建立資料的可信度是重要的，這是指研究資料的來源、研究方法及理論架構均儘量能包括一種以上，以使由不同方法或來源獲得的資料之間可以相互比照檢驗。研究設計要有意識的容許對抗性資料的取得，而不只是資料的一致性。

2. 建構效度（construct validity）的根源則在理論建構（theory-construct）之中。這句話的意思是指研究是發生在研究者意識到的一個理論建構的脈絡之中；研究者對自己所持有的假設或理論的偏好有所意識，同時對自己所站的立場及理論偏好的性質及弱點有所反省檢驗，建構效度有賴於研究者對自己的立場與假設的揭露，以及以自我批判的態度對這些預做考察。

3. 表面效度（face validity）和建構效度關係密切。在操作上，取得表面效度的做法是，研究者至少要將研究結果回饋給一小群研究對象以得知他們的反應。但只依靠表面效度便認定研究結果而不去思考建構效度的問題則是不足的，因為研究對象口中所陳述或腦中所相信的知覺，可能是一種「假意識」，依「假意識」所建構的理論當然看來具有表面效度，但卻無法發展出具有建構效度的理論的。

4. 除了前面三點一般效度理論皆提及的概念外，實踐取向研究欲建立解放性知識的企圖，使得「觸媒效度」（catalytic-validity）這個概念具有一重要的位置。觸媒效度指研究過程在某種程度上，可能發揮了「重新導向及促動研究對象重新審視現實時，所發生轉化現實」的經驗。這一點也就是Pola Freire的「意識覺醒」（conscientization）。

究行動形式上的結束並不等於雙方一相互教育的過程或自我反映過程的結束。

企圖實踐上述這五個特點的研究者，將會體認到他不再只是傳統的，冷冰冰的，和現實保持客觀距離的學者，而是一位對「轉化不公正社會現況」已做出了，長期承諾的社會科學工作者；這便是實踐取向研究者的社會形象與作用。

四、批判民族誌研究與行動研究

回顧過去二十年中社會科學的研究工作，Lather 表示實踐取向研究之所以能獨樹一幟，批判民族誌（critical ethnography）與行動研究（action research）功不可沒。在這兩大支研究方法的領域內已卓然有成的研究方法，又可細分為圖①的2支力量：（Lather,1986,Anderson,1989）

實踐取向研究

※行動研究
（Action research）

※批判民族誌中三股相互影響的傳統
· 新馬克思批判民族誌
（Neo-Marxist critical ethnography）
· 弗里雷"啟動力量"的參與研究
（Freirian "empowering" participatory research）
· 女性主義研究
（feminist research）

圖 1　實踐取向研究的 2 大支流

在這一大節中，我將分兩小節簡略地介紹批判民族誌研究與行動科學。對批判民族誌研究方法的介紹，將不進入上圖中三支不同的方法，而以批判民族誌研究涵蓋之。

1. 描述民族誌、應用民族誌與批判民族誌研究

在過去二、三十年裡，人類學與社會學的詮釋學運動，已逐漸地和新馬克

思[1]及女性主義理論交溶，這一股溶合的力量在教育領域中形成了所謂的「批判民族誌」（critical ethnography）。簡略的來說，批判民族誌是批判社會理論（critical social theory）和民族誌方法（ethnographic methods）的結合。前者對傳統社會學理論所建立的，忽視行動者的結構論述（如階級、父權……等）不滿，運用民族誌方法的教育工作者也不滿詮釋現象學方法，無法展現社會結構性限制（social structure constraints），是如何對當事人眼中或口述的真實（即俗稱的故事）在發生作用的。由 1980 年代開始，這兩股力量在教育實踐的領域中相互連結，推動了許多方法論的實驗（Anderson,1989,Harding 1987,Giruax 1991）。批判民族誌可以被理解為展現與解釋社會實體（social reality）的一種形式，它解讀社會實體的特點，可以由下面的兩個研究重點了解到。批判民族誌的研究焦點有二：①社會結構性限制和行動者能動性之間的辯證關係，②個體與集體行動者在這個辯證關係中所具有的相對自主性（the relative autonomy of human agency）（Anderson,1989）；這兩個研究焦點的最終目標是企圖將個體與群體，由鎮壓及專制的社會機制中解放出來。

在教育研究的領域中，已有不少研究由批判民族誌的觀點，對學校生活的日常經驗進行重新的解讀；例如對教師的抗拒，以及對學校組織中意義是如何建構的研究（Bullough,1985;Anderson 1989），但這些研究結果都仍偏限在，對學校系統中社會再生產機制的描述分析。批判民族誌要能達成「解放」的理想目標，顯然仍有待後繼者的努力；針對批判民族誌的未來發展，Anderson 即提出了下列三個新的研究方向：

（一）擴充和轉移分析的焦點

這裡指的是批判民族誌研究未能擴大其研究視野，到社會轉化和社會運動的主題上。Wexler 認為，這個弱點乃是因為教育工作者「社會與文化再生」的角色，使得這些研究者逃避去分析較廣的社會與文化變革的形式，而只對學校系統進行「組織分析」；他指出，教育領域中的研究者所缺少的不僅是「分析的層面」（levels of analysis），而是他們長期以來便習慣地，忽視了有關「財務、

---

[1] 新馬克思主義是指 1930 年代以後出現的那些自稱適應現代社會發展，重新「研究」馬克思主義，而與傳統的馬克思主義相區別的思潮和派別，新馬克思主義包括西方馬克思主義的主要派別即法蘭克福學派，義大利的德拉—沃爾佩學派，法國的阿杜塞學派，東歐的一些理論以及西方自由主義馬克思主義等。（馬克思主義辭典，許征帆，1987）

政治、歷史、地理、組織動力以及體制組織之間關係」的社會體制動態面。
（Anderson,1989）

（二）啟動研究對象的力量感

　　「啟動力量」（empowerment）一詞由七〇年代開始，便已進入教育論述的主流中，Freire[1]在巴西掃盲成人教育中，所發展出來的意識覺醒的方法即為一例。下例三種研究策略，也是批判民族誌研究者所發展運用的方法：（Anderson,1989）

　　(a) 口述歷史法（oral history methods）。Wexler 認為生命史或口述歷史的研究策略，一方面對抗了精英主義將平常百姓的生活世界搬上學術殿堂，另一方面也提供了一種研究者與被研究者間相互轉化的社會關係的模式，Waxler 稱之為「詮釋對話」（hermeneutic conversation）的關係；在研究者訪談研究對象的過程中，研究對象自我的了解也因研究者的訪談與回饋而增加。

　　(b) 應用研究對象或當事人的口述故事，是另一種企圖增加研究對象力量感的做法。在有關受虐婦女的一些社會介入行動計劃中，研究者在了解受害者的經歷的同時，鼓勵受害婦女為她們自己的遭遇發出聲音與採取行動；也正是經過了研究者了解受害者的過程（這一過程均是受害者口述親身遭遇的故事）後，受害婦女開始能由她們受害的故事中走出來面對社會，為了自己的生存利益而採取行動。Mischler 點出在這些研究中這種口述故事的經驗和社會行動之間的聯繫是重要的。Quanty 和 O`connor 則更進一步的指出，運用口述故事的方法在推動一社區內「多重聲音」（multivoiceness）的出現與對話，是一可行的研究策略與教育方法。

---

[1] 弗雷野（Freire,P.）的批判意識：弗雷野是批判對話教育理論與方法的創始者與推動者，他的理論與方法起源於 1940 ～ 1970 年間他在巴西與智利的文盲工作經驗，1970 年後開始對美國及歐洲發生影響。他的教育方法著重在養成被壓迫人民的「批判意識」（critical consciousness）。批判意識代表著人是「以一種批判的方式與世界產生關係。他們透過反省，了解社會現象中的資料，同時在批判性知覺的行動中，人發現自己的時間性，以革命的精神，透過創造、再創造和決定，人參與了歷史的紀元。」
因之，批判意識的發展階段的最主要特徵，是人能批判地了解其時代任務，並主動地參與社會現象的抉擇、轉化工作。此時人的存有，代表著人與世界的多元辯證關係，隱含著人與人，人與世界，人與造物者之間不斷的對話，使人與外界，基於真誠的民主法則，以永續不斷、質疑不已的生命對話形式，不斷地完全人性化的人類存有鵠的。（批判的成人對話教育家，王秋絨。劉焜輝主編之「人類航路的燈塔」，1992 年，正中書局出版。）

(c) 協同研究（collaborative research）。協同研究的做法承接了 Freire 啟動研
究對象力量的教育行動取向；重要的研究目標是使他們不再只是「沈默
文化」的人群。女性主義研究者[1]Mies 同時是一女性行動團體的重要成
員，她便曾與一群受虐婦女共同籌建一所中途之家。Giroux 也在他的教
育與研究計劃中進行「反霸權」（counter-hegemony）的教育歷程。

（三）對意識型態進行批判

Anderson 認為批判民族誌仍需加強對意識型態進行分析與批判的工作，因
為語言與文字的經驗，是一和權力與社會變革過程關係密切的社會現象。若不通
過精準的分析工作，人們通常不太意識到這一點，而執政者也普遍的傾向於，將
人民的注意力導引到與個人改變有關，而非與結構性改變有關的政策上去。意識
型態的批判研究需要，同時著重微觀的社會互動層面與大眾媒體溝通層面的分
析，也就是 Pierre Bourdieu 稱之為「象徵暴力」（symbolic violence）的研究領域。

批判民族誌的上述做法，均企圖提出一教育與社會變革的研究取向，這一取
向的特點是它同時具有技術和政治的面相；也就是說，研究者很清楚任何學術研
究工作，均不是中立和不具政治意義的，所以他們選擇面對與介入變革的姿態。
提出行動科學與反映實踐研究的 Argyris 與 Schön 在討論民族誌方法時，則用描
述民族誌與應用民族誌來區辨民族誌與行動研究的差別。

民族誌（ethnography）是人類學的一門分支，企圖透過參與觀察的過程，
對特定場境中的社會互動進行描述。民族誌研究法能相當深且豐富地描述社會
一互動的各種模式，並且能對特定文化人群之社會互動模式的意義，給予精湛
的說明（P.136,Argyris）。描述民族誌可先就對複雜之脈絡與問題叢結的細緻理
解，但對身處於現場中的行動者而言，它並未能提供「如何改變」的描述（P.146
Argyris）。

由 1980 年代開始，許多合作型研究（cooperative research）開始探究研究者

---

[1] 女性主義研究（feminism research）：女性主義基本上認為女性是受壓迫的，並且有著既定的、制
度化的社會結構讓這個現象代代相傳。由於人類社會普遍由女性擔任照顧者的角色，這使得兩性
的人格發展、自我認同的形成及人我關係，乃至道德的內涵均極為不同。而女性主義的理論即企
圖以女性為行動主體。重新定義及詮釋承載在她身上有別於男性的女性特質，及在既有的各種社
會關係中女性的位置。在研究分析上以兩性的勞力分工切入，企圖了解因著兩性的分工，如何形
成對女性的壓迫；並且，切入女性日常生活中各種具體的活動（行動），可以幫助我們了解女性如
何參與在壓迫女性結果的各種社會關係中，繼而複製它們來壓迫自己。

如何針對自己研究所描述的問題，提出有意義的改變策略，Argyris 稱這一支力量為應用民族誌。

最經典的示例就是美國對印地安（原住民）孩童的研究，描述民族誌可以細緻地描述了文化衝突的現象；應用民族誌則去探究原住民學生，是如何做出不願意接受主流文化的決定，並審視學生們形成這個推論的，背後的教師與學生間的互動，即「對小孩來說，老師的要求代表了什麼意義」（P.151, Argyris）。但是站在場中教師要能做出改變現況的行動的立場來看，就需要教師行動者去檢視自己，有關互動、學習和處理教室內不同文化差異的教導策略。

行動科學與反映的實踐者，如何辨識與產出「改變現況」的知識與行動策便是 Argyris 與 Schön，由 1970 年代末，研發出協助實踐者如何對自己的實踐行動反映梳理的行動科學的方法。這一支進路的創發人物為哲學與心理學背景，且終其一生的協助教育、心理，都市規劃與組織管理專業領域的實務工作者，在他們的現場進行如何改變的探究。他們所倡導的行動研究，是視場中實踐者（行動者）即研究者的一種方法。

與批判民族誌研究相同的一點是，行動科學認同實踐取向的知識與方法；但它之所以和批判民族誌有別，則由於下列三點重要的差異。首先，行動研究著重「實踐」的特性，受社會心理學家 Kurt Lewin 和教育學家 John Dewey 影響很大，這和批判民族誌承接新馬克思理論的脈絡當然是不同的。另外，行動科學以個人、團體及組織為理論，建構與研究設計實施的場域，Argyris 已發展出研究者如何與研究對象「協同參與」在研究過程中的方法，批判民族誌研究則在操作方法上，尚未能成熟地舖陳出一套做法。不過，行動科學的應用操作特性，也使得它不似批判民族誌研究，能由更廣的視野來審視研究策略的社會意義，它也不像批判民族誌研究那樣地，緊緊抓住一個為被壓迫人民服務的位置；在美國社會內部被研發出來的這支探究方法，是朝向社會科學中被工具理性掛帥的專業，進行了批判；並實在地協助實踐者對自身的介入行動進行反映探究。

雖然 Chris Argyris 並未使用「解放」或「啟動被壓迫者的力量」，這一類的語詞來界定行動科學的性質，但他亦明晰的指出行動科學，是為了要介入既存社會現況，以推動社會正義（social justice）的實現。如前所述，承接了 Lewin 社會實踐的行動研究方法，與 Dewey 的在行動中檢證知識的認識論的觀點，Argyris 以他與 Schön 共同發展的行動理論（the theory of action）為基礎，建立了一套與

研究對象協同探究的方法，並總稱為行動科學[1]。同時，Argyris 視行動科學為批判社會科學的理論與方法。與前一節所介紹之批判民族誌相比較，行動科學最大的特色，在於它的行動理論以及協同探究的考察方法。

Argris 與 Schön 在他們十餘年的合作關係中，共同建立了描述與分析，隱含在人們行動中的規則與邏輯的行動理論。行動理論的主要概念是：

「人們是自己行動的設計者，當我們由行動的面相來看人類行為時，這些行動乃是由當事人的意義及意圖建構形成的；當事人設計行動以達成他所意圖的結果，並對自己進行偵視（monitor），以察看他們的行動是否有效。人們會對自己行動所達成的結果建構意義，並依此意義來理解外在環境；這些意義的建構又是當事人對環境的理解。他們是藉由對該環境所賦予的意義建構，回過頭來導引自己的行動。當前述行動歷程發生時，人們一邊檢視自己行為的有效性，也一邊檢視自己對環境的意義建構是否恰當」（P.83. 夏林清）

上面這一段話涉及了人類行動中，四個環環相扣的歷程：

① 人們在人際互動中對如何行動的設計與實施；Argyris 與 Schön 用「使用理論」（Theory-In-Use）的概念，描述隱含在每人行動中的此一實踐邏輯。

② 當人們實施特定行動策略（註⑨）的同時，他會自動操作一個「偵測」自己的行動，是否達成預設目標的回饋系統；「學習路徑」（learning loop）即是描述此一伴隨行動策略，而發生之回饋系統的概念。

③ 人們之特定使用理論與學習路徑，決定了人的行動對自己、他人及外在環境所帶來的後果，人們在面對自己行動的作用與後果之際會賦予意義；這便是行動意義的建構。

④ 人們依他對自己行動後果所建構的意義，形成了個人對外在環境的「了解」，結果這些具有特定意義的解釋，又回過頭來，對個人的行動設計發揮了導引的作用。

Argyris 與 Schön 已在 1970 ～ 80 年之間，發展了描述人們行動策略與學習路徑的理論，以及如何經由觀察、訪談與自我反映，來發現人們的行動策略及學習路徑的方法，並且運用到個人、團體及組織層面的分析上（Argyris & Schön,1974,

---

[1] 行動科學：有關行動理論與行動科學的基本概念，作者已翻譯，故在此不再做太詳細的介紹。讀者若想對行動理論進一步了解，可參考行動科學一書。（台灣遠流出版社，2000 年，民 89 年；北京教育科學出版社，2011）

1978）；這一部份就是他們著名的「行動理論」。於上述(3)(4)的意義建構的歷程
與作用，並沒有在他們前一階段的合作中，有更進一步的概念架構被發展出來；
由80年中期，Argyris與Schön又各自分別發展了自己的理論，在這個階段中，
Argyris發展了「推理歷程」（reasoning process），以及如何協助人們發現無效行
動策略，並練習有效行動策略的方法，這就是「協同探究」（collaborative inquiry）
的對話方法。Schön則偏重反映思考（reflective thinking）的理論與方法的發展。

（一）行動理論描述與轉化既存人際行為世界的作用

　　Argyris與Schön界定行動理論，是描述與分析人類行動中因果邏輯的理論：
　　「人類行動設計的複雜性遠超過人類心靈所能處理資訊的能力。設計自
己的行動需要當事人建構一對環境的簡化表徵（simplified representation of the
environment），以及一套預測如何達到所欲結果時，在當事人心靈所能處理範圍
內的因果理論。人們若只憑他對一環境的粗略接觸，是不足以建構對環境的理
解，以及如何去行動的理論；事實上，每個人都從過去的生活經驗中，庫存了
許多概念、策略與基模，因而當他面臨一獨特情境時，只是從倉庫中取出一套
程式，來設計出自己對環境的了解與行動。我們稱這種設計的程式為『行動理
論』。」（Argyris,1985）
　　前述提過的「使用理論」與「學習路徑」，便是行動理論兩個主要的概念。
行動策略是指可由人們實際行動中推論出來的因果邏輯，它又稱為「使用理論」
（Theory-In-Use）。Argyris與Schon用下面的簡圖來表達他們所發現的人類行動
的基模：

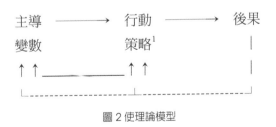

圖2 使理論模型

---

[1] 行動策略（Action Strategies）是行動者在特定情境中，為滿足主導變數而使用的系列移動（sequences
of moves）。行動策略有其所欲達到的後果；行動者相信他的行動策略會導致這些後果，而這些後
果可滿足主導的變數；也就是說後果回饋給行動策略以及主導變數。

Argyris & Schön 依靠藉著此概念工具，對人們在團體與組織情境中的人際行為進行數年分析工作後，發展了一套能辨識出人們行動中因果機制的概念——第一型與第二型使用理論，以及第一型與第二型學習路徑。在這裡，我不擬進入這些重要概念的解說，只指出他們之所以發展出兩種類型的描述概念，是和行動理論的實踐取向息息相關的。

Argyris 的第一型使用理論與學習路徑，主要的作用在於辨識出，埋藏在人們行動之中的因果機制，第二型使用理論與學習路徑的概念，則導引我們的注意下面可能性——即經由當事人行動策略的改變，通過人際行為世界的改造，而帶動社會既存現況變革的可能性（Argyris,1985）。簡言之，行動理論具有描述與轉化既存人際行為世界的作用。

與前述批判民族誌不同的是，Argyris 與 Schon 清楚的界定了他們所建立的行動理論，是一個「人際行為世界」的理論視框（framework）；到目前為止，它的適用範圍以個人、團體及組織系統為限。這個特色一方面可以被看成是行動理論的侷限性，但也因為它掌握人際行為世界的精準特性，使行動科學「介入」人際行為世界「實踐」，其轉化既存現況的作用得以被操作出來；能將行動理論操作出來的方法，便是協同探究的對話方法。

（二）協同探究方法，創造了一個公開反映批判及重建人們習慣的行動法則與規範的溝通情境

對 Argyris 與 Schön 的行動科學來說，協同探究的方法和行動理論是不可分割之一體的兩面。行動理論是精確描述人們行動邏輯的視框，協同探究則是介入人們當下還在發生與進行的系列行動，以協助當事人對自己的行動邏輯覺識的方法。這種批判民族誌方法中提及的自我反映能力，對 William R. Tarbert、Argyris 及 Schön 而言，是「人們對自己行動的主動覺識力」：人們能否建立一主動的覺

行動對行為世界、學習以及有效性是有其後果的。後果可能是行動者所欲達到的，但也可能是非其所欲的（unintended）。那些非所欲的後果它仍是行動設計的一部份：人們設計行動以試圖去達成特定的後果，但因其設計的某些品質卻無可避免地導致了非所欲的後果。行動的後果不只依賴行動者；同時也依靠接受者的使用理論。一個人的使用理論，包括有關人們如何在不同情境中，反應的龐大資訊儲藏。我們可以說行動後果不論其是行動者所欲的或非所欲的，都是被行動者所設計；因為它們必然是跟隨行動策略，以及行動者對接受者使用理論的預設而產生的。（P.88，夏林清，1989）

識力——這種覺識力使行動者在實踐行動的過程中,辨識出蘊含在行動之中自己直覺的目標、行動策略,以及對外在世界所產生的後果?

Argyris & Schön 所發展的「協同探究」[1]的介入方法,最主要的作用便在於,研究者(也是一介入者,interventionist)和他所服務的對方共同投入在一個自我研究的歷程中。行動理論在這一個介入探究與自我反映過程中,所發揮的作用主要在於,它協助了涉入此一學習場域中各個行動者(包括研究者自身),對自己行動中所隱含的邏輯進行了反映及檢查。如果沒有協同探究的對話情境,行動者不可能參與到一場創造自我反映與批判的學習過程中;同樣地,沒有行動理論的透視解析的力量,行動者無法由人際行為世界,是如何被人們行動策略所維持與改變的視框,來考察並改進自己的實踐。

---

[1] 協同探究的歷程:協同探究是實踐者與他所服務的對方共同投入的自我研究歷程;它企圖對人類經驗的下列四個領域以及四者間的關係進行探究:1. 行動者感官可經驗到的資料,即可被觀察到的外在世界。2. 行動者在行動過程中可被感受到的行動。3. 行動者的思考與推理的內在世界。4. 行動者的覺識力。這種覺識力能專注到前三領域中的任一領域,或是能同時涵蓋三者;甚至包括了對自己此一覺識力的覺知。

做為一個進行探究的行動科學者,主要的能力便是在於他要視研究對象為一共同參與者,並能創造一學習場域,以使雙方共同投入協同探究社會實踐問題的歷程。這一種學習場域的主要特徵,它是被設計來蘊育那些與個人實踐,及尋找既存現實之變通之道有關的學習。前述這四個領域及其間的相互關係,便是一行動科學者探究個人及社會實踐的主要學習材料。但是當一行動科學者在進行協同探究時,他時常會面臨來自下列三種來源的威脅和阻礙:

(1) 行動科學的資料是「行動」。個人的行動是有意義的,但行動的意義卻常曖昧不明。因此,這存在一個困難,就是不同的參與者常會無可避免的選擇,及注重一系列行動的不同片斷;而且他們也常會對相同的片斷賦予不同的意義。如此一來,行動科學者必須能發明一個過程,這個過程是要能公開檢證參與的雙方對行動資料的選擇及賦予意義,以達到——「互為主體性的同意」。針對此一困難,Argyris 已發展出一協同探究的方法以帶動一學習歷程;此二種協同探究的過程有下面二特點:①這一過程允許參與者表明他所選的資料及他所賦予這些資料的意義。②此一過程能使參與者對不同的意義加以協商探討,以達成一致的看法。

其實,前面所說的反映思考,也就是希望能產生這種歷程;但是這種反映的歷程,通常又會引發第二種威脅:

(2) 反映的歷程對個人來說,可以是十分富有威脅性的,因為它刺激了參與者的自衛反應;這些被引發出來的自衛又威脅了此種方法的有效度。由這個角度來看,在協同的過程中,光是獲得一致的意見是不夠的,因為它可能來自壓抑的順從,而非來自一開放自由的探究歷程。因此,為了要能創造一開放自由的探究歷程,參與者必須能夠開放地處理挑戰以及衝突的觀點;必須要揭露那些妨礙自己和他人站在亮處說話的資料。參與者要學習勇氣和能力,認明自己行動中的錯誤並表達它們;在這樣的歷程中,他們必須感到自己是自由的,能在百家爭鳴的觀點中做自己的選擇。像這樣的一些要求是參與者想要而又同時感到被威脅到的。

五、總結

在這一章裡，我概略地介紹了近十年來，在教育及心理領域中已被發展及應用的幾種方法。正如題目所彰顯的意涵，批判民族誌與行動科學的研究方法，都清楚地採取了一種企圖通過他們個別發展出來的研究方法，將研究行動本身做為一種改造既存社會現況的社會活動來進行。對台灣的教育工作者、社會工作者及諮商輔導等專業介入者（professional interventionist）來說，實踐取向的研究方法不只是提供了一超越所謂質化 V.S. 量化研究，以及實務者 V.S. 研究者的視野，它更真實地要求實務工作者，在學習自我批判與探究現實問題的研究策略之際，也推動專業形式與內容的變革。

---

(3) 第三種威脅來自行動場域的本質。雖然協同探究的行動場域是被設計，以減少真實生命條件中的限制，但它同時企圖去發現和掌握，能概化到任一行動場域中的規則。因此，參與者對影響行動的變數進行他自己單方面的控制，是協同探究所欲排除的情境；所以 Argyris 與 Schon 所建立起來的方法，便是要創造一高度複雜但低度控制的學習情境，使參與者在其中能相互探討比較彼此的假設而由其中做選擇。

事實上，上面這三種威脅均是行動科學者在協同探究過程中所無法避免的；如何增加自己在行動中的覺識力，並學習催化一開放自由的反映學習歷程的發生，便成為一行動科學者的重要研究能力。Argyris 和 Schön 所共同發展成形的行動理論，便是增加我們行動覺識力的有力眼光。（P.124、125，夏林清，1989）

《尾聲》
離散斷裂後的遭逢對看～在政治歷史差異結構中長大與發展

李繼宗先生今年 80 歲，1949 年 15 歲時離開安徽鳳陽老家，65 年後 (2009 年) 第一次回老家。為了這次返鄉，李給自己印了一張名片，名片背面寫著：

> 三八[1]支身到台灣，沒有親人在身邊。
> 頭頂沒有半片瓦，足下並無一寸土。
> 我並不是沒有家，只是有家歸不得。
> 要為將來日子想，必須自修考軍官。
> 出身戰亂未讀書，隨營補習求知識。
> 一旦考上專修班，退休生活有保障。

（摘自「少小離家老大回」，李丹鳳，2009）

李丹鳳，1978 年台灣彰化縣出生，李繼宗先生的小女兒，2008 年為了父親，回到鳳陽找到親戚，2009 年就陪同父親返鄉。丹鳳說著父與母在大歷史中相遇結合，卻又是錯身不識彼此小歷史的故事：

> 「我爸是所謂的外省人，他從 15 歲離家，有 65 年沒回過家了……
>
> 去年我因為爸爸身體不好一直在看醫生，我就決定自己回爸爸的家鄉去一趟，結果沒想到我非常順利的找到親人——我的表哥。
>
> 今年我也是好不容易才得以跟我爸一起回去一趟，在家鄉的那幾天，見了好多的親戚，也去看了爺爺奶奶的墳，聽爸爸說很多當年離家的故事。
>
> 我爸離家那個年代剛好是中國最混亂的時候，說爺爺是鳳陽府自衛隊的團長，在我爸 5 歲的時候就戰死而被馬匹載回來，爺爺又當過算命師、又當過軍火販子，我也還搞不清楚爺爺那個年代我們家究竟是什麼

---

[1] 三八為民國 38 年，即西元 1949 年。

樣子？！

　　只能從爸的口中再認識一點：我爸家原有8個小孩，最後只剩下一個大哥去從軍後就下落不明，姐姐嫁到劉家，我奶奶裹著小腳在戰爭中背著我爸逃亡，爸爸當時哭著說他不想離開家，奶奶也哭說不走都要死！最後是住到難民營裡，後來才一起住到我大姑家。我爸小時候放過牛、後來到蚌埠去做裁縫學徒，因為看到前一天才來店裡做衣服的鄉長，隔天頭已經被割下來掛在城牆上了，他嚇得想找機會逃，有一天提水桶去挑水剛好遇到國民黨的軍隊要離開，他就跟著軍隊走了。所以他一直很愧疚，當時連跟奶奶告別都沒有就走了！

　　爸爸這次返鄉尋親前在家就引起一陣騷動，因為在過程中我爸一直再向我媽散發一個訊息，是表示對大陸親人的虧欠，並且還說想把錢拿回去，媽媽對於爸爸會帶錢回家的事表現得很不安，一直希望我去說服我爸不要回去，媽媽擔心爸爸把錢都拿回家，以後她的生活怎麼辦？

　　媽媽則是在台灣彰化鄉下一個很重男輕女的家庭中長大，有一個姐姐因為家裡窮而送人了，唯一的哥哥則得到最好的照顧，最後所有的家產也都是給這個哥哥。我媽從小沒有讀書的機會，只有跟著一起務農「做山」——就是種竹筍，後來嫁了一個老公卻生病去逝；當年為了帶4個小孩還能生存下來，嫁給我爸的過程中遭到很多家人的反對（當時在鄉下嫁給外省人是很被歧視的），對她而言卻沒有更好的選擇了，所以後來我們媽媽家這邊的親戚也都少有來往。更加深了爸爸作為媽媽唯一的一個依靠。也許是媽媽曾經歷過一無所有的日子，所以很擔心爸爸真的都把錢拿回大陸去，她怎麼辦？

爸爸和媽媽像是兩個大歷史的相遇與錯身，相見不相識。」

〈摘自 TIFA 家庭經驗工作坊文章，李丹鳳，2009.09.27〉

陳江華1975年代出生於湖南一小山窩的縣城裡，爺爺與大伯父於1949年隨國民黨到台灣，1946年出生的父親則從小，就如孤兒般在村莊中獨自求存長大，江華，這個兒子則也在一種「孤立」的關係中兀自長著：

　　家裡有五畝地，因為是種雙季稻，每到7、8月份一年中最熱的季

節，正是早稻收割、晚稻又要馬上插秧的時令，我們叫做「雙搶」，從收割、打稻、晒穀、插秧全靠我父、母兩個人肩挑手抬，我從能有記事開始，就放我家那頭老牛，很老了，是分田單幹時從隊上分的。現在回想起來，還記得母親對父親的抱怨，由於我家成份不好，年輕力壯的牛先被那些幹部瓜分，分給我家的這頭老牛就是被人選剩下的，幹不了重活，又容易中暑。但是我和它感情非常好，放牛時我從來不用牽住牛鼻子，不用提防它偷吃田里的稻苗。

從小我就一直不喜歡和村里的小孩一起玩，因此一直很孤立。

〈摘自「我的生命故事」，陳江華，2005〉

2005年，江華借由交流學習的機會到了台灣，江華掃了未謀面的爺爺的墓，探望了18歲離家、士官身份退休的伯父一家人。是在台灣這一個嵌連卻又遙望的社會空間中，江華對父親的情感在一場探觸自身勞動家庭的交流會中流瀉而出：

子茵一說起她的父親就會忍不住流淚；我想到自己的父親，剛說幾句，未料引發了山崩樣的情感，當著眾人的面大哭一場。

正如在「勞動疊影[1]」中所感受到的，從父親的辛苦，我看到壓迫的隔代的傳遞，只不過我的父親早期受到的是政治的壓迫（不過是階級壓迫的變種而已），隨著國家政策的變化，資本的入侵，我們有了比以前更多的自由，當然壓迫的種類和形式也發生了變化，它更為隱蔽，更加令人難以抗拒，因此在隔代的傳遞和複製上也就更為隱諱、痛苦更深。

想到我的父親在文化大革命期間，曾經被紅衛兵、村幹部摁在火堆旁邊接受批鬥，但是他從不低頭；自我記事起，只要有人敢欺上門來，父親一定和他幹架，無論打得贏還是打不贏。但是在我考大學那一年，我看到父親為了搞到一個工程業務，對一個傲慢的包工頭低聲下氣，陪他好話，還要陪他抽煙（那時他已經戒煙一年）。那種場面對我的刺激

---

[1] 「勞動疊影」是台灣基層教師協會的一小群老師們，1985年至今，透過了教師專業自主的追尋，得以貼近工人運動現場，由敘說和反身回觀中，拉開自己身上推疊的痛苦和掙扎，放置回歷史社會的家的田野脈絡中，重新理解和找回自我的愛、慾的動能。「拉開勞動疊影──"老師的家"和"她的教學"故事」基教出版 2010.10

之深，至今不能釋懷。

〈摘自「我的生命故事」，陳江華，2005〉

丹鳳，彰化鄉下長大的台灣「外省人的女兒」，在「力挺」爸爸返回老家，而在跟母親、兄姊不斷溝通之後，開始不再受限於小女兒的家人關係模式：

> 尋親這一路也可以說是我自己人生的一個轉捩點，從兩年前開始力挺爸爸回家，跟媽媽、哥哥和姐姐的拉扯搏鬥過程，我在家裡面的位置開始產生變化：我不再是那個不情願，只能做為媽媽安撫爸爸的棋子，而能夠知道什麼時候，我該要和媽媽一起去說服爸爸，什麼時候我可以抵制媽媽的悲情訴求，而讓爸爸也有他的空間。在兄姐間，我也不再只是那個爸爸疼愛和被照顧的小妹，家庭的事務我也漸漸有了參與位置。

> **重看父母的夫妻關係，他們倆**一個是從大陸鳳陽到台灣，在戰亂中求生存發展，也想要一個溫暖慰藉的爸爸；一個是在台灣彰化土生土長，求自己和 4 個年幼孩子溫飽度日的媽媽；在帶有外省人歧視的閩南鄉村的社會氛圍下，他們彼此依靠。

> 爸爸長媽媽 15 歲，讓爸爸時時擔心著媽媽「跟人跑」了。媽媽形容爸爸的不安全感，是她去買菜只要晚 10 分鐘回來，爸爸就會開車到菜攤，到處找人；媽媽沒有經濟能力，再加上不成材的兒子可能成為她的經濟負擔，她也十分擔心爸爸如果回老家把錢都帶去了，她的生活將成問題。兩者在隱微的利害平衡中互相拉扯、也互相照顧承擔著對方的弱處，擔心著對方的長處。然而他們卻難以在現實生活中，還能抽身觀看、或者說是再進入對方的世界裡去認識對方。

> 而我作為這一對父母之間的後代，我又要如何自己能跨越年代的鴻溝理解他們，並在其中找到搭橋的基點，這正在考驗著我呢！

〈摘自「少小離家老大回」，李丹鳳，2009〉

江華的家庭在大陸改革開放後，經歷著父親抓住家庭經濟起飛契機的變化，江華卻在享受家庭經濟上升的好處中，承受著難以言喻的矛盾的社會情感：

> 小學四年級對父親作出一個重要決策——搬出租住的屋子，到離村

里 5 里地的一個山坡上蓋了一棟兩層的磚瓦房，旁邊有一個國有大型煤礦和一個國有刨花板廠。此舉當時震動了全村，因為造那麼大的一棟房子需要一筆巨款。不過為了建好這棟房子，父親從磚窯上摔下來，後來又得了急性肝炎，主要原因就是沒青菜吃，營養不良。還記得那一年，下了一場大雪，我們全家 5 口借了一個親戚 50 塊錢過的年。

到初二（1988），我們村里的土地被縣政府看中，成為新縣城所在地。我們家的 5 畝地以每畝 1500 元的價錢被徵收。還記得那年父親咬牙把這筆錢存進銀行，以一比二換來 15000 元的貸款，在新區又蓋了一棟三層樓的所謂「居民房」，沒想到從此打開局面，父親抓到建材市場的商機，從三個人合伙包場地做水泥預製樓板到後來一個人承包，請 5、6 個小工，一直做到今天。我家的經濟條件也因此得到大大的改善，成為村里數一數二的人家。……大一暑假就對我們家周邊幾個土地被征收的村子，做了一個生存狀況的調查，起因只不過是母親有一次提到，我們村里那個最喜歡給我們這些小孩子講鬼故事的老人，由於沒有子女贍養，現在竟然靠撿垃圾箱裡的剩飯菜度日；有的人家因為沒有生活出路，甚至沒有炒菜的油錢，全家人吃醃菜。花了整整一個多月的時間，聞著那熟悉的氣味，走進那些叔伯長輩的家，我震驚於他們的貧窮和淒涼。以前他們也窮，但還有窮快樂，但是現在，他們家境之淒涼只有更甚於從前！

〈摘自「我的生命故事」，陳江華，2005〉

由 1960 年代末迄今，孜孜不休在美國紐約發展社會治療的 Fred Newman 在論及憂鬱症時，認為成為「歷史中的行動主體」才是不被異化為病人的重要道理。「在歷史中無從失落！」，Newman 如此說著。由此觀之，家人關係所承擔住的社會差異結構正為這句話做了個註解，家人間在日常生活共同居住的習慣差異，到父與母養兒育女的權責分擔與繳公糧（夫妻性活動）的身心照撫，在在均需我們在關係中磨合與謀合。雙方認受與變化著自身，彼此的關係得以深化發展所需要的承擔力，關係的承載力不是一味忍耐壓抑，而是通過對差異的了解逐步豐厚著彼此的關係。江華在「孤立」中壓抑隱蔽的激憤，丹鳳所面對的橫阻於父母之間的政治歷史差異處境，都要求著這兩位年輕人，在家外開拓志業道路的同

時，也得深刻化他們涵容家內差異共同體的能耐。

丹鳳與江華都是 30 多歲的年輕工作者，有機會拉開所承載家人關係之政治歷史經驗的皺摺是幸運的！穿越歷史的時間性，使得或鍛造、或壓抑個人與群體生命的社會生活空間，有機會被展延成一時空連續體，而非一疊置壓縮黏結成塊的母子盒！

在宇宙的晴空中，人的一生極其短促與渺小如芥子，然而這一小小芥子卻是生命蛻變學習與提升能量的高度濃縮載體。我與丹鳳和江華相差二、三十歲，但在政治歷史皺摺的差異結構裡，我們在彼此的關係中發展著參看的空間，在這一空間中，我們對等地參看著離散斷裂的「家」的經驗，這些文化碎片成為了再現時空脈絡，與重構我們成長機會點的生命素材。

在完成本書的過程中，我藉去武漢大學交流之便，帶 90 歲的母親與 88 歲的大舅，去武漢與 86 歲的大阿姨及 76 歲的小舅再聚一次；武漢是她們姊妹兄弟們出生與長大的城市，只缺了 1970 年因病早逝於成都的小阿姨。

外婆彭孟盈，民前 12 年生於湖南岳陽南邊的向家莊，幼年讀過私塾，是喜讀書的識字女子。左家來彭家提親，在一對姊妹中，選擇姊姊（我的外婆）。這一被相中的姻緣，打斷了她念女子學堂的機會。

不如外婆喜歡唸書的妹妹，去了女子學堂，不久後就唸不下去回家了。外婆的這一怨嘆，在外公好賭娶妾不歸的婚姻生活中，轉變成回返娘家、依兒生活撫養五個孩子的堅毅力量。外婆於 1919 年左右（清末民初）嫁入左家，再由岳陽遷入漢口長安里的左家，我媽和大舅的兒時記憶，盡是武漢 1931 年的長江發大水與外婆家（岳陽向家莊）的田園野趣。父親的缺席與不顧家，是姊弟倆共同的憤恨與否定。這一對姊弟曾經在武漢想登報聲明與父親脫離關係，被知情的舅舅攔下，也曾一起擠上了抗戰號召青年從軍要開往延安的車上，卻被另一做記者的眼尖親戚拉回家去。事實上，左家由 1937 年七七事變迄今，戰爭最直接地衝擊變化著這個家庭。2006 年，我爸走後，我們兄妹三人一起帶著媽與大舅，走了長長的旅程，由杭州先到南昌小舅家，再會合大阿姨，一起回到我們的外婆家，也是我媽與姨、舅們的外婆家！小阿姨的兒子陳憲與陳健也分別由成都與深圳飛岳陽。媽與大舅離開岳陽外婆家時，分別是 18 歲與 16 歲，離開七十年後，才於 2007 年第一次回去。媽與大舅因唸書與參加抗戰離鄉，大阿姨則因最乖巧聽話，戰亂中被留置於武漢姑媽家照顧長輩，因而未隨外婆返回岳陽娘家，同時也

失去了讀書的機會！

抗戰後，我媽與我爸在南京結婚，大哥出生，外婆依居顧孫，在國民黨一路撤退逃難的遷移過程中，已從軍的大舅失聯不知去向！小舅與小阿姨便在外婆得將左家獨苗留在左家的想法中，送至外公彼時工作的南昌！在外公與後母的家中，小阿姨一直護著小舅唸書與長大，1949 年隨我爸到台灣的外婆是沒有機會知道的！

小時候，我依外婆而睡，外婆那稍纏即放的白纖雙腳是我入睡的靠枕，時而開關抽屜觀看小照片上失散的兒女、時而靜默無語哀傷思念的情感張力，想來是無聲無息地席捲了我，否則如何說明我由 1996 年到成都找著小阿姨一家，以及 2006 年推動岳陽外婆家的旅行動能？

在 1949 年內戰移民的台灣外省家庭中長大的第二代，絕大多數是沒有爺爺奶奶與外公外婆家的，因為爺奶們全在大陸。我幸運地擁有和我們一起住的外婆，我們三兄妹是外婆與媽合力照顧大的，在媽與外婆這兩代女人身後暗影中重疊著一個男人，媽偶爾一兩次被我問到就是拒斥的怒氣，外婆自己從未提及，倒像是早已離婚，一身清淨的婦人！外婆肝癌去世時 76 歲，我剛剛大學畢業，媽媽的害怕與哀傷好些年才緩緩度過。2007 年南昌、岳陽行，我有心創造條件，讓媽和大舅有機會拿起對父親的恨，且在心頭能放已身亡的父親一馬！只是我卻沒料到聽到的故事是那麼不堪的慘痛。

外公死於文革的南昌，且是曝屍於荒郊野外，連屍體也找不著。小舅一直與外公和後母居於南昌，小阿姨自己唸完初中就入了南昌郵政局工作，省吃儉用支持小弟唸完高中，小舅因而做了小學教員，文革時還兩度帶學生上北京與往外串連，然而我爸的國民黨背景，當然仍是拖累了小舅遭批鬥，外公在死前，一直在南昌郵政局任職，因妻子盜用了郵局的匯款，外公於是被關，文革中在野外死亡，死時無人知道，小舅是事後知道，屍體也沒見到。

媽媽在返鄉前一年左右，有一天說她夢見她爸爸被關在一個黑黑的籠子中，睜著眼睛看著她，她看見他很害怕！2007 年 8 月炎熱夏天，我、大舅、媽與小舅媽坐在南昌文港小巷弄一間舊屋內，聽小舅媽的表姊，當時唯一看到外公被活活打死的見證人，說著這不名譽的死亡故事，大舅終於說出了：我們原諒他！！！我則震驚於夢中情境的顯現！

小舅是抗戰時間陪在岳陽外婆身邊的唯一孩子，小阿姨則被送到育幼院住宿

讀書（因為完全免費）。1996 年我到成都，憑著小舅給我的線索，找到了小阿姨一家，小姨丈和阿姨是在南昌郵政局認識的，小姨丈原籍福建，在南昌郵電局工作時，曾擔任工會主席，是一個認份工作的老實人，對政治學習與入黨之類的積極性表現不強烈；但小阿姨反而十分投入各項工作，一直努力爭取成為黨員，卻至死亦未能如願！小舅口中的小阿姨是他的保護神，由在南昌與後母同住時，洗衣做飯，再到初中尚未畢業就報考郵電學校訓練班，一路工作支持著小舅到高中畢業！對我來說，小阿姨是強烈牽動我情感的親人，我們夏家兄妹三人，在台灣被外婆帶著的時候，小阿姨與小舅是失去了母愛的，換言之，我們三兄妹享受了兩位母親的愛，而被內戰與家變分離的這一對小姊弟，是姊代母職照顧著弟弟的。

　　1996 年在成都市郊郵電學校大院小區中見到小姨丈全家，小姨丈由房裡拿出小阿姨的骨灰盒；1970 年即過世的小阿姨，就在一個小盒中陪著姨丈度過了26 年！稍後陳憲大表弟，印了一份小阿姨 1959 年的一本日記。小阿姨病逝於 1970年 12 月！在 1959 年的那本日記中，則記錄了耳朵疼痛流膿身體不適的開端。

　　1959 年在成都郵電學校大院中生活的左季華，負責圖書室與托兒工作的規劃和推動，大院生活有老陳（姨丈）出差的繁重家務勞動、兩個頑皮孩子的照料、看電影、學習小組的活動和自我檢討的心聲。在 1959 年的中國，左季華參加了機構的「躍進大會」（見 1959/2/23 日記），記錄了參與勞動的身體酸痛與幫老鄉割完麥子的喜悅（見 3/30 與 5/9 的日記），也不時地寫著自我檢討和與老陳一起檢討彼此的生活記要。左季華做過托兒所園長，圖書館管理員，還指揮過合唱團，大表弟憶中的母親全心全意投入各項活動與工作，積極地朝向黨，在組織中熱情地幹著活。

　　也是這一年，季華阿姨的耳朵開始生病了！「不好的事情臨到我身上來了，今天耳朵痛……下午就有些支撐不下，但沒有人代班……」（1 月 11 日）「耳朵又病了……」（5 月 16 日）「愈來愈痛了！……」（5 月 21 日）「下決心進院動手術」（5 月 23 日）「進手術室……」（5 月 30 日）6 月底出院的小阿姨，9 月 4 日再次寫到「耳朵又流膿了！……醫生說的含含糊糊……」

　　剛拿到小阿姨的日記時，我高興地複印了兩份，一份給媽，一份自己看。媽一直沒看完，媽說：太苦了，我看不下去！我則停在 1959 年 2 月 6 日小阿姨對母親（外婆）的思念中：「明天就是陰曆卅晚，記得幼年時在家裡過年的情況，

母親是那樣的忙碌，我們卻是那樣的快樂，衣物全部換新的了，今晚我也仿照著母親，也和所有母親的心一樣，為了孩子們能愉快的度過春節，正在趕製衣服，夜深人靜，所有的電燈都黑了，唯有我在燈下做針線，母親的心啊，為了下一代她可以犧牲一切，疲勞又算得了什麼呢？寫到這裡不自覺地唸著媽媽，她老人家還不知在何方？祖國解放這麼久了，她卻沒有享受祖國的溫暖，只有解放了台灣才能尋找她的下落！」

外婆與離散的三個孩子，終究來不及在生前再見面！我卻不只享受了外婆的愛，更在接續斷裂家人關係的來回行動中，進入了戰亂衝突與關係傷痕皺摺內裡所承載的差異空間，何幸之有！在差異結構中遭逢參看，是大陸與台灣二、三代人的文化資產，也同時視家庭為社會田野的一個重點！

歐洲批判家庭理論所看重的階級，性別與文化權力的社會壓迫與女性主義的解放論述，不在研究室裡，也不在遠方學者的身上，它們就在有血有肉、有怨有恨、有情有義的家人關係中。我們每一個人都是社會差異的承載者，「結婚是戀愛的墳墓」不單是指柴米油鹽的難題，更是指這真實複雜且變動的家人關係，需要看得見星空的好眼力，接納住不同習性；聽得見靜默細聲與涵容差異的心的能力。這種能耐怎麼長呢？答案是，以各種方式尋找進路，發展群聚共振的學習關係，拒絕輕率挪用問題化個人與家庭的標籤知識，創造彼此遭逢參看的發展機會。「斗室星空」家庭經驗的共振學習，就是一種讓家人關係中的刻痕印記與搏鬥情感的經歷，轉為共學的關係土壤；我們才能發展出不去脈絡與不去歷史的工作方法的道路。

中文參考文獻

丁乃非（2004）：〈怪異的拖曳作用〉。《應用心理研究》，23 期。

王志弘與徐苔玲（譯），Tim Cresswell（原著）（2006）：《地方：記憶、想向與認同》。台北：群學出版社。

王芝安（1998）：《面具後的臉孔》。輔仁大學應用心理學研究所，碩士論文。

王淑娟（2005，12 月 30 日）：《穿越家戶門牆的學習：一種集體反映的方法》。蘆荻社大主辦「成人教育研討會」，發表論文。

宋文里（2002）：〈敘事與意識：另一個對話的位置〉。《應用心理研究》（臺灣），16 期，157-165。

丘延亮（1991）：〈兩種「中產階級」與知識份子和知識人——以台灣、香港為例〉。《天安門評論》（香港），1 卷，第 2/3 期，2-33。

李易昆（2004）：〈尋找解放的教育路徑〉。台灣行動研究學會於北京舉辦「2004 北京行動研究研討會」。

李易昆（2005）：〈心理健康學學期報告〉。輔仁大學心理學系，未發表。

張育華（2006）：《移動的疊影——我在低地蜿蜒前行的實踐歷程》。輔仁大學心理學研究所，碩士論文。

夏林清（1992）：《大團體動力—理念、結構與現象》。台北：五南出版社。

夏林清（1993）：《由實務取向到社會實踐：有關台灣勞工生活的調查報告》。台北：張老師出版社。

夏林清（1999）：《制度變革中教育實踐的空間》。《應用心理研究》，1 期，33-68。

夏林清（譯）（2000）：〈行動科學〉，台北：遠流。（Chris Argyris, Robert Putnam & Diana Mclain Smith 原著, 1985, Action science）

夏林清（2002a）：〈「與娼同行，翻牆越界」論壇報告實錄〉。《應用心理研究》，13 期，147-198。

夏林清（2002b）：〈尋找一個對話的位置：基進教育與社會學習歷程〉。《應用心理研究》，16 期，119-172。

夏林清（2004a）：〈一盞夠用的燈：辨識發現的路徑〉。《應用心理研究》，23 期，131-156。

夏林清（2004b）：〈循線追索〉。日日春性工作者關懷互助協會主辦「移民與勞動小型研討會」發表論文。

夏林清（2008）：〈卡榫——拮抗同行的社會學習〉。《哲學與文化》。35 卷 1 期。

夏曉華（2003a）：〈種樹的人〉。傳記文學，493 期。

夏林清、陳文聰、鄭村棋譯（2005）：〈與改變共舞：問題如何形成？如何突破和有效解決？〉。台北：遠流出版社。（Paul Watzlawick, John H. Weakland, Richard Fischen 原著 1976，*Chang: Principle of problem formation and problem resolution*）

李玉霞（2003），〈母職・情慾・我 ～ 一條從「孤絕」通向「擁抱」的活路〉，國立新竹師範學院國民教育研究所碩士論文。

夏林清（譯）（a2004, b2007）：〈反映的實踐者——專業工作者如何在行動中思考〉。台北：遠流。北京：教育科學出版社。（Donald A. Schön 原著, 1983, *The reflective practitioner*）

夏林清（2006）：〈在地人形：政治歷史皺摺中的心理教育工作者〉。《應用心理研究》。31 期，頁 201-239。

孫智琦（譯）（2002）：《布赫迪厄社會學的第一課》。台北：麥田。

陳孟瑩（1999）：《被封住的嘴：由探究他人到自我探究》。輔仁大學應用心理學研究所，碩士論文。

陳盈君（2005）：《走向她：解構社會壓迫的另外一種取徑》。輔仁大學心理學研究所，碩士論文。

舒詩偉（譯）Touraine, A.（著）（2002/1984）：《行動者的歸來》。台北：麥田。

單德興（譯）Said, E.（著）（2004/2001）：《權力，政治與文化：薩依德訪談集》。台北。麥田。

劉于甄（2004）：《閱讀、寫作與心理自聊：穿梭在文字中的結構與解構旅程》。輔仁大學心理學研究所，碩士論文。

劉小許（劉怡君）（2006）：《A potential space 桃源二村：精神病人在台灣的勞動權益的實錄經驗》。輔仁大學心理學研究所，碩士論文。

顏如禎（2005）：《裁縫師的女兒：以「乖」做為抗拒保護色的小學老師》。輔仁大學心理學研究所，碩士論文。

顧玉玲（2004）：《文化生產作為對內組織與社會對話的行動方案》。工殤協會，
　　未發表。

顧玉玲（2005）：〈逃〉。台北：中國時報人間副刊，10 月 11,12 日。

失去的「芭比娃娃」戰場，蘇育琪（1987），天下雜誌，1987 年 10 月。

試評都市非正式部門發展之研究，以路邊洗車業為例：台灣關於「非正式部門」
　　研究的一些誤解，吳永毅（1987）國立台灣大學建築與城鄉研究學報，第
　　3 卷第 1 期，民國 76 年 9 月，第 179 － 194 頁。

論營造業中的國家──資本──勞動的關係──由非正式部門的個案研究所
　　作的推論，吳永毅（1988）台灣社會研究季刊第一卷第二、三期合刊，
　　PP.211 － 230。

外包制度──比較歷史的回顧，謝國雄（1989），台灣社會研究季刊第二卷第一
　　期，PP.29 － 69。

訪問曼紐卡提爾（Manuel Castells），謝國雄、刑幼田、夏鑄九（1988），台灣社會
　　研究季刊，第一卷第二、三期合刊，PP.339 － 360。

外包制度：比較歷史的回顧，謝國雄，1989 年，春季，台灣社會研究季刊，第
　　二卷第一期。

一個小外包廠的案例調查；家族關係與雇傭關係的交互作用，夏林清、鄭村棋，
　　1990.12，台灣社會研究季刊，第二卷第三、四期。

貧窮文化──墨西哥五個家庭一日生活的實錄，劉易士著，丘延亮譯，牧童出版
　　社，1976 年。

父權意識形態的平價住宅政策與執行之分析──台北市平價住宅中單親母親之生
　　存策略，陳怡玲。

家庭突變，中國時報，81 年 10 月 21 日第 31 版。

孫昌齡，「輔仁 80 ～ 接續斷裂歷史」記錄片，台北輔仁大學心理學。

英文參考文獻

Argyris, C. , Putnam, R. , & Smith, D. M. (1985). *Action science.* Jossey-Bass Inc., Publishers.

Esgalhado, B. D.(2000). *The critical psychology of everyday life in critical psychology: Voices for change,* edited by Tod Sloan, Macmillan Press Ltd.

Holzman, L. (1999). *Performing psychology: A postmodern culture of the mind.* New York: Routledge.

Honneth, A. & Joas, H. (1991). *Communicative action theory: An approach to understanding the application of information systems.* MA: MIT Press.

Horton, M. & Freire, P. (1990). *We make the road by walking: Conversations on education and social change.* Philadelphia: Temple Univ. Press.

Liang, R. D. (1959). *The divided self: An existential study in sanity and madness.* Tavistock Publications.

Malpas, J. E. (1999). *Place and experience: A philosophical topography.* Cambridge: Cambridge Univ. Press.

Newman, F. (1991). *The myth of psychology.* Castillo International, Inc, New York.

Newman, F.and Holzman L. (1996). *Unscientific psychology: A cultural-performatory approach to understanding human life.* Westport, Connecticut: Praegen.

Schön, D. A. (1983). *The reflective practitioner: How professionals think in action.* Basic Books, Inc., Publishers, New York.

Sloan, T (2000). (edit). *Critical psychology: Voices for change.* , Macmillan Press Ltd.

Tolman, C. W. (1994). *Psychology, society and subjectivity: An introduction to German critical psychology.* London: Routledge.

Mark Poster（1978）Critical Theory of The Family, The Seabury Press, New York,1978.

Andrew Zimbalist（1979）Case Studies On The Labor Process, Monthly Review Press, New York & London,1979.

Andrew Collien,R.D. Laing; The Philosophy and Politics of Psychotherapy, Panthon Books,1977.

James C. Hansen and Luciano L'Abate, Approaches to Family Therapy, Macmillan Publising Co.,1982.

Lois Holzman and Hugh Dolk,Histn is the Cure A Social Therapy Reader, Practice Press,1988.

Fred Newman, The Family in a Time of Political,Economics,Psychology, Sociology and Culture, 1984, Vol. No.1.

Salvador Minuchin, & H. Charles Fishman, Family The rapy Techniques, Harvard University Press,1981.

Heidi I. Hartmann, The Famicy As The Locus of Gender, Class, and Political Struggle; P. 105-134, Feminism and Methodology, edited by Sandre Harding, 1987.

Patricia Wilson and Ray Pahle, The Changing Sociolo-gical Const of the family, The Sociological Review Voe.36, No.2 May 1988.

The Autobiography of J.L.Moreno,M.D.(Abridged),J.L.Moreno,Moreno Archives, Harvard University,1985.

J.L.Moreno.Who shall Survive? Foundation of Sociometry，Group Psychotherapy and Sociodrama，Becon House Me.Beacon,N.Y.1953.

國家圖書館出版品預行編目(CIP)資料

斗室星空 :「家」的社會田野 / 夏林清著 -- 初版.
　-- 臺北市 : 導航基金會, 民 100.02
　　　面 ；　　公分
　　　ISBN 978-986-87071-0-8(平裝)

　　1.家庭　2.家庭關係　3.家庭社會學

544.1　　　　　　　　　　　　　　　　100003601

斗室星空 * 家的社會田野

書　　　名	斗室星空－「家」的社會田野
作　　　者	夏林清
發 行 人	財團法人導航基金會　夏林清
董 事 長	夏林清
總 編 輯	王淑娟
封面設計	魏奕安
出 版 者	財團法人導航基金會
地　　　址	台北市大安區延吉街97巷14號4樓
電　　　話	（02）25927159
傳　　　真	（02）25928572
E - mail	navigate.tw@gmail.com
網　　　址	http://navigate.twbbs.org
出版日期	中華民國100年2月初版一刷

財團法人導航基金會出版

售價／300元
ISBN 978-986-87071-0-8 (平裝)